Rita Renata Kullmann

Mongolische Antworten

Für immer verändert

Rita Renata Kullmann

Mongolische Antworten

Für immer verändert

(Autobiografie)

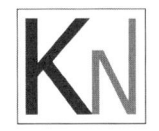

KN

Die Bibelzitate sind – soweit nicht anders vermerkt – den folgenden Übersetzungen entnommen:
- Elberfelder Studienbibel, revidierte Fassung
© 1994/2001 R. Brockhaus Verlag Wuppertal (Elb.)
- Hoffnung für alle
© 1996 International Bible Society
Übersetzung Brunnen Verlag Basel & Gießen (Hfa)
- Lutherbibel, revidierter Text 1975,
© 1978 Deutsche Bibelstiftung Stuttgart (Lu)

Copyright © 2009　KULLNOM Verlag, CH-3661 Uetendorf
www.mongolia.ch
Alle Rechte vorbehalten.

1. Auflage Mai 2009　ISBN 978-3-033-01991-1

Vertrieb:　Info: rita@mongolia.ch

Umschlaggestaltung:　Jim McWhinnie, J. & R. Kullmann
Umschlagfotos:　Thun: Stadt Thun
　　　　　　　　Mongolei: Erik Thompson
Lay-out Beratung:　Ewen Kitto
Lay-out:　R. Kullmann
Lektorat:　Wiltrud Dittel
Fotos:　Jürgen Kullmann und andere

Gesamtherstellung:　Jordi – das Medienhaus, CH-Belp

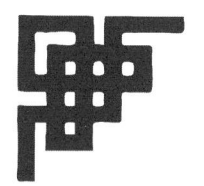

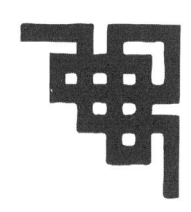

Dieses Buch ist

erstens
meinen Eltern gewidmet,
die mich „loslassen" konnten
und es mir so ermöglicht haben,
meiner Berufung nachzukommen,

zweitens unsern lieben mongolischen
Freundinnen und Freunden gewidmet,
die mich und meine Familie nicht
als „Ausländer" behandelt haben,
sondern uns ihr Verständnis,
ihre Zeit und ihre Liebe
schenkten.

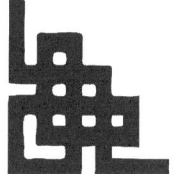

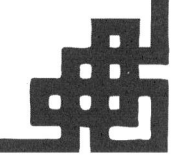

INHALT

Inhalt   6
Vorwort   8
Karte Mongolei   10

Prolog: Wo bleibst du, Gott?
    Westmongolei, Sommer 1993   **11**
1 Im Krankenhaus   12
2 Ferien-Szenen im Uvs-Aimag   14
3 Mochorolgää   20

Teil 1: Wer bist du, Gott?
    Thun, Schweiz, 1960-1980   **23**
4 Kindheit und Jugend   24
5 Neuanfang   32

Teil 2: Was möchtest du, Gott?
    Berner Oberland, Schweiz, 1980-1984   **37**
6 Im Beruf   38
7 China   45
8 Ruf in die Mongolei   52

Teil 3: Wie führst du, Gott?
    Innere Mongolei, China, 1984-1985   **61**
9 Willkommen in Hohhot   62
10 Unterwegs in Zentralchina   77
11 Unrechtmäßig verliebt   82
12 Unterwegs in Südchina   96
13 Zweites Semester in Hohhot   107

Teil 4: Wann sendest du uns, Gott?
    Europa mit Blick in die Mongolei, 1986-1991   **118**
14 Schweiz und Deutschland   119
15 Leeds, England   123
16 Cambridge, England   139
17 Uetendorf, Schweiz   147
18 Rüti, Schweiz   157

Teil 5: Wozu das alles, Gott?
                Ulaanbaatar, Mongolei, 1991-1993   173

19 Euphorie   *174*
20 Entfremdung   *189*
21 Eskalation   *207*
22 Das Jahr 1992   *227*
23 Januar bis Mai 1993   *265*
24 Mochorolgää   *290*

Epilog: Deshalb!   314
25 Mongolische Antworten   *315*

Karte China   61

Farbige Fotos nach Seite   192

Weitere Bücher der Autorin   320

VORWORT

Nach viel Hin und Her habe ich mich entschieden, meine Reise- und Aufenthaltserlebnisse in China und der Mongolei während der Jahre 1982-2003 und den Weg der inneren Berufung dorthin nicht getrennt von meinen spirituellen Erfahrungen aufzuschreiben. Das geht irgendwie nicht.

Noch vor nicht all zu vielen Jahren galt Religion bei uns im Westen als Tabu, wenigstens von Montag bis Samstag. Der christliche Glaube wurde oft gleichgesetzt mit den schrecklichen Ereignissen im Mittelalter oder gewissen kirchlichen Traditionen und deswegen – meiner Meinung nach somit völlig zu Recht – abgelehnt oder sogar bekämpft. Aufgeklärte Menschen haben sich von einem Glauben an eine höhere, unsichtbare Macht verabschiedet und nur noch auf das vertraut, was die Vernunft, die Wissenschaft und der Wohlstand verheißungsvoll predigten. Bis viele von ihnen langsam aber deutlich spürten, dass es wohl doch noch etwas Anderes, Größeres, geben musste. Sie haben sich auf eine spirituelle Suche gemacht.

Die Globalisierung im religiösen Bereich half und hilft ihnen dabei: alles, was das suchende Herz und der nach Lebenssinn lechzende Verstand begehren, wird heute von den Medien auf Interesse schürende Art und Weise dargestellt, über Internet direkt ins Haus geliefert und findet sich auf immer zahlreicheren Regalen der Buchhandlungen. Aber Büchern gegenüber, die vom Glauben an den biblischen Gott berichten, ist man enorm skeptisch. Die Inquisition, die Kreuzzüge, die Unterdrückung der Armen und der Frauen, die katholische Sexualmoral, wissenschaftlich angehauchte Mythen über die Bibel und neue, mediengeschwängerte Begriffe wie „Fundamentalisten" oder „Kreationisten" klammern sich wie Kletten an die christliche Botschaft und führten dazu, dass sogar unter der Rubrik „Christlicher Glaube" Bücher vorherrschen, welche die Bibel ins Kreuzfeuer nehmen und dabei die Botschaft vom Kreuz auf dem Scheiterhaufen der Toleranz und einer Frieden versprechenden Einheitsreligion verbrennen.

Die Jahre in der Mongolei haben mich dazu ermutigt, meinen Glauben selbstverständlich im Alltag zu leben und zu bekennen – auf die Gefahr hin, dass diese christliche Ganzheitlichkeit missverstanden und kritisiert wird.

Mein Herzensanliegen ist es, dass meine Zeilen denjenigen Menschen helfen, die auf der Suche sind nach diesem Etwas, das ihr Herzensvakuum füllen kann.

Durch mein ehrliches Erzählen möchte ich der Leserin und dem Leser aufzeigen, mit welcher Treue Gott nach uns sucht und mit welcher Sorgfalt und Geduld er uns in seine liebenden Hände nimmt und formt, so dass wir für sein Reich brauchbarer werden. Er hat noch nie die Besten, Klügsten, Stärksten oder Liebsten berufen, sondern normale Menschen mit all ihren Schwächen und mit all ihrem Versagen. Davon zeugt auch mein Leben. Ich glaube, dass Gott mich unter anderem deswegen nach Asien sandte, weil ich manche Lektionen, die ihm wichtig waren, dort viel besser lernen konnte als in der Schweiz. Diese Wahrheit spiegelt sich auch im Titel dieses Buches wider.

Beim Lesen der „Mongolischen Antworten" ist zu beachten, dass es sich um eine Autobiografie handelt: nebst allen Erinnerungen, Briefen und Dokumenten habe ich vor allem meine Tagebucheinträge als Quellen benutzt, und diese entstanden nicht selten in schwierigen Zeiten. Deshalb bekommt die Leserin oder der Leser tiefen Einblick in die Gefühlswelt jener Zeit, mag aber eine ausgewogene Berichterstattung von uns als Ehepaar vermissen, zum Beispiel, wie *mein Mann* von Gott in die Innere Mongolei geführt worden ist, wo wir beide uns kennenlernten. Dieses Buch beschreibt also nicht nur meine „Liebesgeschichte" mit Gott, sondern beinhaltet auch eine „echte Romanze" zwischen Mann und Frau.

Zusammen bereitete Gott uns vor, um 1991 in die Mongolei zu reisen. Von den dort lebenden Menschen und ihrer Kultur habe ich vieles gelernt und im Nachdenken über Dinge, die ich beobachtete, meine eigene Kultur reflektiert. Das empfand ich als einen äußerst wertvollen Prozess und möchte an dieser Stelle allen Mongolinnen und Mongolen ganz herzlich danken, die mich mit hinein genommen haben in ihr Denken, Fühlen und Handeln.

Da manches sehr persönlich ist und auch aus Sicherheitsgründen denjenigen Freunden gegenüber, die heute in so genannten „geschlossenen Ländern" arbeiten, habe ich den meisten Menschen in diesem Buch einen Decknamen gegeben. Spekulationen mit Namen sind daher sinnlos.

Danken möchte ich auch meinem lieben Mann Jürgen für seine vielfältige Mithilfe und Ermutigung, aber auch unseren Söhnen und meinen Eltern, die alle damit einverstanden waren, dass ich von unserem Familienleben berichte.

Großer Dank gebührt Brigitte Schütz, Franziska Brunner, Katharina Wüthrich, Margrit Aebersold, Pfarrer Otto Nyffeler und meiner Familie für das Lesen verschiedener Manuskriptversionen und für ihre wertvollen Anregungen.

Dass meine deutsche Lektorin Frau Dittel die vielen Seiten sorgfältig nach „schweizerischen" Fehlern und Ausdrücken durchsucht hat, war mir eine große Hilfe; auch ihr ein herzliches „Danke schön". Manchmal ließ ich ein helvetisches Wort, eine stylistische Panne oder einen derben Ausdruck trotzdem stehen, denn die typisch schweizerischen Tagebucheinträge, Briefausschnitte und Dialoge sollen ja authentisch bleiben. Die Rechtschreibung haben wir jedoch an die neuen deutschen Regeln angepasst.

Den Leitern von „WEC Schweiz" danke ich, dass sie dieses Buchprojekt unterstützt und mich zeitlich dafür freigestellt haben.

Nun vertraue ich darauf, dass der dreieinige Gott, dem alle Ehre gebührt, durch dieses Buch zum Ziel kommt, was dieses Ziel auch immer sein mag im Leben der Leserinnen und Leser …

Uetendorf, Ende April 2009   Rita Renata Kullmann

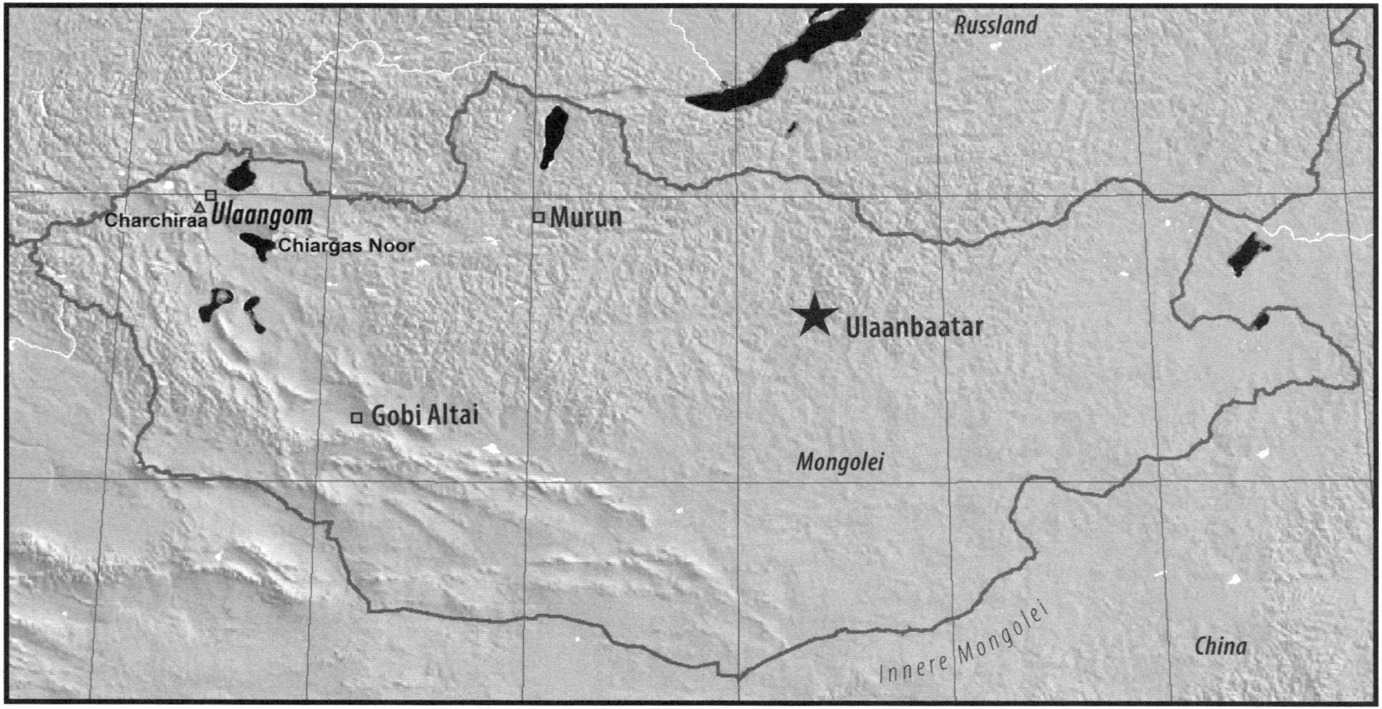
Russland
Charchiraa
Ulaangom
Chiargas Noor
Murun
Ulaanbaatar
Gobi Altai
Mongolei
Innere Mongolei
China

Prolog

Wo bleibst du Gott?

Westmongolei
Sommer 1993

1
IM KRANKENHAUS

Der 14. Juli 1993 kommt zu spät, obwohl er hier in der Westmongolei ja ein paar Stunden früher dran ist als in der Schweiz, wo noch niemand eine Ahnung hat, dass mein Leben in Gefahr ist. Es ist kurz vor Mitternacht. Erschöpft von der langen Fahrt hierher liege ich auf der harten Pritsche im Krankenhaus; neben mir steht die Ärztin, *Dr. Altantschimeg*, die mich innerhalb der letzten zwölf Stunden liebevoll begleitet hat. Einer ihrer Kollegen, der Dienst habende Arzt, hat mich gerade fertig untersucht, als ein junger Mann zur Türe hereinstürmt. Er strahlt bei meinem Anblick. Hastig bedecke ich meinen nackten Körper mit beiden Armen.

„Good evening, Mrs. Rita." Es muss sich trotz der späten Stunde rum gesprochen haben, dass eine Ausländerin eingeliefert worden ist. „I a doctor and English speak." Sein Brustumfang vergrößert sich bei dieser Bemerkung um einige Zentimeter.

Ich atme bei diesen fehlerhaften Englischsätzen auf, denn nun glaube ich zu ahnen, worum es ihm geht. Er ist wohl einer der vielen jungen Mongolen, die so ernsthaft Englisch lernen wollen, dass sie jede, aber auch wirklich jede Gelegenheit beim Schopf packen. Während der zwei Jahre, in denen ich mit meiner Familie nun bereits in der Mongolei lebe, habe ich etliche von ihnen kennengelernt, ihre Beharrlichkeit bewundert, aber auch gemerkt, dass sie sich nicht so einfach abspeisen lassen.

„*Säämbäänoo*", grüße ich deshalb auf Mongolisch. Denn das letzte, was ich nach sieben Tagen Schmerzen, einer ungeklärten Diagnose und mitten in der Nacht will, ist, mit einem eifrigen jungen Mann eine Englischkonversation zu führen.

„Eh, you English speak?", fragt er, während er sich sein Stethoskop in die Ohren hängt.

„Yes", bedaure ich.

„I you examine." Und schon liegt das kalte Metallteil auf meiner Brust.

Mit einem um Erbarmen flehenden Blick auf meine Ärztin seufze ich: „Ich möchte jetzt lieber schlafen gehen."

Dr. Altantschimeg, mit der ich mich bisher in gebrochenem Mongolisch unterhalten habe, schaut in die Richtung des jungen Arztes und hebt kurz ihr Kinn, worauf dieser mit einem enttäuschten Gesicht und einem „Good bye" verschwindet. „Sie können sich nun anziehen", wendet sie sich mir zu, gibt mir zwei Tabletten und ein Glas Wasser und meint: „Die schlucken Sie am besten gleich jetzt. Das wird die Schmerzen lindern." Unauffällig verschwindet sie im Nebenraum und unterhält sich mit dem Kollegen, der mich untersucht hat.

Prolog: Westmongolei, Sommer 1993

Ich verstehe nicht viel, da sie sehr schnell sprechen, aber zwei-, dreimal höre ich dieses komische, dunkle Wort *mochorolgää*[1].

Dann kommen *Gerlee* und Jürgen. Während mein Mann mir beim Anziehen hilft und mir beruhigend erklärt, dass unsere Buben im Hotelzimmer bereits schlafen, hört meine mongolische Freundin der Ärztin zu und nickt gelegentlich. Dann dreht sie sich zu uns: „Wir können gehen. Ich erkläre euch alles im Auto."

Sobald wir auf den Fellen im Innern des alten Wolgas Platz genommen haben, legt Jürgen los mit Fragen: „Und? Ist es Blinddarm? Oder Eileiterentzündung? Oder was? Ist es gefährlich?"

„Die beiden Ärzte sind sich nicht sicher und wollen Rita morgen früh nochmals untersuchen, – sie kommen dann ins Hotel.", sagt *Gerlee* gähnend.

„Wieso hat man sie nicht im Krankenhaus behalten?", fragt mein Mann, der auf der vierstündigen Steppenfahrt mit unseren zwei Buben hinten im Lastwagen saß und deshalb nicht wissen kann, was ich mit meiner Ärztin besprochen habe. Aber weil wir unterdessen beim Hotel angekommen sind, Jürgen mir beim Aussteigen hilft und *Gerlee* den Taxifahrer bezahlt, geht seine Frage unter.

Im Zimmer sacke ich kraftlos aufs Bett. Während mein Mann mir die Schuhe auszieht und mir liebevoll übers Haar streicht, antwortet *Gerlee* ihm endlich: „Morgen früh kommt ein Flugzeug aus Ulaanbaatar[2]. Ich werde versuchen, ganz früh am Morgen Tickets zu bekommen. Die Ärztin hat mir ein Schreiben gegeben; damit sollte es kein Problem sein. Dann fliegen wir alle in die Hauptstadt, und Rita wird sofort operiert." Sie schaut mich an und meint nachdenklich: „Ich denke, deine Entscheidung, die Operation dort machen zu lassen, ist richtig. Man spürt auch hier die Auswirkungen der Nationalfeiertage. Die Hälfte der Ärzte sind weg, vor allem die Chirurgen. Wenn man die jetzt von ihren *äärag*[3]-Schalen an den Operationstisch holt, möchte *ich* lieber nicht unter ihrem Messer liegen." Unsere tüchtige Reisebegleiterin legt das ganze Gewicht ihrer Mongolei-Erfahrung in diesen Satz. Sie muss es ja wissen.

„Ich will wirklich lieber in Ulaanbaatar operiert werden", pflichte ich ihr bei. „Da können die Kinder zuhause sein, haben ihre Spielsachen und sind abgelenkt."

Jürgen nickt zustimmend.

„Die Ärzte können die Nacht über nicht viel für Rita tun", fährt *Gerlee* fort. „Sie haben sich bestimmt gedacht, dass die Betten im Hotel besser sind als die Krankenhauspritschen und sie hier mehr Ruhe hat." Stöhnend steht sie vom Stuhl auf und sagt: „Ich muss nun gehen."

„*Gerlee*, ich danke dir vielmals für all deine Hilfe. Was hätten wir nur ohne dich gemacht all diese Tage? Und auch jetzt! Es ist so gut, dass wir dich dabei haben!",

---

[1] „Blinddarm"
[2] Hauptstadt der Mongolei; Aussprache mehr wie *Olaanbaatar*. Ich halte mich bei bekannten Wörtern an die offizielle Schreibweise, aber ansonsten gebe ich die mongolischen Wörter in Schrägschrift so weiter, wie sie ausgesprochen werden.
[3] vergorene Stutenmilch, alkoholhaltig; auch „Kumyss" genannt.

sagt Jürgen und begleitet die junge Mongolin zur Türe.
"Ist gern geschehen. Gute Nacht."
Jürgen schaut noch kurz ins Nebenzimmer, wo unsere Kinder friedlich schlafen, und schlüpft fünf Minuten später zu mir ins Bett. Wie gewöhnlich beten wir noch zusammen, heute aber sehr kurz, denn es ist ein langer, Kräfte raubender Tag gewesen. Wir sind froh und dankbar, dass wir uns in den Armen des himmlischen Vaters geborgen wissen, trotz aller Unsicherheiten, die vor uns liegen. In dieser kindlichen Sorglosigkeit döse ich vor mich hin, denke über die letzten zwei Wochen nach, aber die Szenen purzeln wild durcheinander wie die Glasscherben eines Kaleidoskops:

2
FERIEN-SZENEN IM UVS-AIMAG

SONNTAG, 11. JULI 1993

Grau in Grau. Unendliche Weite. Ab und zu ein paar Grashälmchen und wilde Kräuter, die ihr fades Grünbraun zur deprimierenden Farbpalette beisteuern. Und da, ein blauer Lichtblick: der Chiargas-See. Ich laufe um die Wette mit den Skorpion-artigen Käfern, die auf den spitzen Steinen behände dem Wasser zu tänzeln. Sie gewinnen. Ich kann nur ganz langsam einen Schritt vor den andern setzen, die eine Hand an der rechten Bauchseite, um jeden Stoß abzufangen.

Meine Augen sind schneller, sie sind bereits am See, wo unsere zwei Buben vergnügt im Wasser tollen (siehe Farbfoto). Samuel, unser Sechsjähriger, scheint ein Stück Altmetall gefunden zu haben, hält es in die gleißende Sonne und blendet so seinen um ein Jahr jüngeren Bruder, der am seichten Seeufer mit einem Welpen um die Wette planscht. *Gerlee* liegt in ihrer Nähe auf einem Badetuch und liest. Ab und zu wirft sie einen Blick auf die beiden Lausbuben.

"Ich bin so froh, dass Samuel und Michaja draußen spielen können und sich von meiner Krankheit nicht den Spaß verderben lassen", sage ich zu meinem Mann, auf den ich mich kräftig stütze. Es ist das erste Mal, dass ich zum See gehe. Eigentlich bin ich viel zu schwach dafür.

Jürgen kneift seine graublauen Augen zusammen: "Ich glaube, sie wissen nicht, wie ernst es ist. *Gerlee* lenkt sie gut ab, da bin ich froh. – Geht es?", fragt er mit einem Blick auf mich, "oder sollen wir umkehren?"

"Es tut schon weh. Aber ich möchte wenigstens einmal am See gewesen sein. Wegen mir und dem See haben wir doch diese lange Reise unternommen!"

"Tja, dein Thunersee ist es nicht! Höchstens von der Temperatur her! Das Salzwasser stört mich nicht, aber die Umgebung! Nichts als Geröll, kein Baum, kein

Busch! Wir hätten nicht herkommen sollen."

Ich spüre, wie mein Mann es bereut, dass er sich vor zwei Tagen nicht mehr durchgesetzt hat und versuche, das Positive an der Sache herauszustreichen: „Ich freue mich für die Jungen. Schau doch, wie sie das Wasser genießen! Es ist nur schade, dass ich sie nicht schwimmen lehren kann." – Wehmütig denke ich an meine Kindheit in Thun. So gerne wäre ich nach zwei Jahren Aufenthalt in einer beinahe Millionenstadt wieder mal in einem See geschwommen. Es war meine Idee, ins Uvs-Aimag[4] zu fahren. Meine Freundin *Gerlee* hat früher, in der sozialistischen Zeit, hier gelebt und uns von dieser Gegend geschwärmt: ein schönes Ferienhotel, ein Salzsee, auf dem sich zahlreiche Boote wiegen, befahrene Straßen, intakte Telefonverbindungen und Ärzte in Reichweite …

„Mami, Mami!", schreit es im Duett, und Samuel und Michaja rennen mir entgegen.

„Schau, ich kann schon schwimmen", prahlt Michaja und will mich zum Wasser ziehen, doch Jürgen wehrt seine ungestüme Art ab.

„Mami muss aufpassen. Es tut ihr noch weh. Sie kann es auch von hier aus sehen."

„Mami, schau mal hier!" Samuel zeigt auf einen etwa sieben Zentimeter großen Käfer mit langem, spitzen Stachel, der aber schnell unter einem Büschel verschwindet. „Ist der giftig?"

„Vielleicht schon. Rühr ihn besser nicht an. Ich kenne diese Art Käfer nicht", mahne ich zur Vorsicht.

Unterdessen ist auch *Gerlee* aufgestanden und kommt mir freudig entgegen. „Geht es dir besser?"

„Eigentlich nicht." Gerne würde ich ihr etwas anderes antworten. Sie tut mir Leid. Seit Tagen schon hat sie nichts als Umstände mit uns. Und jetzt noch diese Krankheit! „Manchmal strahlt der Schmerz nun auch ins rechte Bein oder in den Rücken aus."

„Wieso kommt der Fahrer nur so lange nicht? Der sollte doch schon längst da sein!", entrüstet sich *Gerlee*, aber nur aus Sorge um mich. Sonst sind Mongolen die Gelassenheit in Person. Während sie ihren Blick Richtung Norden entlang der staubigen Geröllpiste, die als Straße dient, gleiten lässt, ziehen sich ihre Augenbrauen immer mehr zusammen, und ihre zarten Hände verkrampfen sich. Keine Staubwolke in Sicht, die ein Auto angekündigt hätte. Nur nicht enden wollende Steppenlandschaft (siehe Farbfoto).

Montag, 28. Juni 1993

Steppe. Unter uns. Ab und zu – vielleicht alle 10-15 Flugminuten – ein paar weiße Kreise: Jurten, die filzbedeckten *ger*-Rundzelte der Nomaden. *So weit auseinander wohnen die Menschen*, denke ich. Zum Reden ist es zu laut. Das Motorengeräusch

---

4   Aimag (sprich: *Äämag*) ist die geografische Einteilung, wie Kanton oder Bundesland.

der Antonov gewinnt das Duell jedes Mal, wenn ich den Buben neben mir etwas sagen will. Endlich sind wir unterwegs aufs Land! Schon in unserem ersten Mongoleijahr haben wir so was geplant, doch ohne Bewilligung haben die Ausländer in der weiten, unkontrollierbaren Steppe nichts verloren. Im zweiten Jahr kämpften wir, oder besser gesagt unsere mongolischen Freunde und deren Fahrer für Benzin. Der große sozialistische, beziehungsweise ex-sozialistische Bruder im Norden, wollte nun Dollar, Amerikanische Dollar, dafür; nicht mehr Rubel, *tugrik*[5], Fleisch oder Fell. Woher sollten die Mongolen so schnell so viele Dollar hernehmen, wenn nicht stehlen? Also wurde wieder nichts mit heimatlich anmutenden Ferien auf dem Land. Nun, wir hätten unseren mongolischen Freund *Zogtbaatar* fragen können. Er hätte garantiert irgendwelche Benzinquellen gehabt. Aber so kameradschaftlich wie in England, als wir alle Sprachstudenten waren, ist unsere Beziehung leider nicht mehr. Er ist nun ein hoher Beamter in einem buddhistisch neu aufblühenden Land, und da scheint es unvorteilhaft zu sein, Beziehungen zu christlichen Missionaren zu pflegen. Deshalb haben wir gar nicht erst gefragt …

Aber unser Traum von einer Reise aufs Land wurde trotzdem wahr, denn nun sind wir unterwegs nach Ulaangom[6]. Die Zwischenlandung in Gobi Altai liegt hinter uns. Bald werden wir von *Gerlees* Bruder abgeholt. Es wird auch Zeit. Die Kinder können kaum noch still sitzen. Schließlich sind wir schon seit fünf Uhr morgens auf den Beinen. Und Hunger haben wir auch! Ein Jogurt wäre jetzt fein!

Freitag, 2. Juli 1993

Jogurt. *Ennbischs* Frau macht welches. Komischer Name. In der Schweiz hieße niemand „Dieser-nicht". Hier aber, in einer Gegend, wo die Kindersterblichkeit hoch liegt, findet man solche seltsamen Namen öfters. Eltern versuchen, die bösen Geister, die sie für den Tod ihrer Kinder verantwortlich machen, zu täuschen. *Ennbisch* behaust mit seiner Familie eine Jurte in den Charchiraa-Bergen.

Wer holt wohl das Jogurt heute Morgen? Ich habe schlecht geschlafen, denn nachts musste Michaja pinkeln gehen. So bin ich mit ihm raus in die Natur, in den Regen und die Kälte, und dann fand ich keinen Schlaf mehr. Ich machte mir Sorgen um Jürgen. Er hat sich diese Ferien anders vorgestellt und ärgert sich über die Zimmerverteilung, den Regen, die 'zigtausend bissigen Stechmücken, die es alle auf sein Blut abgesehen haben, den Lärm der betrunkenen Feriengäste und vielleicht auch über mich, weil ich auf dieser Reise bestanden habe – trotz aller Unannehmlichkeiten.

Ich mag gar nicht raus aus dem Schlafsack, wenn alles so nasskalt ist. Doch da höre ich etwas knacken. Beat, unser Teamkollege, der mit unserer Familie und *Gerlee* zusammen diese Reise unternommen hat, macht Feuer. Wir wechseln uns

---
5 mongolische Währung
6 Hauptstadt des Uvs-Aimags

ab mit Kochen. Unser Essen ist bescheiden. Von der Ferienhausküche bestellen wir *mantoo*, die gedämpften mongolischen Weißmehlbrötchen, oder gekochte Nudeln oder Fleischsuppe. Den Rest kreieren wir aus den Naturprodukten der Umgebung und ein paar Schweizer Konserven. Die wohlige Wärme des Feuers mit dem Geruch von verbranntem Baumharz dringt endlich auch zu mir. Die Kinder sind schon aufgestanden und assistieren Beat beim Frühstück zubereiten, genauer gesagt, sie schlecken Konservenbüchsen aus.

„So, was gibt's denn Feines?", frage ich auf meinem Weg nach draußen.

„*Mantoo* aus der Küche, dazu einen *moloko-aarz*-Aufstrich", verkündet Beat und zeigt auf die russische Kondensmilchdose, deren süßen Inhalt er mit mongolischem Quark vermischt hat. „Und Kaffee natürlich", fügt er hinzu und lacht. Beat lacht oder lächelt meistens, auch wenn es nichts zu lachen gibt.

Wir lassen es uns schmecken. Während ich mich zurückziehe zum Lesen und Singen, spielen die Männer mit den Buben Karten. Nach einer Weile ruft *Gerlee* mir zu: „Wir bekommen Besuch."

Ich lege meine Blockflöte und das Singbuch auf den Boden und sehe, wie *Ennbischs* Frau die Wiese hoch kommt, auf unsere bescheidene Holzhütte zu.

„*Säämbäänoo?*", grüßt sie freundlich und drückt mir mit einem *mä* einen Eimer Jogurt in die Hände. Was sich wie ein abruptes Meckern eines Schafes anhört, ist hier die Floskel, mit der man jemandem etwas überreicht.

„*Sääng*", antworte ich. Es gibt immer nur diese Antwort auf die Frage „Wie geht's?" In einem Land, das sich in manchen Gebieten seit dem 14. Jahrhundert kaum verändert hat, braucht man nicht schon beim ersten Wort Seelen-Striptease zu machen. So geht es immer allen gut. „*Ta säämbäänoo?*", frage ich zurück.

„*Sääng.*"

Wir setzen uns auf die Treppe vor dem Eingang. Der Regen hat nachgelassen, und zwischen ein paar Wolkenfetzen sieht man nun die Spitzen der Viertausender Berge. Schön! Heimatliche Gefühle nisten sich in meiner Seele ein.

„*Ich bajirllaa*", bedanke ich mich und verteile das Jogurt in sieben Plastikschälchen, rufe nach Samuel und sage: „Gib noch einen Löffel Marmelade dazu und dann verteil die Schälchen, bitte."

Dann wende ich mich wieder *Mjädagmaa* zu, die unterdessen neugierig in meinen Büchern blättert. Sie kann aber weder deutsch noch englisch lesen, und so sind für sie Buchstabenreihen wie „Bibel" oder „Songs of fellowship"[7] völlig bedeutungslos.

„Sie haben sehr schöne Pflanzen hier", fange ich ein Gespräch an. „Gestern haben *Gerlee* und ich eine Wanderung auf diesen Berg dort gemacht und wilde Pfingstrosen gesehen."

„Ja, die blühen nun. Diese Blumen sind gut für die Nieren. Wir pflücken sie immer am 15. August." Die kleine, zierliche Mongolin schaut zum Himmel

---

[7] Titel einer englischen christlichen Liedersammlung

empor, lächelt verschmitzt und meint wie ein kleines Kind, das beim Stehlen ertappt wird: „Wir tun das im Geheimen. Bevor wir die Pflanzen pflücken, bauen wir ein Zelt über ihnen auf, und dann schneiden wir sie ab."

„Wieso denn das?", platze ich heraus.

„Um *tenger* nicht zu beleidigen."

Von den *tenger* habe ich gelesen, es soll deren 99 geben, aber ich will von *Mjädagmaa* wissen, wen oder was *sie* unter diesem Begriff versteht.

„Emh, *tenger* ist – *tenger* ist –" Sie scheint nachzudenken.

„Hat dieser *tenger* das alles hier geschaffen, die Natur und so?", frage ich sie.

Schweigen. Sie schaut um sich und sagt dann bestimmt: „Alles hier, die Pflanzen, Steine und so sind *ezentää*[8]. Wir verehren alles. Auch den schneebedeckten Berg, er heißt *zagaan aaw*."

„Weißer Vater", übersetze ich für mich und höre den Erklärungen der Mongolin weiter zu. Dabei sehe ich, wie Michaja gerade zum Fluss runter gehen will, um Wasser zum Abkochen zu holen. Ich bitte ihn, auch gleich den Jogurteimer zu waschen. Ich habe nämlich bereits gelernt, dass man nie leere Gefäße zurückgibt, aber die Schokolade als Geschenk will ich nicht in den verschmierten Eimer legen.

„Nein, das darf er nicht!", mischt sich nun *Gerlee* mit einem besorgten Blick auf die Nomadenfrau ein. „Die Menschen hier bringen nie Milchspeisen mit dem Flusswasser in Berührung."

„Warum?", frage ich zurück und schicke unseren Sohn halt ohne den Eimer los. „Wascht ihr denn Milchgefäße nicht aus?"

„Wenn wir das tun, sendet der Flussgeist …" *Mjädagmaa*, die erraten hat, worum es im Gespräch geht und bisher nur genickt hat, verstummt, kaum dass sie den Satz begonnen hat. Schrecken zeichnet das Gesicht der Einheimischen.

„Schlangen", flüstert *Gerlee* mir zu. „Sie haben Angst, dass der Flussgeist aus Rache giftige Schlangen schickt." *Gerlee* geht und holt den saubersten Lappen, den sie in unserem Naturhaushalt finden kann, und reibt das Eimerchen damit aus.

„Habt ihr in der Schweiz auch Angst vor den Geistern?", fragt mich *Ennbischs* Frau, während sie an einer roten Schnur fingert, die sie um den Hals gebunden trägt.

„Manche Leute schon, ja", sage ich nachdenklich. „Aber ich habe keine Angst vor ihnen." Damit ist mein Mongolisch ziemlich am Ende, und so lasse ich die Frauen philosophieren und geselle mich zu den Männern, die sich bei einem Kartenspiel amüsieren. Während ich mit einem Ohr den Buben zuhöre, wie die sich über jeden Trumpf freuen, den sie in den Händen halten, verfolge ich mit dem andern Ohr das Gespräch der beiden Frauen. Den für mich verständlichen Wortfetzen nach zu urteilen, sind sie immer noch bei spirituellen Themen. Da

---

8   „mit Herrn/Meister"

kommt mir eine Idee. Ich hole aus meiner Tasche zwei kleine Schriften in mongolischer Sprache, gehe zu *Gerlee* und lege sie ihr hin mit den Worten „Falls *Mjädagmaa* so was möchte."

Eine halbe Stunde später verabschiedet sich unsere Jogurtfrau. Sie deutet auf die christlichen Broschüren und sagt mit einem Lächeln: „*Bajirllaa.*"

Ich drücke ihr den Jogurteimer mit der Schokolade in die Hand und ein paar Tugrik. „*Dsugeer*, gern geschehen", antworte ich und fühle mich wie ein Bauer, der Weizen sät und dabei an die Ernte denkt. An Brot, das andere sättigt.

DONNERSTAG, 8. JULI 1993

Brot. Da, wo wir hin gehen wollen, gibt's keines. Es gibt dort gar nichts zu kaufen, also müssen wir alles mitnehmen. Russische Trockenhefe habe ich aus Ulaanbaatar mitgebracht, das Mehl auf dem Markt in Ulaangom gekauft, und nun stehe ich in der kleinen Küche von *Gerlees* Bruder und knete Brotteig. *Wenn wir Brot haben, können wir am See überleben*, denke ich. Vier Kilos sollen es werden. Schweizer Apfelmuspulver, Fischkonserven, Tomaten- und Currysoße, Marmelade, Honig, Schokolade und Kekse haben wir dabei. *Gerlee* besorgt Fleisch, dann geht es hoffentlich heute Nachmittag los. Schon gestern wollten wir fahren, doch *Gerlees* Bruder fand kein Auto für uns oder besser gesagt, die Fahrer fanden kein Benzin. Nicht jeder in diesem Land hat eben Beziehungen zu einflussreichen Leuten wie *Zogtbaatar*.

Wir sind im Hotel untergebracht. Beat und die Buben in einem Zimmer, Jürgen und ich im andern. *Gerlee* schläft bei ihrem Bruder *Bat*. Der wohnt in einer Einzimmerwohnung mit seiner Frau und zwei Kindern. Sie haben uns eingeladen, bei ihnen zu übernachten, im Ernst! Aber das ist uns Schweizern ein bisschen eng vorgekommen. Das Hotel kostet nur zwei Dollar pro Nacht und Person. So viel ist uns die Privatsphäre wert. Schließlich sind wir in den Ferien und wollen es auch genießen. Jürgen findet es anstrengend, die ganze Zeit mongolisch sprechen zu müssen. „Nicht in den Ferien", meint er. Recht hat er. In Ulaanbaatar haben wir oft Besuch und so viel um die Ohren, dass wir uns richtig freuen auf die paar Tage Ruhe am See. Mit Beat können wir Schweizerdeutsch reden, da er auch Schweizer ist. Aber er will nicht mehr mit an den See. Er hat die Nase voll vom mongolischen Landleben und hat seinen Rückflug für morgen geplant. *Gerlee* ist Deutsch- und Englischlehrerin. Sie will ihre Fremdsprachen praktizieren. Ist doch alles perfekt. Nur noch die Tage hier in Ulaangom überleben.

Mir ist kotzübel. Jürgen auch. Er hat letzte Nacht fürchterlich erbrochen. Ich habe meine Tage bekommen. Mein Bauch ist aufgedunsen wie ein Ballon kurz vor dem Knall. Irgendwas sticht hinein, eine Art Schmerz, den ich so nicht kenne. Teig klebt mir an den Fingern. Ich will mich hinlegen. Aufs Sofa hier. *Gerlees* Verwandte sind echt lieb. Sie umsorgen uns rührend, organisieren alles und kochen für uns, denn ein funktionierendes Restaurant scheint es hier im Ort nicht zu geben. Macht nichts. Wir geben das Geld lieber ihnen. *Bat* ist Lehrer, verdient nicht viel.

Da ist er froh für den Zuschuss. Manchmal spielten wir Karten. *Chutzer togloch* nennen das die Mongolen. Die Kinder lieben es. Ich nicht. Nicht jetzt. Ich liebe überhaupt nichts mehr, nicht einmal mehr die Mongolen. Ich will endlich an den See. Baden. Schwimmen, wie in Thun.

Das Brot ist im Ofen. Mir ist heiß, Schweiß rinnt unter dem T-Shirt auf meinen prallen Ballonbauch. Ich schleppe mich ins Hotel. Schlafen, nur noch schlafen …

Das Kaleidoskop mit den farbigen Glasscherben der letzten Tage rührt sich nicht mehr. Auch ich falle endlich in einen wohlverdienten Schlaf.

3

MOCHOROLGÄÄ

Gegen acht Uhr wache ich auf und besinne mich: *Ach ja, gestern, kurz vor Mitternacht sind wir hierher gekommen, die nächtliche Untersuchung im Krankenhaus, der Englisch Fan.* Jetzt muss ich fast lachen, doch das habe ich mir eigentlich vor sieben Tagen abgewöhnt, weil dieses Muskelzittern zu sehr schmerzt. „Die Ärzte werden um neun kommen.", hat *Gerlee* gesagt. Diesmal möchte ich einigermaßen sauber sein, auch für die Operation, die ja heute in der Hauptstadt stattfinden soll. Während ich mich aus meinen Kleidern schäle und es dabei vermeide, meinen Bauch zu berühren, versuche ich mich zu erinnern, wann ich die letzte Dusche hatte: in diesem Hotelzimmer, am Tag der Abreise zum Chiargas-See, am 9. Juli, also vor fünf Tagen. Ich sehne mich nach fließendem Wasser. Es ist mir egal, dass aus der verkalkten Duschbrause nur kaltes Wasser rinnt. Ich bin Abhärtung gewohnt. Als ich Lehrerin in Zwischenflüh war, einem kleinen Bergdorf im Berner Oberland, bin ich liebend gern zum Seebergsee hochgefahren und zur kleinen Insel 'rüber geschwommen, egal ob die Wassertemperatur nun 20 oder 14° war.

Ich erschrecke fast, als Michaja plötzlich in der Badezimmertür steht und „Guten Morgen, Mami, wie geht's dir?" sagt.

Ich drücke den kleinen Pyjama-Mann fest an mich (*er könnte auch endlich eine Dusche gebrauchen*, geht es mir dabei durch den Kopf, oder vielleicht eher durch die Nase), und sage: „Schon besser. Schlafen tat gut. Weck mal Papi. Er soll euch noch duschen."

Mit einem Satz ist der beinahe Sechsjährige auf dem Bett seines Vaters und brüllt: „Aufwachen, Papi."

Jürgen, der seit seiner Bibelschulzeit in Walzenhausen, wo die Schweizer Kühe mit ihren riesigen Glocken nachts auf der Wiese grasten und die Studenten plagten, mit Ohrenstöpseln schläft, schrickt hoch. „Wie spät ist es? – „Ach, schon fast neun! Da kommt *Gerlee* ja bald. Hoffentlich hat sie die Tickets bekommen!"

„Welche Tickets? Fliegen wir heute, Papi?", fragt Samuel, der auch schon mit einem Hopser auf dem Bett seines Vaters gelandet ist.

„Ich habe Hunger", jammert Michaja und hebt den Deckel des Köfferchen, in dem wir unseren bescheidenen Lebensmittelvorrat aufbewahren.

„*Gerlee* bringt vielleicht etwas mit. Und sonst fragen wir mal im Hotel", sage ich. „Geht ihr jetzt mal duschen und dann essen wir 'was."

Gerlee taucht erst um halb zehn Uhr auf. Aber sie bringt heißes Wasser und so machen wir uns einen Tee. „Wie geht es dir, Rita? Sind die Ärzte schon da gewesen", fragt sie.

„Nein, ich bin seit acht Uhr auf. Die kommen sicher bald. Hast du die Tickets bekommen?"

„Ja, aber leider konnte das Flugzeug noch gar nicht aus Ulaanbaatar abfliegen. Wegen des schlechten Wetters."

„Waas?!" Nun ist auch Jürgen ganz wach. „Heißt das, dass wir heute nicht fliegen können?"

„Wir müssen abwarten. Vielleicht fliegt es noch los. Mein Bruder ruft immer wieder am Flughafen an und erkundigt sich. Die Gegend hier ist so bergig, da fliegen sie bei schlechter Sicht nicht, weil sie kein Radar haben. Das wäre zu gefährlich", erklärt uns *Gerlee*.

Jürgen schaut mich an. Es ist nicht das erste Mal, dass ein mongolisches „morgen" nicht hält, was es verspricht. Die Mongolen witzeln ja selber über ihr unzuverlässiges *margaasch*. Hätten wir uns entscheiden sollen, die Operation hier durchzuführen? Haben wir einen Fehler gemacht? Solche anklagenden Gedanken surren durch unsere Köpfe.

Ich bin froh, dass ich mir nach dem Aufstehen Zeit genommen habe zum Bibellesen und Beten, denn so ist mein Vertrauen in Gott gestärkt bei diesen menschlich gesehen miserablen Aussichten. Aber alle Sorgen werde ich nicht los. Das Kinderantibiotikum, das ich wegen meinen 67 Kilo Gewicht in doppelter Portion geschluckt habe, hat nur zwei Tage wirken können. Und außer ein paar Paracetamols und den zwei Tabletten der Ärztin heute Nacht habe ich keine Medizin geschluckt. Die mongolische Familie in der Jurte am See hat mir zwar ihren Medizinvorrat angeboten, aber als wir die gebrauchten Spritzen, die vergilbten, zerbröckelten Tabletten und Würzelchen sahen, die sie aus dem schmutzigen Tuch wickelten, haben wir dankend abgelehnt.

Meine Gedanken um meine Gesundheit werden unterbrochen durch das Klopfen an der Tür. Mit einem Blick auf mein Handgelenk sehe ich, dass es bereits halb elf Uhr ist. Jürgen öffnet die Tür, und meine Ärztin tritt ein mit einem Kollegen. Es ist ein anderer als gestern Abend. Zusammen tragen sie ein schweres Ding, das sich als Ultraschallgerät entpuppt. Damit wollen sie meine „Geschwulst" ausmessen. *Dr. Altantschimeg* wäscht sich die Hände, dann verteilt sie kalte Schmiere auf meinem Bauch, und bald darauf haben sie die Daten des runden Dinges aufgeschrieben. „Für den Arzt in Ulaanbaatar", meinen sie.

„Also, eine Eierstockentzündung kann es nicht sein", beantworten sie meine laienhafte Vermutung, auf die ich gekommen bin, weil der Schmerz vor allem in der Gegend dort steckt.

„Und Blinddarm?", fragt mein Mann mit besorgtem Gesicht. Immerhin wurde diese Option schon ein paar Mal diskutiert.

Vielleicht, vielleicht auch nicht, scheint das Achselzucken und Augenbrauenheben zu bedeuten, und ich höre wieder dieses dunkle Wort. Es scheint mir noch schwärzer und unheilvoller zu tönen als gestern Nacht: *mochorolgää!*

Können sie keine genaue Diagnose stellen oder wollen sie nicht?, frage ich mich, aber eigentlich ist es mir egal. Ich werde heute Abend operiert sein, und dann wissen wir alle, was ich hatte.

Jahre später, als ich eine an Tuberkulose schwer erkrankte junge Frau begleitete, lernte ich, dass Mongolen Todkranken die Wahrheit liebend gern verschweigen.

Wahrscheinlich haben die beiden Ärzte also genau gewusst, dass mein Blinddarm bereits geplatzt war, der auslaufende Eiter in einer Art Muskelkugel zusammengehalten wurde, die auf dem Bildschirm dieses runde Ding abgab: meine Lebenszeitbombe tickte. Viel schneller, als allen lieb war.

Teil 1

Wer bist du Gott?

Thun, Schweiz

1960-1980

4
KINDHEIT UND JUGEND

ABHÄRTUNG

Mein erstes leises Ticken, um bei der Lebenszeitbombe zu bleiben, geschah etwa um Weihnachten 1959, denn am 24. September 1960 platzte die Bombe, beziehungsweise die Fruchtblase, und ich kam zur Welt. Die Mongolen, von denen ich damals noch keine Ahnung hatte, werden bei der Geburt bereits einjährig. Sie zählen die Schwangerschaft mit und runden auf. Diese Ansicht gefiel mir, als ich sie zum ersten Mal hörte, denn sie zeugt von Ehrfurcht vor dem ungeborenen Leben. Das hatten meine Eltern auch.

Als Katholiken wären sie nie auf die Idee einer Abtreibung gekommen, obwohl man ihnen heute wohl von diesem zweiten Kind abgeraten hätte, denn meine ältere Schwester war erst knapp einjährig, und mein Vater verdiente als Verkäufer in einem Modegeschäft mehr schlecht als recht. Er war ein sportlicher, sehr aktiver Mann, und ließ sich durch die Tatsache, dass seine ersten beiden Kinder Mädchen waren, nicht aus dem Konzept bringen. **Was sollten Buben können, das Mädchen nicht ebenso zustande bringen?**, schien er sich zu fragen, und meine Schwester Bernadette und ich blieben ihm die Antwort nicht schuldig:

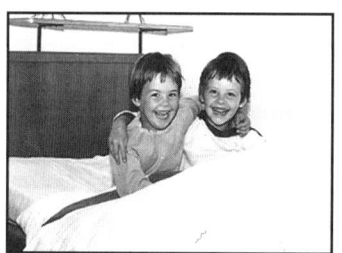

Wir lernten Fußball, wanderten als Drei- und Vierjährige stundenlang in den Berner Oberland Bergen herum, tranken Kuh- und Ziegenmilch direkt ab Euter, kletterten auf fünfzehn Meter hohe Bäume und rannten zur Abhärtung barfuß durch den Zentimeter hohen, eiskalten Schnee in unserem großen Garten. Und weil das noch nicht genügte, um uns gegen alle Grippenviren immun zu machen, nähte unser Vater, der gelernte Schneider, kleine Baumwollsäckchen an die Innenseite unserer Pulloverkragen und steckte jeden Morgen eine frisch geschälte Knoblauchzehe hinein. Kein Wunder, wir wurden nicht angesteckt! Alle Mitschüler und Mitschülerinnen hielten einen riesigen Abstand zu unserem Mief. Mein naturverbundener Vater schwor allerdings auf seine Methode, und nächstes Jahr, als wir uns weigerten, die Knoblauchsäckchen zu tragen, gab es statt dessen gepressten Knoblauchsaft pur vor dem Frühstück.

In solchen Extremsituationen kam uns dann unsere Mutter mutig zu Hilfe. Sie hatte zum Beispiel darauf bestanden, dass mein Vater diesen scharfen Extrakt mal selber vor dem Frühstück trank. Von diesem Tag an war der „Knoblisaft" für alle freiwillig.

Teil 1: Thun, Schweiz, 1960–1980

Nicht, dass sich meine Mutter immer durchsetzen konnte, aber doch ab und zu. Es ist bestimmt auch ihre Idee gewesen, dass sich meine Eltern mittags immer zu einem 30-minütigen Schläfchen auf den Teppich legten und dazu im Radio Nachrichten hörten. Meinem Vater wäre es zuzutrauen gewesen, dass er auch noch in der Mittagspause herumhetzt und arbeitet.

„Da gehe ich mal hin."

Es war also an so einem Mittag, als ich als etwa achtjähriges Mädchen im Wohnzimmer mit der Weltkugel spielte. Ich drehte sie, legte schließlich meinen Finger irgendwo auf die Kugel und brachte sie damit zum Stehen. Dann sagte ich laut: „Da gehe ich mal hin."

Meine Eltern beachteten mich nicht, sondern lauschten konzentriert und Händchen haltend dem schweizerischen Nachrichtenmagazin.

„Papi, was ist das für ein Land? Komm, schau doch mal."

Weil ich so beharrlich blieb, stand mein Vater schließlich auf, schaute sich das kleine Fleckchen Land unter meinem Finger an und antwortete mir: „Das ist die Mongolei."

„Da gehe ich mal hin", sagte ich noch einmal.

Mein Vater vergaß die Sache bis zu einem Frühlingstag im Jahr 1984, als ich meinen Eltern erzählte, Gott hätte mich in die Mongolei berufen.

Meinen Eltern war der Glaube an Gott wichtig. Meine Mutter kam aus einem strengkatholischen Elternhaus aus dem Kanton Glarus. Jeden Sonntag in die Kirche zu gehen, war für sie genau so wichtig wie für meinen Vater, der als Luzerner ebenfalls katholisch aufgewachsen war. Zusammen gebetet wurde in unserer Familie aber kaum. Vielleicht ganz früher vor dem Zubettgehen, oder damals, als Juliette, meine um fünf Jahre jüngere Schwester, fast an einem Fieberkrampf gestorben wäre und mein Vater Bernadette und mich unter Tränen aufgefordete zu beten. Das Tischgebet hatten meine Eltern beide in ganz schlechter Erinnerung und wollten unter keinen Umständen, dass wir unter Heuchelei zu leiden hätten.

So betete ich abends für mich allein. Ich hatte immer eine ganze Liste von Anliegen. Manchmal, das heißt eigentlich ziemlich oft, hatte ich große Angst vor dem Einschlafen: Ich sah dunkle Gestalten mit blitzenden Augen in ihren Fratzen auf dem Fenstersims sitzen. Vielleicht habe ich deshalb als Kind so ernsthaft gebetet, denn es schien mir zu helfen.

In meiner Familie war Bibellesen tabu; als gehorsame Katholiken rührte man die „Heilige Schrift" damals nicht an. Ich wusste also über Gott nur das, was man aus der Sonntagsschule oder aus der Schule kennt, und das war nicht so viel. Umso mehr freute ich mich, als ich als Elfjährige in der Sekundarschule von den Gideons[9] mein erstes Neues Testament erhielt. Ich erinnere mich noch gut, dass

---

9 Die Gideons, eine internationale christliche Organisation, verteilen Bibeln und Neue Testamente an Schulen, in Spitälern, Hotels, Gefängnissen und beim Militär.

von diesem kleinen, grünen Büchlein eine große Anziehungskraft ausging. Ich ließ es kaum mehr aus den Händen. Abends vor dem Schlafengehen las ich darin einen Abschnitt, meistens das, was vorne auf der ersten Seite in einer gewissen Situation empfohlen wurde. Das NT schlief mit mir unter dem Kopfkissen. Ich fühlte mich irgendwie geborgen dabei.

Musik, Gefühle und Sexualität

In der 5. Klasse kam ich in die Sekundarschule. Meine Lieblingsfächer waren Deutsch, Mathematik, Turnen, Zeichnen und Singen. Da meine Mutter aus einer Musikerfamilie stammt, lernte ich schon früh, Geige zu spielen. Ich merkte als Teenagerin, dass die Musik sich bestens eignete, um Gefühle auszudrücken. Und Gefühle sind ja aus der Pubertät nicht wegzudenken.

Meine Eltern waren offene, ehrliche Menschen, mit denen man über alles reden konnte. Manche ihrer streng katholischen Ansichten hatten sie unterdessen abgelegt und zählten sich zu den weltoffenen Leuten. So offen, dass sie manchmal selbst nicht mehr wussten, was sie glaubten und je länger je weniger unsere tiefgründigen Fragen beantworten konnten. In der Zeit, als mein Vater viel Stress im Geschäft hatte (er war unterdessen Filialleiter geworden), begann meine Mutter, sich als Klavierlehrerin zu betätigen und psychologische Bücher zu lesen. Sie wünschte sich vor allem eines für uns: eine Jugendzeit, die nicht so sexuell verklemmt war, wie sie das erlebt hatte. Als meine Schwester Bernadette also anfing, sich mit Jungen zu verabreden, wollte ich ihr in nichts nachstehen. Ich wollte auch zu einer der Cliquen gehören, die sich meist aus katholischen Jugendlichen gebildet hatten. Und das bedeutete: sich küssen und betatschen lassen, Versuchskaninchen spielen für die jungen Männer, für die das Dunkel der Winterabende und der lange, einsame Zufahrtsweg zur Kirche ideale Rahmenbedingungen lieferten. Eigentlich wollte ich diese Spielchen überhaupt nicht, und im Tiefsten schämte ich mich für das, was wir heimlich taten. Aber wohin ich mit dieser Scham hätte gehen sollen, wusste ich nicht. Trotz der Tatsache, dass Sexualität zuhause kein Tabuthema war, traute ich mich nicht, meinen Eltern von meinen negativen Erfahrungen zu berichten.

Ich war froh, dass ich in dieser Zeit von einer Freundin in den Volleyballclub eingeladen wurde und so eine andere Quelle der Anerkennung entdeckte. Nun hatte ich auch Freundinnen, und zwar unabhängig von meiner älteren Schwester. Meinen Eltern wuchs ihr Dreimädelhaus langsam über den Kopf: zwei pubertierende Mädchen, die sich immer mehr in ihre eigenen Zimmer zurückzogen und eine Schülerin, die viel lieber Esel und Pferde striegelte als Hausaufgaben zu machen. Mein Vater war im Geschäft sehr gefordert, und so war meine Mutter ziemlich auf sich alleine gestellt mit der Erziehung ihrer Töchter.

Spirituelle Suche

Wenn damals ein Frommer an die Tür kam und Weisheiten anbot, seien es nun mormonische, adventistische oder neuapostolische, so fanden sie bei meinen Eltern ein offenes Ohr. Ihre Hochzeitsbibel verstaubte nicht mehr länger im Regal, sondern war nun öfters Schwert im wahrsten Sinne des Wortes. Die eine Gruppe stritt gegen die andere, und jede hatte Recht und zog über die andere her, um Familie Haas so für sich zu gewinnen. Von all dem bekamen wir Kinder nicht allzu viel mit. Das änderte sich schlagartig an jenem Tag, als zwei Frauen an die Tür klopften und etwa folgendermaßen mit meiner Mutter redeten:

„Guten Tag, Frau Haas", grüßten sie freundlich.

„Hallo", sagte meine Mutter.

„Haben Sie einen Moment Zeit? Wir möchten Sie etwas Wichtiges fragen", sagte die jüngere der beiden Frauen.

„Emh, ja, um was geht es?"

„Sie sind Mutter, oder? Wie viele Kinder haben Sie?"

„Drei Mädchen."

„Schön! Wissen Sie auch, dass Sie vor Gott die Verantwortung haben, Ihre Kinder in der Ehrfurcht vor Gott zu erziehen?"

Meine Mutter schluckte leer.

„Kennen Sie die Bibel, Frau Haas?", erkundigte sich die Frau weiter.

„Nicht wirklich. Ich bin katholisch."

„Wir sind Zeugen Jehovas[10]. Dürfen wir für einen Moment hereinkommen?"

„Ja, bitte", antwortete meine Mutter, in Gedanken immer noch bei der Verantwortung, die sie zu haben schien. Diese lastete nun schwer auf ihr. Wer weiß, was sie mit uns in den Wochen vorher erlebt hatte.

Und so nahm sie das Angebot, einmal in der Woche zusammen mit der ganzen Familie die Bibel zu studieren, dankbar an. Ich war damals 14 Jahre alt, als die drei Zeugen, ein Ehepaar und die Frau, die meine Mutter angesprochen hatte, jede Woche zu uns kamen. Es war etwas Besonderes, als Familie zusammen zu sitzen und die Bibel zu erforschen. Bisher hatten wir als Familie nur zusammen gewandert, Karten gespielt, diskutiert, ferngesehen oder gearbeitet. Aber über den Sinn des Lebens philosophieren, über Leben und Tod, Gott und die Welt, das war neu und spannend.

Ich bekam nun meine erste ganze Bibel, das Alte und Neue Testament, und begann fleißig darin zu lesen. Nach einer Weile kannte ich mich schon ganz gut aus und wusste, wo welches Buch zu finden war. Oft gab es erhitzte Diskussionen an den Bibelstudien-Abenden. Die Zeugen Jehovas fanden es natürlich falsch,

---

10 Die Zeugen Jehovas gelten als Sekte. Da dieses Wort heute nicht mehr klar definiert ist, aber oft in aller Leute Mund, möchte ich hier vier Kriterien nennen, die eine religiöse Gruppe zu einer Sekte machen:
- Einschränkungen von Meinungs- oder Bewegungsfreiheit
- Die Lehre, dass ausschließlich in dieser Gruppe das Heil zu finden ist.
- Eigene Bücher und Sonderlehren sind gleichbedeutend oder wichtiger als die Bibel.
- Ein Austritt ist schwierig oder wegen starkem psychischem Druck unmöglich.

dass wir in der „Hure Babylons" waren, wie sie die Katholische Kirche in Anlehnung an das 17. Kapitel der Offenbarung bezeichneten, und legten uns den Austritt sehr nahe. Meine Eltern, deren Freunde fast ausschließlich katholisch waren, brauchten noch etwas Zeit. Klar, vieles was die Katholische Kirche vertrat und tat, fand man nirgends in der Bibel. *Aber konnte und wollte man so radikal sein?*, fragten sich meine Eltern.

Militärdienstverweigerung: das gefiel meinem pazifistischen Vater. Der Konsum von Wein, Fleisch, Tee und Kaffee war erlaubt. Diese Lehre kam besser an als der Verzicht der Mormonen und der Adventisten. *Aber warum bloß keinen Geburtstag mehr feiern? Nur weil der einzige Geburtstag, der in der Bibel erwähnt ist, zu einem Mord führte? Konnte Jehova so streng sein? Und was, wenn wir einen Unfall hätten?*, überlegten meine Eltern. *Wären wir bereit, auf eine Bluttransfusion zu verzichten?* Das Bibelstudium klärte manche Frage, aber neue ergaben sich: War Jesus nun Gott oder nicht? …

Ab und zu gingen wir in ihre Versammlungen in Thun, wo sich das Schweizerische Zentrum der Wachtturmgesellschaft befindet, doch irgendwas hielt uns alle davon ab, dort Mitglieder zu werden. Der Bruch mit der Katholischen Kirche wurde aber immer stärker. Mir sollte es recht sein. Ich war dort sowieso nie zuhause gewesen. Seit ich die Bibel kennengelernt hatte, fand ich es blöd, dass diese Kirche an nichtbiblischen Ordnungen über Jahrhunderte festgehalten hatte und immer noch vehement festhielt.

Die Bibel faszinierte mich, und ich wollte Gott gehorchen. Je mehr Wissen ich mir aneignete über das, was Gott gefiel und was er sich wünschte, desto mehr stellte ich fest, dass ich das Gute nicht tun konnte, oder wenigstens nicht immer. Jehova schien so souverän, mächtig und heilig. Konnte ich es ihm je recht machen? Ich wollte es versuchen. Ich gab mir alle Mühe. Ich versuchte, den Menschen und Gott zu gefallen – und es war ein Krampf!

Zum Glück lernten meine Eltern ein Ehepaar kennen, das zu einer überkonfessionellen Bewegung gehörte, die sich verpflichtet hatte, das Leben nach allgemeingültigen Werten wie Ehrlichkeit, Reinheit, Uneigennützigkeit und Liebe auszurichten, sowie begangene Fehler wieder gut zu machen. Für meine Eltern waren diese einfachen Prinzipien, die sich an der Lehre Jesu orientierten, wie Balsam auf die spirituellen Wunden, welche die verschiedenen Sekten und Gruppierungen aufgerissen hatten.

Dinge in Ordnung bringen

Ich fühlte mich durch diese vier Lebensprinzipien bestärkt in meinem Wunsch, rein und ehrlich zu sein und beschloss, alles in Ordnung zu bringen, was mir an Schuld bewusst war. Gemäß dem Rat jenes Ehepaares nahm ich ein leeres Blatt Papier und bat Gott, mir aufzuzeigen, wo ich gesündigt hatte. Das schrieb ich auf und bekannte es Gott und bat ihn um Vergebung.

Doch etwas, das Gott mir aufzeigte, fand ich zuerst lächerlich: Mit etwa zwölf

Jahren hatte ich zwei Preisschildchen vertauscht, damit ich mir den teureren Schokoladenriegel hatte kaufen können. Ich betrog das Geschäft um vielleicht dreißig Rappen, und diese Winzigkeit zeigte Gott mir jetzt auf. Ich ignorierte diesen Impuls, dachte, das sei nun wirklich nicht der Rede wert. Doch irgendwie ließ mir mein Gewissen keine Ruhe. Ich begann zu verstehen, dass die Größe des gestohlenen Geldbetrags keine Rolle spielte, sondern dass Betrug an sich Sünde war. Also machte ich mich gehorsam auf die Socken, trat in den Laden, schluckte ein paar Mal leer und gestand der völlig ahnungslosen Verkäuferin meinen fünf Jahre alten Betrug und wieso ich das nun in Ordnung bringen wollte. Dabei kam ich mir sehr dumm vor.

Sie reagierte verständnisvoll: „Emh, das ist nett, dass du das bekennst. Aber weißt du, ich kann diesen Betrag" – ich hielt ihr fünfzig Rappen unter die Nase – „nun nicht eingeben, sonst stimmt mir am Abend die Kasse nicht. Ich werde es aber dem Chef sagen. Es ist in Ordnung so."

Puh, das war geschafft! Und es fühlte sich gut an. Nun konnte Gott doch ganz zufrieden mit mir sein!

Auf philosophischen Wanderwegen

Im Frühling 1976 trat ich ins Lehrerinnenseminar Thun ein. Wir waren eine kleine Klasse und lernten uns bald mal gut kennen. Es sprach sich schnell herum, dass zwei „Stündeler"[11] unter uns waren. Als ich mit ansah, wie sie wegen ihres Glaubens an Jesus verspottet und ausgelacht wurden, behielt ich mein Bibellesen und mein Interesse an Gott schön für mich, beobachtete die beiden aber auf Schritt und Tritt. Besonders Käthi beeindruckte mich mit ihrer Ausstrahlung und mit ihrem konsequenten Lebensstil. Einmal, als wir als Klasse für eine Kollegin eine Kassette aufnahmen und dabei das Vater-Unser Gebet völlig verhunzt aufsagten, sah ich, dass Käthi sich abwandte und nicht mitmachte. Innerlich fühlte ich ähnlich, doch ich hatte nicht den Mut, mich gegen die Klassenkameradinnen zu stellen. Ich bewunderte Käthis Stärke. Woher nahm sie die? Gegen den Strom zu schwimmen, fiel mir noch immer sehr schwer. Das merkte ich auch in meiner Beziehung zu Attila.

Diesen gut aussehenden Jungen aus der Nähe von Bern hatte ich im obligatorischen dreiwöchigen Landdienst kennengelernt, den jede Schülerin absolvieren musste. Attila ist der Name des berühmten Hunnenkönigs; das wusste ich aus der Schule. Doch dass die Hunnen die Vorfahren der Mongolen waren, lernte ich erst, als ich mich vierzehn Jahre später auf meinen Einsatz in der Mongolei vorbereitete.

Mein Freund war ungarischer Abstammung und lebte bei einer Pflegefamilie. Wir sahen uns nach dem Bauernhofeinsatz so alle drei Wochen. Eine zarte

---

11 So nannte man ursprünglich die Leute, die neben der Kirche am Sonntag noch eine spezielle Stunde (z.B. Bibel- oder Gebetsstunde) besuchten. Es war in meiner Jugendzeit ein Schimpfwort für freikirchliche Christen.

Beziehung entstand, wie ich sie mir immer gewünscht hatte, nicht dieses forsche ausgenutzt-Werden, wie ich es leider zuerst hatte kennenlernen müssen. Diesmal war das Tempo so, dass die Seele mitkam. Ich mochte Attila sehr, doch mit der Zeit wurde unsere Beziehung, die sich anfänglich auf viele Unternehmungen in der Natur beschränkt hatte, enger, vertrauter und schrie nach mehr Intimität. Mir waren Gottes Gebote nun bestens bekannt, und ich wollte auf keinen Fall vor der Ehe mit einem Mann schlafen. Mein Freund schien wenig Verständnis für meine moralischen Bedenken zu haben. Ich war hin und her gerissen. Zum einen liebte ich ihn, zum andern konnte ich ihn mir nicht als Ehemann vorstellen, nicht, wenn er meinen Glauben an Gott nicht teilte ...

Während ich innerlich also zerrissen war zwischen Wollen und Können, beschäftigten wir uns im Deutschunterricht mit den unterschiedlichsten Anschauungen und Philosophien. Ausgehend von Hermann Hesses Lektüre fing ich an, den Buddhismus und andere Weltreligionen unter die Lupe zu nehmen, denn ich **suchte Antworten auf die Schreie meiner Seele**. Ein Gedicht, das ich irgendwann in dieser Zeit geschrieben habe, zeigt meine damalige innere Not:

Der Aushöhler
Am Anfang war es voll, mein Herz.
Da kam er! Mit Löffel und Schaber.
Er begann es auszuhöhlen,
langsam, scheinbar unmerklich.
Doch immer war weniger da.
Zusehends verschwanden Stücke.
Stücke von mir, die ich gebraucht hätte!
Dringend gebraucht ...
Doch er, ohne Rücksicht – er schabte weiter.
Jetzt – jetzt ist nichts mehr drin.
Alls ist leer, ausgehöhlt, verlassen!
Wie konnte ich das zulassen?
Wer ist dieser ER, der mein Herz, mich selbst zerstören konnte?
WER IST ER?

Ich suchte nach einer Alternative zum Christentum, beziehungsweise eine Alternative zu den Formen des Christentums, die ich bis dahin kennengelernt hatte:

Von der katholischen Kirche war ich enttäuscht. Die hatten mir die Bibel zu sehr zurechtgezupft, um auf ihren Machtansprüchen pochen zu können.

Die Zeugen Jehovas imponierten mir zwar mit ihrem Mut, zu dem zu stehen, was sie in der Bibel als richtig erkannt hatten, aber die Kontrolle, die vom „Wachtturm" ausging, war mir nicht geheuer. Auch konnte ich nicht verstehen, wieso sie Jesus nicht als Gott akzeptierten, wo Jesus das doch selbst von sich gesagt hatte.

Die Stündeler, die ich schon von ferne als solche erkannte, schienen mir so weltfremd, wie von einem andern Stern: die Frauen trugen alle lange Röcke und hochgesteckte Haare – „Halleluja-Knoten" nannten wir „Ungläubigen" diese Haartracht spöttisch. Die Männer glichen sich wie ein Ei dem andern. Individualität schien Sünde zu sein. So wollte ich nicht werden! Und manchmal empfand ich ihr ständiges Strahlen und Lächeln als heuchlerisch. Ich selber wusste, wie man andern etwas vormachen und das wahre Ich verbergen konnte. Ich war allergisch auf alles, was nicht total ehrlich und aufrichtig war, **denn das Wahre und Echte suchte ich von ganzem Herzen.**

Nicht nur mein Interesse an der Bibel, sondern auch der Unterricht am Lehrerinnenseminar forderte mich heraus, mich mit metaphysischen Themen auseinander zu setzen. So habe ich in einem Aufsatz unter anderem geschrieben:

Unser Geschichtslehrer hat Metaphysik folgendermaßen definiert: ‚Frage nach dem Ur-Grund. Was waren wir, als wir noch nicht waren? Was sind wir jetzt? Was werden wir sein, wenn wir nicht mehr sind?' […] Ich glaube, dass sich jeder Mensch früher oder später mit der Frage der Metaphysik beschäftigt. Spätestens dann, wenn der Tod vor seiner Tür steht. […] Viele machen sich auch gar nicht darüber Gedanken, woran sie glauben, weil es ihnen egal ist und zu mühsam, um sich dieser Frage ernsthaft zu widmen. Es ist sicher mühsam, doch ich glaube, wenn man dadurch einen festen Glauben gewinnt, hat man sehr viel gewonnen.

Froh, traurig oder wütend

Käthi schien so einen festen Glauben zu haben. Immer wieder lud sie mich in ihre Versammlungen ein, aber ich lehnte dankend ab. Ich war stolz. Ich war Christ. Ich war gut. Ich brauchte diese Heuchler nicht. Ich wollte leben, lieben, doch wen? Warum? Die Sache mit Attila schrie nach einer Entscheidung. Er drängte.

Und Käthi auch, auf ihre Art: Eines Tages schrieb sie mir während der Ferien einen Brief, der mich in Rage versetzte. Er beinhaltete nämlich in etwa folgende Worte: „Wenn du morgen stirbst, weißt du dann, ob du bei Gott bist? Wieso sollte Gott dich annehmen? Wenn ich sterbe, bin ich bei Gott, ich weiß das. Gottes Heiliger Geist lebt in mir. Er bezeugt mir, dass ich Gottes Kind bin. Hast du den Heiligen Geist? Bist du Gottes Kind?"

Heute bin ich meiner Freundin dankbar für diese Herausforderung und bewundere ihren Mut, mich in dieser Weise zu konfrontieren, doch damals hätte ich sie ohrfeigen können. In der englischen Sprache gibt es ein anschauliches Wortbild für das, was in mir vor sich ging: „The Gospel makes people glad, sad, or mad."[12] Mich machte ihre Aussage „mad", ich ärgerte mich über ihren ganzen

---

12 „Das Evangelium macht Menschen froh, traurig oder wütend."

Brief: die Überheblichkeit, die anmaßende Frechheit zu wissen, dass sie gut genug war für den Himmel. Ich hatte da meine Zweifel. Nein, ich wusste absolut nicht, ob ich genügte. Ich gab mir ja alle Mühe, doch ob das reichte für Gott? Ich wollte ja besser sein. Ich bemühte mich.

Im Grunde genommen verstand ich die gute Nachricht, das Evangelium, jedoch überhaupt nicht. Mein Stolz hielt mich zu sehr in seinen Klauen.

5
NEUANFANG

ENDLICH ZUHAUSE

Irgendwann ein paar Monate später gab es eine Evangelisation, eine dieser Zeltversammlungen: „Gott liebt Thun" jauchzten die Plakatwände der Stadt. Ich regte mich schon wieder auf. Aber trotzdem oder gerade deshalb ging ich hin. Ich wollte, dass Käthi endlich Ruhe gab und mich als ebenbürtige Christin akzeptierte.

Als ich in Heimberg ankam, saßen die „Hallelujaknoten-Frauen" und „Eier-Männer" schon im Zelt. Ab und zu sah man Frauen mit offenem Haar oder in Hosen; sie schienen sich jedoch äußerst unwohl zu fühlen. Zum Glück wartete Käthi auf mich und so konnte ich die Höhle des Löwen mit ihr zusammen betreten. Von der Predigt und dem Singen habe ich nicht mehr viel in Erinnerung. Ich weiß noch, wie der Prediger jene aufrief nach vorne zu kommen, die sich „bekehren" wollten. Schon allein dieses Wort hatte so einen ekligen Beigeschmack: Bekehren bedeutete für mich, durch jene Schablone gepresst zu werden, an deren Ende ich als Hallelujaknoten-Frau wieder hervorkommen würde. Das wollte ich auf gar keinen Fall! Ich fühlte mich ganz in Ordnung: ich war ja damals meine Sündenliste durchgegangen, hatte Gott um Vergebung gebeten und alles in Ordnung gebracht. Stolz erfüllte mich bei dem Gedanken. Gott konnte mit mir zufrieden sein. Ich blieb sitzen.

Käthi war enttäuscht. Was ich nicht wissen konnte war, dass sie zusammen mit andern seit zwei Jahren für mich betete. Nun aber wusste sie auch nicht mehr weiter. Sie war drauf und dran, den schwierigen Fall „Rita Haas" resigniert ad acta zu legen.

Wir redeten nicht viel, draußen vor dem Zelt. Doch dann hieß es plötzlich, die Jugendlichen gingen noch zu Janos nach Hause zum Kaffeetrinken. „Willst du mitkommen?", fragte Käthi mich.

„Wieso nicht?", meinte ich. Schaden konnte es ja nichts, diese jungen Leute mal kennenzulernen. Mit denen würde ich schon diskutieren und philosophieren!

Also packten wir unsere Fahrräder und fuhren ins Schwäbis, in den Stadtteil also, wo dieser Junggeselle Janos wohnte. Es war nun schon fast dunkel und ich war froh, mit andern zusammen zu fahren. Dieser Fahrradweg war nicht sicher. Ein paar Wochen vorher hatte es hier eine Vergewaltigung gegeben.

Janos servierte Kaffee und kalte Getränke. Ich beobachtete zuerst mal. Da hatte es einen Jungen mit langen Kraushaaren! Ich glaubte es nicht. Und ein paar Mädchen trugen Jeans. Die meisten waren älter als ich. Käthis Bruder, der mit dem Afrolook, studierte an der Technischen Hochschule in Burgdorf. Er unterhielt sich gerade mit einem andern jungen Mann, den alle „Schabi" nannten. Ich folgte ihrer Diskussion und staunte. Die redeten ja ganz intellektuell daher! Ich hatte immer gedacht, die Stündeler wären alles dumme Leute, Menschen, die nicht selber denken konnten oder wollten, die sich einfache Antworten suchten, damit sie im Leben zurechtkamen. Eines meiner Vorurteile zerbrach.

Die Leute waren nett zu mir, bezogen mich in ihre Gespräche mit ein und hörten mir auch geduldig zu. Ich kannte sogar noch jemanden aus dem Geschäft meines Vaters. Sie war Verkäuferin.

Und Janos! Er schien echt was drauf zu haben mit Tischtennis. Nationalliga-B-Spieler oder so. Auch Schabi schien eine Sportskanone zu sein. Langsam schämte ich mich all meiner negativen Gedanken, die ich so lange scheinbar unberechtigt gehegt hatte. Ja, ich konnte mir vorstellen, mit solchen Jugendlichen meine Freizeit zu verbringen.

Gegen elf Uhr sagte jemand: „Lasst uns noch eine Gebetsgemeinschaft halten und dann müssen wir gehen."

Was war das? Gebetsgemeinschaft? Ich war gespannt. Gebet kannte ich von meiner Kindheit, von der Kirche und von den Zeugen Jehovas: diese hatten zum Schluss des Bibelgesprächs immer gebetet und ihre Anliegen an den souveränen Jehova adressiert, der Lichtjahre entfernt im All zu thronen schien.

Auf das, was nun folgte, war ich nicht vorbereitet. Drei bis vier junge Menschen beteten nacheinander zu Jesus, kurz und ehrlich, so schien es mir wenigstens, und ich hatte ja einen hohen Ehrlichkeitsmaßstab! Dabei redeten sie so, wie wenn Jesus im Raum wäre, so als ob sie zu einem Freund sprächen.

Als ich ihren Worten lauschte, erfasste eine unglaublich tiefe Sehnsucht mein Herz: das, was diese Jugendlichen zu besitzen schienen, nämlich eine direkte Verbindung zu Gott, das wollte ich auch. Zum ersten Mal gab ich vor mir selber zu, dass mir etwas fehlte. Obwohl meine Augen geschlossen waren, sah ich mit den Augen des Herzens, wie meine zur Schau gestellte Religiosität und mein Stolz zerbrachen. Ich stand in Gedanken vor dem heiligen Gott und hatte plötzlich nichts mehr vorzuweisen, was zu genügen schien. Unter Tränen murmelte ich leise: „Ich brauche dich, Jesus".

In dem Maße, wie meine Tränen der Buße die selbst gebastelte Gerechtigkeit von meinem Herzen wegschwemmten, erfüllte Gottes Friede und seine Freude mein Herz. Ich war so glücklich wie nie zuvor. Jesus führte mich heim zu Gott, dem Vater. Mein „himmlischer Papi" hatte so geduldig auf mich gewartet, und nun war ich bei ihm geborgen und beschützt.

Die Mitternacht vom 1. auf den 2. Juni 1978 wurde zu meiner geistlichen Geburtsstunde: Gott schenkte mir, seinem neugeborenen Kind, den guten Heiligen Geist, der mich nie mehr verlassen würde.

Ich weiß noch, wie ich Lieder summend heimgeradelt bin. In mir brannte ein Licht, das sogar das Dunkel der Nacht für mich zu erhellen vermochte. Zuhause schrieb ich unter anderem in mein Tagebuch:

Jesus, dir leb' ich, Jesus, dir sterb' ich,
Jesus, dein bin ich im Leben und im Tod!
Ich danke dir für dieses wunderbare Vorgehen in meinem Innersten, das du durch deine Liebe, die Liebe deines Vaters, die sich in den jungen Menschen spiegelte, hervorgerufen, geweckt hast.

Neue Liebe

Am nächsten Morgen bemerkten meine Eltern, dass etwas anders war. Als sie mich danach fragten, gab ich „be-Geist-ert" Auskunft. Für meine kleine Schwester Juliette empfand ich eine unbeschreibliche Liebe, die ich so noch nie gekannt hatte. Von dem Zeitpunkt an kehrte diese Wut, zu der sie mich vorher hatte reizen können, nie mehr zurück. Das war für mich ein Geschenk Gottes, ein Zeichen dessen, was er in mir zu tun vermochte. Ich verstand nun zaghaft, dass Gott von uns Menschen gar nicht erwartete, dass wir alleine, durch unsere eigene Kraft, seine Gebote zu halten versuchten. Damit waren wir zum Scheitern verurteilt. Die Gute Nachricht war, dass Gott durch den Heiligen Geist in uns leben wollte und das Gottgefällige von innen her bewirkte. Ich war fasziniert und wollte diese Wahrheit der ganzen Welt mitteilen.

Am 18. November, kurz nach meinem 18. Geburtstag, ließ ich mich in Käthis Freikirche taufen. Dieser Schritt stimmte meine Großmutter sehr traurig, die doch zuhause an der Wand einen Ablassbrief hängen hatte, der bis in die dritte und vierte Generation Sündenvergebung garantierte. Für meine Sünden wäre doch schon bezahlt gewesen …

Durch die Taufe wollte ich ja auch nicht für meine Sünden bezahlen – das hatte Jesus zur Genüge getan –, sondern ich wollte bezeugen, dass ich Jesus nachfolgen wollte. Das konnte niemand anders für mich entscheiden!

Meine Eltern, denen meine neue Kirche zu gesetzlich war – und das war sie damals leider auch –, kehrten nach ihrer langen Odyssee in die katholische Kirche zurück. Sie hatten jetzt die Bibel, sie hatten Jesus, sie hatten die Botschaft der Liebe. „Das müsste reichen", sagten sie.

Wachstum

Ich war froh, dass ich noch mehr hatte: meine Freundin Käthi, die mich auf meinem Glaubensweg begleitete, mich ermutigte und herausforderte; eine Kirche, die für mich und meine Anliegen mitbetete, ein Ort, wo ich geistlich wachsen und mich für Gottes Sache einsetzen konnte.

Am meisten beeindruckt mich im Nachhinein, wie treu Käthi sich um mich gekümmert hat. Sie wusste, dass Menschen wie ich geistlich gesehen Babys sind. Neugeboren, hungrig nach dem Wort Gottes, verletzbar. Und sie sorgte sich um mich, bis ich alt genug war, mich selber zu füttern. Wir trafen uns jeden Morgen vor dem Unterricht im Klassenzimmer und lasen gemeinsam die Bibel, erzählten einander von unseren Problemen und beteten füreinander. Manchmal, mitten im Unterricht, bekam ich von ihr einen ermutigenden Zettel zugeschoben. Sie hatte in ihrer Bibel nachgeschaut, welcher Vers für meine Situation, die ich ihr geschildert hatte, passen würde. Einen Bibelvers (2. Korinther 5,17) aus diesen ersten Tagen werde ich nie mehr vergessen:

Daher, wenn jemand in Christus ist, so ist er eine neue Schöpfung;
das Alte ist vergangen, siehe, Neues ist geworden. (Elb.)

Meine neu gefundene Gottesbeziehung konnte ich nicht für mich behalten. Ich hatte selber so lange gesucht, dass ich anderen Suchenden helfen wollte, ohne lange Irrwege den Weg zu Gott durch Jesus zu finden.

So half ich mit, eine evangelistische Teestubenarbeit aufzubauen. Im Schlosskeller richteten wir eine Kaffeebar ein und luden jeden Freitagabend Menschen von der Straße ein, um bei Getränk und Kuchen über die Welt und den Glauben zu philosophieren. Als Team arbeiteten wir zusammen einen Bibelgrundkurs durch, der mir viel Gewinn brachte. Durch die Jugendgruppe, mein eigenes Bibelstudium und die Beziehungen zu verschiedensten Christen wuchs ich im Verständnis der Bibel und im Glauben. Ein anderer Bibelvers, der mich gleich am Anfang sehr begeisterte, steht in Kolosser 2,3:

… Christus,
in dem alle Schätze der Weisheit und der Erkenntnis verborgen sind. (Elb.)

Für meine philosophische Seele bedeutete dies einen unermesslichen Reichtum, und ich begann ihn auszuschöpfen. Sonntags verbrachte ich Stunden in der Natur, wo ich mich meinem himmlischen Vater sehr nahe fühlte, sein Wort las, darüber meditierte und auf seine Stimme hörte.

Um meine neue Beziehung zu Gott und den Menschen in der Kirche zu pflegen, brauchte ich Zeit. Also musste ich meine Prioritäten neu setzen und das bedeutete letztlich, meine Volleyballclub Aktivitäten aufzugeben. Das fiel mir gar nicht so leicht. Ich spürte erst, was dieser Sport mir bedeutete, als ich mich damit auseinandersetzte ihn aufzugeben.

Heute vermute ich, dass Volleyball für mich so etwas wie ein Ersatz-Gott geworden war. Er trat in mein Leben hinein, als ich vierzehn Jahre alt war, ein Mädchen, das voller Unsicherheiten dem Leben gegenüber stand und dringend Anerkennung und Bestätigung gebraucht hätte von seinem Papa oder doch wenigstens vom himmlischen Vater! Hätte ich *ihn* nur schon damals gekannt! Volleyball machte mich glücklich, gab mir das Gefühl, jemand zu sein und etwas zu können, ließ mich meinen Frust und meine seelischen Nöte vergessen. Und nun sollte ich das aufgeben?!

Gott bezeugte mir auf liebevolle Art und Weise über eine Zeitdauer von zwei Jahren, dass *er* nun diese Quelle meines Glücks und Tröster meiner Seele sein wollte. Erst als ich das erfahren hatte, konnte und wollte ich meinen Pseudo-Gott loslassen.

Die Beziehung zu Attila brach ich ab, da er nicht bereit war, unsere Beziehung nur als Freundschaft zu pflegen. Und eine andere, eine intime Beziehung, konnte ich mir mit ihm nicht mehr vorstellen. Allerdings fiel es mir sehr schwer, ihm weh zu tun …

EINE SICHT FÜR DIE WEITE WELT

Geschichte hatte mich nie sonderlich interessiert, aber nun, da ich Jesus nachfolgte, öffnete Gott mir die Augen für die weite Welt. Im Geschichtsunterricht nahmen wir das moderne China durch, den Maoismus. Parallel dazu las ich die Bücher des China-Pioniermissionars Hudson Taylor[13]. Ich begann zu ahnen, dass Gott ein Anrecht hatte auf mein Leben. Als mein Schöpfer und Herr durfte er mich dorthin senden, wo er wollte. Das konnte ja spannend werden! Ich spürte in mir eine Bereitschaft, auch in ein anderes Land zu gehen, doch zuerst musste ich in meinem Glauben verwurzelt werden. Eine Bibelschule – wie es mir vorgeschlagen wurde – kam für mich aber nicht in Frage. Ich hatte vorerst mal genug gelernt und wollte nun meinen Beruf als Primarlehrerin[14] einsetzen.

---

13 z.B.: „Hudson Taylor – ein Mann, der Gott vertraute", H. & G. Taylor, Brunnen Verlag
14 Im Kanton Bern unterschied man zwischen Primarlehrerin (1.-9. Klasse; wie Grund- und Hauptschule in Deutschland) und Sekundarlehrerin (Realschule)

Teil 2

Was möchtest du Gott?

Berner Oberland, Schweiz
1980-1984

6

IM BERUF

BEATENBERG

Mein Lehrerberuf führte mich zuerst ins Dorf Beatenberg, von dessen Sonnenterasse man einen wunderbaren Blick hat auf Eiger, Mönch und Jungfrau.

Es war nicht leicht gewesen, eine Stelle zu finden, denn 1980 herrschte Lehrerüberfluss; für eine Festanstellung bewarben sich nicht selten über 500 Lehrkräfte. Nach einigen solchen Absagen schickte ich meine Unterlagen nach Beatenberg, ins damals längste Dorf Europas. In vier Schulhäusern entlang der 15 Kilometer langen Hauptstrasse hatte man als Teilpensenlehrerin zu unterrichten. Am 12. März konnte ich mich dort vorstellen, und schon einen Tag später hatte ich die Zusage.

Ich war einfach froh, eine Stelle zu haben, und mir war kaum bewusst, welche Herausforderung es werden würde, all jene Fächer zu unterrichten, welche die Klassenlehrer freiwillig abtraten, zum Beispiel Chorsingen, Turnen, Religion und Staats(bürger)kunde. Mein ältester Schüler war 16, und ich noch nicht mal 20 Jahre alt. Das konnte ja heiter werden! Mir wurde eines bewusst: ich brauchte Gott! Doch wie sehr, ahnte ich wirklich nicht ...

Ins „Chalet Friesli", das am westlichen Dorfrand lag, zog ich Ende März ein. Vom Balkon meiner schnuckeligen Dreizimmerwohnung aus sah ich auf den Thunersee und im Winter aufs Nebelmeer. Wir wurden oft von der Sonne gebräunt, während andere im feuchten Grauweiß der Niederungen vor sich hin schimmelten. Als ich zum ersten Mal auf dem Balkon stand, hatte ich keinen blassen Schimmer, wie viel mir dieses sonnige Wetter noch bedeuten würde.

Hintenherum hörte ich, dass die vorherige Lehrerin große Mühe gehabt hatte mit dem Chorsingen, so dass nun kein einziges Kind mehr singen wollte. Einige Kinder sollen gegen Ende des Schuljahres sogar einen großen Stein oberhalb der Schulzimmertür befestigt haben, munkelte man. Solche Gruselgeschichten förderten mein Selbstvertrauen nicht. Aber dies brauchte eigentlich gar nicht gefördert zu werden. Ich war eine selbstbewusste, junge Frau, der fast immer gelang, was sie anpackte. Menschen, die weniger flink oder begabt waren, verurteilte ich schnell, denn ich hatte nur eine Vergleichsmöglichkeit: mich selbst und meine Eltern. Und da diese auch äußerst produktiv und effektiv waren, dachte ich, so habe man einfach zu sein. Hätte ich gewusst, was Gott zulassen würde, um mich in dieser Hinsicht ansatzweise zu kurieren, wäre ich wohl davongelaufen. So aber freute ich mich einfach über diesen schönen Ort und schrieb am 7. April 1980 in mein Tagebuch:

Ich habe hier in diesem Chalet ein ganz besonderes Vorrecht. Ich darf Gott in der Ruhe und Stille begegnen, in allem, was mich umgibt: [...] Wälder, Wiesen, Seen, Berge, Rehe und Gämsböcke, und nicht Autos, Velos, Gestank, Hochhäuser. Alles hier oben ist Gottes Schöpfung. [...] Ich möchte Dir, Gott, hier oben nahe kommen, so nahe, wie ich dir noch nie gekommen bin, denn Du, mein Gott, erforschest mich und auch ich möchte dich erforschen, deinen Willen mehr erkennen. [...] Ich freue mich am Leben, ich freue mich an Dir.

NÄHER ZU GOTT

Und tatsächlich, in diesem Jahr Beatenberg war ich Gott sehr nah. Denn in Thun hatte ich Käthi gehabt und meine Mitchristen aus der Freikirche, hier oben aber war ich in den ersten Monaten fast ganz allein auf mich und Gott gestellt. Das Gute war, dass ebenfalls eine nähere, tiefere Beziehung zu meinen Eltern entstand, denn nach einer Zeit, wo wir uns einander entfremdet hatten, begann ich sie ganz neu zu schätzen und notierte Mitte Mai 1980:

Als ich Mami einen Brief zum Muttertag schrieb, weinte ich schreckliche Tränen. Ich verstand plötzlich, was es heißt, Mutter zu sein und zu merken, dass die eigenen Kinder nichts mehr von einem wissen wollen, alles bei andern suchen. Heute hat mir Juliette dieses Gefühl gegeben, und ich merkte, wie ich gegenüber Mami gehandelt habe. Lieblos. Aber damals merkte ich nicht, was ich ihr antat. Ich bin so froh, dass ich meine Eltern jetzt schätzen und ehren kann, nachdem ich einen Moment Abstand hatte. Ich liebe sie und habe sogar ein bisschen Heimweh! Ich danke Dir, Vater, für all diese Gefühle.

Meine Eltern waren in der ersten Zeit meines Berufslebens wirklich für mich da, als ich ihren Trost brauchte. Ich glaube, dass sie sich lange nach meiner Anerkennung und Wertschätzung gesehnt haben. Leider brachte mein Austritt aus der Katholischen Kirche, der längst fällig geworden war, wieder erneute Spannungen, und ich war froh, dass ich im Bibelheim[15], und später in einem Hausbibelkreis ein Stück weit ein neues geistliches Zuhause fand, wo man Sorgen und Gebetsanliegen austauschen und füreinander beten konnte. Das war auch nötig, denn Sorgen und Probleme hagelte es genug.

Nach und nach lernte ich meine 120 Schülerinnen und Schüler kennen. Der Unterricht an den drei Schulhäusern der Unterstufe war nicht so herausfordernd wie die Fächer mit den Teenies. Im Werken, Blockflöten und Religion genoss ich es, den Kindern all das beizubringen, was mir wichtig war: Kreativität, Musik und Gottvertrauen.

Meine ältesten Schüler überragten mich um einen ganzen Kopf. Mit stoppligen Kinns lümmelten sie in den Bänken, musterten mich, die Neue, und antworteten in kurzen, vom Stimmbruch gezeichneten Lauten.

Mensch, Rita, sagte ich zu mir selbst, *da kannst du nicht als Autoritätsperson auftreten wollen, dafür bist du zu jung. Versuch es einfach als Freund und*

---

15 Heutiges „Seminar für biblische Theologie Beatenberg"

Kumpel. Mit diesem Vorsatz und den zwei Trumpfkarten, Geschichte und Staats(bürger)kunde, überlebte ich das erste Quartal, obwohl sich schon bald einmal abzuzeichnen begann, dass der Chor ein Riesenproblem darstellte. Meine Kollegialität zu den Schülern rächte sich nun. Das Verhalten der stimmbrüchigen Teenies im Chorsingen wurde immer katastrophaler, und das rebellische Getue mancher Schüler schwappte langsam aber sicher von der Chorlektion in die andern Lektionen über. Spätestens nach den Sommerferien, als eine neue Lehrkraft gekommen war, der ich meine beiden Hauptfächer abgeben musste, bereitete mir das Unterrichten an der Oberstufe kaum mehr Freude. Und so schaute ich mich nach einer neuen Stelle um.

Am 4. Dezember inspizierte ich Zwischenflüh. Vage erinnerte ich mich an das Kaff im Diemtigtal, wo Attila und ich einst ausgestiegen waren, um mit den fellbedeckten Skiern auf die Rinderalp zu steigen. Ich besuchte die amtierende Lehrerin und löcherte sie mit meinen Fragen zur ausgeschriebenen Stelle an der Unterstufe. Es freute mich zu hören, dass sie für eine gläubige Nachfolgerin betete. Sie ermutigte mich sehr, der Schulkommission zu schreiben. Zuhause angekommen, begann ich sofort mit der Bewerbung. Da ich kein Passbild hatte, schnitt ich kurzerhand meinen Kopf aus einem Foto heraus, das Käthi von mir in Paris gemacht hatte. Es zeigte eine fröhliche, junge Frau; keinerlei Hinweise auf die Turbulenzen, die mein Leben im Moment erschütterten …

Im Dezember eskalierte die Situation mit den drei 16-Jährigen, die ich auf ihren Wunsch hin vom Konzert, das wir planten, dispensiert hatte. Wegen frechen Bemerkungen mussten sie und ihre Eltern vor versammelter Schulkommission antreten.

Am Tag der Schulkommissionssitzung konnte ich mich in Zwischenflüh vorstellen gehen. Ich hatte mich so gefreut, aber als ich beim Bewerbungsgespräch mitkriegte, dass unter den sechs Lehrerinnen, die in die engere Wahl gekommen waren, eine Einheimische war, schwanden meine Hoffnungen auf diese Stelle dahin wie der Schnee in Beatenbergs Märzsonne. Deprimiert kehrte ich in mein Chalet zurück.

Nun, an der Sitzung jenes Abends entschuldigten sich immerhin zwei der drei Schüler, und es wurde beschlossen, dass ich statt Chorsingen von nun an eine Lektion Französisch an der Primarschule übernehmen solle. Das war wenigstens ein kleiner Hoffnungsschimmer. Mein himmlischer Papa aber wusste, dass ich mehr Hoffnung brauchte, und so klingelte mein Telefon, als ich von der Sitzung müde nach Hause kam:

„Haas", meldete ich mich.

„Wampfler von Zwischenflüh. Guten Abend, Fräulein Haas."

Meine Sinne waren wieder hellwach. Was kam nun?

„Wir von der Schulkommission Zwischenflüh haben Sie heute Abend zur neuen Lehrerin gewählt. Herzlichen Glückwunsch. Wir freuen uns auf die Zusammenarbeit mit Ihnen."

TEIL 2: BERNER OBERLAND, SCHWEIZ, 1980–1984 41

„Vielen Dank, ich freue mich auch."

Und wie! Das war neben der Tatsache, dass das öffentliche Weihnachtskonzert gelungen war und wir mit dem Erlös die Erdbebenopfer im Friaul unterstützen konnten, mein schönstes Weihnachtsgeschenk!

Die restlichen Monate in Beatenberg waren geprägt von Vorfreude auf die neue Stelle an der Unterstufe. Als es hieß, Abschied zu nehmen, bedauerte ich dies aber doch, denn ich hatte in diesem Jahr liebe Freunde gewonnen.

Zwischenflüh

Zwischenflüh liegt fast zuhinterst im Diemtigtal auf 1100 Metern Höhe. Der Bach Filderich schlängelt sich entlang der Talsohle, flankiert von Flühen der Niesenkette auf der einen Seite und steil abfallenden Felsgraten auf der andern Seite. Das Schulhaus befindet sich ganz unten im Tal, dort wo der Weg zum Seebergsee abzweigt: ein altes, dreistöckiges Holzhaus mit kleinem Glockenturm, dessen Glocken damals, als ich meine Stelle antrat, noch von Hand geläutet wurden. Und zwar vom Jungen nebenan. Sein Vater[16] war der Posthalter, der zugleich für die Milchsammelstelle verantwortlich war. Unten im Dorf gab es außer der Post kaum öffentliche Gebäude: einen Sportladen, ein kleines Lebensmittelgeschäft und ein Wirtshaus – wenn ich mich recht erinnere. Keine Kirche. Der Pfarrer kam ab und zu von Diemtigen nach Zwischenflüh für einen Gottesdienst, der dann in den zwei Schulzimmern, aus denen die Schule bestand, abgehalten wurde.

Es war am 24. März, als ich vom sonnigen Beatenberg ins etwas schattige Tal umzog, wo die Sonne am kürzesten Tag um 14.00 Uhr aufging und zehn Minuten später schon wieder unter. Doch so viel Sonnenschein wie in Beatenberg würde ich für mein Seelenleben nicht mehr brauchen – das hoffte ich zumindest. Sollte es anders kommen, war man in Windeseile auf dem Wierihorn, dem bekannten Skigebiet in sonniger Höhe und konnte seine lichthungrige Seele füttern. Nach einer Woche am neuen Ort zog ich folgende Bilanz:

Eine Woche Zwischenflüh. Lachen oder Weinen? Wohl beides. Ideale Vorstellungen gibt's wohl nicht – der Mensch braucht Probleme, damit er Jesus und Gott nötig hat. Ich jedenfalls. Heute Abend ging ich in die Predigt im Schulhaus. Ich betete vorher darum, dass Gott mit mir redet, und er hat's in einer wunderbaren Weise getan.

Apropos Bilanz: Unter den wenigen Einwohnern des Dorfes gab es auch ein paar junge Männer. Da war zum Beispiel Martin, mein Kollege, der die Oberstufenkinder unterrichtete. Wir verbrachten ab und zu die Pausen miteinander, aber sonst waren wir beide beschäftigt. Und dann gab es die einheimischen Männer, junge Burschen, die ins Schulhaus zum Duschen kamen. Da es im elterlichen Zuhause noch kein Badezimmer gab, kamen sie nach getaner Arbeit nach Kuhfladen

---

16 Das ist auch der Vater von Jakob Wampfler, der durch sein Buch „Vom Wirtshaus ins Bundeshaus" bekannt wurde. Wir waren Nachbarn.

stinkend an meine Tür. Meistens ließen sie dabei das Korridorlicht aus, so dass eine Stimme aus dem Dunkeln fragte:

„'n Abend. Kann ich den Schlüssel für die Dusche haben?" Den Kopf hielten sie gesenkt, wie wenn sie Schuld hätten an dem Gestank, den sie verbreiteten.

Als Verwalterin des Duschraumes, in dem übrigens auch die Kinder einmal pro Woche nach dem Turnunterricht duschen mussten, gab ich willig das erwünschte Metallding ohne großen Kommentar ab. Etwa zehn Minuten später hörte ich schon von weitem ein Pfeifen, dann klopfte es erneut an meine Tür. Im Licht der Glühbirne erstrahlte ein frisch gekämmter, nach Parfum duftender Kerl. Die meisten hatten es aber trotzdem eilig wegzukommen. Entweder war ich nicht ihr Typ, oder aber es hatte sich im 270-Seelen-Dorf herumgesprochen, wie fromm die neue Lehrerin war. Ich jedenfalls hatte meine Ruhe.

SOMMERFERIEN

Da die meisten Zwischenflüher Kinder mit ihren Eltern und dem Vieh im Sommer von Weide zu Weide zogen, immer höher hinauf in die Berge, waren die Schulferien so organisiert, dass mit Ausnahme von je einer Woche Weihnachts- und Frühlingsferien alles auf den Sommer fiel. Das war zwar sehr anstrengend für mich von September bis Juni, denn ich hatte ja vier Klassen in einem Schulzimmer und musste also viele Lektionen vierfach, oder doch dreifach vorbereiten. Damals hatten wir auch samstags noch Unterricht bis 12.20 Uhr, so dass ich viel weniger Freizeit hatte während der Woche. Doch im Sommer konnte ich, wenn ich die Planung des neuen Schuljahres fertig vorbereitet hatte, meine Überstunden kompensieren und was Rechtes unternehmen.

Ich schmiedete also mit Gott zusammen Sommerferienpläne. In meinem ersten Sommer reiste ich in ein missionarisches Jugendlager nach Nordfrankreich, und im zweiten Sommer plante ich mit meiner Freundin Käthi eine Autoreise durch Österreich, Italien und Jugoslawien. Käthi und ich waren beide noch ledig. Da wir sehr unterschiedlich sind (Käthi eher gelassen, ruhig, etwas chaotisch, dafür spontan und herzlich, aber auch leicht verletzbar), wurden diese 17 Tage für uns zu einem idealen „Ehevorbereitungskurs". Einerseits war es wunderbar, so zusammen unterwegs zu sein, viel Witziges zu erleben, in meinem kleinen Auto zu schlafen, auf der andern Seite stressten wir uns auch gegenseitig und mussten immer wieder neu Wege zueinander finden. **Wir nahmen uns viel Zeit für die Stille mit Gott**, hörten auf ihn, sangen und musizierten, beteten zusammen und lernten uns so viel besser kennen.

Wir fuhren mit meinem roten Fiat Seat einfach so drauflos, ohne jeden Plan. In dieser Hinsicht muss ich meinen Eltern wirklich gratulieren und sie bewundern. Sie verstanden es sehr gut, uns Kinder loszulassen. Schon für die einmonatige Reise durch Frankreich und England mit knapp 18 Jahren hatten sie mir ohne weiteres ihr grünes Licht gegeben, und auch jetzt sorgten sie sich nicht um mich. Sie hatten großes Gottvertrauen und wussten, dass Gott schon auf uns achten würde. Und er tat es, vor allem in Sarajevo, Korace und Zagreb, als wir allzu leichtsinnig Menschen vertrauten. Am Ende verloren wir nur Geld, Gott sei Dank nicht mehr …

Besitzen und Teilen

Ich genoss es, Geld zu verdienen und entscheiden zu können, wie ich es ausgab. Und Moneten verdiente ich mehr, als ich brauchte, denn meine Möbel waren alle gebraucht und die Miete der altertümlichen Schulhauswohnung extrem billig. Weitere Extravaganzen leistete ich mir nicht. Für Kleider hatte ich noch nie viel Geld in die Hände genommen. Ich bevorzugte es, originell zu sein und nichts widerstrebte mir so, wie mich von den Modemachern manipulieren zu lassen. Mein Geld setzte ich lieber für nachhaltigere Dinge – zum Beispiel christliche Projekte – ein.

Ich erinnere mich noch, wie kurz nach Stellenantritt in Zwischenflüh ein Lebensversicherungsvertreter (was für ein Wort!) auftauchte und mich absolut davon überzeugen wollte, dass ich so was brauche. Als ich ihm sagte: „Gott ist meine Lebensversicherung!" und aus dem sechsten Kapitel des Matthäusevangeliums die Verse 33-34[17] zitierte, kriegte er seinen Mund kaum noch zu und verkroch sich rückwärts die Treppe hinunter Richtung Ausgang.

Materiell zu teilen hatte ich schon als Kind gelernt, doch Gott musste mir noch ganz andere Dimensionen des Teilens aufzeigen, wie ein Tagebucheintrag verrät:

Bis jetzt habe ich unter Teilen nur „Geld teilen /Geld geben" verstanden. Dass man aber auch Zeit, Gaben (Talente) teilen kann, ist für mich insofern neu, als ich es bis jetzt nicht als egoistisch angesehen habe, es nicht zu tun. Geld zu geben bedeutet für mich im Moment kein großes Opfer. Jedoch Zeit, Freizeit, Schlaf, etc. zu teilen, bereitet mir viel größere Mühe. Ich habe selber wenig davon – und vom Wenigen geben – das heißt in Wahrheit zu teilen. […]
Herr, hilf mir, dass ich deine Stimme und die des Nächsten für wichtiger nehme als meine eigene Zeiteinteilung.

Vielleicht hat Gott gemerkt, dass er in der superorganisierten Schweiz dieses Gebet von mir nicht nachhaltig erhören konnte und mich deshalb in die Mongolei geschickt? Ich glaube auch, dass es diese egoistischen Züge waren, die meine

---

17 „Gebt nur Gott und seiner Sache den ersten Platz in eurem Leben, so wird er euch auch alles geben, was ihr nötig habt. Deshalb habt keine Angst vor der Zukunft! Es ist doch genug, wenn jeder Tag seine eigenen Lasten hat. Gott wird auch morgen für euch sorgen." (Hfa)

Eltern immer wieder verletzten. Erst nachdem ich selber Mutter geworden war, verstand ich, was echte Opfer bedeuteten. Als junger Mensch konnte ich das nicht ermessen und somit nicht erbringen, wenigstens dort nicht, wo die Bedürfnisse nicht klar und deutlich ausgesprochen wurden.

Mission

Dadurch, dass ich mehr über Gottes Pläne für mein Leben nachdachte, wurde das Thema Mission immer wichtiger. Ich versuchte auch, den Menschen in Zwischenflüh Jesus zu bezeugen; zuerst mal meinen Schulkindern. Biblischer Unterricht war Teil des Lehrplans, und Schulgebet war damals noch erlaubt. Ein wichtiger Bauteil meiner Pädagogik war es, den Kindern gegenseitiges Vergeben beizubringen; es kam auch vor, dass ich mich bei den Schülern entschuldigte.

Mit den Erwachsenen war es schon schwieriger, über religiöse Dinge zu reden, obwohl meine Vorgängerin da bereits ein Fundament gelegt hatte. Heute, wo fast jeder jedem seine spirituellen Erfahrungen empfiehlt, diesen Guru rühmt, von jenem Reiki[18] schwärmt oder unbedingt will, dass alle Menschen diesen oder jenen esoterischen Kurs belegen, kann man fast nicht nachvollziehen, dass Glaube damals so ein Tabuthema war, jedenfalls in einem Dorf auf dem Land.

Einen entscheidenden Anstoß für meinen Weg in die Mission bekam ich am 16. Januar 1982 von Schabi, der inzwischen als Primarlehrer arbeitete. Er hatte Käthi und mich zu seinem Geburtstag eingeladen und forderte uns heraus, unser Leben für Gott einzusetzen. Zuhause notierte ich:

Irgendwie weiß ich, dass ich in die Mission gehöre. Doch wohin? China? … Herr, ich bin wirklich bereit zu gehen, wenn du es willst. Leite mich und führe meinen Weg, wie du es willst. […] Ich will für alles bereit sein. Ich bitte dich um klare Antwort.

Meine Mutter hörte diese Missionsabsichten nicht so gerne. Viel lieber hätte sie gehabt, wenn ich endlich einen Freund mit nach Hause gebracht hätte, wie die meisten Frauen in meinem Alter. Immer wieder musste ich mir Andeutungen wegen „alter Jungfer" anhören. Aber statt mich um Männer zu kümmern, entschied ich mich, eine Chinareise zu machen. Ich war mir fast sicher, dass Gott mich in Asien haben wollte, hatte aber gewisse Zweifel, ob es China sei.

Als sich eine Möglichkeit bot, ins Land der Mitte zu reisen, ergriff ich diese Gelegenheit. Käthi war bereit mitzukommen, unter der Bedingung, dass ich ihr das Reisegeld auslieh, denn sie war nun Studentin an der Universität in Bern.

Uns beiden war klar, dass wir auf unserer Reise ins maoistische China im Sommer 1982 unseren „religiösen Mund" halten mussten, wenigstens, was die Chinesen betraf, denn unsere Reisegruppe war eine der ersten westlichen Gruppen, die ins Reich der Mitte reisen durften. Es ging ja auch erst einmal ums Schnuppern.

---

18 Therapeutische „Energiearbeit", die entweder direkt durch ein Auflegen der Hände, mit Hilfe symbolischer „mentaler Arbeit" oder mit dem Intonieren von Mantren geschieht. (Wikipedia)

7
CHINA

TRANSSIBIRISCHE EISENBAHN
Der Abschied von meinen Eltern fiel mir schwerer als sonst:
Werde ich meine Eltern wieder sehen? Solche Gedanken habe ich mir noch nie gemacht für sonst eine Reise, aber China ist in jeder Hinsicht anders: weiter, gefährlicher, fremder.
In Moskau, wo wir mit einem belgischen Flugzeug landeten, hatten unsere Reiseveranstalter nur einen Tag eingeplant, doch man zwang uns mit der fadenscheinigen Begründung, sie hätten nicht genügend Züge, zu einem Aufenthalt von vier Tagen. Das ist auch eine Art, zu Devisen zu kommen. Wer weiß, vielleicht haben die Schweizer eines Tages auch einfach keine Bahnen mehr, die vom Niesen, vom Stockhorn oder vom Jungfraujoch herunterfahren …

Am 23. Juli 1982 fuhr der heiß begehrte Transsibirische Zug ab Richtung Beijing. Die Viererabteile waren bequem; wir konnten auf dem oberen Stockbett liegend aus dem Fenster schauen. Doch nach unendlich vielen Kilometern Birkenwald, der anfangs mit seiner schwarz-weiß-grünen Monotonie durchaus das Herz einer kleinkarierten Schweizerin höher schlagen lassen konnte, wurde diese Szenerie auch mir zu langweilig. Die einzige Abwechslung waren die drei festen Essenszeiten, die sich aber an Moskaus Zeitplan hielten. Das bedeutete, dass wir in Sibirien bereits um vier Uhr frühstückten, fünf Stunden später Mittagessen erhielten und um drei Uhr nachmittags die uns überdrüssige abendliche Suppe schlürften. Weil wir uns kaum bewegten, war das fettige, gemüsearme Essen aus der russischen Kombüse eine Qual. Kurz nach sechs Uhr kuschelten wir uns bereits im Bett, denn im fernen Osten war es schon dunkle Nacht.

NEUGIER AUF DIE EUROPÄER
Während meine Schüler, für die ich vor dem Einschlafen irgendwo beim Baikalsee gebetet hatte, auf den Diemtigtaler Alpweiden ihren Rindern hinterher sprangen oder dem Onkel beim Käsen halfen, näherten wir uns der russisch-chinesischen Grenze:

Juhui, wir sind in China! Es war furchtbar. Wir mussten drei Stunden lang warten in großer Hitze, weil sie den Wagen schmalspurige Räder montieren mussten. Es gab ein Durchsuchen, vor allem bei Büchern und geografischen Karten. […] Nach der Abfahrt fuhren wir flankiert von russischen Soldaten ins neutrale Gebiet. Bald einmal […] waren erste chinesische Soldaten zu sehen. Das Land war […] bebaut mit Kartoffeln und Sonnenblumen. An jeder Station standen sauber gekleidete Chinesen und Chinesinnen und winkten. Sie empfingen uns sehr

freundlich. Die Grenzwächter fragten sogar "How are you?"[19] oder bemerkten "It's too hot." Richtig menschlich. Sie empfingen uns effektiv als Freunde und Gäste, während die Russen uns als halbe Verbrecher verabschiedet hatten.
Nun, das hört sich richtig russenfeindlich an! Hat vielleicht etwas mit dem „Gefängnis Moskau" zu tun. Sollte man das mit den Schweizer Bahnen, die irgendwo stecken bleiben, nicht doch besser vergessen? Ein Eindruck bleibt halt immer, und wenn der negativ ist …

Deswegen schämte ich mich auch für uns Europäer, als wir die ersten Schritte auf chinesischen Boden setzten: Das Land der Mitte hatte sich endlich geöffnet, die Menschen liefen in Scharen zum Bahnhof, sobald sich der Transsibirische Zug mit seinem Gehupe ankündigte, spielende Kinder und Bauarbeiter sprangen von den Gleisen und machten dem Eisending Platz, das dieses kostbare Gut, die westlichen Touristen, mit sich brachte. Aller Augen waren auf die Türen gerichtet, die sich öffneten und der neugierigen chinesischen Landbevölkerung vor Augen malten, wie die Europäer aussahen:

Es gab sie natürlich in allen Formen und Farben, die Weißen, aber allesamt hatten sie diese scheußlich langen Nasen!

Während die Chinesen uns begafften, konnte ich folgendes Getuschel in ihren Gesichtern lesen:

„Schau mal, dieser Lange dort! Ist der etwa noch größer als unser Kolchoseleiter?"

„Warum trägt denn der junge Kerl schon einen Bart? Will er etwa weiser sein als alle andern?"

„Guck! Die zwei Frauen dort! Oder sind das gar keine Frauen?"

„Denken die drei dort drüben etwa, dass unser Bahnhof eine öffentliche Dusche ist?! Vielleicht kann man in Europa an den Bahnhöfen duschen, dass sie nur in BH und Unterhosen aussteigen?"

„Was essen denn diese Europäerinnen, dass ihnen ihr Fleisch wie Würste um die Taille hängt? Ob europäische Männer das mögen? Vielleicht haben sie keine beheizten Betten im Winter wie wir und sind froh um den Speck?"

„Hör mal, wie die komisch reden! Da versteht man ja kein Wort."

„Weißt du, vielleicht war es ja doch ganz gut, dass unsere Regierung diese „fremden Teufel"[20] bis jetzt nicht 'rein gelassen hat. Wenn die so aussehen und so herumlaufen, weiß man ja nie, was denen noch in den Sinn kommt …"

Peinlich! In solchen Momenten schämte ich mich, Europäerin zu sein. Ich war dankbar, dass wir in unserer Gruppe nicht allzu auffällige Arten der Gattung Mensch hatten. Und doch kam einigen von ihnen noch so allerhand in den Sinn, was kulturell völlig daneben war. Aber das hat die kleinkarierte Mentalität halt so in sich …

---

19 „Wie geht's Ihnen?" und „Es ist zu heiß."
20 So heißt das chinesische Wort übersetzt, mit dem man die Ausländer bezeichnete.

TEIL 2: BERNER OBERLAND, SCHWEIZ, 1980-1984

CHINA – WIE ES LEIBT UND LEBT

Die Transsibirische Eisenbahn stoppte in Beijing. Meine ersten Eindrücke in China habe ich so festgehalten:

> *Man sah selten ein Privatauto, nur Busse, Lastwagen, Velos. […] Wir fuhren in die Verbotene Stadt, wo einst die Kaiser und ihre Familien herrschten und wohnten. Als ich den ungeheuerlichen Prunk sah, in welchem die High Society des alten Chinas geschwelgt hatte, verstand ich die Revolution, die kam und den Kommunismus nach sich zog. […] Hier (Himmelstempel) sah man die lustigen Kinderwagen mit den Babys, die Hosen mit Schlitz hatten (ohne viel Umstände, wenn's pressiert). So sollen die Kinder anscheinend schnell trocken sein.*
>
> *Um fünf Uhr standen wir auf, duschten, bestellten ein Taxi und fuhren ins Zentrum. Dort waren die Chinesen am Turnen, das heißt, sie üben eine Art Gymnastik, zum Teil mit Schwertern aus Holz. Jedermann, ob jung oder alt, macht mit. Auf der Straße sieht man Langläufer, Federballspieler, […] es ist ein reges Treiben am Morgen früh.*
>
> *. Heute war ich etwas mies dran, ich hatte Durchfall. […] Also lernte ich die chinesischen WCs kennen. (Es folgen Zeichnungen, die zeigen, dass man vor den Augen aller andern Frauen sein Geschäft hockend am Boden erledigt.)*
>
> *Als wir hinaustraten, war ich überrascht: halb zehn Uhr und die Straße lebte! Sehr viele Babys waren da, ja es war wie eine Kinderfürsorgestelle, so sah die ganze Straße aus: Mütter und Väter mit Kindern, Großeltern, die zusammen tratschen, Spielende, Staunende, Waschende, Nähende. Kurz und gut: man lebt anscheinend in den frühen Morgen- und späten Abendstunden!*
>
> *Jedes Mal war es eine Sensation, wenn wir auftauchten. […] Heute war mir dabei richtig wohl, aber manchmal komme ich mir vor wie eine Aussätzige, vor allem hier in den kleineren Städten, wo man jetzt wirklich zusammenläuft und auf uns zeigt*

Die Chinesen behandelten uns sehr nett und zuvorkommend. Die Hotels waren prunkvoll, die Mahlzeiten vom Besten, was ich je gekostet hatte, die Parks, Paläste und Anlagen wunderschön romantisch und die chinesische Reiseleitung gab sich alle Mühe, uns das fortschrittliche China zu zeigen. **Vieles war tatsächlich absolut beeindruckend!**

Käthi und ich vor der Grossen Mauer

350 Tonnen Seide und deren Leichen

Am 4. August besuchten wir die Seidenfabrik in Wushi und erfuhren, wie sich die Seidenraupen rund um die Uhr durch Arbeiterinnen mit Maulbeerbaumblättern füttern lassen, bis sie nach fünfmaligem Häuten etwa sieben Zentimeter lang und ein Zentimeter dick sind. Dann beginnt jede Raupe, aus Drüsen einen hauchdünnen Faden zu spinnen, und garnt sich damit ein. Ließe man diese Kokons nun in Ruhe, entwickelten sich darin Schmetterlinge, doch um die 350 Tonnen Seide pro Jahr zu produzieren, wie es 1982 in dieser Fabrik der Fall war, mussten die Schmetterlinge – beziehungsweise die Raupen – dran glauben.

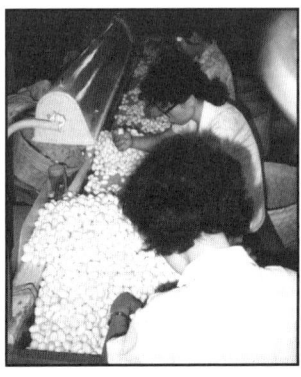

Wir konnten beobachten, wie die Arbeiter und Arbeiterinnen diese Kokons im 60° heißen Wasser auskochten, **damit sich der Leim an der Oberfläche löste und den Fadenanfang freigab.** Dann wurden die mehr als 1000 Meter abgespulten Fäden von je sieben Kokons neu zu einem Seidenfaden zusammengedreht. Viele Arbeiter kontrollierten die Qualität. Nun war die Rohseide fertig für den Export, der damals 90% betrug. Ich habe gefragt, was sie mit den Raupen machen. Wenn ich richtig verstanden habe, werden die gegessen oder für Kosmetik verwendet.

Als wir über die Arbeitsbedingungen in der Fabrik informiert wurden, blieb uns der Mund offen: acht Stunden pro Tag mit 30 Minuten Mittagspause, sechs Tage die Woche, mindestens 360 Tage pro Jahr. Eine Schwangere arbeitet bis zur Entbindung und hat dann drei Monate bezahlten Urlaub. Der Verdienst beträgt etwa 50 Yuan, das sind 10 Yuan mehr als ein Kolchosearbeiter verdient. Kein Wunder, dass die alle so schlank waren!

Wir standen auch nicht in Gefahr, an Gewicht zuzulegen, denn die Moskauer Tage fehlten uns nun in China, und man hetzte uns von Stadt zu Stadt und von Sehenswürdigkeit zu Sehenswürdigkeit. Bereits hatten wir Beijing mit der Verbotenen Stadt, dem Sommerpalast, den Ming-Gräbern und der Großen Mauer, die aus Angst vor den Mongolen errichtet worden war, hinter uns gelassen. Auch die Stadt Nanking mit Kolchosen- und Kindergartenbesuch, Pagodenausflug und Sun-Yat-Sen[21]-Mausoleum war für uns Geschichte. Jetzt fuhren wir bereits in Wushi mit einer Dschunke durch den Kanal:

Am Morgen machten wir die Kanalfahrt; [...] überall Boote (Dschunken), die allerlei herumtransportierten, oder Wohnschiffe. Am Ufer wuschen sie Reis, Wäsche, sich selber, die Kinder pinkelten ins Wasser, andere schwammen darin. In unseren Augen ist so was unhygienisch und unvorstellbar, aber ich glaube nicht,

---

21 Chinesischer Revolutionsführer und Staatsmann, Gründer der Kuomintang und erster provisorischer Präsident der Republik China. In der Volksrepublik China wie in der Republik China wird er als Gründer des modernen China verehrt. (Wikipedia)

dass es die Leute so empfinden. Ich genoss es, den Fischern und Fischerinnen zuzulächeln und den winkenden Kindern ebenfalls zu winken. Ich spürte mit diesem Volk eine große Verbundenheit und hoffe, dass ich mal zum Segen sein kann für dieses Volk.

Samtratten und chinesische Soziologie

Ein Großteil dieses Volkes, das ich zu mögen begann, wohnte in Shanghai, unserer nächsten Station. Wir wurden in der ersten Klasse des „Peace"-Hotels untergebracht. Aber trotz dieses Namens gab es einen eher unfriedlichen Aufstand im Speisesaal, nachdem Käthi und ich auf dem roten Samtvorhang eine Ratte entdeckt und diesen Fund zu wenig diskret erläutert hatten. Aber das Essen schmeckte trotzdem gut, wie immer.

Am nächsten Tag wurde uns der Kinderpalast vorgeführt. Mein Herz schlug schneller, als ich die vielen Möglichkeiten sah, welche die Kinder hier hatten:

Nun endlich ging es zum Kinderpalast. Es gibt deren 23 in Shanghai. Die Kinder sind generell zwischen sieben und 14 Jahre alt und kommen nach der Schule und den Aufgaben hierher, um etwas zu üben oder zu spielen. Wir sahen: Handorgel, Erhu (chinesisches zweisaitiges Musikinstrument), Geige, Schach, Ballet, Chor, Tischtennis, Sezieren, Rhetorik, Schnitzerei. Die Kinder waren mit viel Eifer an der Arbeit. Ich frage mich, warum sie motiviert sind, so streng zu üben? Die Lehrer sind meistens Lehrer, die nach der Schule hier unterrichten. Alles ist gratis. Die Instrumente werden zur Verfügung gestellt. Im Park hatte es Billard-Tische, Rutschbahnen, Rösslispiel etc.

Wenn man in einer Stadt wie Shanghai wohnt, bleibt einem nicht viel anderes als Kunst oder Sport, denn die Natur, die Lieblingsbeschäftigung meiner Schulkinder, war unerreichbar für den chinesischen Nachwuchs der Millionenstadt. Diese Kinder hier lebten meist in einer Großfamilie und waren eindeutig in der Minderheit. Die Bevölkerungskontrolle war in vollem Gange und Einzelkinder waren bereits die Norm. Manchmal hatten wir Kontakt zu chinesischen Bürgern, die wir mittels Übersetzer befragen durften:

Familie in Shanghai: Schwiegereltern, Tochter, Schwiegersohn, ein Kind. Monatseinkommen alle zusammen: 200 Yuan, davon verdient der Opa 91. Kochen tut der Schwiegersohn, seine Fabrik ist am nächsten.

Der Einzelne galt nichts. Die Gemeinschaft zählte. Und Väterchen Staat schob die Leute umher, wie es ihm gerade passte. Wir waren äußerst erstaunt zu hören, dass Ehepaare getrennt und manchmal Hunderte von Kilometern entfernt voneinander arbeiten mussten. Wenn der Staat das so entschied und sie versetzt wurden, mussten sie gehorchen.

Ab und zu brauchte ich Ruhe, um mich von solchen politischen Ansichten zu erholen. Da kam mir ein Ort wie der „Westlake"-Park richtig gelegen:

Wir hatten eine wunderschöne Fahrt auf einem romantisch-eckigen Boot bis zur größten Insel des Westlake Sees. Die Lotusblüten standen noch in voller Pracht und dazwischen glänzten weiße Seerosen. Hie und da ruhte eine kleine Pagode in einer Baumlandschaft von Trauerweiden und spiegelte sich im Wasser.

ROMANTISCHE ZUKUNFT UND DUNKLE VERGANGENHEIT

Von so einer romantischen Ader gepackt, kaufte ich mir in einem der großen Einkaufszentren eine traditionelle chinesische Lampe aus dunklem, geschnitztem Holz mit Glasfensterchen, die in zarten Pastellfarben mit Blumenblüten und zierlichen Chinesinnen bemalt waren. Dieses Kleinod begleitete mich zurück nach Zwischenflüh, wo ich davon träumte, mal in seinem Licht einen Mann zu lieben, dann lag es verpackt in einer Kiste, während ich diesen Mann in einem andern Erdteil tatsächlich kennenlernte und beleuchtete später unser eheliches Liebesleben in Walzenhausen, Leeds, Cambridge, Uetendorf, Ulaanbaatar und Thun … Und das für ganze 16 Yuan!

Je weiter südlich wir uns bewegten, desto weniger Wert hatte ein Yuan. Hongkongs Einfluss war magisch spürbar. In Guanzhou, dem ehemaligen „Kanton", kamen wir dem Geheimnis von Chinas Wohlstand auf die Spur: Eine Ziege soll ein Reiszweiglein in diese Grenzstadt gebracht haben! Um an diesen bescheidenen Anfang erinnert zu werden, pilgerten wir zu der „Fünf-Geißen-Statue". Ja, warum nicht? Wer mit dem Kleinen, das einem anvertraut ist, gut umgeht, dem wird Gott auch Größeres anvertrauen. Das war ein biblischer Gedanke. Aber ob „das Größere Chinas" nur durch Fleiß und Reis entstanden ist, wage ich zu bezweifeln. Da mussten bestimmt noch andere dran glauben, nicht nur die Seidenraupen.

Die Kulturrevolution ist ein dunkles Kapitel in Chinas Geschichte. Unsere lokale Reiseleiterin aus Guanzhou schilderte uns diese Zeit aus ihrer Perspektive:
Die 21-jährige lokale Reiseleiterin studiert Mathematik, um dann an der Highschool zu unterrichten. Jetzt arbeitet sie aber für den Tourist Service, weil sie gerne Sprachen hat und noch jung ist und keine Kinder hat. Sie erzählte uns von der Schule. Sie selber lernte in der Schule praktisch nichts. Sie gingen mit den Lehrern spielen oder schauten sich hier und dort eine Fabrik an. Von mündlich Rechnen keine Spur. Bis nach der Kulturrevolution (1976) lernten die Kinder kein mündliches Rechnen, nur mit dem Zählrahmen. Deshalb können ältere Leute nicht 90 plus 27 im Kopf rechnen (in Läden und so). Nun aber lernen es die Kinder in der Schule. Die Reisebegleiterin lernte es zu Hause (Eltern, Bruder). Sie möchte nächstes Jahr nach Kanada zu ihrem Großvater und erhofft sich Geld, um Europa zu sehen.

HONGKONG – HORROR AHOI!

Die weite Welt sehen, Hongkong sehen, dort arbeiten oder leben, das war schon damals der Traum vieler Chinesen, doch noch gehörte diese Metropole zu England und nicht zu China.

Hongkong war die Brücke zwischen Ost und West; das zeigte sich damals auch in der Medizin. Wir besuchten ein großes Krankenhaus, konnten durch drei sich am Boden befindliche große Glasfenster direkt in den OP Saal hinunter sehen, wo drei Menschen unter dem Messer lagen. Ich hüte mich, das Fensterglas zu berühren, aus lauter Angst, die Staubpartikel oder Spinnwebfäden fielen direkt in die offen gelegte, fein säuberlich desinfizierte Wunde des Patienten unter uns …

Einer aus unserer Gruppe ließ sich dann noch mit Akupunktur behandeln. Der Arzt gab ihm, während er die feinen Nadeln in den Muskel trieb, via Dolmetscher viel Hoffnung, dass er seinen Muskelschwund schon heilen könnte. Ich war froh um jeden Kubikzentimeter Gesundheit an meinem Körper, und so setzte ich mich mit dem Thema Akupunktur erst wieder ernsthaft auseinander, als in der Mongolei koreanische Missionare das praktizierten.

Mission. Mit diesem Hintergedanken hatte ich meine Chinareise angetreten, um herauszufinden, ob Gottes Ruf nach Asien nur Hirngespinst war, oder ob sich das bestätigen würde. Mehr als einmal auf dieser Reise hatte ich mich danach gesehnt, ins Hinterland von China reisen zu können. Die Millionenstädte fand ich schon beeindruckend und interessant, aber auch zu lebhaft und übervölkert für eine Frau wie mich, deren Land nicht mal *eine* Millionenstadt aufweisen konnte. Ich sehnte mich mehr nach Menschen und Völkern in ländlicheren Gegenden, deren Mentalität noch nicht vom Mammon-Gott infiziert war, und die sich danach sehnten, mehr über den Schöpfergott zu erfahren. China ja, vielleicht, aber bestimmt nicht die Küstenstädte, so viel war mir klar geworden.

Die letzte große Küstenstadt auf unserer Reise und ihre sechs Millionen Einwohner, die sich auf den 650 Quadratkilometern gegenseitig auf die Füße traten, ließen wir nach einer Besichtigung des Fischerquartiers Aberdeen hinter uns. Hier gab es nicht mal Platz für die Hühner, deren Eier die Menschen brauchten. Zwischen Schiffsbug und braun schäumenden Wellen hingen primitive Hühnerställe buchstäblich in der nach Verwesung und Fischen stinkenden Luft. Als unsere Dschunke an den Fischerbooten, die mangels Wohnraum zu Wohnbooten geworden waren, vorbeigondelte, streckten braungebrannte, schlitzäugige Kinder ihre an langen Stecken befestigten Körbchen zu uns rüber und bedankten sich schon im Voraus mit *schieschie* (e bitte aussprechen) für die Gaben. Immer wieder machte es „klick" und einer der vielen Touristen hatte mal wieder das pittoreske Wasserleben festgehalten, um zuhause das Bildchen der armen Chinesen herumzureichen.

Angesichts der immensen Armut informierte man uns einmal mehr über Geld und Löhne. Wie in vielen andern Teilen der Welt war das absolut kein Tabuthema, und wir Schweizer täten gut daran, uns möglichst schnell daran zu gewöhnen, dass man uns nach den „Fränkli" fragt, die wir verdienen. Das gehört einfach zu einer globalisierten Welt – mit oder ohne Bankgeheimnis …

Also, in Hongkong verdiente ein Regierungsbeamter im Jahr 1982 gemäß Aussagen unseres lokalen Reiseleiters etwa 20.000 HK Dollar. Das war zehnmal mehr als der Durchschnittslohn und betrug damals schon 6700 Franken. Ein Rentner hingegen musste sich mit 75 Franken durchschlagen. Deshalb sahen wir viele verhutzelte alte Männchen, die in den Abfalleimern nach verkaufbarem Material suchten. Andere durchwühlten fremde Taschen um zu überleben. Kriminalität soll sehr hoch sein, hieß es und unsere Idee, abends „Hongkong by night" zu sehen, ging baden.

Als wir nach der Dschunkenfahrt noch einen Abstecher an einen der öffentlichen Strände machten (bestimmt war das nicht die Idee des Lokalführers gewesen!), erfrischten wir unsere Füße im kühlen Nass. Spätestens dann, als sie von WC-Papier umschlungen waren, und unsere Nase außer den Abgasen der nahen Straße auch den modrigen Geruch des Wassers wahrzunehmen begann, gaben wir die Idee, ganz hinein zu steigen, auf.

Jahre später, als wir von der Mongolei nach Hongkong zur Jahreskonferenz reisten, entdeckten wir wunderbar idyllische Strände, die uns mit ihrem 17° warmen Wasser für die mongolische Saukälte entschädigten, und die uns keine Hongkong-Chinesen streitig machten, denn die ertrugen ihrerseits tapfer den Winter, hüllten sich in Mützen und Handschuhe und begafften die wahnsinnigen Ausländer, die im Winter in ihrem Meer badeten.

Nach all den vielen, 50-stöckigen Betonmauern Hongkongs und den schrillen Lauten der chinesischen Sprache, die in den letzten 17 Tagen meine Geräuschkulisse gewesen waren, lechzte meine Seele immer intensiver nach der Stille der Diemtigtaler Flühen:

So eine Großstadt ist ermüdend, vor allem mit den vielen Leuten überall und dem Gedränge. Ich freue mich richtig auf Zwischenflüh.

Zuhause war ich am 17. August. Es verblieb mir genug Zeit, China zu verdauen und mich aufs neue Schulsemester vorzubereiten.

8

Ruf in die Mongolei

Verändert

China hatte mich verändert. Auf der einen Seite war ich sensibilisiert worden für die blinden Flecken unserer Schweizer Gesellschaft und schämte mich dafür, auf der andern Seite hatte ich festgestellt, wie positiv der christliche Glaube unser gesellschaftliches Leben geprägt hatte. Wie viel vom positiven Miteinander wir unseren biblischen Wurzeln verdankten, stellte ich nämlich erst fest, als ich mich in einer Gesellschaft bewegte, die ganz anders geprägt worden war. Diese Einsicht gab mir neuen Mut, Jesus und seine Lehren zu bezeugen.

Doch ich musste bald merken, dass Bibellesen so etwas wie ein rotes Tuch war für viele Menschen, und auch der Name „Jesus" löste bei manchen Unbehagen aus. Es schien, als ob es keine neutrale Zone gäbe bei diesem Thema, entweder man war für oder gegen ihn.

Als ich durch diverse Schwätzchen mit Einheimischen am Skilift oder durch das, was die Schulkinder so alles ausplauderten, erfuhr, dass im Diemtigtal so einiges an Zauberei lief, wurde mir klar, woher dieser geistliche Widerstand kam, den ich verspürte. Ich war traurig, dass Menschen sich auf okkulte Praktiken eingelassen hatten, aber verständlich war es: Wenn die Gebrauchsanweisung fürs Leben, das Wort Gottes, ungelesen im Bücherregal stand, dann zwang man Menschen geradezu, mit ihren existentiellen Nöten – wie zum Beispiel Krankheit bei Mensch und Tier – irgendwo anders Hilfe zu suchen als beim christlichen Gott. Der „Vater der Lüge" oder „Engel des Lichts", wie der Teufel in der Bibel genannt wird, hatte so ein einfaches Spiel: er konnte Menschen in seine Abhängigkeit bringen, ohne dass diese es merkten. Wer von ihnen wusste denn schon, wie viele „Bücher Mose" die Bibel hatte? Also hegte niemand Bedenken, wenn ein sechstes oder siebtes Buch Mose aufgeschlagen und sogar im Namen eines dreieinigen Gottes gezaubert wurde. Hauptsache war, das Vieh wurde gesund oder die Hautflechten verschwanden. Mir wurde einmal mehr bewusst, welche Konsequenz die freie Wahl hatte, die Gott uns Menschen lässt.

Auch ich musste mich entscheiden. Den Ruf in die Mission hatte ich vernommen, die Frage war nun: unter welchen Menschen wollte Gott mich gebrauchen? Manche der Bekannten, denen ich von meinen missionarischen Plänen erzählte, meinten: „Bleib doch hier, hier gibt's auch viele Nöte und viele Menschen, die Gott brauchen." Sie hatten Recht, aber irgendwie konnte ich den Gedanken nicht zur Seite schieben, dass die Menschen in Europa den Zugang zur Wahrheit eigentlich kannten: sie hatten das Wort Gottes in ihrer Sprache und konnten Hunderte von guten Büchern lesen, wenn sie nur wollten.

An „Mission '83", einem großen, christlichen Jugendkongress, an dem ich über Silvester/Neujahr in Lausanne teilnahm, erfuhr ich einen triftigen Grund, um ausgerechnet nach Asien zu gehen:

Warum nach Asien? Mehr als die Hälfte aller Menschen lebt in Asien. Ein kleiner Prozentsatz sind Christen. Die asiatische Kirche kann sich nicht ganz allein evangelisieren. Asien braucht Menschen aus Europa.

Auch sonst blieben ein paar gute Zitate haften und fanden den Weg in mein Tagebuch:

Chinesische Weisheit: ein Bett, zwei Träume.

Sei sicher, dass du jemanden heiratest, den du ehren und zu dem du aufschauen kannst.

Während ich also in Sachen Freundschaft und Ehe gute Tipps erhielt, saß mein zukünftiger Mann als einer der vielen Hundert Jugendlichen irgendwo im Saal und träumte *seinen* Traum vom Leben. Gott muss gesehen haben, dass mein Traum kompatibel war mit seinem und dass er uns also gemäß chinesischer

Weisheit ein gemeinsames Bett zumuten konnte. Aber eben, so romantisch veranlagt wie Gott ist, hatte er für uns einen viel idyllischeren Rendez-vous Ort ausgesucht als Lausanne. Der Weg zu diesem bezaubernden Plätzchen hatte es allerdings in sich. Noch bevor ich auf diesen Pfad einbiegen konnte, versuchte der „Engel des Lichts" mich in ein anderes Traumland zu locken.

Verlockendes Traumland

Der Teufel ist ein listiger Kerl, doch langsam aber sicher könnte man seine Taktiken durchschauen, denn er wiederholt sich ständig: Ist jemand endlich bereit, in die Mission zu gehen, und drauf und dran, ihm und seinem Reich der Finsternis erheblichen Schaden zuzufügen, braucht er nur mit dem Finger zu schnipsen, und schon ist eine Frau oder ein Mann zur Stelle, in den man sich unsterblich verliebt.

Natürlich geht es nicht so einfach. Da hat Gott auch noch ein Wörtchen mitzureden. Aber ich glaube, ihm kommt dieser plumpe Angriff Satans ganz gelegen – als Glaubensprüfung: was wird das Kind Gottes nun an die erste Stelle setzen: Gehorsam gegenüber dem unsichtbaren, sanft und liebevoll werbenden Gott? Oder Loyalität zu demjenigen, der lauthals die Erfüllung aller Sehnsüchte propagiert? Und da soll einer sagen, das Leben mit Gott wäre langweilig!

Ich bin verliebt, und zwar in einem Sinne, wie ich es noch nie war. […] Ich habe ihn so gern, dass es mich fast zerreißt. Ich sehne mich, ihn sonntäglich zu sehen. […] Als ich ihn das erste Mal sah, wusste ich sofort: das könnte mein Mann sein. Ich frage mich allerdings, was Gottes Wille ist. Was sollte nun eine Bekanntschaft? Würde er seinen Weg auch in die Mission sehen? Solange diese Frage nicht geklärt ist, habe ich nicht die Freiheit, mich zu freuen an diesem Gefühl des Verliebtseins. Ich möchte nichts auf die Platte stellen, das nicht kochen darf.

Die Mahnung mit dem chinesischen Sprichwort hatte ich mir also scheinbar zu Herzen genommen und sofort die Kompatibilitätsfrage gestellt: Sind unsere Träume miteinander vereinbar? Sie waren es nicht, und so hatte das lodernde Feuer der Verliebtheit keine Chance gegenüber den zündenden Funken, die Jesus in meinem Herzen entfacht hatte. Durch Gottes Bewahrung schritt ich weiter voran auf meinem Weg in die Mission:

Ich besuchte in den langen Sommerferien 1983 den dreimonatigen Leiterkurs der KEB[22], um so nebenbei mein Englisch aufzubessern. Ich lernte in Langenbruck nicht nur mehr Englisch und biblisches Wissen, sondern durch das Zusammenleben mit Teilnehmern aus 12 Nationen wurde mein geistlicher Horizont erweitert. Und das war dringend nötig, denn so manches hatte ich bisher durch eine Schweizer-Kultur-Brille oder durch eine Freikirchen-Brille betrachtet. Es gelang den Leitern auch, mich davon zu überzeugen, dass ich an eine Bibelschule musste, denn mich würde kaum jemand in die Mission schicken ohne eine solche

---

22 Kinderevangelisationsbewegung

Ausbildung. Nun, der Unterricht hier war Klasse und weckte Lust auf mehr. Also bewarb ich mich an einer Bibelschule in Schottland.

Durch all die Kontakte und Gespräche mit den andern Studenten wurde mir bewusst, wie gut wir Schweizer es hatten und wie reich wir waren! Ja, meine Geschwister aus Ghana, Südafrika, Irland und wo sie alle herkamen, öffneten mir die Augen für all das, was Gott unserem Land geschenkt hatte. Dankbarkeit wuchs und ein Gefühl der Verantwortung, mit jenen zu teilen, denen es weniger gut ging.

Absage an den Überfluss

Überfluss hatte mir schon immer zu schaffen gemacht, doch seit ich literarische Welten bereiste, deren Seiten von Hunger und Bedürftigkeit trieften, hielt ich den Schweizer Wohlstand fast nicht mehr aus:

Der Vortrag über China war sehr gut. Es hat mich neu aufgerüttelt, mein Leben und noch mehr, mein Geld, in den Dienst Jesu zu stellen. Wo bleibt unsere Dankbarkeit für so viel Wohlstand, für ein warmes Bett, genug zu essen? Eine Christin aß 21 Jahre lang nur jeden Tag drei Handvoll Reis. Und wir? Wir haben, haben, haben, wollen, wollen … Ich will einfach nicht mehr mitmachen bei diesem Wohlstandsgetue.

Manchmal halt ich es hier in diesem Wohlstand fast nicht mehr aus. Ich sehne mich nach einer Zeit, wo ich auch in finanzieller Hinsicht vom Herrn abhängig bin. Mein Glaube soll sich vertiefen. […] Ich möchte auch lernen in Schwierigkeiten und Leiden dem Herrn treu zu bleiben. Es kommt mir vor, wie wenn unser Erfahrungsbereich mit dem Herrn hier in der Schweiz sehr eingeschränkt ist, obwohl ich spüre, dass man auch hier ausbrechen könnte. Hilf mir, Herr, die Einengungswände der Erfahrung mit dir zu durchbrechen und dich anders, tiefer zu erfahren als bisher!

Im Nachhinein, beim Lesen dieser Einträge, stelle ich fest, wie Gott meine Gebete beantwortet hat. Nur drei Jahre später bekam ich, was ich mir wünschte: Schwierigkeiten, kein festes Einkommen, Abhängigkeit von Gott, und das als Mutter von zwei kleinen Kindern.

Ich muss damals schon ein bisschen durchgedreht und abgehoben auf meine Familie gewirkt haben. Ich kann diese Bedenken aus ihrer Sicht auch verstehen. Trotzdem bin ich ihnen sehr dankbar, dass sie mir keine Hindernisse in den Weg legten, um meiner Berufung nachzukommen.

Es wird spannend

Am 20. Februar 1984 hänge ich meinen Lehrerberuf in der Schweiz auf die menschlich gesehen blödste Art und Weise an den Nagel: Ich reichte ein extra Gesuch ein, um auf Anfang August kündigen zu können, was bedeutete, dass ich auf drei Monate Sommerferiengehalt – damals etwa 10.000 Franken – freiwillig verzichtete. Meine Familie und sogar christliche Freunde rieten mir natürlich zum normalen Vorgehen, nämlich einer Kündigung auf den Herbst; dies um so mehr, als meine Bibelschule ja erst im Oktober begann.

Ich konnte ihren gut gemeinten Argumenten nichts anderes entgegen halten als die sanfte Stimme Gottes, die ich in meinem Innern hörte und der ich gehorchen wollte. Ein inneres Bild, das ich am 3. Februar 1984 bekam, ermutigte mich auf diesem Weg in die unbekannte Zukunft mit Gott:
Als ich den 139. Psalm las, bekam ich ein Bild für meine Zukunft. Mein Leben ist ein Buch. Gott liest mir daraus vor, immer so viel, dass ich es ausleben kann. Ich spüre, es ist ein interessantes Buch. Es wird sehr spannend. Doch Gott ist nicht so, wie wir Lehrer manchmal. Er hört nicht dort mit Lesen auf, wo es am Spannendsten ist, so dass wir es kaum aushalten. Er gibt Gewissheit für den nächsten Schritt. Ich weiß, dass das Buch einen guten Schluss hat, einen sehr schönen Schluss. Wie wunderbar, sich Gott vorzustellen mit dem Buch in seinen Händen, mit meinem Leben in seinen Händen …

Der nächste Schritt

„Ich gehe an eine Bibelschule in England", erzählte ich also aller Welt, die es wissen wollte, und kurz darauf war das schon überholte Information. Nun endlich hatte Gott die Katze aus dem Sack gelassen, am 11. April 1984, und zwar durch einen Telefonanruf. Ich erinnere mich noch genau: Ich stand im Wohnzimmer vorne beim Fenster, als ich den Hörer abhob und mich meldete: „Haas."

„Hallo Rita. Da bin ich. Pesche."

„Hallo Pesche, wie geht's Dir?"

„Gut, hör mir mal zu. Du willst doch irgendwo nach China, in die Pampa, oder?"

„Eh, ja schon, – wieso?"

„Heute haben sie an meiner Schule so Infoblätter verteilt für einen Sprachkurs in der Inneren Mongolei. Der geht sechs Monate, man braucht mittelmäßige Englischkenntnisse. Morgen ist Anmeldeschluss."

Während Peter, Käthis Bruder, mir diese Infos durchs Telefon gab, schlug mein Herz immer schneller. Als er auch noch erwähnte, dass es im August losginge, war für mich die Sache schon fast klar. Deshalb also hatte ich meine Stelle zum ersten August künden müssen! Nun ergab plötzlich alles einen Sinn.

„Hallo! – Bist du noch da?" Peter holte mich zurück aus meiner analysierenden Rückschau.

„Hey, danke, dass du mir das mitteilst! Natürlich habe ich Interesse. Ich spüre, da soll ich hin. Wart mal, ich hole einen Stift und dann notiere ich mir das Wichtigste. – Also, schieß los."

Peter nannte mir die Adresse des Verantwortlichen und versprach, mir den Infozettel morgen zu schicken. Dann beendete ich das Gespräch, um erstmal in einem Atlas nachzuschlagen, wo denn diese Mongolei war. Ja, tatsächlich, in der

Pampa! Keine zivilisierten Küstenstädte in der Nähe, nur Wüste und Steppe wie es schien, und wie ich mir das in meinen Hudson-Taylor-Fantasien vorgestellt hatte.

Ich bewarb mich auf der Stelle für diese Studienreise, tappte im Dunkeln rüber auf die Poststelle und warf den Umschlag ein. In dieser Nacht konnte ich kaum schlafen, so aufgeregt war ich.

Als der Infozettel endlich eintraf, wurde meine Neugier gestillt. Ich überflog das Infoblatt dieser christlichen Gruppe mit gierigen Augen:

Starkes Interesse an Volk und Land der Mongolen ... Intensiv-Sprachkurs Mongolisch in Hohhot, der Hauptstadt der Autonomen Region Innere Mongolei in der VR China ... vorletzte Augustwoche 1984 ... Bahnfahrt mit der Transsibirischen Eisenbahn ab Deutschland ... Ein Semester intensives Sprachstudium Mongolisch ... Reisen und Besichtigungen quer durch China ... Besuch von Theater, Oper und andern öffentlichen Veranstaltungen ... Unterbringung im Studentenwohnheim der Universität ... 4500 DM (alles inklusiv) ... mittelmäßige Englischkenntnisse.

Nun folgte ein reger Briefverkehr zwischen Deutschland und Zwischenflüh. Es gab noch vieles zu klären, und immer wieder kam es zu unvorhergesehenen Änderungen. Aber ich hatte Gott am 13. April 1984 einfach gesagt:

Jetzt kannst du die Weichen stellen. Ich bin bereit zu gehen.

Ich überließ es ihm, ob alles klappte oder nicht. Natürlich war mir bewusst und wurde mir von den Verantwortlichen bewusst gemacht, dass diese Reise nicht dazu diente zu missionieren. Das Ziel war eindeutig, Sprache und Kultur kennenzulernen. Wahrscheinlich wohnten wir sogar im Studentenwohnheim, zusammen mit vielen anderen. Da ich lange die einzige Frau war, die sich angemeldet hatte, musste ich damit rechnen, recht isoliert zu sein von der Gruppe. Im Mai fuhr ich nach Deutschland, um die neusten Infos persönlich mit dem Leiter zu besprechen. Was ich da zu hören bekam, kann nicht gerade als aufbauend bezeichnet werden:

Die Reise ist nicht organisiert, jeder fährt im Grunde genommen selber (das heißt auf eigene Verantwortung). Es ist sehr kalt; tagsüber -20°, bei Nacht -40°! Das Essen sei sehr schlecht und alles stinke. Die Leute sind arm. Es gibt eine Menge Impfungen, die wichtig sind, außerdem gibt's dort drei tödliche Epidemien: Hirnhautentzündung (zwei Arten) und Pest.

Aber Gott schenkte mir inneren Frieden, und so meldete ich mich definitiv an. Die Antwort kam postwendend:

Ich freue mich über Deinen Brief und den Entschluss mitzufahren. Ich wünsche Dir von Herzen Gottes Segen für Deinen Weg. Du wirst verstehen, dass ich nicht einladend redete. Es ist einfach nicht gut, wenn jemand sich nicht ganz im Klaren ist, was er tut ...

Und damit wir Teilnehmer uns alle im Klaren waren, was uns erwartete, erhielten wir noch mehr Infomaterial. Doch auch diese eher schlimmen Informationen konnten mich nicht mehr aufhalten. Ich wusste einfach mit innerer Bestimmtheit,

dass ich mitgehen sollte:
> *Es war mir, als würde Jesus mich fragen: „Darf ich deinen Körper benutzen, um in die Mongolei zu gehen?" Jesus will dorthin, sein Geist, und ich möchte nur den Körper geben als nötige Hülle.*
> *Wie viele Menschen hat Jesus wohl schon gefragt, um zu gehen? …*

Heidi aus den Bergen

Nun, Jesus hatte sich also den Körper einer „Heidi aus den Bergen" ausgeliehen. Als naturverbundener Mensch verbrachte ich viele Tage im Juli beim Seebergsee, auf der Rinderalp oder auf dem „Viertzeli". Das waren so meine Lieblingsplätzchen, wo ich mit Gitarre und Bibel ausgerüstet eine intensive Gemeinschaft mit Gott pflegte, Abschied nahm vom Diemtigtal und den Menschen, die mir ans Herz gewachsen waren, und mich innerlich vorbereitete auf das so andere Leben in China:

Was würde mich erwarten? Wer waren die andern der Gruppe? Ich wusste nur, dass alle aus Deutschland stammten. Diese Tatsache begrub meine letzten Hoffnungen auf einen Ehemann. Eher würde ich einen Chinesen heiraten als einen Deutschen; da war ich mir sicher. Im Diemtigtal hatten die norddeutschen Touristen nämlich einen ganz schiefen Eindruck auf mich gemacht. Ich empörte mich darüber, wie abschätzig manche von ihnen die lokale Bevölkerung behandelten. Also hegte ich nicht gerade tolle Gefühle für meine Reisegefährten. Die beiden Mädchen der Gruppe kannte ich ein wenig, weil sie mir einen Brief geschrieben hatten. Das war schon ein Anfang. Und dann war da noch ein „Jürgen" aus dem Süden Deutschlands, mit dem ich ursprünglich zusammen nordwärts ans Treffen hätte reisen wollen. Doch daraus war nichts geworden.

So stand ich jetzt, am 3. August, nach der langen, verspäteten Zugfahrt allein vor dem Haus einer Bauernfamilie in Mitteldeutschland. Alle andern waren bereits drinnen beim Abendessen; sie kannten sich bereits und waren nur noch gespannt auf die Schweizerin.

Ich raffte meinen Mut zusammen, trat ins Wohnzimmer und murmelte etwas schüchtern: „Guten Abend."

Sofort bot man mir einen Platz an. Ich setzte mich und wurde erst mal von sieben Augenpaaren schweigend gemustert. Der Blick der Deutschen fiel auf meine Haare, die ich praktischerweise zu zwei Zöpfen geflochten hatte.

Eine Heidi!, müssen sie sich gedacht haben, *auf was haben wir uns da nur eingelassen!*

Mir wurde immer ungemütlicher zumute. Es war schwierig, so niemanden zu kennen.

Endlich sagte jemand „Herzlich willkommen." Die Stimme kam von meinem Gegenüber am Tisch.

Ich schaute genauer hin und sah zuerst eine breite Reihe schneeweißer Zähne, die sich unter dem Schnurrbart ein Wettleuchten mit dem Schalk in den graugrünen Augen lieferten. Die Augen gewannen, fand ich. **Ich hatte noch kaum so blitzende Augen gesehen.**

„Ich bin Jürgen", sagte die Stimme, die zu den Augen gehörte, und eine feste Hand drückte die meine.

„Ah ja", stammelte ich hervor, „du hast mir mal geschrieben."

„Ja." Da war es wieder, dieses Strahlen und Blitzen. Ich konnte kaum meine Augen von ihm abwenden, um die andern zu begrüßen, die nun aufgestanden waren, um mir ebenfalls die Hand zu schütteln. Da war ein hagerer Langer, ein bärtiger Dicker, ein langhaariger Hippie, ein sportlicher Junge, ein feminin wirkender Kleiner, die geheimnisvolle Sandy und die blonde Anke, die neben mir saß und mich ein bisschen auszufragen begann. Sie verstand sogar Schweizerdeutsch. Komisch, was das ausmachte! *Ich habe zu lange in der Einsamkeit der Schweizer Berge gesteckt. Es wird höchste Zeit, dass ich in die weite Welt komme,* konstatierte ich für mich.

An diesem Wochenende tauchten wir alle ein in eine wildfremde Welt. Wir hörten Seminare zur Geschichte, Kultur, Geografie, Klima, Land und Leute der Mongolen, hörten zum ersten Mal in unserem Leben *chuumi* Gesang[23], wunderten uns, dass man dieses Geräusch als Musik bezeichnete, und diskutierten rege über das soziale Leben in China, dessen Teil wir in drei Wochen – so Gott wollte – sein würden. Auf ausgedehnten Waldspaziergängen lernten wir uns kennen. Ich wusste nach dem Wochenende bereits, wer rauchte und auch schon ein bisschen, wer wie über was in der Bibel dachte. Da Anke und Jürgen auf einer Bibelschule in der Schweiz waren, hatte es sich ergeben, dass wir drei die meiste Zeit miteinander verbrachten. Sonntagnachmittag um vier Uhr war das Treffen zu Ende, und da kein Zug mehr bis nach Thun fuhr, wurde mir angeboten, dass ich bei Jürgen zuhause übernachten könne.

Wir fuhren zu dritt in Jürgens Auto, brachten den Mitfahrer nach Tübingen und fuhren dann weiter nach Ergenzingen, wo der junge Mann mit den blitzenden Augen wohnte. Das Haus seiner Eltern, die mich sehr herzlich begrüßten, war groß und hatte genug Zimmer für Gäste. Ich verstand fast nichts mehr, als die drei auf Schwäbisch loslegten und ging deshalb früh ins Bett.

Es gab noch einiges, worüber ich nachdenken wollte, denn in mein Tagebuch hatte ich geschrieben:

Ich könnte mir Jürgen als meinen Mann vorstellen …
Mit dem Zug fuhr ich am nächsten Morgen in die Schweiz zurück.

---

23 mongolischer Obertongesang; ist sehr gewöhnungsbedürftig für Schweizer Ohren

Abschied

Die letzten Tage in Thun waren ausgefüllt mit Packen, Organisieren und Abschied nehmen. Am 12. August wurde ich in meiner Freikirche in Thun verabschiedet, beziehungsweise „ausgesandt". Meine Eltern kamen mit zu diesem besonderen Gottesdienst, was mich sehr freute. Als das mit der Inneren Mongolei klar geworden war, hatte sich mein Vater an die Geschichte mit der Weltkugel erinnert und mir die Begebenheit erzählt. Weder meine Eltern noch ich betrachteten das als Zufall. Ich spürte, dass sie nun wirklich hinter meiner Entscheidung standen und mir ihren Segen gaben, obwohl es für sie schwer war, mich in diese unsichere Zukunft zu entlassen. Die Informationen über Enzephalitis und Meningitis und die Gefahr einer eventuellen Ansteckung hatten dem ganzen Unternehmen „Mongolei" schon eine gewisse Ernsthaftigkeit verliehen. Daran änderte sich auch durch die letzte offizielle Mitteilung nichts, dass das mit der Transsibirischen Eisenbahn nicht klappte:

Liebe Freunde, ich habe einen Flug gebucht mit der rumänischen Fluggesellschaft Tarom. Wir starten am 26. August ab Frankfurt um 12.10. Fluggepäck maximal 20 Kilo! Peking an: 27. August um 18.00 Uhr. Von dort weiter mit der Eisenbahn nach Hohhot. […] Die Flugtickets werden euch am Flughafen Frankfurt ausgehändigt. Sandy hat sich noch kurzfristig abgemeldet. Bitte denkt an sie.

Sandy hatte es sich anders überlegt; war da vielleicht ganz plötzlich jemand aufgetaucht? Ich aber freute mich auf alles, was nun kam. Die Aussicht auf viele gemeinsame Tage mit den blitzenden Augen machte den Abschied auch noch mal leichter:

Ich liege nach feinem chinesischem Essen im Bett: halb zehn Uhr. Morgen früh um 4.50 Uhr fährt mein Zug in Bern. Nun habe ich die Bibel aufgeschlagen, und was lese ich zum Abschluss oder Neubeginn?:

Fürchte dich nicht. […] Hab keine Angst.
Ich werde dich aus diesem fernen Land erretten. […]
du wirst nach Hause zurückkommen und im Frieden leben:
du wirst sicher sein und niemand wird dich bedrohen.
Ich werde zu dir kommen und dich erretten."
(Jeremia 46, 27-28)[24]

---

24 Übersetzung aus einer englischen Bibel, die ich damals hatte.

TEIL 3

WIE FÜHRST DU GOTT?

INNERE MONGOLEI, CHINA

1984-1985

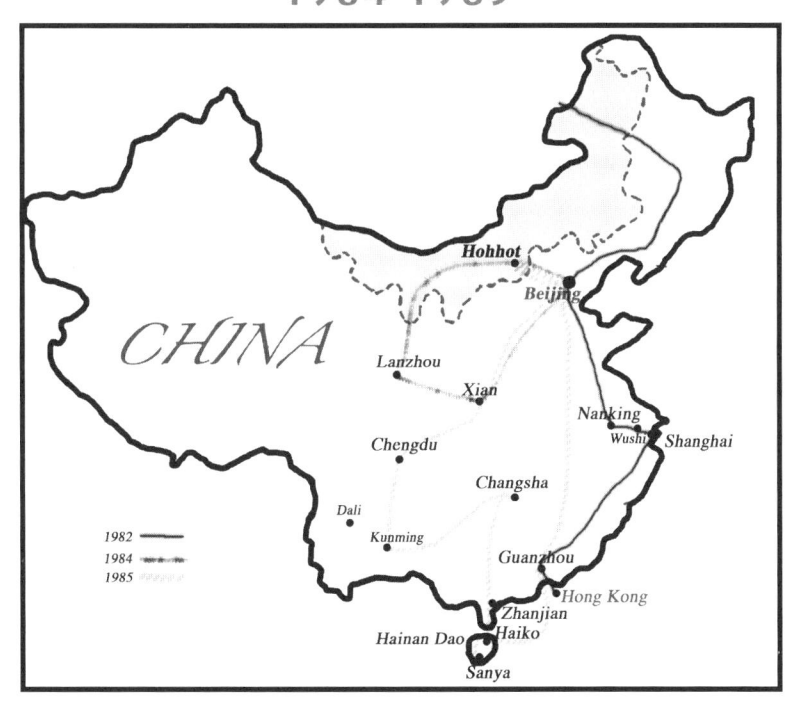

9

Willkommen in Hohhot

Thun-Hohhot, Überraschungen inklusive
Etwas müde saß ich am Nachmittag des 26. Augusts 1984 im Flughafen Bukarest und wartete auf unseren Weiterflug nach Beijing. Es schien, als dauerte es noch Stunden, und so holte ich meine Spielkarten aus dem Tramperrucksack. Dabei fand ich den Abschiedsbrief von meinen Eltern, eine Karte mit einem wundervollen Schwanmotiv:

Adieu, mein kleiner Schwan. Seelenruhig treibst du auf dem sanften Gewässer dahin, ohne Angst und Sorgen. Dich umgibt bunt gefärbtes Herbstlaub und alles sieht ruhig und friedlich aus, weil es von einem hellen Licht umgeben ist. O möge Dein geschenktes Gefieder allen möglichen Gefahren standhalten, und möge vor allem das helle Licht Dich überall begleiten. Von Herzen wünsche ich Dir einen glücklichen, erlebnisreichen Chinaaufenthalt und viele Freuden mit dem chinesischen Volk. Meine Liebe, so auch die von Papi wird immer bei Dir sein, von jetzt an in Gedanken.   *In Liebe Mami*

Der Abschied von meinen Eltern in Bern war nicht so sentimental ausgefallen wie befürchtet. Aber jetzt, als ich diese lieben Zeilen las, musste ich das Weinen unterdrücken; ich wollte nicht schon zu Beginn unserer Reise als Heulsuse der Gruppe gelten. Wir sieben gingen noch etwas behutsam miteinander um, versuchten einander einzuschätzen und verhielten uns deshalb eher reserviert. Nur Anke, Jürgen und ich benahmen uns relativ unbefangen. Als wir um 18.00 Uhr chinesischer Zeit in Beijing landeten, war unser Zug nach Hohhot wegen der Flugverspätungen bereits abgefahren.

Etwas verloren standen wir sieben Langnasen auf dem Flughafengelände herum und gewannen so die Aufmerksamkeit eines gewissen *Lin Li*. Dieser fröhliche, junge Chinese half uns, den Bus zum Bahnhof zu finden. Dort erlebte ich einen Schock: wir tauchten ein in eine grau-blaue Masse von Menschen, die überall auf dem Boden saßen oder lagen, oder sich in meterlangen, dicken Schlangen vor irgendwelchen Schaltern wanden. Unserem Gruppenleiter drohte nun das gleiche Schicksal: er stellte sich zu den wartenden Menschen, während wir andern uns ein paar Quadratmeter Boden eroberten, um unser Gepäck abzuladen und uns auszuruhen. Dabei wurden wir von Tausenden von Augen durchlöchert. Weit und breit waren keine andern Ausländer zu sehen, und manche der Chinesen, die da am Boden hockten, mussten – ihrem Gaffen nach zu urteilen – das allererste Mal in ihrem Leben Weiße sehen.

Nach etwa 90 Minuten kam unser Chef zurück. Er hatte für den übernächsten Tag Fahrkarten bekommen im „Hardseater" Abteil, also in einem Waggon mit harten Sitzplätzen. Aber leider nur vier Stück, was bedeutete, dass drei von uns sich schon mal mental auf 13 Stunden Stehen vorbereiteten.

Plötzlich erklang eine schrille Lautsprecherstimme und die Chinesen begannen, die Halle zu räumen. Es war kurz vor Mitternacht. Zum Glück gab's auch hier einen netten Lin Li, Pingpong oder wie diese Schlitzaugen auch immer hießen, der uns in die Wartehalle führte. Wir fanden sogar einen extra Raum für ausländische Gäste! Doch gerade als wir es uns in den bequemen Stühlen für die Nacht gemütlich machen wollten, wurde auch dieses Refugium geschlossen. So streckten wir uns wie Tausend andere auf dem harten Boden aus und versuchten zu schlafen.

Ich lag zwischen Anke und Jürgen. Aber meine Aufmerksamkeit wurde völlig in Anspruch genommen von den Menschen rings um mich. Das Licht brannte die ganze Nacht, und so sah man sie kommen und gehen, liegen und aufstehen, warten und warten und nochmals warten.

„Ihr habt großes Glück, dass ihr Fahrkarten für den übernächsten Tag bekommen habt", hatte uns ein englisch sprechender Chinese verständlich gemacht, „normalerweise muss man vier Tage oder länger warten!"

Gottes Hilfe sah hier also etwas anders aus als in der Schweiz. Und sie kam oft in Form von hilfsbereiten Leuten.

Lin Li stand pünktlich um sechs Uhr vor uns und half uns telefonieren. Doch die billigen Hotels waren schon alle besetzt, und so beschlossen wir, nochmals eine Nacht auf dem Boden zu verbringen. Um unsere verspannten Muskeln zu dehnen, vollführten wir allerlei gymnastische Übungen, die aber weitaus weniger elegant aussahen als die geschmeidigen Bewegungen der chinesischen Schattenboxer um uns herum. Bevor wir unser schweres Gepäck für den Tag aufgaben, kauten wir im ausländischen Wartesaal an altem Brot und tranken ein paar Schluck Limonade und: auf ging's voller Tatendrang zur Verbotenen Stadt. Der Elan ließ aber bald nach. Todmüde schleppten wir uns unter der Leitung von Lin Li durch die chinesische Hauptstadt. Irgendwann gab's Huhn mit Kopf und Schnabel, aber auch ein paar Leckereien. Die schönste Überraschung des Tages war, dass das „Qiao Yuan" Hotel noch genug billige Betten für uns hatte.

Nach einem tiefen, weichen Schlaf probierten wir am Morgen des 29. Augusts unser Glück an einem Lebensmittelkiosk. Wir deuteten durstig auf die Halbliterflaschen, die im Regal standen und handelten uns drei ein. Doch o Schreck: es war klebriger Sirup. Wir versuchten es nochmals und – tatsächlich: kein Sirup! Aber auch keine Limonade. Mit dem Schnaps, den wir uns nun erstanden hatten, konnten die meisten von uns auch nichts anfangen, und so kauften wir in unserer Verzweiflung ein Fünfrappen-Eis, um das trockene Erdnussbrötchen herunterzuwürgen. Nun waren wir gestärkt für eine weitere Eroberung.

In China musste man sich alles erobern: den Buseingang mit den Ellenbogen, und auch die reservierten Plätze im Zug. Lin Li zeigte uns, wie das funktionierte.

Natürlich waren unsere vier Sitzplätze belegt, doch die Chinesen machten Platz und quetschten sich irgendwo dazwischen. Drei von unserer Gruppe saßen – wie viele andere auch – im Korridor. Zum Glück hatten sie ihre stabilen Köfferchen dabei. Unserem Jüngsten ging es gar nicht gut. Er hatte Fieber, Durchfall und Bauchweh. Ich fühlte mich blendend nach der guten Nacht, versuchte mein Glück mit dem deutsch-chinesischen Konversationsführer, rechnete mit den Chinesen um die Wette und steckte eine gewaltige Blamage ein, als es nach Algebra zu höherem Fachwissen ging und die Primarlehrerin nicht mehr mithalten konnte mit den komischen Zeichen auf dem Papier. *Na ja*, dachte ich, *dann spielen wir eben etwas*, und holte mein Mastermind[25] hervor.

Wie man sich denken kann, waren wir eh schon die Attraktion in diesem Zug, aber spielende Westler, das war nun die ultimative Herausforderung für jedes Chinesenhirn im Abteil. Der Luftraum um unsere Gruppe wurde immer enger: von überall her lugten Augenpaare auf das braune Plastikbrett mit seinen farbigen Steckern, und fiebrig versuchten sie, die Regeln zu erraten.

Irgendwann wurde es zu dunkel zum Spielen, und die Lautsprecher übernahmen es, die Fahrgäste bei Laune zu halten: für den Rest der Fahrt brüllten sie uns chinesische Witze ins Ohr. Irgendwann waren noch zwei Deutsche eingestiegen, und da saßen wir nun als Neuner-Gruppe auf fünf hölzernen Sitzen. Die Fahrt dauerte 13 lange Stunden.

Kurz nach fünf Uhr morgens erreichten wir Hohhot. Da der Bahnwaggonboden übersät war mit schlafenden Chinesen, stiegen Anke und ich zum Fenster hinaus, nahmen alles Gepäck entgegen und ließen so die ruhende Menge in Frieden.

Draußen aber begann die Unruhe: „Fremde Teufel" in Hohhot! Alle, die einigermaßen wach waren, mussten uns sehen. Auch hier gab es einen *Lin Li*, der mehr konnte als Gaffen: er führte uns freundlicherweise in den Wartesaal für Ausländer. Eine Stunde später erschien der Beauftragte für auswärtige Angelegenheiten, ein stattlicher Mongole, und forderte uns auf mitzukommen.

Willkommen in der *Inner Mongolia University*!

Im Kleinbus überlegte ich mir, wo und wie wir nun hausen würden. In den Unterlagen hatte es ja geheißen, dass wir wie Chinesen behandelt werden würden. Aber im Land der maoistischen Gleichheit entschloss sich die Regierung, die Ausländer separat zu halten. Vielleicht wollte man uns ja verwöhnen, vielleicht aber auch nur besser kontrollieren. Wie dem auch sei, Tatsache ist, dass wir ganz idyllisch wohnen durften.

Das Auto fuhr durchs große Tor der Innermongolischen Universität und hielt kurz darauf vor einem zweistöckigen Ziegelsteinhaus. Ein kleiner Garten mit Bäumen, Sträuchern, Blumen und Zwiebeln erregte meine Aufmerksamkeit. Auf

---

25 ein Spiel; auch Superhirn genannt.

der Wäscheleine nebenan hingen bunte Sachen. Das Ganze sah einladend aus. Ich jedenfalls fühlte mich gleich wie zuhause.

Anke und ich bekamen ein sehr großes Zimmer im ersten Stock zugeteilt mit drei Betten (man hatte ja drei Frauen erwartet), drei Tischen, einem Spiegelschrank und einem Regal. Die fünf Männer teilten sich drei Zweierzimmer. Ein Englischlehrer erklärte uns alles und führte uns dann weiter in einen kleinen Speiseraum, der sich direkt neben der Studentenmensa befand. Er stellte uns unseren Privatkoch vor; dreimal am Tag würde er uns bekochen. Wir staunten nur. Gott meinte es gut mit uns. Das Essen war wirklich hervorragend.

Nach dem ersten Stadtbummel schrieb ich unter anderem nach Hause:
Jeden Morgen wischen und fegen sie das Haus. Aber das ist fast nötig, denn alles hier ist sehr staubig. Die Luft tatsächlich nicht sehr gut. Die paar wenigen Autos haben furchtbare Abgase. […] Es wird dann wahrscheinlich katastrophal im Winter, wenn aus all den Häusern der Heizofenqualm kommt. Das Klima hier ist ähnlich wie in der Schweiz, heute zirka 25°, dafür aber recht trocken. […] Nachher schauten wir uns die Stadt an: zirka 600 000 Einwohner, breite Straßen, von Alleen gesäumt, Backsteinhäuser (meist ein- bis dreistöckig). Eigentlich nichts Schönes. Sehr neue Stadt (nach 1949 gebaut). Am Straßenrand gibt's viele kleine Geschäfte, wo man sicher fast alles kriegt. Früchte verkaufen sie auch in reichen Mengen, doch unser Bedarf wird ja durchs Essen vollauf gedeckt. Die ganze Stadt fährt Velo. Das werden wir uns am Montag kaufen gehen für zirka 170 Yuan. Am Schluss verkaufen wir es dann wieder. Ich freue mich echt darauf, durch die Stadt zu fahren. So sind wir unabhängig.

Ja, wir unabhängigen Westler gaben den Chinesen noch einige Probleme auf. Doch davon später.

Offiziell wurden wir als Gruppe am 1. September von acht Männern in Anzug und Krawatte ganz feierlich begrüßt und an ihrer Schule willkommen geheißen. Sie entschuldigten sich immer wieder für die schlechten Bedingungen und erklärten uns auch, dass sie uns mit der Transsibirischen Eisenbahn erwartet hätten. Zwei Lehrer seien extra nach Beijing gefahren und hätten für uns alle Erste-Klasse-Fahrkarten für den Zug nach Hohhot gelöst.

Ich bin froh, dass es anders gekommen ist. Ich möchte diesen Kontakt im Bahnhof und Zug nicht missen, den wir mit dem chinesischen Volk hatten,
kommentierte ich dieses Missverständnis.

Mein Glück war vollständig, als Anke und ich auf dem ersten Spaziergang durchs Unigelände auf der Suche nach einem Briefkasten ein Volleyballfeld entdeckten. Noch am gleichen Abend konnte ich vier Spieler aus unserer Gruppe rekrutieren, und wir fanden bald Unterstützung durch Chinesen. Peinlich wurde uns bewusst, dass wir neben unseren langen Nasen auch wegen unseren Jeans und der westlicher Kleidung auffielen, und so machten wir uns nach dem Abendessen auf den Weg in die Stadt, um uns die weite Einheitshose in Blau zu kaufen, die man an der Taille einfach mit Gurt zusammenzog.

Wir hatten uns ja vorgenommen, wie die Chinesen zu leben. Was an uns lag, wollten wir alles tun, um uns zu integrieren. Deshalb trafen wir uns als Gruppe am Sonntagmorgen auch nicht im sonnigen Gärtchen vor dem Haus, sondern hinter verschlossener Zimmertür, um gemeinsam die Bibel zu lesen, Gedanken auszutauschen, Lieder zu singen und füreinander zu beten.

Die einheimischen Bakterien und Viren hatten nämlich angefangen uns zuzusetzen. In Rekordschnelle musste unser Immunsystem nun Antikörper für bis anhin unbekannte Eindringlinge produzieren. Ab und zu muss es sich überfordert gefühlt haben, so wie wir beim Anblick der Tausenden von Menschen, und sich gesagt haben: „Das hält man ja nicht aus. Da komme ich ja gar nicht mehr mit!" Und in solchen Momenten, wo die so genannten T-Helfer unseres körpereigenen Abwehrsystems k.o. am Boden lagen, plagte dann den einen oder andern von uns Durchfall, Magen-, Ohren- oder ein anderes -weh. Wie gut, wenn wir da füreinander beten konnten und Gott bitten, dem überlasteten Immunsystem zu Hilfe zu kommen.

ERSTE WOCHE ALS ERSTKLÄSSLER

Manch einer von uns hat sicher auch für den Unterricht und sein Gehirn gebetet, als er die hieroglyphenartigen Schnörkel sah, die unser Grammatiklehrer *Nobagsch*[26] am ersten Schultag, dem 3. September 1984, um 7.30 Uhr mit weißer Kreide auf die schwarze Wandtafel malte. Zum Glück hatten wir in diesen ersten beiden Unterrichtsstunden einen deutschsprachigen Übersetzer. Dieser tat seine Arbeit sehr gut. Er erklärte uns die für ihn logische Tatsache, dass jeder der 28 Buchstaben des Alphabets anders geschrieben würde, je nach dem, ob er allein, am Anfang, in der Mitte oder am Ende eines Wortes stand. *Nerven haben die, die Mongolen*, dachte ich und kritzelte diese viermal 28 Formen in mein Heft. Ich kam mir schlimmer vor als eine Erstklässlerin in Zwischenflüh. Also ich hatte nie alle Buchstaben auf einmal gelehrt! Aber wir waren ja Erwachsene!

In den zwei Lektionen nach der Pause hatten wir Konversation mit *Se-bagsch* (siehe Farbfoto). Unsere europäischen Namen waren ihm viel zu kompliziert, und so gab es zuerst mal mongolische:

Die blonde Anke hieß „Sonne", ich, mit meinen braunen Haaren war nur der Abglanz der Sonne und wurde logischerweise „Mond" genannt, Jürgen mit seinem breiten Grinsen und seinen blitzenden Augen bekam den Namen „Freude", unser langer, hagerer Chef hieß von nun an „Ozean", der bärtige Dicke wurde zur „Weisheit", weil nur alte, weise Männer in China Bärte trugen, unser blonder, bebrillter Jüngster erhielt den stolzen Namen „Kultur" und die etwas längeren, gewellten Haare des Kleinsten in der Gruppe müssen den mongolischen Lehrer irgendwie an einen Fluss erinnert haben.

Nun ging es lustig zu und her. Wir lernten also einen Satz, zum Beispiel: „Hallo.

---

26 *bagsch* heißt „Lehrer" und wird als Titel an den Namen des Lehrers angehängt. „No" und „Se" sind Abkürzungen.

Wie geht es?" Der Mongolischlehrer übersetzte diese Wortreihe ins Chinesische für den chinesischen Übersetzer. Dieser sagte erstmal „Hello. How are you?", und nachdem wir analytisch denkenden Westler die ersten Fragen zu stellen begannen, zermarterte er sich das Hirn, wie diese mongolische Begrüßung nun wohl ins Englische zu übertragen sei und stammelte dann irgendwann: „You good are, question particle."[27] „Weisheit", „Ozean", „Kultur" und ich tauschten verwirrte Blicke aus, während „Sonne" und „Freude" gelangweilt zum Fenster herausschauten und den Satz mit uns andern zusammen zehnmal nachplapperten: *„Ta säämbäänoo? Ta säämbäänoo? Ta sää…"*

Die Ä's hallten durchs kahle Schulzimmer und mein Ohr dröhnte. Nicht von den mongolischen Vokalen, sondern vor Schmerzen. Also erklärte ich dem englischen Übersetzer, ich müsste am Nachmittag zum Arzt gehen, mein Ohr untersuchen lassen. Der Mann nickte verständnisvoll. Wir wollten ja sowieso die Fahrräder kaufen gehen. Da konnte man das kombinieren. Aber zuerst servierte man uns ein leckeres Mittagessen. Als ich die Stäbchen zur Hand nahm, stellte ich mit Genugtuung fest, dass der Muskelkater in meinen zehn Fingern endlich verschwunden war.

Nachdem ich eine Schmerztablette geschluckt hatte, machten wir uns als Gruppe auf den Weg in die Stadt. Der Kleinbus hielt in einem verlotterten Quartier vor einem kleinen Häuschen. Unser Übersetzer forderte mich auf, auszusteigen und mitzukommen. Als ich zögerte meinte er: „Ihr Ohr. Sie hören schlecht."

„Ach, da ist der Arzt", erklärte mir Anke, und fügte hinzu: „Ich komme mit."

Wir betraten das Lehmhaus und grüßten den kleinen Chinesen, der uns hinter dem Ladentisch herzlich anstarrte. Ich schaute mich um und wäre am liebsten gegangen. Von der Decke hingen schimmlige Farbfetzen herunter und in der einen Ecke lauerte eine langhaarige Spinne auf ihre Beute. Ein paar Brocken Chinesisch wurden gewechselt und dann öffnete der Hausbesitzer eine Schublade, zog so ein kleines Metallding heraus und legte es auf den Tisch.

„Versuchen Sie es", sagte unser Helfer, nahm das Teil und kam auf mich zu.

„Was versuchen? Ich verstehe nicht", antwortete ich verwirrt.

Plötzlich lachte Anke schallend auf: „Das ist ein Hörgerät. Der Übersetzer hat verstanden, dass du schlecht hörst und so was brauchst."

Nun musste auch ich grinsen, obwohl ich es nicht witzig fand, denn das Hämmern im Ohr hielt unbeirrt an.

Anke versuchte unserem Übersetzer das Missverständnis klar zu machen, und der wiederum gab sich alle Mühe, dass der kleine Mann sich nicht über die zwei Ausländerinnen ärgerte, die seinen Laden verließen, ohne eines seiner tollen Hörgeräte gekauft zu haben. Im Bus grölten die andern bereits, denn die Lehmwände waren nicht so dick gewesen. Nachdem wir vier Fahrräder – mehr gab es an dem Tag nicht – gekauft hatten, besorgte mir der junge Chinese in einer

---

27 „Sie gut sein Fragepartikel."

Apotheke Ohrentropfen. So ging der erste Schultag mit einem humorvollen Erlebnis, einem guten Abendessen und vielen Hausaufgaben zu Ende.

Am nächsten Morgen übten wir brav weiter: wir staunten über die männlichen, weiblichen und sächlichen Vokale und dass die Mongolen diese schön voneinander getrennt in ihren Wörtern anordneten. Was es nicht alles gab! Meine beschränkte Fantasie wäre nie auf die Idee gekommen, solche linguistischen Saltos zu vollbringen. Während wir also die Kreativität des Schöpfers der mongolischen Sprache bewunderten und versuchten, wieder zahlreiche Vokabeln in unser Gehirn zu packen, wurde für uns ein Fest vorbereitet.

Ich weiß bis heute nicht, was es zu feiern gab, vielleicht uns, vielleicht auch was anderes. Die Mongolen feierten mit einem dreifachen S: Schaffleisch, Singen, Saufen: SSS. Da es nur Schnaps und Bier zu trinken gab und man nach jedem Lied anstoßen und austrinken musste, wurde das Ganze für uns bald zum Abenteuer. Bald übertrafen wir uns gegenseitig mit Ideen, wie wir das Glas Schnaps wieder leer kriegten, ohne dass unsere Gastgeber es bemerkten.

Meine Ohrenschmerzen hatten für einen Tag nachgelassen, doch am 5. September begann das Dröhnen wieder, diesmal zusammen mit Halsweh. So suchte ich die Uniklinik auf. Darunter versteht man allerdings nicht das Gleiche wie im Deutschen. Was ich hier meine, ist ein Raum auf dem Unigelände, wo sich die Studenten medizinisch behandeln lassen konnten, aber nicht auf Uni-Niveau! Der Arzt stellte eine leichte Entzündung fest und verschrieb mir weitere Tropfen und Pillen.

Die Tage wurden bereits kühler, und so machten wir uns in der Freizeit auf die Suche nach warmen Kleidern. Wir fanden Wolle und ich beschloss, unsere frierenden Männer zu umgarnen. Die erste Bestellung gab der dünne „Ozean" auf. Er brauchte Mütze und Handschuhe. Doch leider fanden wir auch mit Hilfe eines Chinesen keine Stricknadeln für so dickes Garn. Zuhause versuchte ich es mit Ästchen, die ich angesichts des Waldsterbens mit schlechtem Gewissen vom Baum brach, doch die Maschen weigerten sich, über das Holz zu rutschen. Jürgen, der meine verzweifelte Situation sah, besorgte sich ein paar eckige Kunststoff-Essstäbchen und begann, sie mit seinem Taschenmesser zurechtzuschneiden. Nach zwanzig Minuten hatte ich wunderbare Stricknadeln. So wunderbar, dass ich mich vor Bestellungen nicht mehr retten konnte. Bald brauchte ich eine Rundstricknadel für Jürgens Pulli und so schweißte er kurzerhand ein Stück Plastikwäscheleine an die Enden der Essstäbchen. Es funktionierte!

Ich freue mich, ihm diesen Pulli zu stricken.,
steht dazu relativ cool im Tagebuch, in Wahrheit aber beschäftigten mich die blitzenden Augen viel mehr, als ich zugab.

Mit den Augen der Chinesen
Die Tage verliefen etwa gleich. Jeden Morgen hatten wir Unterricht. Am Nachmittag erledigten wir Hausaufgaben oder gingen einkaufen. Das Fahrradfahren

bereitete uns viel Spaß. **Natürlich hielten wir uns nicht an die chinesische Höchstgeschwindigkeit, die etwa fünf Stundenkilometer betrug.** Wir Langnasen bearbeiteten unsere Pedale so, dass die Ein-Gang-Fahrräder auch 20 Stundenkilometer oder mehr hergaben. Kein Wunder, dass so mancher Chinese uns schnellen Ausländern mit mehr als einem Blick nachschaute und dabei ganz vergaß, auf den Verkehr zu achten. So waren wir ungewollt Ursache mehrerer kleiner Verkehrszusammenstöße.

Aber da war noch ein ganz anderes Problem: Unsere Verfolger – wir wurden nämlich beschattet – konnten die Geschwindigkeit nicht mithalten und beschwerten sich bei unseren Lehrern. Die wiederum mussten uns im Unterricht zurechtweisen, dass wir zu schnell gefahren seien. Natürlich erklärten sie ihre Sorge mit unserer Sicherheit. Wir fühlten uns wirklich sicher, denn auf Schritt und Tritt wachte Väterchen Staat über uns. Da wir nichts zu verbergen hatten, fanden wir das Ganze sogar lustig und scherzten ab und zu mit den Männern, die sich die vermeintlichen Wanzen-Aufzeichnungen anhören mussten.

Als ich mit Anke mal unterwegs war in der Stadt, sprachen uns ein paar Chinesen an. Es waren Kunststudenten, und sie fragten uns, ob sie uns malen dürften, das wäre ganz wichtig für sie, denn sie müssten europäische Gesichtszüge einüben. Nachdem wir uns versichert hatten, dass sie es wirklich nur auf unsere Nasen-, Augen- und Wangenpartien abgesehen hatten, verabredeten wir uns für Sonntag zehn Uhr.

Sie holten uns pünktlich mit ihren Fahrrädern ab und wir folgten ihnen. Als wir hörten, dass die kreative Übung bei einem Studenten zuhause stattfinden sollte, war uns das doch etwas peinlich, denn wir wussten ja, wie die Chinesen das sahen mit Männlein und Weiblein und so. Aber sie bestanden darauf, dass wir reinkommen, denn sie wollten uns in Öl malen, und das konnte man draußen weniger gut. Als wir bemerkten, dass die ganze Familie da war, ließen wir uns überreden. Anke nahm Platz auf dem Bett in der winzigen Einzimmerwohnung, während vier Artisten ihre Leinwand zückten und sich malerisch an ihren kugeligen blauen Augen und den leuchtend blonden Haaren versuchten. Ich schaute ganze drei Stunden zu, wie auf vier Stofffetzen junge, blonde Damen mit durchwegs hohen Backenknochen Gestalt annahmen. Nicht schlecht, die Künstler, aber Recht hatten sie: mit den europäischen Gesichtszügen waren sie alles andere als vertraut. So stellte auch ich mich für ein andermal zur Verfügung, und ein paar Wochen später gab es sogar eine Art offizieller Schulstunde mit 'zig Studenten und Lehrern, die eifrig mongolische Versionen von „Freude", „Fluss" und „Kultur" malten.

Erste Freundschaften

Wir Models wurden auch im Uni Park beobachtet, beim morgendlichen Joggen, Spazieren, Volleyballspielen oder beim Stricken mit dem ersten chinesischen Prototyp einer Rundstricknadel. Ich versuchte mich der maoistisch erzogenen Masse anzupassen. Die joggte auch jeden Morgen. Für sechs Uhr früh fand ich allerdings keine Verbündeten in meiner Gruppe, und so muss es eher außergewöhnlich gewirkt haben, dass ich allein unterwegs war. Denn die einheimischen Studenten joggten in ihren Klasseneinheiten, und so viel ich weiß, mussten sie das. Ich aber tat es freiwillig.

Vor dem Unterricht sah man viele Männer und Frauen mit Heften in den Händen herumspazieren, und dabei murmelten sie vor sich hin. Also tat ich es ihnen nach. Nur wiederholte ich nicht meine Vokabeln, sondern unterhielt mich laut mit meinem Gott. Im Zimmer konnte ich mich nämlich nicht aufs Gebet konzentrieren, und so tauchte ich einfach ein in die allmorgendlich Selbstgespräch führende Gruppe der Chinesen. Dieser Gebetsspaziergang jeden Morgen tat mir gut.

In den Mittagspausen hielten sich Anke und ich beim künstlich angelegten See auf.

Da sprachen uns in der ersten Woche zwei Mädchen an, die etwas Englisch konnten: „Hello."

„Hallo", antworteten wir freundlich.

„Ich heiße *Jaling*. Wie heißen Sie?"

„Ich heiße Rita. Bist du Mongolin?"

„Ja."

„Wie alt bist du, *Jaling*?"

„Vierzehn. Haben Sie überhaupt Zeit?"

„Ja klar."

„Ach so, wir dachten, ihr wärt sehr beschäftigt."

„Wieso denn?"

„Weil ihr immer so schnell geht. Das macht man bei uns nur, wenn man es eilig hat. Sonst gehen alle ganz langsam."

„Aha." Mein Gehirn speicherte diese Erkenntnis auf seiner Festplatte unter der Rubrik Kultur ab, dann wandte ich mich wieder an *Jaling*: „Kannst du mongolisch sprechen?"

„Ja, ein bisschen. Meine Mutter ist Mongolin. Sie redet mongolisch mit mir."

„Hättest du Zeit, uns ab und zu bei den Hausaufgaben zu helfen?"

„Ja gerne, wo wohnt ihr denn?"

„Komm, wir zeigen es dir."

Und so hatte ich meine erste mongolische Sprachhelferin kennengelernt und nebenbei auch noch kapiert, dass wir langsam gehen mussten, wenn wir wollten, dass die Menschen mit uns redeten. Und das wollten wir. Kinder sind oft die besten Kulturhelfer, denn sie sagen offen heraus, was sie denken und versuchen

nicht, unnötig höflich zu sein. Manchmal ist es auch ihre Neugier, die uns etwas über die andere Kultur lehrt. So fragte mich *Jaling* eines Tages, als ich verschnupft in mein Taschentuch schnäuzte:
„Warum machst du das so, in dieses Tuch."
Ich stutzte. Was sollte ich denn sonst tun? *Das könntest du sie ja fragen*, durchfuhr es mich und so meinte ich unschuldig: „Was machst du denn, wenn du verschnupft bist?"
Sie lachte und zeigte es mir.

Die Details verrate ich zu einem späteren Zeitpunkt, wenn ich von anderen Menschen berichte, die ebenfalls Anstoß an der schweizerischen Nasenputzaktion nahmen.

Ausflug ins Grasland

Unsere Kulturen waren schon verschieden, das merkte man immer wieder. Obwohl Hohhot, *chuch chot*, die „blaue Stadt", die Hauptstadt der Inneren Mongolei war, wohnten nur wenige Menschen dieser Minderheit in dieser Metropole. Die Kultur war eindeutig bestimmt von der überwiegenden Mehrheit der „Han"-Chinesen. Deshalb freuten wir uns, als die Leute, die für uns an der Uni verantwortlich waren, einen Ausflug (siehe Farbfoto) ins Grasland organisierten. Ich schrieb nach Hause:

Um ein Uhr fuhren wir ab. Kurz außerhalb Hohhots stieg die Straße an und die Passhöhe lag auf 2000 Metern. (Hohhot etwa 1100). Die Landschaft war wunderbar. Hügel und vielfarbige Ackerbaufelder leuchteten abwechselnd in der Sonne oder glänzten im Regen. Das Wetter änderte sich immer wieder. Die Straße wurde schlechter und schlechter. Man wurde im VW Bus richtig umher geworfen. Ein langes Stück Straße konnte man wegen Regen nicht benutzen, so fuhr der Chauffeur einfach durch die aufgeweichte Steppe (sprich: stellenweise Schlamm). Ich genoss die Fahrt in vollen Zügen. Vielleicht nach zweieinhalb Stunden lagen die Felder der Chinesen hinter uns, und mehr und mehr breitete sich öde Steppe aus mit vereinzelten Herden und Hirten. Alles ziemlich eben.

Um fünf Uhr erreichten wir das kleine Dorf. Es ist leider extra für Touristen hergerichtet, d.h., wir bezogen Jurten, die eigens für Touristen aufgestellt waren. **Diese Jurten sind tatsächlich ein Wunderwerk, einfach aber oho!** *Innen lagen Filzdecken am Boden. In der Mitte die Feuerstelle mit Wasser. Auf einem kleinen Schemel heißes Wasser, Gläser, Tee. Daneben Waschbecken, Seife, Tuch. Nachts schliefen wir mit*

schönen, warmen nordischen Baumwolldecken. Anke und ich hatten eine Jurte für uns. […]
Bald gab es Essen, und ich staunte nicht schlecht: Mongolentopf! Man brachte rohes Schaffleisch und einen Topf mit heißem Wasser. Dazu diverse Saucen (Knoblauch!) und etwas Gemüse mit Reis. Es schmeckte gut. […] Das Fleisch war aber ganz fettig. Zum Trinken gab es nur Bier, Schnaps und eine Art Weinlikör (Juhui!). […] Es wurde immer wieder gesungen[…] Ich sang ein Schweizerlied, seither wissen die Lehrer, dass ich gut singen kann. Deshalb musste (durfte) ich auch vor allen singen. Ich jodelte sogar! […] Aber mit dem Austrinken des Glases jedes Mal beim Anstoßen konnte ich sie überlisten. Ich trank nicht ein Glas Alkohol. Der Schnaps ist sehr stark, viel stärker als Kirsch. Einige unserer Gruppe und besonders die Lehrer schütten ganz viel hinunter. Zum Schluss des Abends gab es noch eine Vorstellung: mongolische Volksmusik, Tänze, Erzählungen. Auch „wir" Deutschen mussten auf die Bühne. Es ist furchtbar, die Deutschen können kaum ein Volkslied zusammen singen. Es gibt jedes Mal eine Blamage. Und ich wüsste so viele lustige Schweizerlieder! Nun ja, deshalb singe ich halt ab und zu solo.
Am Mittwoch nach einer prima Nacht machten wir nach dem Morgenessen einen Ausflug auf einen nahe gelegenen Hügel, wo eine schamanistische Gebetsstätte war (= Steinhaufen). Anke und ich wanderten zu Fuß zurück. Alles war so friedlich dort draußen und so still, und die Luft echt gut. […] Wir sahen Mongolen, die ritten sattellos und stehend im fliegenden Galopp um die Wette. Juliette, Dir würde das gefallen! Aber wahrscheinlich würde es Dir schon ablöschen[28] hier, wenn Du auf die Toilette müsstest. Da geht man zirka 300 Meter weit weg vom Haus (resp. Jurte) zu einem Häuschen. Es gibt zwei Eingänge (Mann/Frau). In der Mitte im Keller einen Kanal und von den zwei Gängen oben eine Rutschbahn hinunter. Was da rutschen sollte, könnt ihr euch ja vorstellen. Nur eben, wenn es lange Zeit nicht rutscht, dann sieht es nicht so schön aus und riecht nicht gerade gemütlich! Na ja, mit der Zeit würde man sich auch an so was gewöhnen. Ich staune, wie ich mich an das Leben in Hohhot gewöhnt habe. Mir ist richtig wohl."

GEPRÜFTER GLAUBE

Doch dieses Wohlsein hatte bald ein Ende, denn ich bekam eine Eiterbeule am Kopf, die aufplatzte und dann von der Uni-Ärztin versorgt werden musste. Konkret hieß das, dass sie mich mit Penicillin und Tabletten voll stopfte, bis ich so müde und elend war, dass ich keine weitere Spritze mehr ertragen konnte. Also erinnerte ich mich an eine Weisung aus der Bibel, die Gott mir vor der Abreise wichtig gemacht hatte. Die Verse, die für mich zu einer Art „Gottes Krankenversicherung" geworden waren, stehen im fünften Kapitel des Jakobusbriefes:

---

28 anwidern, jegliche Freude nehmen

Ist jemand krank unter euch? Er rufe die Ältesten der Gemeinde zu sich, und sie mögen über ihm beten und ihn mit Öl salben im Namen des Herrn. Und das Gebet des Glaubens wird den Kranken retten, und der Herr wird ihn aufrichten, und wenn er Sünden begangen hat, wird ihm vergeben werden. Bekennt nun einander die Sünden und betet füreinander, damit ihr geheilt werdet. Viel vermag eines Gerechten Gebet in seiner Wirkung. (Elb.)

Mein Problem war, dass keine Gemeinde mit Ältesten da war, die für mich hätten beten können. Die chinesische Kirche vor Ort hatten wir noch nicht entdeckt. Also fragte ich zwei Männer unserer Gruppe an, ob sie gemäß diesen Versen für mich beten würden.

„Du meinst neben deiner medizinischen Behandlung?," fragte einer von ihnen nach.

„Nein, ich werde ab jetzt das Antibiotikum absetzen, denn ich halte das nicht mehr aus. Gott kann mich auch ohne Antibiotikum heilen.", antwortete ich festen Glaubens.

„Also das halte ich für völlig verantwortungslos!", gestikulierte der eine weiter. „Weißt du denn nicht, dass dein Körper dann gegen dieses Antibiotikum immun wird? Das ist gefährlich. Das kann ich nicht verantworten."

Nun schaltete sich der andere ein: „Ich verstehe zwar, was du sagst, aber wenn Rita glaubt, dass es so richtig ist, dann bin ich dabei." Mit einem Blick zu mir versicherte er: „Ich werde dich mit Öl salben, wenn du das möchtest."

Durch die medizinische Erklärung war ich unsicher geworden. „Hört zu, ich werde mir das nochmals überlegen, jetzt, wo ich eure Meinung weiß. Danke für alle Infos. Ich will zu Gott beten, dass er mich leitet."

Die beiden verließen das Zimmer und Anke – die auch dabei gewesen war – und ich blieben zurück.

„Also, ich werde auch mithelfen beten, wenn du das möchtest."

Dieses Versprechen von Anke tröstete mich. Ich zog mich an und ging auf einen Spaziergang. Ich musste nun allein sein mit Gott und mein Herz prüfen: Hatte ich richtig gehört? Wollte Gott diesen Schritt von mir? War ich bereit, die Konsequenzen zu tragen, wenn ich mich verhört hätte? Auf keinen Fall würde ich die Leute beschuldigen, die mit mir beteten. Es war meine Entscheidung, und ich trug die Verantwortung. Mit friedevollem Herzen kehrte ich ins Haus zurück. Anke war kurz weg gegangen. Aber ich war nicht lange allein. Jürgen, der sich bereit erklärt hatte, mich zu salben, kam und erkundigte sich nach meinem Ergehen.

Ich erzählte ihm von meinem Frieden, und er erinnerte mich an die Größe und Allmacht Gottes.

Wir merkten beide, dass Gott so viel größer ist als wir ihn sein lassen und hatten beide ein absolutes Ja zu diesem Schritt.,

schrieb ich einen Tag später. Wir besorgten uns vom Koch ein bisschen Öl und befolgten dann zu dritt die Anweisung des Jüngers Jesu: wir bekannten einander unsere Sünden und reinigten unsere Herzen. Ein tiefes Band der Verbundenheit schlang sich um uns. Wir sangen Loblieder und schließlich tröpfelte Jürgen unter Gebet um Heilung im Namen Jesu etwas Öl auf meinen Kopf. Es war ein feierlicher Moment, den ich nie mehr vergessen werde:

Ich fühlte mich so geborgen in Gottes Hand und bin mir dessen bewusst, dass Gott Vertrauen nicht bestraft und unsere Herzenshaltung sieht.

Partys über beide Ohren hinaus

Dieses eher tiefe, ernsthafte Erlebnis war eingebettet in eine Woche voller Partys mit SSS: Saufen, Singen, Schaffleisch. Am 22. September schmiss die 40-jährige, amerikanische Englischlehrerin an unserer Schule eine Party, zu der sie uns alle einlud. Ihr Ziel schien es zu sein, mit allen anwesenden Männern zu flirten und sie womöglich zu verführen. Sie konnte Anke und mich überhaupt nicht verstehen, dass wir uns so zurückhaltend benahmen, ja sie warf uns sogar vor, lesbisch zu sein.

Zwei Tage später, an meinem Geburtstag, folgte ein großes, wohl eher inoffizielles Mongolenfest, wofür wir deutsche und schweizerische Volkslieder und Volkstänze üben mussten. Man hatte mir sogar eine Geige zur Verfügung gestellt, und so musizierten wir abends zu dritt, Gitarre, Blockflöte und Geige, und versuchten unser Bestes, um den anwesenden chinesischen und mongolischen Gästen etwas europäische Kultur nahe zu bringen. Erst in der Vorbereitung war uns bewusst geworden, welch kulturelle Banausen wir waren. Unser „deutscher Volkstanz" war eine Mischung aus Thuner-Kadettenball-Tanzkurs-Elementen und einigen Tanzschritten, die ich meine Schüler im Turnen in Beatenberg gelehrt hatte, kurzum halt das, woran ich mich erinnern konnte und aus purer Verzweiflung in choreografischen Schritten für unsere tanzfaule Gruppe aufgezeichnet hatte. Von wegen typisch deutsch!

Den amüsantesten Teil des Abends bildete ein mongolisches Lied, das wir in der Schule gelernt hatten. Ein junger Mongole mit roten Wangen sang die erste Strophe, dann wurde ich höflich gebeten, die zweite zu singen (siehe Farbfoto). Natürlich hatte sich niemand bemüht, uns den schwierigen Text zu übersetzen, und so sang ich inbrünstig die folgenden Liedzeilen:

Wenn es nicht regnet, blüht die Blume nicht.
Mein geliebter Freund, wenn du geduldig wartest,
wird deine Geliebte, deine Freundin, sicher kommen.

Tosendes Gelächter und Applaus folgten. Ich wusste gar nicht, wieso, bis sich jemand über mich erbarmte und mir schamrot angelaufener Schweizerin erklärte, dass ich diesem jungen Mann nun eine heiße Liebeserklärung gesungen hätte. Soviel zum Thema Sprachelernen in einer andern Kultur!

Das Gute an der Sache war, dass ich nun wusste, was „Liebe" hieß. Wer weiß, vielleicht würde ich das ja bald brauchen …

Weitere Feste folgten. Ich glaube, diese Septemberwoche war für die Chinesen so etwas wir unsere Altjahrwoche. Alle Anlässe gipfelten in der 35-Jahrfeier zum Bestehen der Volksrepublik China. Schon am Vorabend zum 1. Oktober, dem Nationalfeiertag der Chinesen, waren wir als ausländische Gäste von der Regierung eingeladen worden zu äußerst attraktiven kulturellen Darbietungen in einen Saal, der etwa 5000 Menschen Platz bot. Doch am nächsten Tag fand die Feier in einem Stadion statt, das etwa 30 000 Leute fasste. Das war für mich als Heidi vom Land unglaublich groß. Hunderte von Kindern, die farbige Blumentöpfe auf dem Kopf trugen und genau am richtigen Ort standen, bildeten zusammen chinesische Schriftzüge, während über ihnen Tausende bunter Ballone in der Luft tanzten und die kommunistische Partei bejubelten. Wer nicht mit dem Umzug durch die Stadt marschieren wollte, konnte sich im Fernsehen die Parade in Beijing ansehen, an der allein eine Million Soldaten aufmarschierten.

Abends wurden wir in einer schwarzen Staatslimousine nochmals ins Stadion gefahren, wo wir das prächtige, Feuerwerk bestaunten. Ja, China feierte sich und wir hatten eine Ahnung bekommen, welch wichtige Rolle wir hier für die lokale Regierung spielten: wir wurden gesehen und behandelt als Vertreter unserer Nationen, als Delegierte aus Deutschland und der Schweiz. Für Chinesen war es schlicht unvorstellbar, dass junge Menschen aus Einzelinitiative in ein anderes Land reisten. Väterchen Staat besorgte solche Dinge, und so schrieb man unseren Studienbesuch auch dem Willen unserer jeweiligen Regierungen zu. Es ehrte mich – das Mädchen von Zwischenflüh – in dieser großen, autonomen Provinz Chinas die Schweiz vertreten zu dürfen. Und so jodelte ich bei jeder Gelegenheit – wenn ich nicht gerade mongolische Liebeserklärungen trällerte – „Mir Senne hei's luschtig, mir Senne hei's guet"[29] und zementierte das Klischeebild der Schweiz im Fernen Osten.

Verliebt in „Freude"

Ich glaube, in unserer Gruppe war ich die lebhafteste. Dem stillen Jürgen gefiel das. Wir verstanden uns immer besser. Die Begebenheit mit dem Ölsalben hatte mich ihm sehr nahe gebracht. Unsichtbar war ein tiefes Band des gegenseitigen Vertrauens gewachsen. Sichtbar spielten wir mehr Volleyball zusammen, saßen länger an unseren Hausaufgaben oder machten Spaziergänge. Am Abend des 15. Septembers schrieb ich ins Tagebuch:
Wir hatten gute Gespräche. Ich fühle mich Jürgen wirklich sehr verbunden in allem. Vor allem kann ich ihn als Christ achten und schätzen.
Und zwei Tage später:
Ich bin so glücklich. Es ist schön, verliebt zu sein.
Es war Jürgen, der mir half, am Vertrauen in Gottes Wirken festzuhalten, auch wenn es so aussah, als wäre nichts Sichtbares passiert beim Beten um Heilung. Und so dankte ich Gott jeden Tag neu für seine Heilung. Im Glauben nahm ich

---
29 „Wir Sennen haben es lustig, wir Sennen haben es gut"; schweizerisches Volkslied

in Anspruch, dass er mich heilte und beschloss willentlich, den Zweifeln des Teufels keinen Raum in meinem Herzen zu geben. Und tatsächlich: die Beule verschwand, wie sie gekommen war, ohne weitere Antibiotika.

Ich hatte Jürgen unterdessen von Kopf bis Fuß bestrickt. Aber auch diese Wollsachen reichten nicht aus, um uns warm genug zu halten. Der Winter war eingebrochen, und wir hielten Ausschau nach richtig dicken Mänteln. Das einzige, was wir in unserer Größe fanden, waren grüne, wattierte, baumwollene Militärkittel. Es sah zum Grölen aus, wenn wir als Trupp so gekleidet umher marschierten. Aber wir froren nie mehr den ganzen Winter lang, und wenn, dann nur in den Zimmern, denn die Heizung wurde erst Anfang November angedreht, und bis dann betrug die Temperatur in unseren vier Wänden nur gerade 15°.

Auch in den Schulzimmern kühlten wir während des Morgens immer mehr aus, obwohl uns die mongolische Sprache auf Trab hielt und jeden Nachmittag unsere volle Aufmerksamkeit bei den Hausaufgaben forderte.

Jürgen und ich lernten oft zusammen, denn nun gab es immer mehr Grammatik zu büffeln, und da war ich als Lehrerin etwas mehr bewandert als der ehemalige Autospengler von Daimler Benz. Am Tisch draußen in der Sonne versuchte ich also, ihm und andern, die es wissen wollten, zu erklären, was ein Gerundium war oder wozu man einen Akkusativ brauchte. Ab und zu berührten sich bei diesen Ausführungen unsere Hände oder Arme ganz zufällig, und ein angenehmes Kribbeln ebbte durch meinen Körper. Ich spürte, wie mir „Freude" Tag für Tag mehr bedeutete, wie er in meinem Gedankenleben von Minute zu Minute mehr Platz einnahm. Dass ich nicht wusste, wie er fühlte, verwirrte mich. Klar, er kam mit mir Volleyball spielen, aber das tat „Kultur" manchmal auch. Er war sehr zuvorkommend, aber das schrieb ich seinem Christ-Sein zu. Er lächelte mich oft mit seinen blitzenden Augen an, aber hatte er nicht denselben Schalk für die andern? Und dann waren da die vielen Briefe, die er aus Deutschland bekam. Die konnten nicht nur von seinen Eltern sein. Ob er eine Freundin hatte? Ich vermutete es, so gut, wie er aussah!

Um mich abzulenken, war ich öfters allein im Unipark und suchte den Kontakt mit den Einheimischen. Ich spielte Volleyball mit allen, die gerade auf dem Platz waren, oder strickte auf Bänken und signalisierte damit allen *Jalings* oder wie sie heißen: „Ich habe Zeit." Bei so einer Gelegenheit traf ich *Tschetscheg*, was „Blume" bedeutet. Sie war Studentin im letzten Jahr und überlegte noch, worüber sie ihre Abschlussarbeit schreiben wollte. Ich staunte nicht schlecht, als sie unter möglichen Vorschlägen auch das Thema „Der Einfluss des christlichen Glaubens auf die westliche Kultur und Literatur" nannte. Da bemühten wir uns als christliche Gruppe krampfhaft, Glaube und Religion aus Rücksicht auf das moderne atheistische China zu tabuisieren, und diese Studentin der Staatlichen Universität erwog eine so fromme Abschlussarbeit!

Wir hatten noch viel über dieses Land zu lernen. Deshalb machten wir uns in den Ferien Richtung Süden auf, um Leute und Kultur genauer zu studieren.

10
UNTERWEGS IN ZENTRALCHINA

ABENTEUERLICHE ZUGFAHRTEN
Schon am 6. Oktober hatten Anke und ich versucht, Zugtickets zu bekommen für Beijing-Xian. Vergeblich. In Hohhot konnte man nur Hohhot-Beijing lösen, aber nicht weiter. Das bedeutete bestenfalls nur eine Nacht auf dem Beijinger Bahnhofboden, schlimmstenfalls drei bis vier Übernachtungen in der Hauptstadt. Wenn man nur acht Tage Zeit hat, um über 3000 Kilometer zurückzulegen, will man nicht vier Tage unnütz verstreichen lassen. Aber uns blieb nichts anderes übrig, als gerade dies zu riskieren oder zu beten, dass wir schnellstmöglich von Beijing wegkämen.

Nach weiteren Semesterabschluss-Partys bei internationalen Mitstudenten und Lehrern zuhause, packten sechs von uns am 12. Oktober die Tramperrucksäcke. „Ozean" blieb zuhause. Die erste Strecke bis Beijing verbrachten wir zum Glück liegend auf „Hardsleepern", auf harte Pritschen in Sechs-Bett-Abteils in einem gegen den Korridor hin offenen Waggon. So konnte sich der Rauch der vielen Zigaretten ungehindert im ganzen Wagen verteilen und alle Schleimhäute gründlich reizen. Bevor das Licht für die Nacht ausging, **freundeten wir uns noch mit Kindern im Abteil an** und spielten Mastermind.

Zwei Stunden nach Sonnenaufgang trafen wir halb erfroren in der Hauptstadt ein. Gott sei Dank bekamen wir beim ersten Versuch vier „Hart-" und einen „Weichschläfer" für den Zug am Abend. „Weisheit" wollte in Beijing bleiben und benötigte keine Fahrkarte. Nachmittags gingen wir einkaufen und bestaunten die in den Souvenirabteilungen ausgestellten, mit Gedichten oder Bibelversen beschrifteten Reiskörner, die aber für unsereiner unerschwinglich waren. Weil das Mastermind-Spielen schon langweilig geworden, und Reiskornbeschriften nicht die ideale Freizeitbeschäftigung für eine holprige Zugfahrt war, kauften wir uns große Bogen Papier und schnitten und malten daraus Blitz[30]-Karten. So verflog die Wartezeit im Nu.

---
30 auch Ligretto genannt; ein Spiel, bei dem es um Geschwindigkeit und Geschicklichkeit geht

Wieder verbrachten wir eine Nacht im Zug, diesmal trug sie uns aber Hunderte von Kilometern südwestlich. Das Schlimmste an den Zugreisen war die Luft: die meisten Chinesen rauchten, und das fast ununterbrochen. Und: es gab keine Nichtraucherabteile. So war eine 21-stündige Fahrt eine echte Tortur. Belohnt wurden wir durch die interessante Landschaft: der Weg führte durchs fruchtbare Tal des Gelben Flusses mit seinen Lehmhügeln, in die manche Chinesen ihre Dörfer gebaut hatten. Am liebsten wäre ich in so einem Dorf ausgestiegen und eine Weile geblieben.

Wir hatten Picknick dabei, das heißt, Brot und Früchte und Teebeutel, denn im Zug gab es immer heißes Wasser. Es war abends, als wir in Xian ankamen.

Xians suchender Kaiser

Am Bahnhof standen wir vorerst etwas hilflos herum. Wir hielten vergebens Ausschau nach jemandem, der englisch sprach. Im Reiseführer hatten wir einige Adressen von Hotels. Für die erste Nacht schliefen wir beim Bahnhof, weil wir keine Lust hatten, noch stundenlang billige Hotels zu suchen. Aber am zweiten Tag, nach einem Frühstück, das aus Teigklößen mit fettem Fleisch bestanden hatte, weil wir nicht wussten, welche Coupons wir kaufen mussten, machten wir uns auf die verzweifelte Suche nach einer billigen Unterkunft. Doch die Zweimillionenstadt schien keine fünf Betten für arme Studenten zu haben.

Unterwegs besichtigten wir einige Sehenswürdigkeiten in der Altstadt: die Moschee, den Belltower. Das Faszinierendste aber war die Garküchenstraße, ein schmales Gässchen mit unzähligen Öfen, auf denen „live" gekocht wurde. Da brutzelten Sojasprossen, Gemüse, Eier und Nudeln wild durcheinander. Unser vorzügliches Mittagessen kostete nur gerade fünfzig Rappen.

Da bei den Hotels immer noch nichts frei war, marschierten wir zurück zum Bahnhof und suchten den Aufenthaltsraum für Ausländer. Wir setzten uns frech in den nächst besten Raum mit weichen Sesseln und Tischen. *Soll man uns hier weg tragen*, dachte nicht nur ich, *wir bleiben*. Einige Minuten später tauchte eine Chinesin auf und redete ernsthaft auf uns ein. Wir verstanden glücklicherweise nicht, was sie sagte. Es könnte ja geheißen haben „Geht hier raus!"

Im Zug hatte ich im Durchzug gesessen. Nun fror ich, hatte Halsweh und fühlte mich elend. Ich war froh, in einer Gruppe zu sein, denn jemand musste sich um die Fahrkarten kümmern. Zwei unserer Männer quetschten sich zwischen die Chinesen, die vor dem Schalter drängelten und boxten, als ginge es um Leben und Tod. Ging es ja vielleicht auch! Wir andern saßen völlig apathisch in unseren weichen Sesseln, hundemüde vom Tagesmarsch. Aber für ein Gebet reichte die Kraft noch, und siehe da: jemand kam, um uns zu helfen. Der nette Chinese sprach englisch und spazierte mit uns zum Hotel, um noch mal zu verhandeln. Endlich reichten sie uns eine Adresse eines Hotels außerhalb der Stadt, wo sie noch Platz hatten. Die Bedienung dort war sagenhaft, und für zwei Nächte bezahlten wir nur 15 Yuan. *Danke Herr!*, betete ich, als wir die Zimmer besichtigten. Etwas später trafen wir uns in unserem Zimmer zum Nachtessen: es gab lauwarmen Tee und trockene Kekse.

Am nächsten Tag gingen wir wieder ins selbe Restaurant frühstücken. Aber diesmal wussten wir, wie das mit den Coupons funktionierte! Ich kaufte eine heiße, scharfe Nudelsuppe.

Nachdem wir am Bahnhof Tickets für Lanzhou gelöst hatten, wollten wir die Grabstätte des ersten chinesischen Kaisers besichtigen. Die Fahrt mit dem Bus dauerte 90 Minuten. An dieser Grabstätte hielten sich anscheinend alle Touristen von Xian auf, mit ihrem Geld natürlich. Und so wimmelte es von Souvenirverkäufern. Was mich deprimierte war zu sehen, wie die Chinesen ihre eher zurückhaltende Art verleugneten, um ihre wirtschaftlichen Nöte zu stillen.

Überall tönte es: „Hallo! Kommen Sie hierher! Tolle Sachen! Bitte kaufen Sie!" Das hatte der Tourismus also zustande gebracht! Ich war mehr als einmal froh, nicht Tourist, sondern Student zu sein. Wir wurden richtig herzlich behandelt, als die Chinesen unsere Universitätsschildchen lasen.

Ich schaute mir die Ausgrabungen an. Es war schon eindrücklich, diese 7000 ausgebuddelten Krieger zu betrachten! Der Kaiser hatte diese Tonfiguren-Armee herstellen lassen, um ihn im ewigen Leben zu beschützen. Es hieß von ihm, dass er sein ganzes Leben lang nach etwas gesucht hätte, was ihm ewiges Leben geben würde. Er hatte Angst vor dem Tod …

Am nächsten Tag genossen wir in einem großen Park die Ruhe vor dem Sturm. Sturm deshalb, weil wir keine reservierten Plätze bekommen hatten.

Ein Freund hatte uns vorgewarnt: „Ihr müsst früh am Bahnhof sein und euch in die lange Schlange stellen. Wenn der Zug einfährt, öffnet sich das Tor. Sobald ihr mit dem Ticket dort durch seid rennt, so schnell ihr könnt, denn Hunderte schlanker, flinker Chinesen rennen mit euch. Verliert ihr das Rennen, müsst ihr die 15 Stunden nach Lanzhou auf dem Fußboden verbringen."

Die meisten von uns liebten solche Herausforderungen!

Der geheimnisvolle Weg nach Lanzhou

Man hätte uns filmen sollen, wie wir da gerannt sind, nur leider in die falsche Richtung! Aber Dank sei Gott bekamen wir doch noch ein paar Zentimeter Holzbank zugewiesen. Nach dem Spurt war ich topfit und konnte nicht schlafen. An manchen Orten hielt der Zug einfach stundenlang, dabei war es ein Express! Aber die Verzögerung konnte Jürgen und mir nur recht sein. Wir saßen uns im Abteil gegenüber und begannen, in die Nacht hinein zu diskutieren, zusehends tiefer und persönlicher. Auch körperlich hatten wir uns einander genähert: meine Füße lagen neben Jürgen auf der Bank und seine neben mir. Unsere Socken stanken zwar von der langen Reise, aber das störte uns nach den vielen Entbehrungen der vergangenen Tage nicht mehr im Geringsten.

Während es um uns herum schnarchte, fragte ich Jürgen: „Was, denkst du, ist der Sinn des Lebens?"

Er dachte eine Weile nach und meinte: „Der Sinn meines Lebens ist es, Gott zu verherrlichen!"

Ich horchte überrascht auf. So hatte ich das noch nie gesehen. Es gab vieles, was ich „Freude" dazu noch fragen wollte. Und Zeit hatten wir ja. Um nichts in der Welt hätte ich nun – wo wir so von Herz zu Herz miteinander redeten, – schlafen wollen. Ich sann Jürgens Worten nach: *was heißt denn „verherrlichen"? Bedeutet es mehr, als Gott zu dienen?*

„Gott verherrlichen ist die höchste Stufe unseres Dienstes", fuhr Jürgen fort und schaute mich unentwegt mit seinen strahlenden Augen an. Sie blitzten vor allem dann auf, wenn das Mondlicht zum Fenster hinein schien, was bei der kurvigen Strecke immer wieder mal der Fall war. „Es ist viel mehr als Dienen. Verherrlichen meint ja nicht nur, Gott vor vielen Menschen die Ehre zu geben, sondern täglich durch unser Leben. Jeder Gehorsamsschritt, mag er noch so klein sein, dient der Verherrlichung Gottes, vor allem auch vor der unsichtbaren Welt."

„Was meinst du mit ‚unsichtbare Welt'?", fragte ich interessiert.

„Nun, glaubst du an Engel?"

„Ja klar."

„Sie schauen uns zu, beobachten uns. Aber nicht nur sie. Auch die gefallenen Engel, die Dämonen, sind neugierig, wie Gottes Kinder sich verhalten. Sie beobachten interessiert, ob sie es schaffen, uns mit ihren Lügen von Gott abzulenken, oder ob wir Gott und seinem Wort mehr trauen als allem Sichtbaren."

„Du meinst, Gott wird jedes Mal verherrlicht, wenn wir uns richtig entscheiden und nach seinem Wort handeln?"

„Ja, denn das ist und bleibt ja das Spannende, wie wir Menschen uns entscheiden. Gott hat allen Geschöpfen einen freien Willen gegeben, den er über alles respektiert."

„Gibt's deshalb das Böse, den Teufel, die Versuchung, damit die Menschen eine echte Alternative zu Gott haben?"

„Das könnte man so sehen. Gott wünscht sich unsere Liebe und Hingabe sehr, aber nur freiwillig. In seinem ewigen Reich wird es einmal nur Freiwillige geben, und das ist gut so."

Ich schloss die Augen und erinnerte mich daran, wie lange Gott um mich geworben hatte. Ich war neu dankbar für seine Geduld. Wie spannend und erfüllt war mein Leben mit ihm geworden! Auch gerade jetzt. Ich achtete darauf, wie Jürgens Hand wieder sanft über meine Zehen strich und betete ein leises Gebet, dass dieser Mann, den ich so bewunderte, doch mein Mann werden möge.

Während wir unseren Gedanken nachhingen und der Zug sich Richtung Lanzhou vorwärts schaukelte, legten wir all das, was wir füreinander empfanden, in die Liebkosung unserer strapazierten Füße. Unsere Blicke, die im erwachenden Morgenlicht wieder klarer und unmissverständlicher wurden, ergänzten das, was man nicht mit einem Daumendruck auf die große Zehe des Geliebten ausdrücken konnte ...

Als die andern am Morgen sich reckten und streckten, hatten sie keine Ahnung, was bei Jürgen und mir vorgefallen war. Vorerst vertraute ich mein kleines Geheimnis nur meinen Eltern an:
So, noch etwas möchte ich euch erzählen. Ich denke, ihr werdet euch freuen und sehr wahrscheinlich auf den Stockzähnen lächeln[31]. Ich bin verliebt. Vielleicht erratet ihr in wen? Oft habe ich ja von Jürgen geschrieben. [...] Wir haben dieselbe Wellenlänge. Na ja, wenn man für sieben Wochen täglich zusammen ist, lernt man sich gut kennen. Wir haben sehr oft miteinander geredet, über alles: Krieg, Familie, Erziehung, Gemeinde, über seine und meine Kindheit, Erlebnisse. Immer wieder habe ich gestaunt, wie unsere Ansichten übereinstimmen. Ich schätze ihn auch ganz fest als Bruder. Auch beim Lesen des Wortes haben wir uns immer gut verstanden. Es ist schön, wie er den Herrn lieb hat.
Wahrscheinlich spürt ihr, dass es viel mehr ist als bloß ein Verliebtsein. Es ist mein Wunsch, mein Leben mit ihm zu teilen. Schon jetzt dünkt es mich, dass ich ein Teil von ihm bin. Wissen kann ich nicht, wie er denkt in der Beziehung. Bisher blieb es ungesagt. Und dadurch bin ich in einem Konflikt. Je mehr ich unsere Einheit spüre in Gesprächen und im Zusammensein in der Gruppe, desto enger fühle ich mich ihm verbunden. Anderseits möchte ich ihm Zeit lassen, uns ungebunden kennenzulernen. Ich werde das wohl aushalten müssen, es gehört anscheinend zum Verliebtsein.
Ich möchte nicht, dass das eben Anvertraute groß weitergesagt wird, denn noch ist nichts fest. Ihr werdet das verstehen! Es ist erstaunlich, aber ich spürte das, als ich Jürgen zum ersten Mal sah. Falls ihr jetzt die Dias durchgeht, um zu schauen, wer es ist: derjenige mit den hellbraunen Locken und dem Schnauz[32].

Mit vier Stunden Verspätung erreichten wir die Industriestadt Lanzhou. Nun machte sich mein Schlafmanko bemerkbar. Vom langen Sitzen hatte ich Magenkrämpfe und wünschte mir nur noch eins: Liegen! Während die andern eine heiße Suppe essen gingen, schlief ich auf einer Holzpritsche am Bahnhof.

Nach etwa zwei Stunden kamen sie zurück. Sie hatten ein gutes Hotel gefunden und Fahrkarten nach Hohhot. Ich staunte nur. Es ging mir schon besser, aber müde war ich nach wie vor. Unsere Zimmer befanden sich in einem Bonzenhotel; trotzdem bezahlten wir nur neun Yuan. Erstmal schliefen wir eine Runde, dann aßen wir Nudelsuppe, und weil unsere Suche nach Tickets erfolglos war, beschlossen wir, vor-zu-schlafen, wer wusste denn schon, was die nächste Zugstrecke brachte …

Am nächsten Morgen ergatterten wir harte Sitzplätze für die 21-stündige Fahrt zurück nach Hohhot. Überraschenderweise fragte man uns im Zug, nachdem dieser abgefahren war, ob wir Schlafplätze möchten. Natürlich gern, meinten die

---

31 Der Ausdruck bedeutet, dass man etwas erahnte und nach dessen Eintreffen freudig zur Kenntnis nimmt.
32 Oberlippenbart

andern. Nur Jürgen und mir hätte es nichts ausgemacht, nochmals eine Nacht mit den Füßen des andern neben sich zu verbringen, aber erklären konnten wir das der Gruppe nicht. Also bezahlten auch wir beide den Aufpreis von zwölf Yuan und genossen liegend die Fahrt durch die Wüste Gobi. Es fühlte sich an wie im Wilden Westen: eine Dampflokomotive, links und rechts der Schienen zerklüftete Felsen, dahinter oft endlose Wüstenflächen und natürlich Zigarettenqualm. In meiner Fantasie fügte ich noch den Cowboy und das Cowgirl hinzu und ließ mich träumend nach Hohhot fahren.

11

Unrechtmässig verliebt

Duell zwischen Verstand und Gefühl

Jürgen erfüllte meine zwei Bedingungen, die ich an meinen zukünftigen Mann stellte: ich wollte ihn ehren und achten können (weil das Wort Gottes, die Bibel, das von einer Ehefrau verlangt), und ich wollte in ihn verliebt sein, das heißt, ich musste ihn anziehend finden. Nun stand so ein Mann vor mir, und ich war hin- und her gerissen zwischen Gefühl und Verstand. Mein Gefühl wollte ihm meine Liebe direkt ins Gesicht sagen, beziehungsweise ihn einfach fest in den Armen halten, aber mein Verstand befahl mir zu warten, bis er den ersten Schritt tat. Während ich diese seelischen Temperaturunterschiede auszuhalten versuchte, spielte das nordchinesische Wetter – wie aus lauter Sympathie zu mir – auch verrückt: nachts bewegte sich das Quecksilber des Thermometers um den Gefrierpunkt, tagsüber, von der Herbstsonne erwärmt, schnellte es hoch zum Zwanzig-Grad-Strich. In den ungeheizten Zimmern war es nun unangenehm kalt. Oft musste ich mich nach dem morgendlichen Unterricht zuerst im Bett unter der warmen Decke aufwärmen.

Nachmittags lernten wir draußen. Nun waren die mongolischen Fälle an der Reihe: ganze sieben Stück. Hätte Jürgen sich nicht die Haare schneiden lassen, wären sie ihm wohl ausgefallen vor lauter Anstrengung, sich diese *Tiin Jalgal* in den Kopf zu hämmern. Ohne Lockenpracht und ohne Schnurrbart gefiel er mir viel weniger, und das war wohl gut so. Als Jürgen mir am gleichen Nachmittag eine Tasse schenkte (das erste Geschenk von ihm), fiel mir das nicht besonders auf. Ich freute mich, maß dieser Geste aber keine Bedeutung zu.

Wie um alles in der Welt hätte ich wissen sollen, dass dies eine schüchterne Liebeserklärung war? …

So litt ich weiter unter seinem Schweigen und dachte über meine Zukunft nach.

Am Freitag, dem 26. Oktober, gab „Ozean" eine kleine Abschiedsfeier. Aus familiären Gründen musste er nach Deutschland zurückkehren. Als Chef unserer Gruppe hatte er noch so weit Gespräche mit der Universitätsleitung führen können, dass es nun so aussah, als dass alle, die wollten, im nächsten Semester weiterstudieren konnten. Diese Option legte mir „Ozean" ganz eindringlich aufs Herz, als wir im Bus unterwegs waren zum Bahnhof:

„Rita, wirst du weiter studieren?", bohrte er in mich hinein.

„Ich weiß es noch nicht genau. Eigentlich möchte ich sehr gerne hier bleiben. Die mongolische Sprache fasziniert mich. Aber …" Ich stockte.

„Aber was?", forschte der lange Dünne weiter, und ich war mir nicht sicher, ob ich die andern Gründe, die meine Entscheidung mit beeinflussten, nennen sollte. Wir hatten zwar jeden Mittwochabend miteinander Gemeinschaft gepflegt, aber so gut wie Jürgen und Anke kannte ich ihn nicht. Ich wusste nur, dass er selbst liebend gern weiter Mongolisch studiert hätte.

Seine Stimme riss mich aus dem Nachdenken. „Rita, du bist wirklich sprachlich begabt. Gott hat dir da Talente anvertraut, mit denen du verantwortungsvoll umgehen musst. Überleg es dir gut. Ich finde wirklich, du solltest weitermachen."

Lange nachdem „Ozean" abgereist war, klangen seine Worte in meinem Innern nach: Verantwortung – Talente – für Gott einsetzen. Das wollte ich ja, aber Jürgen heiraten und bei ihm bleiben, das wollte ich genauso.

Mein Isaak

Der nächste Tag, ein Samstag, war nur insofern außergewöhnlich, dass ich sehr traurig war. Die große Entscheidung, die auf mir lastete, bedrückte mich. Obwohl mich die Gespräche mit *Tschetscheg* und ihrer Freundin am Nachmittag ganze drei Stunden von meiner Problematik abgelenkt hatten, konnte ich Jürgen nicht aus dem Weg gehen und war ständig neu gefordert, mich meinen Gefühlen zu stellen.

Abends gingen wir zu dritt ins Kino. Als Vorfilm lief Charlie Chaplin. Es tat gut, herzhaft zu lachen. Der folgende Film war typisch chinesisch: Truppen der Rotgardisten bekämpften Truppen der Kuomintang. Die Maoisten gewannen, sie waren allesamt liebe, menschenfreundliche, heldenhafte Soldaten, während die Kuomintang-Soldaten brutal, ja fast lächerlich dargestellt wurden. Wenn die Realität nur immer so schwarz-weiß wäre!

In meinem Herzensfilm kämpfte der Verstand auch mit meinem Herzen, aber wer nun böse und wer gut war, konnte ich nicht sagen. Bis kurz nach Mitternacht spielten Anke, Jürgen und ich zuhause noch ein Würfelspiel. Insgeheim hoffte ich ständig, Jürgen würde mal was sagen. Doch er blieb stumm. Er hatte mir ja eine Tasse geschenkt!

Am Sonntagmorgen versammelten wir uns als Gruppe wie gewohnt zum Bibellesen, Gebet und Singen. Wir lasen 2. Könige 18, die Geschichte von Elia auf dem Karmel. Mich traf sie mitten ins Herz. Das Thema „Auf beiden Seiten hinken" betraf mich ganz substantiell. Sonst hatte ich mich immer rege am Gedankenaustausch beteiligt, aber diesmal war ich still und nachdenklich.

Am Ende des Morgens, als ich gerade gehen wollte, hielt mich Jürgen zurück: „Was hast du denn? Geht es dir nicht gut?", fragte er mich und schaute mich mit seinen graugrünen Augen so treuherzig an, dass es mir fast das Herz brach. *Ich liebe dich! Ich will dich! Ich will endlich wissen, was du fühlst und denkst! Ich will, dass du redest! Damit ich aufhören kann, auf beiden Seiten zu hinken. Damit mein Herz endlich zur Ruhe kommt!*, hätte ich am liebsten geschrieen, aber stattdessen sagte ich beherrscht: „Ich mache mir Gedanken. Auch über die Zukunft. Ich muss jetzt eine Weile mit Gott allein sein."

Und weg war ich. In mir pochte ein geteiltes Herz: die eine Seite schlug für Gott, die andere für Jürgen. Zuerst erschien mir dies ein Problem zu sein, bis Gott mir zeigte, dass er selbst die Liebe war und die Liebe zwischen Mann und Frau Seinem Willen entsprach. Aber damit ließ es mein himmlischer Vater nicht bewenden, sondern erforschte mein Herz weiter: „Wer ist dir wichtiger? Jürgen oder ich? Wärst du bereit, wegen mir auf Jürgen zu verzichten?"

Allein der Gedanke daran schmerzte mich. Nicht lange zuvor hatte ich die Geschichte Abrahams gelesen, wie er bereit gewesen war, seinen geliebten Sohn Isaak zu opfern. Der Ausgang dieser Geschichte gab mir Mut. In einem einfachen Gebet legte ich *meinen Isaak auf den Opferaltar: Gott Vater, du bist mir lieber als alles. Wenn ich mich entscheiden muss zwischen Jürgen und dir, dann will ich dich. Ich will deinen Willen tun. Entscheide du, was für mich das Beste ist.*

Auf dem weiteren Spaziergang wurde mir klar, dass ich noch ein Semester studieren sollte. Ich nahm mir vor, noch heute mit Jürgen zu reden und sozusagen mit ihm Schluss zu machen, bevor es begonnen hatte. Mir war klar geworden, dass ich mich, so wie die Dinge unausgesprochen zwischen uns lagen, nicht länger aufs Studium konzentrieren konnte, aber das wollte ich. Mein Wille und Verstand hatten entschieden, aber in einem letzten Versuch bäumte sich mein Herz auf. Gott schien auf seiner Seite zu sein:

Viermal rot

Die Sonne war schon längst untergegangen. Durch die dünnen Scheiben unseres Zimmerfensters drang kalte Dunkelheit. Anke saß an ihrem Schreibtisch und schrieb einen langen Brief an ihren Verlobten. Jürgen und ich spielten Yatzi. Wir redeten nicht viel, genossen einfach die gegenseitige Nähe. Dann wechselten wir zu Mastermind. Während ich darauf wartete, dass Jürgen seine Farbstecker wählte, begann ich zu zeichnen. Zuerst eine Pflanze, dann eine Sonne, es folgten Blüten, runde, trauerweidenförmige, herzförmige …

Jürgen schwieg.

Ein neues Ästchen entstand auf dem rot linierten chinesischen Papier: ein Vogel nahm Gestalt an, dann ein zweiter, doch der lag wie krank auf dem Ast …

Wir spielten weiter. Es war nun gegen zehn Uhr.

Hinter dem kranken Vogel näherte sich eine Schlange. Ihre giftige Zunge leckte bereits an den Schwanzfedern des armen Vogels …
Nun war ich an der Reihe, eine Viererfarbkombination zu stecken.

Anke erhob sich geräuschvoll vom Tisch, suchte eine Briefmarke in ihrer Schreibtischschublade, klebte sie auf den Brief, zog sich den grünen Militärmantel an und sagte: „Ich gehe noch zum Briefkasten." Ihre Botschaft war klar: sie würde etwa um ein Viertel nach zehn Uhr zurück sein, dann wollte sie schlafen.

Und dann, ja dann war der Sonntagabend vorbei und ich wüsste immer noch nicht, wie Jürgen fühlte!

Jetzt oder nie, dachte ich, nahm – während Jürgen wegschaute – vier Stecker aus dem Kästchen und legte sie in die dafür vorgesehenen Löcher. Jürgen startete seinen ersten Versuch: rot, rot, gelb, blau. Er bekam von mir zwei schwarze Stecker, das heißt in der Mastermind Sprache: zwei der vier Farben waren richtig und auch ihre Positionen stimmten. Unsere Augenpaare trafen sich und erforschten die Tiefen unserer Seelen. Aber ich konnte seinen Herzenscode trotzdem nicht entziffern, oder meinte es wenigstens nicht zu können. Ich brauchte mehr als einen treuherzigen, verliebten Blick.

Jürgen nahm behände zwei weitere Stecker. Und dann lag sie da, zwischen uns auf dem Tisch, die rote Viererreihe! Mein Herz pochte zum Zerspringen, als ich Jürgen mit zwei weiteren Schwarzen signalisierte, dass er Recht hatte. Vielleicht war meine melancholische Zeichnung doch nicht vergebens gewesen. Aber die vierfache Farbensprache erschlug das, was Jürgen selbst an Sprache zu besitzen schien. –

Ich wartete noch einige Sekunden, riss dann meine Augen von den seinen los und schaute auf die Uhr: 22.12. Wie benommen stand ich auf und begann, unsere Spiele zusammen zu räumen, dabei kam ich mir vor, wie Abraham mit dem Messer in der Hand.

Plötzlich, wie wenn der rote Schweigekodex seine Wirkung verloren hätte, sagte Jürgen in die Stille des Abends hinein: „Hast du Lust auf einen Spaziergang?"

Und wie ich Lust hatte! Alles in mir sehnte sich nach Verlängerung des Abends, nach einer letzten Chance, nach Innehalten des Opferrituals, so dass womöglich auch noch für mich irgendwo aus den Büschen ein Opferlamm zum Vorschein kommen konnte, so wie damals bei Abraham, als Gott dessen Hingabe prüfte.

„Ja.", war aber alles, was ich sagte. Nun nahm *ich* mir vor zu schweigen …

Ich hab dich lieb!

Nachdem Jürgen seinen Militärmantel geholt und sich warme Schuhe angezogen hatte, trafen wir uns vor dem Haus. Schweigend machten wir uns nebeneinander auf den Weg zur Parkinsel. Ab und zu erhaschten wir einen Blick auf ein eng umschlungenes Liebespärchen – die gab es schon im Reich der Mitte, aber eben nur im Schutze der Dunkelheit.

Als ich zehn Minuten gewartet hatte und kein Wort über Jürgens Lippen gekommen war, hielt ich es nicht mehr aus.

„Ist es dir unangenehm gewesen, dass unser Lehrer vor drei Tagen diese Bemerkung über uns gemacht hat?", fragte ich ihn.

Jürgen wusste sofort, was ich damit meinte. Im Unterricht hatte *No-bagsch* gefragt, wer von uns denn befreundet oder verlobt sei. Dann mussten reihum alle antworten. Als nur Jürgen und ich sagten, dass wir zuhause keine Freundin, beziehungsweise keinen Freund hätten, hatte der Lehrer mit einem Grinsen gemeint: „Aha, „Freude" und „Mond", aha!" Dabei war es geblieben. Ich hatte mich natürlich gefreut zu hören, dass Jürgen ungebunden war. Umso weniger verstand ich jetzt sein Schweigen.

„Nein, das war mir nicht unangenehm. Im Gegenteil.", beantwortete er meine Frage.

Wir befanden uns nun auf der Insel, in deren Mitte ein kleiner Hügel lag, und die mit dem Rest des Parks durch eine Brücke verbunden war. Ein schmaler Weg, gerade breit genug, dass zwei nebeneinander gehen konnten, ohne sich zu berühren, führte rings um die Insel.

Nach weiteren wortleeren Minuten blieb Jürgen endlich stehen, lehnte sich an die kalten Eisenstangen des Geländers, nahm meine Hände in die seinen und sagte, wie wenn er zwei Monate mit den fünf Wörtern schwanger gewesen wäre: „Ich hab' dich lieb, Rita!"

„Ich dich auch", erwiderte ich endlos erleichtert, „sehr sogar."

„Weißt du, ich habe das noch keinem Mädchen und keiner Frau gesagt. Für mich war immer klar, dass ich diese Worte nur meiner Frau sagen will. Deshalb habe ich mir das auch so gründlich überlegt."

Endlich verstand ich sein Zögern. Ein riesiger Stein fiel von meinem Herzen. Es war zu kalt zum Stehenbleiben und sich in die Augen Schauen, denn mich trennten nur wattierte Baumwollschuhe von der frostigen Erde. So marschierten wir Händchen haltend 'zig Runden um den Inselberg, badeten und sonnten uns trotz Minustemperaturen und Dunkelheit in unserem vollkommenen Glück. Nicht einmal einen Kuss brauchte es dazu. Der wäre schlichtweg im Taumel unserer Begeisterung über Gottes Güte ertrunken.

Ich erzählte Jürgen von meinen Freundschaften, von den katholischen Jungen, die mich als Übungsfeld für ihre sexuellen Neugier benutzt hatten, von Attila, meiner ersten Liebe, von meiner „Freund-losigkeit" seit damals. Ich wollte vor meinem zukünftigen Mann keine Geheimnisse haben, ihm aber zugleich die Chance geben, die leicht beschädigte Flasche Wein – denn so kam ich mir manchmal vor, wie ein guter Wein, den man nicht in Ruhe hatte lagern lassen – dankend abzulehnen. Da es bereits halb ein Uhr war, als ich fertig erzählt hatte, verschoben wir Jürgens Freundschaftserlebnisse auf einen andern Tag. Es war Zeit zum Schlafen. Mit einem „Müntschi", einem flüchtigen Kuss auf die Wange, verabschiedeten wir uns voneinander.

Teil 3: Innere Mongolei, China, 1984-1985

An Schlaf war für mich in dieser Nacht nicht zu denken. Und auch Jürgen schwebte auf einer Wolke, statt in seinem Bett zu dösen. Solche Höhenflüge hat die echte Liebe an sich. Sie schwingt sich auf zu Gott, der sie geschaffen und in dem sie ihr Sein hat.

Väterchen Staat boykottiert unsere Liebe

Als wir am nächsten Morgen beim Frühstück unser Glück mit den andern teilen wollten (Anke hatte ich es natürlich ganz früh morgens erzählt und sie hatte sich für uns beide gefreut), erlebten wir eine böse Überraschung.

Nach „Ozeans" Abreise war „Fluss" unser Leiter geworden. Er reagierte hell entsetzt, als er von unserer „Verlobung" hörte: „Was stellt ihr euch denn vor? Habt ihr die Regeln nicht gelesen? Da stand doch ausdrücklich drin, dass man keine Beziehungen eingehen darf!"

„Ich dachte, das gilt nur für Beziehungen zu Chinesen", antwortete ich.

„Nein, das gilt für alle und jeden!", doppelte unser neuer Gruppenleiter nach.

Das Gewissen, das sich hätte regen sollen, blieb stumm, denn ich konnte mich beim besten Willen nicht an den Absatz erinnern, der eine Beziehung unter uns verboten hätte. Aber in den Unterlagen zuhause, die ich bei meiner Rückkehr nochmals studierte, habe ich diesen Absatz tatsächlich gefunden:

Des Weiteren ist zu beachten, dass alles Verhalten Einzelner in besonderer Weise in Bezug zur Gruppe gesehen wird. Es gibt in gewissem Sinne kein Individualverhalten. Auch die Chinesen sind sehr in dieses Gemeinschaftsdenken eingebunden. Die kleinste soziale Einheit in China ist nicht, wie bei uns das Individuum, sondern die Zellen des „Verantwortlichkeitssystems", auf die das Verhalten der Einzelnen zurückfällt, und die alle aus dem Tun der Einzelnen entstehenden Konsequenzen mittragen müssen. […] Das Verhalten dem andern Geschlecht gegenüber muss unbedingt distanziert sein. Es ist darauf zu achten, dass man sich in nichts verwickeln lässt. Das gilt sowohl für Kontakte mit Einheimischen als auch untereinander in der Gruppe. Die chinesische Moral ist hier äußerst empfindlich.

Wir, Jürgen und ich, hatten uns verwickeln lassen. Wie hatten wir es wagen können, hier im Reich der Mitte uns zu verbinden, ohne Väterchen Staat oder wenigstens die Uni, unser „Verantwortlichkeitssystem", zu fragen? Unerhört! China höchstpersönlich arrangierte 70% aller Ehen, nur 30% galten als so genannte Liebesehen. Das erklärte auch, wieso sich die Ehepaare so mühelos von staatlicher Stelle in andere Städte oder Provinzen versetzen ließen. Die Scheidungsrate lag logischerweise bei 80%.

Dunkle Wolken zogen also an unserem Sternenhimmel auf. Es wurde von uns verlangt, uns nichts anmerken zu lassen, so zu tun, als wären wir kein Paar und nichts nach Hause zu schreiben (unsere Briefe wurden ja gelesen!). O weh! Diese Mahnung kam zu spät, das hatte ich ja bereits im Reisebericht getan!

Für „Fluss" musste es schlimm sein, eingeklemmt zwischen den chinesischen

Gesetzen und dem Glauben an einen allmächtigen Gott, der es sich nicht nehmen lässt, in Sachen Liebe ein Wörtchen mitzusprechen. Und weil Verliebtsein ein so starkes Gefühl ist und sich kaum bändigen lässt, war die Ermahnung in Form dieses Paragraphen schon nicht schlecht! Wir lasen sogar die Rechte und Pflichten des chinesischen Ehegesetzes!

Aber vielleicht hat uns das Verbot, uns in der Öffentlichkeit zusammen zu zeigen, nur noch stärker aneinander gebunden. Das Verbotene übt ja auch immer einen gewissen Reiz aus. Nach dem zu urteilen, was wir im Dunkeln des Uniparks gesehen hatten, regierte die empfindliche, chinesische Moral vor allem tagsüber. So hielten wir halt im Schutz des Winterabends unsere Händchen, umarmten uns bei -20° in unseren dicken Militärmänteln (siehe Farbfoto), während wir halb erfroren lange Gespräche führten. Tagsüber genossen wir die Zeiten zu dritt beim Lernen oder Spielen, aber Anke ließ uns auch immer öfters etwas allein. So gewöhnten wir uns an, jeden Tag zusammen in der Bibel zu lesen. Dieser geistliche Austausch war für mich sehr wertvoll, denn nachdem ich Jürgen als den jungen Spengler, der mit dem Mongolischstudium an der Uni ziemlich überfordert war, kennengelernt hatte, brillierte nun eine ganz andere Seite von ihm: die des kompetenten Bibelschulabsolventen.

Für Anke war es nicht leicht, so getrennt von ihrem Verlobten – mit unserem Glück vor Augen – zu leben. Aber durch ihre neue Einsamkeit lernte sie bald Fenny, eine junge Frau aus dem Volk der Dahuren kennen, die ebenso wie die Mongolen zu den vielen Minderheiten in der Inneren Mongolei gehörten. Es entwickelte sich eine tiefe Freundschaft zwischen den beiden Frauen.

VERÄNDERNDE KRAFT DER FREUNDSCHAFT

Jürgen und ich freuten uns wirklich aneinander und an Gott, der uns dieses Geschenk gemacht hatte. Ich spürte, wie ich mich durch die Beziehung zu Jürgen veränderte, ein sanfteres Wesen tauchte an die Oberfläche, von dem ich gar nicht gewusst hatte, dass es in diesem Ausmaß existierte. Ich merkte, wie einseitig ich in den letzten Jahren gelebt hatte: Überall hatte ich meinen Mann gestanden. Nun nahm ich ein anderes, tiefes Bedürfnis wahr: sich anlehnen, Geborgenheit suchen und nicht immer nur die Starke sein. Ich genoss es, meinem femininen Wesen auf die Spur zu kommen.

Doch zeitgleich drängten andere Fragen, denen wir uns stellen mussten: Bleiben wir hier und verlängern wir das Studium? Bleiben wir zusammen? Diese Frage mag erstaunen, aber ja, wir hatten unsere Zweifel, vor allem, wenn wir aufs Sichtbare schauten und nicht auf Gottes Verheißungen: Als Jürgen mir von seinen Bekanntschaften erzählt hatte, war mir bewusst geworden, wie schnell er sich immer verliebt hatte. Zweifel waren aufgetaucht, ob unsere Liebe echt war. Dazu kam, dass wir trotz aller Gemeinsamkeiten sehr unterschiedliche Typen Menschen waren: Jürgen der Ruhige, Gelassene, Spontane und Umgängliche, ich die Aktive, eine Macherin und geborene Leiterin. Jürgen hegte auch Bedenken, weil ich eine bessere Ausbildung hatte; er betonte immer wieder, ich hätte etwas Besseres verdient. Obwohl ich diese Einwände nicht nachvollziehen konnte, spürte ich doch etwas von dem angeschlagenen Selbstwertgefühl meines zukünftigen Mannes, der als Kind deutscher Kriegsflüchtlinge viel Ablehnung und wenig emotionale Zuneigung erfahren hatte …

Uns mit solchen Fragen auseinanderzusetzen war wichtig, aber schmerzvoll. Wir nahmen uns deshalb eine Auszeit, trafen uns ein paar Tage nicht, um über diesen Fragen ruhig zu werden. Aber Gott änderte seine Meinung nicht. Er versicherte uns, dass er der Dritte im Bunde war und uns helfen würde in diesem lebenslangen Prozess der Veränderung. Das gab uns Mut zu unserer Beziehung. Wir begannen zu ahnen, dass Gott uns zusammengeführt hatte, gerade weil er uns verändern wollte. Er wusste schon, was er tat. Wir wollten ihm vertrauen.

Chinesische Christen

Manche der chinesischen Christen, die wir Anfang November in der offiziellen Drei-Selbst-Kirche kennengelernt hatten, waren ebenfalls durch schmerzhafte Prozesse verändert worden. Der Pastor war ein zutiefst demütiger Mann. Wir erfuhren, dass er 20 Jahre lang wegen seines Glaubens an Jesus im Gefängnis gesessen hatte. Er strahlte eine anziehende Jesusähnlichkeit aus. Überhaupt wurden wir von den Geschwistern sehr liebevoll empfangen. Sie freuten sich, dass wir da waren, auch wenn sie nicht mit uns reden konnten, oder eben nur *ni chau* und *zai zienn*[33]. Vom Gottesdienst verstanden wir auch nichts, außer Halleluja, Amen und Jesus. Mit der Zeit aber, als wir regelmäßig auftauchten, übersetzten sie für uns die Bibelversangabe ins Englische, so dass wir doch in etwa wussten, worüber gepredigt wurde. Ich kann mich nicht genau erinnern, aber ich denke, es waren ein paar Hundert Menschen, die sich sonntags hier versammelten. Manchmal wurde geweint, manchmal gelacht.

Weil es nicht so viel zum Verstehen gab, studierte ich die Menschen und die Musik im Gesangsbuch. Die Chinesen verwendeten damals keine Noten, sondern notierten über der Wortsilbe, die gesungen wurde, eine Zahl, die angab, ob es sich um eine Terz (3), Quart (4) oder Quint (5) handelte. Mich faszinierte es, fremde Ansichten und Methoden kennenzulernen. Da erst realisierte ich, wie eingeengt man war in seiner eigenen Kultur und wie viele Wege es doch gab, um etwas zu tun.

Hirnkrampf

Das zeigte sich auch in der mongolischen Sprache. Da war sozusagen alles anders als im Deutschen. Die Satzteile wurden von hinten auf den Satz aufgereiht, so dass ich mir vorkam, als machte mein Sprachhirn vormittags immer einen vierstündigen Kopfstand. Ab und zu habe ich meinen Frust dem Tagebuch anvertraut:

---

33 „Hallo, wie geht's?" und „Auf Wiedersehen."

In Grammatik kriegte ich fast einen Hirnkrampf vor lauter Studieren. In der Pause rannte ich zum See und sang Jodellieder.
In der Schule die Bergspitze erreicht, das heißt, überhaupt nicht kapiert, was das Hilfsverb soll und tut.
In Konversation hätte ich dem Lehrer bald die Gurgel abgedreht. Wir hatten ja eine ganz schwere neue Lektion am Freitag gelernt mit vielen neuen Wörtern. Als erstes musste ich sie erzählen, die Geschichte, einfach so aus dem Nichts heraus. Dann wollte er schon die nächste Lektion beginnen.

Das Lernen dieser exotischen Sprache bestimmte unser ganzes Leben: Vormittags mehr oder weniger guter Unterricht, nachmittags Hausaufgaben machen, abends oft Extraarbeit an einem Wörterbuch oder ähnlichen Hilfsmitteln. Was man heutzutage meist kaufen kann, wenn man eine neue Sprache erlernt, mussten wir uns selber anfertigen. **Meine kleine mongolische Freundin** kam regelmäßig und übersetzte mir Sätze aus dem chinesisch-deutschen Sprachführer ins Mongolische. Meine Aufgabe und ultimative Herausforderung war es dann, zu analysieren und herauszufinden, welches Gekritzel nun welche grammatikalische Funktion ausdrückte. Ich liebte es, so zu arbeiten. Deshalb fand ich den Unterricht vielleicht auch nicht so schwierig wie manche andere, denen diese Zusatzübung fehlte. Meinen Jürgen musste ich immer mehr ermutigen, denn er tat sich schwer mit dem abstrakten Lernen, das man kaum im chinesischen Alltag anwenden konnte. Das aber brachte uns nur näher zusammen.

SPARFLAMME

Wie hieß doch noch mein Zitat von früher, als ich völlig unverliebt meinen Handlungskodex in Bezug auf Beziehungen zu Männern festlegte?
Ich will nichts auf die Herdplatte stellen, was nicht kochen darf.
Unser Beziehungstopf stand von vornherein aber auf einer sich erwärmenden Herdplatte, da wir uns jeden Tag während vieler Stunden sahen. „Kochen" wollten wir erst in der Hochzeitsnacht, das war uns beiden klar. Also begannen

wir uns viel Gedanken zum Regulieren der Kochplatte zu machen. Einige Einsichten habe ich in meinem Tagebuch festgehalten:
Irgendwie wird man süchtig nach dem andern.

Richtige Liebe entscheidet sich gerade da: Können wir dem andern oder Gott zuliebe auf etwas verzichten? Wir wollen das lernen und haben uns von vornherein Grenzen gesetzt. … Zum Schluss beteten wir noch und baten den Herrn, uns zu helfen.

Es war ganz schön zu sehen, wie Jürgen sich viel mehr zurückhält, um mich nicht zu drängen. Das wiederum löste bei mir Achtung aus, und ich schätzte und liebte ihn umso mehr.

Ganz neu wurden wir uns wieder bewusst, wie fein das Netz unserer Beziehung ist und wie leicht es kaputt gehen kann, menschlich gesehen. Aber zum Glück ist da Einer, der darüber wacht und es erhält.

Meine Eltern reagierten freudig auf unsere Beziehung. Mein Vater schrieb:
Was mich natürlich besonders freut ist Dein strahlend glückliches Gesicht. Dein Jürgen muss schon ein feiner Kerl sein, dass sich dies so in Deinem Gesicht widerspiegelt.

Aber eine Hilfe in Sachen Sparflamme konnten sie uns nicht sein. Ich wusste, dass sie es unnötig fanden, sich mit Selbstdisziplin zu quälen. Für uns aber war dieses Warten eine notwendige Übung in Selbstbeherrschung, zu der Gott uns seine Kraft gab, wenn wir das wollten. Und übrigens erwartete ja auch die chinesische Regierung Zurückhaltung von uns. Die Dame, die sauber machte, durfte nämlich Jürgen und mich nicht allein im Zimmer antreffen. Meistens kamen die Reinigungsdamen irgendwann am Nachmittag. Wenn wir zwei also alleine am Lernen waren, sprang Jürgen jedes Mal, wenn wir die Putzfrau kommen hörten, der chinesischen Moral zuliebe in unseren Kleiderschrank, wo er sich still hielt, bis sie den Boden aufgewischt hatte. Dieses Spielchen übte einen ganz besonderen Reiz aus.

Studentenleben

„Fluss" und „Kultur" bemühten sich darum, unsere Studienerlaubnis zu verlängern, aber manchmal sah es tatsächlich aus, als ob jemand verbieten würde, dass unsere Gruppe noch länger hier blieb. Jürgen und ich wollten unbedingt bleiben und mussten deshalb noch haushälterischer mit dem Geld umgehen. Unsere Ersparnisse neigten sich langsam dem Ende zu und China kostete trotz allem: ein Kilo Mandarinen knapp zwei Franken, ein halbes Kilo Milchpulver 3,– Fr., 500 Gramm Kekse 1,50 Fr., eine WC-Papierrolle 0,50 Fr., ein Mohairpulli 12,– Fr., eine schlechte Jeans oder gefütterte Baumwollschuhe 7,– Fr., der Militärmantel 39,– Fr., ein Schreibtisch 120,– Fr. und ein Sofa 250 Schweizer Franken. Letzteres brauchten wir zum Glück nicht. Einheimische bezahlten für eine Wohnung drei bis sieben Franken, während wir je 300 Franken im Monat bezahlen mussten für ein Zimmer zu zweit oder dritt. Die Universität, die kommunistische Partei oder wer auch immer schien sich durch unseren Aufenthalt finanziell zu sanieren.

Deshalb stellten wir auch einige Forderungen. Wir baten um einen Tischtennistisch für unser Klassenzimmer. Und siehe da: am nächsten Tag stand schon ein verstaubtes Ding hinten im Zimmer. Von nun an gewann die Beziehung zu den Lehrern und Übersetzern eine neue Dimension: Verlierer und Sieger. Zum Glück spielten die Chinesen echt gut, so dass China glorios über den Westen triumphierte. Deutschland-Schweiz eiferte im Wettkampf mit. Ich muss gestehen, dass die Schweiz eher schlecht abschnitt; ein neues Talent von Jürgen war offenbar geworden.

Eine zweite Forderung war ein Aufenthalt auf dem Grasland bei echten Mongolen. Ihretwegen waren wir ja eigentlich hier in der Inneren Mongolei. Bisher hatten wir uns sehr zurückgehalten mit Missionieren, aber ab und zu hätten wir zu gerne etwas über Jesus erzählt.

Discoparty für Jesus

Deshalb freuten wir uns auf die Weihnachtszeit, wo es Möglichkeiten geben würde, um unseren Freunden, die wir bis dahin gefunden hatten, natürlicherweise von der Geburt Jesu zu erzählen. Umso mehr waren wir geschockt, als wir hörten, dass eine große Feier für den 25. Dezember organisiert worden war. *Sollen die feiern*, dachten wir, *da müssen wir ja nicht hin*. Aber wer was in China muss, bestimmten leider nicht wir.

So wurden wir bereits drei Tage vorher genötigt, an einem Maskenball teilzunehmen. Verkleidet sollte man kommen. Wir gaben uns alle Mühe: „Kultur" türmte seine blonden Haare mit Zuckerwasser auf, aber so richtig punkig wurden sie dennoch nicht. „Weisheit" schmierte sich im Widerspruch zu seinem Namen chinesische schwarze Schuhwichse in Haare und Bart und zog eine mongolische Tracht an. Das Ergebnis war perfekt, doch der dicke Große hatte mindestens noch eine Woche lang gefärbte ölige Haare … Ich borgte mir eine Hose von ihm, packte ein Kissen hinein, klebte mir einen Wollschnauz unter die Nase und zog eine Pudelmütze über. Der Schweizer Senn stand leibhaftig da. Jürgen, der sich in ein weißes Bettlaken gewickelt hatte und einen Turban auf den Locken trug, brauchte meine Unterstützung beim Bemalen seines Gesichts. Ich erinnere mich noch gut, wie ich jeden Quadratzentimeter möglichst langsam und doch leidenschaftlich mit einem braunen, feuchten Farbstift bemalte, bis der Scheich die gewünschte Gesichtsfarbe aufwies. Der Abend wurde lustig. Man vermisste „Freude" und „Mond". Wir waren so gut getarnt, dass man uns gar nicht erkannte (siehe Farbfoto).

Am nächsten Tag besuchte uns ein Freund aus Beijing. Darum gab's an Heilig Abend, nachdem man uns noch genötigt hatte, innerhalb des Hauses umzuziehen, ein ganz besonderes Abendessen: Kartoffelsalat, Würstchen, Brot, Butter, Honig und zum Dessert noch Stollen aus Deutschland. Die „Schenkeli", eine Schweizer Gebäckspezialität, die wir mit Hilfe unseres Privatkochs frittiert hatten, waren leider fast ungenießbar, denn im Öl müssen vorher Fische geschwommen haben …

Jürgen schenkte mir einen lieben Brief mit Gutschein:

Liebe Rita,
Gott hat mir zwei ganz große Geschenke gemacht, seinen Sohn und Dich, und ich will für beide mein Leben lang dankbar sein. Beide Geschenke habe ich nicht verdient, aber ich freue mich sehr darüber. Ich habe Dich ganz fest gern.
Dein Jürgen

Für Weihnachten hatten wir doch nichts Größeres mit unseren Freunden geplant, denn ich war halb krank. Es war nun durchschnittlich -25° kalt geworden bei äußerst undichten Fenstern, und so waren wir einem ständigen Durchzug ausgesetzt. Auch die Schulzimmer waren nur auf etwa 14° heizbar. Da China noch riesige Kohlenvorräte besaß, schien es nicht erstrebenswert genug, die Häuser zu isolieren. Wenn man sich draußen aufhielt, musste man aufpassen, dass einem nicht die Ohren oder die Nase einfroren. Am Nachmittag besuchten wir zusammen die christliche Kirche und sangen „Stille Nacht" vor.

Abends wollte ich Briefe schreiben, doch ich kam nicht weit. Unerwartet klopfte es an der Türe und der Übersetzer befahl uns höflich mitzukommen. Es gäbe eine Party. Wir weigerten uns zuerst, aber er blieb todernst und vertrat in aller Autorität Väterchen Staat, der die Ausländer zu einer besonderen Feier einlud.

Als wir in den riesigen Saal mit den gedeckten Tischen traten, waren schon viele ausländische Lehrer und geladene chinesische Gäste da, darunter der Generalsekretär der Inneren Mongolei und die diversen Präsidenten der Unis. Eine Live Musikband spielte moderne Stücke. So sollten wir also zusammen Weihnachten feiern! Es war ja nett von den Chinesen, dass sie uns zu einem Weihnachtsfest einluden, aber über den Inhalt konnte man sich streiten! Nach diversen offiziellen Reden eröffnete der Präsident unserer Uni den Tanz. Ausgerechnet mit mir! Ich konnte natürlich nicht ablehnen, obwohl mir überhaupt nicht ums Tanzen war. Zum Glück ging es so einigermaßen. Beide waren wir froh, als die Musikband endlich mit Spielen aufhörte. Die andern der Gruppe lachten mich aus, nur einer hatte Erbarmen mit mir: Jürgen! Die ganze Tanzparty dauerte bis elf Uhr. Je länger der Abend, desto lauter wurde die Musik. Die Wirkung der Schmerztablette, die ich geschluckt hatte, bevor ich unser Zimmer verlassen hatte, ließ kurz nach dem Tanz nach. An meinem Puls fühlte ich, dass ich ziemlich hohes Fieber hatte. So war es auch. Wir waren alle froh, als wir endlich offiziell nach Hause gefahren wurden. Unter uns tuschelten wir, dass die Spione mal gründlich und in aller Ruhe unsere Buden besichtigen wollten. Das funktionierte nämlich nie so einfach, als wenn wir an einer obligatorischen Weihnachtsfeier weilten, zu der wir hin- und zurückchauffiert wurden.

HOCHZEITSVORBEREITUNGEN

Hätten Spione unsere Herzen durchsucht, dann wären sie auf der Suche nach Zweifeln an unserer Beziehung bei mir fündig geworden, jedenfalls nach dem Gespräch, das „Fluss" mit uns Anfang Januar führte.

Zuerst sprach er ganz allgemein das nächste Semester an, aber schließlich landete er bei den Sorgen, die er sich um uns machte: „Ihr solltet wirklich nicht so schnell ans Heiraten denken. Vielleicht wäre es ganz gut, wenn ihr noch ein paar Monate getrennt seid. Du, Rita, hier und du, Jürgen, zuhause. Dann könntet ihr wirklich prüfen, was Gottes Wille ist. Ich kenne andere Paare, denen so eine Zeit der Trennung gut getan hat. Sie waren sich nachher viel sicherer in ihrer Beziehung."

„Aber wir sind uns doch sicher!", entgegnete ich, „Gott hat uns zusammengeführt. Wir wollen ihm miteinander unter dem Volk der Mongolen dienen. Wozu dann die Trennung?"

„Nun, ihr kennt euch nur sehr einseitig. Das Leben hier ist immer gleich. Lernen, Essen, Feiern. Du kennst viele Seiten von Jürgen nicht. Und er hat keine Ahnung, wie du in der Schweiz sein wirst. – Denkt darüber nach."

Das taten wir, aber am Ende einer erneuten Prüfungszeit waren wir mehr denn je entschlossen zu heiraten. Die Hochzeitsvorbereitungen verliefen allerdings wie in einem Krimi. Wir durften ja in Briefen nichts über unsere Liebesheirat schreiben, deshalb schmuggelten wir einen Brief an meine Eltern per Kurier aus dem Land, wo wir sie über unsere Pläne informierten:

Wir werden nächsten Sommer voraussichtlich heimkommen und heiraten. Wann genau hängt noch von vielem ab. Wenn immer möglich möchten wir als verheiratetes Paar nach China zurück und hier als Lehrer arbeiten und daneben weiterstudieren. Ob das möglich ist und unter welchen Bedingungen, wissen wir noch nicht. […] Was ich gerne wüsste sind ein paar administrative Fragen. Wie lange dauert der Bürokram vor einer Heirat? […] Könntet ihr das einigermaßen unverfänglich schreiben? Die Uni liest ja alle Briefe, und sie sollte einfach nicht mitkriegen, dass wir fest befreundet sind und heiraten wollen.

Etwa drei Wochen später bekam ich einen Brief von meiner Mutter – gesegnet sei ihre Fantasie! –, in dem sie mir märchenhaft von der Tochter ihrer Freundin erzählte, die heiraten will. In diese Geschichte wob sie alle wichtigen Informationen für uns ein.

GELUNGENES SEMESTER ENDE

Am 14. Januar hatten „Fluss", „Kultur", „Freude", „Sonne" und ich offiziell unsere Bewerbungen für das neue Semester eingereicht. Wir waren gespannt! Konnten wir bleiben oder nicht? Das würde auch unseren Hochzeitstermin entscheiden!

Kontakte hatten sich vertieft und einzelne Mongolen kamen sonntags nun mit in die offizielle Kirche. Wie sehr wünschten wir uns zu bleiben, doch am 18. Januar hieß es von offizieller Seite, sie hätten erstens keinen Platz, zweitens keine Lehrer und drittens keine Übersetzer für uns.

Also überlegten wir uns eine Alternative zum bisherigen Unterricht. Wir schlugen vor, das 250-seitige mongolische Grammatikbuch, das *No-bagsch* mit uns benutzt hatte, ins Deutsche zu übersetzen. So bräuchten wir nur einmal die Woche einen Lehrer, der uns alle aufkommenden Fragen beantwortete. Der Vorschlag gefiel dem Präsidenten; deshalb durften wir bis Mitte Juni bleiben. Da unser Hochzeitstermin also noch Monate entfernt lag, „drehten wir unsere Kochplatte nochmals eine Stufe tiefer".

Unsere Energie brauchten wir in dieser letzten Woche des ersten Semesters noch voll und ganz zum Lernen, denn die Abschlussprüfung stand bevor. Wenn wir müde waren vom Büffeln, gingen wir einkaufen. Ab und zu erholten wir uns von den Gehirnstrapazen, in dem wir Fenny, die in der Zwischenzeit auch zu unseren wöchentlichen Austauschrunden und in die Kirche mitkam, zuhörten, wie sie uns von ihrer eigenen und der mongolischen Kultur erzählte:

Fenny ist noch da und erzählt von den Dahuren. Es ist sehr interessant. Sie glauben auch an eine Religion und haben eine Gottheit, eine Art Geist. Ihm opfern sie Speisen. Im Garten steht eine Miniaturausgabe des eigenen Hauses. Dort bewahren sie ein Bild auf von einem Schamanen, und das soll helfen gegen böse Mächte.

Fenny ist noch hier. Sie berichtete uns, was einige Mongolenmädchen erzählt hatten: Bei der Geburt von Kindern werden entweder Gabel und Messer daneben gelegt oder ein Spiegel, so dass der Geist erschrickt, wenn er sich sieht. Die Toten werden wie ein Baby zusammengebunden und fortgeworfen oder auf Wagen gelegt, bis sie irgendwo runterfallen.

Die bösen Geister schienen die Leute wirklich zu ängstigen. Und so dachten sich die Betroffenen alle möglichen Tricks aus, um diese Teufel irrezuleiten. *Wie gut hatten wir es mit Jesus*, durchfuhr es mich jedes Mal, wenn ich so eine Geschichte hörte. Er hatte die bösen Geister besiegt und Furcht war mir unbekannt. Eine neue Dankbarkeit motivierte mich zum Mongolischstudium.

Am Monatsende bestanden wir alle die Prüfung und freuten uns auf ein weiteres Abenteuer mit Gott, denn wir hatten vor, einen guten Monat lang quer durch China zu reisen. Die Septemberreisequalen waren vergessen, und neue Sehnsüchte lockten uns in die Weiten Chinas. Gut versteckt im Gepäck war ein fünfseitiger Brief an meine Eltern mit detaillierten Hochzeitstagvorbereitungen: Termin, Ort, Trauparrer, Programm, Budget usw.

Wir wollten ihn irgendwo in China der Post übergeben, wo man „Freude" und „Mond" nicht kannte und niemand ein Veto einlegen konnte gegen unsere Liebeshochzeit.

12

UNTERWEGS IN SÜDCHINA

ALS ARME STUDENTEN IN BEIJING

Der Morgen des 1. Februars 1985 brach damit an, dass mein Zugabteilnachbar vom dritten Stock aus seinem Bett fiel. Er fegte dabei eine volle Teetasse vom Tischchen, die sich wiederum in „Weisheits" Stiefel ergoss. Der Mann überlebte, und so schlief ich weiter, bis die Kondukteurin mich etwas später an den Füßen zerrte. Ich war müde. Bis drei Uhr hatte ich nicht geschlafen wegen des Zigarettenqualms. Die Chinesen waren schon wach und starrten uns an. Ihre Verschlossenheit verunsicherte mich, aber seit Fenny uns erzählt hatte, dass die Ausländer auf die Chinesen einen stolzen, hochmütigen und reservierten Eindruck machten, konnte ich diese Reaktion verstehen. Ich war zu müde, um ihnen heute Morgen etwas anderes zu beweisen. Ein voller Tag wartete in Beijing auf uns.

Als erstes rasten wir per Taxi zur Schweizer Botschaft, um meinen Pass verlängern zu lassen und erste Hochzeitsformalitäten zu erledigen. Der Herr Botschafter Dreyer war sehr interessiert an unseren Erlebnissen an der Uni in Hohhot. Per Bus fuhren wir dann zum Freundschafts-Hotel, wo wir heißhungrig eine kalte Ente verzehrten, um uns mit neuer Kraft im „Büro für Ausländische Experten" um eine Lehrerstelle in China zu bewerben. Als nächstes eroberten wir uns einen Bus zum Bahnhof, um dort Fahrkarten nach Guangzhou zu bekommen. Wir hatten Glück, beziehungsweise half uns Gott, dass wir für den nächsten Tag schon welche bekamen: Beijing-Guangzhou für nur 61 Franken, echt sozialistische Preise! Unsere Reise-Sozialeinheit bestand aus „Kultur", „Fluss", „Sonne", „Freude", einem deutschen Studenten – nennen wir ihn doch „Bach" – und mir. „Bach" war ganz wichtig für unser Unternehmen, denn er sprach als Chinesischstudent ziemlich gut die Landessprache.

Mit unserem Chinesisch, das wir anfänglich auch zu lernen begonnen hatten, waren wir nicht groß weiter gekommen, denn man hatte uns gesagt, wenn wir nicht wirklich auch Lesen und Schreiben büffelten, wäre das sinnlos. Für weitere Hieroglyphen – neben den mongolischen – hatten wir aber keine Energie mehr. Ich konnte nun wenigstens Damen WC und Herren WC auseinander halten. Diese lebenswichtigen Dinge lernte man ja meist in keinem Unterricht.

Nach einem langen Fußmarsch durch das Botschaftsviertel fanden wir endlich die Amerikanische Botschaft, wo jeden Freitagabend das TGIF Treffen stattfand. Andere Ausländer hatten uns das wärmstens empfohlen. Deshalb pilgerten wir dorthin in der festen Absicht, etwas für unser internationales Kulturverständnis zu tun. Ohrenbetäubender Discolärm empfing uns, als wir in den Raum der

TEIL 3: INNERE MONGOLEI, CHINA, 1984-1985

„Thank-God-it's-Friday"[34]-Party traten. Ich überlegte mir spontan, ob die amerikanische Regierung wohl einen bilateralen Vertrag mit den chinesischen Hörgeräteproduzenten abgeschlossen hatte. Vor uns präsentierte sich die neuste Mode.
Alles dekadent – kaputt. Ich schämte mich, da als Westler dazuzugehören und hätte lieber mit einer mongolischen Saufparty vorlieb genommen.,
schrieb ich in mein Tagebuch. Okay, fairerweise muss man sagen, dass ich noch nie ein Fan von Disco gewesen bin. Von Saufpartys übrigens auch nicht, aber manchmal ist ein Übel das kleinere von zweien. Lange hielt uns die amerikanische Gastfreundschaft nicht.

Nach einer guten Nacht im Hotel erforschten Jürgen und ich Beijing. Irgendwann erspähten wir eine Art Kathedrale, die als Schule benutzt wurde. Als Lehrerin war ich neugierig und verfolgte durchs Fester einen Teil des Mathematikunterrichts: 50 Schüler in einem kahlen Zimmer, ein Lehrer, der Pi und geometrische Formen an die Tafel malte. Acht- bis neunjährige Kinder und Pi! Ich schluckte. Dann schlenderten wir weiter. Unterwegs interessierten wir uns für Eheringe und Jogurt. Und dann hieß es wieder mal stundenlang am Bahnhof warten. Um 22.43 Uhr fuhr unser Zug los und kam genau 34 Stunden und 27 Minuten später in Guangzhou an. Nicht nur wir Schweizer waren pünktlich!

SÜDCHINESISCHE IDYLLE

Jürgen hatte zwei Nächte fast nicht geschlafen und war krank: er hustete und hatte Fieber. Es war nun der 4. Februar. Da die dreirädrige Fahrrad-Riksha für uns zu teuer war, trotteten wir zu Fuß 40 Minuten zum Hotel, einer Art Jugendherberge mit 30 Betten in einem Schlafsaal. Ich versorgte Jürgen, und dann gingen Anke und ich einkaufen. In der Nacht stand ich einmal auf, um Jürgens Umschläge zu wechseln; er hatte noch immer Fieber. Frühmorgens latschten wir im Regen zum Hafen, um uns nach dem Schiff für Hainan Dao zu erkundigen, einer lieblichen Insel, noch völlig unberührt vom Tourismus. Das war unser Ziel. Dafür lohnte es sich, diese mühselige Reise auf sich zu nehmen.

Pünktlich um acht Uhr konnten bald unsere bequemen Kajüten beziehen: Achterzimmer mit Waschbecken und Türe zur Rumpfseite. Ein älteres Ehepaar teilte den Raum mit uns. Wir lebten in der dritten Klasse des Schiffes; in der Vierten teilten sich ungefähr 20 Leute einen Saal mit wenigen Luken; zuunterst übernachteten die Fünfte-Klasse-Passagiere: je 50-60 Leute in einem Raum ohne Fenster und Lüftung. Dort hätten wir eigentlich gemäß unseren billigen Fahrkarten schlafen sollen, doch Väterchen Staat erlaubte das nicht. Warum mutete man uns Ausländern nicht auch zu, was man von einem Chinesen abverlangte?

Ich dachte über die Ungerechtigkeit in der Welt nach und freute mich auf die Zeit, wo Christus als Friedenskönig regieren würde. Es war so wichtig, Christus

---

34 „Gott sei Dank, dass es Freitag ist."

zu kennen. An ihm entschied sich alles! Und hier wussten so wenige Leute um diese Tragweite und – wir schwiegen so oft. Der Maulkorb, der uns auferlegt worden war, machte mir immer mehr zu schaffen. Meine Not vertraute ich dem Tagebuch an:

Auch gestern wieder musste ich mich fragen, wer denn gehorsamer sei dem Herrn gegenüber, ob wir mit unserer vorsichtigen Art (ja nichts riskieren, damit die Leute des Glaubens wegen keinen Ärger kriegen), oder der ältere Mann[35], der wie Jesus sagte: „Wenn sie mich verfolgen, so werden sie euch auch verfolgen. Nehmet das Kreuz auf euch täglich. Wer sein Leben verlieren wird um meinetwegen, der wird es gewinnen!" – Ich weiß nicht. – Austausch fehlt mir gerade in dieser Hinsicht.

Da wir viel Zeit hatten und immer wieder den gleichen Angestellten auf dem Schiff begegneten, fingen Jürgen und ich ein Gespräch an. Der junge Mann sprach etwas Englisch.

„Hallo. Wie heißen Sie?
„Guten Tag. Mein Name ist Li Yen. Ich bin 3. Offizier hier auf dem Schiff."
„Woher kommen Sie?"
„Aus Guanzhou. Und ihr, was macht ihr hier? Seid ihr Touristen?"
„Nein, wir studieren an der *Nei Mongu Daschüe*."
Der junge Mann meinte, er hätte sich verhört. „Wie bitte? An der Universität der Inneren Mongolei? Warum um alles in der Welt seid ihr dort oben, so abgelegen, im Hinterland? Shanghai oder Guanzhou wäre doch viel besser!"
„Uns gefällt es auf dem Land, und wir wollen die Mongolen besser kennenlernen."
Auch diese Antwort hinterließ beim Offizier viele Fragezeichen.
„Sind Sie verheiratet?", fragten wir ihn weiter.
„Nein, ich muss erst mal Geld auf die Seite legen. Wenn ich genug gespart habe für ein Kassettengerät, einen Kühlschrank und ein Farbfernsehgerät, werde ich eine Familie gründen."
„Darf ich fragen, wie viel Sie verdienen?"
„230 Yuan im Monat. Dazu habe ich Kost und Logis. Das ist gut."
So fuhren wir mit unserem Gespräch noch zwei Stunden fort. Der junge Chinese erzählte uns, dass er während seiner College-Zeit Hegel und Kant gelesen hätte. Diese Philosophen regten schon zum Denken an, aber letztlich sei das alles nichts. Was zähle sei einzig und allein der materielle Fortschritt. Er sagte das mit einer so festen Überzeugung, dass ich gar nicht erst versuchte, ihn von etwas anderem zu überzeugen.

Nachdem das Schiff in Haiko angelegt hatte, bewunderten wir die Kokospalmen, den dunklen Teint der Menschen, kauften uns Südfrüchte und suchten vor allem den Ticketstand für Sanya. Wir bekamen sage und schreibe sechs Busfahrkarten

---

35 ein chinesischer Christ, den wir unterwegs kennenlernten und der biblische Schriften an die Menschen verteilte; er zitierte Johannes 15,20 und Lukas 9,23-24

für den nächsten Tag. Man sagte uns, dass Ausländer normalerweise gar nicht dort hinfahren dürften. Nach den kalten Tagen in Hohhot genossen wir das südländische Klima in vollen Zügen. Die Hotelübernachtung hingegen war wieder abenteuerlich. Wir mussten vorlieb nehmen mit Klappbetten auf dem Flur, immer ein Bett an der Wand zwischen zwei Hotelzimmern. Etwas anderes gab es an diesem Ort in unserer Preisklasse nicht. Die ganze Nacht brannte das Neonlicht, weil manche Gäste regen Besuch empfingen.

Unter diesen Umständen war früh aufstehen keine Qual. Wir spachtelten unsere Fertignudeln zum Frühstück und stiegen in den Bus, der uns an den paradiesischen Strand von Sanya bringen sollte. Die Gegend war faszinierend, alles leuchtete in einem saftigen Grün: Palmen, Reisfelder und allerlei südländisches Gewächs. Menschen standen in den überfluteten Reisfeldern und zogen mit Wasserbüffeln den Pflug durchs Wasser. Die Sonne ging hellrot auf und ließ ihre Strahlen durch den von Wolken getupften Himmel gleiten.

Am Nachmittag kamen wir in Sanya an. Der Bus fuhr mit uns Ausländern (es waren noch zwei Russen dabei) zu einem Bonzenhotel auf eine Anhöhe. Leider war nichts mehr frei, was wir sehr bedauerten, denn dieses idyllische Plätzchen mitten in einem Palmenwald, 15 Minuten vom Strand entfernt, hätte nur acht Yuan gekostet. Jürgen und ich stürzten uns sofort ins Meer. Die Abkühlung tat gut. Das Wasser war sauber, aber der Strand voller Steine, Riffs und Korallen, so dass wir uns die Füße verletzten. Nach dieser Pause fuhr der Bus zum nächsten Hotel, das aber auch besetzt war. „Alles aussteigen", hieß es nun, und weiter ging die Fahrt im Seitenwagen eines Motorrades.

Im Regierungshotel hatten sie zum Glück noch zwei Dreibettzimmer frei. Die Aufteilung war schnell erledigt: Anke, Jürgen und ich zusammen und die andern drei. Waschen konnten wir draußen am Trog, zur Dusche und zu den Toiletten führte der Weg an stinkenden Schweineställen vorbei. Klos habe ich ja anderswo schon ausführlich beschrieben. Hier fehlte einfach das Wasser für die Rutschbahn, was das stille Örtchen zu einem besonderen Erlebnis für die Geruchsnerven machte.

Jürgen fühlte sich gar nicht gut. Wir waren nun schon acht Tage unterwegs, und er hatte kaum je richtig geschlafen und lag mit hohem Fieber im Bett. Es war fürchterlich heiß, auch nachts über 30°.

Am nächsten Morgen war seine Temperatur zum Glück normal. Unser himmlischer Arzt hatte wieder mal eingegriffen.

Manchmal gingen wir auswärts essen und kosteten die leckeren Fischspeisen samt Kopf und Augen, dann wieder kauften wir etwas ein und aßen es in unserer Unterkunft.

Am 9. Februar konnten wir zum ersten Mal richtig ans Meer gehen. Per Motorrad-Taxi fuhren wir für einen Yuan nach Da Tong Hai. Wir waren sozusagen die einzigen Gäste an diesem traumhaften Strand. Der Tag fühlte sich an wie in den Flitterwochen: zusammen unbeschwert im Meer plantschen, abends frisch geduscht, Hand in Hand spazieren, dinieren in einem Restaurant mit einem Chefkoch, der uns unsere Liebe gönnte und vor dem wir unsere Gefühle füreinander nicht verstecken mussten, kuscheln im feinen Sand, philosophieren über unser Glück. Es war so schön, dass wir diesen Tagesablauf nochmals wiederholten.

Leider waren wir dabei etwas unvorsichtig, bauten stundenlang in der Februarsonne, deren wolkengesiebte Kraft wir völlig unterschätzten, deutsche Burgen in den Sand und holten uns so einen empfindlichen Sonnenbrand.

Am Ende der Welt

Während wir in der Hitze rösteten, herrschte in der Schweiz, im Westen, eine Rekordkälte. Osten, Westen – so teilte man die Welt auf. Aber wo begann sie und wo war ihr Ende? Die Chinesen wussten auch das. Große Schilder wiesen uns nämlich den Weg zum „Ende der Welt". Dieses lag 30 Minuten Fahrt entfernt von Sanya. Wir marschierten durch das kleine Dorf mit den freundlichen Leuten, kauften aufgesägte Kokosnüsse und Muschelketten und verschenkten großzügig unser Lachen. Uns fiel auf, dass fast jede Tür mit einem Götzenbild verziert war. Beim genaueren Hinsehen sah man geradeaus im Flur den Opferaltar. Die Menschen schienen hier am Ende der Welt mehr Furcht zu haben vor den Geistern als die Menschen in der Mitte des Reiches. Vielleicht waren sie aber auch einfach weniger kontrolliert von Väterchen Staat, der dies alles ja als Aberglaube abtat und verbot. Wie gerne hätte ich mit den Menschen hier über Jesus gesprochen! Ich kam mir so nutzlos vor.

Am letzten Tag in Sanya mussten wir um halb fünf Uhr aufstehen, marschierten zum Busbahnhof, vertrieben die Chinesen, die auf unseren reservierten Plätzen saßen und frösteten in der Kühle der Morgendämmerung vor uns hin. Nach 90 Minuten hatte unser Bus bereits eine Panne, doch in Kürze konnte die achtstündige Fahrt wieder aufgenommen werden. Immer wieder trieben uns einheimische Autos in wilden Überholmanövern dem Abgrund zu. Ich flehte zu Gott um Bewahrung.

Todmüde und halb erfroren (die Südchinesen lieben offene Fenster und Durchzug) kamen wir in Haiko an. Im chinesischen Teil eines neuen Hotels fanden wir Platz in einem Zehn-Betten-Saal. Jürgen und ich hatten die Betten nebeneinander. Doch die erhoffte Romanze blieb aus. Die Glühbirne brannte bis lange nach Mitternacht, als ich frustriert aufstand und das Licht ausknipste. Im Korridor nebenan schrillte die ganze Nacht das Telefon und in den frühen Morgenstunden schoben die Chinesinnen Eisenbetten hin und her.

Diese Nachtruhe war nicht mal ihre drei Yuan wert gewesen.

Ziemlich zerknittert standen wir auf, latschten zum Hafen, wo wir ein Schiff suchten nach Hai An. Jeder, so schien es, wollte von hier weg, denn es regnete seit Tagen. So bekamen wir unsere Fahrkarten für die zweistündige Überfahrt nur mit Hilfe eines lokalen Chinesen. „Bachs" Chinesischkenntnisse waren Gold wert.

Am Ende der Welt und auch sonst am Ende …

Die See war sehr unruhig. Im Gegensatz zu Jürgen hasste ich Schiffe, Meer und feuchten Wind und obendrein fühlte ich mich mies. Zuerst ging es noch, denn wir durften draußen an der frischen Luft sitzen. Dort konnte ich sogar meine Bibel lesen und beten. Aber wegen des starken Regens mussten dann alle rein; die Luft war zum Durchschneiden.

Mein Magen, der noch damit beschäftigt war, die Sehnen und Knorpeln des gestrigen Rindfleischs zu verdauen, streikte bei dieser Anstrengung und beförderte seinen Inhalt in einer Laune der Natur Richtung Ausgang. Ich machte mich auf die Suche nach einer Toilette. Wie viele Treppen ich auf diesem Schiff hoch und runter bin, weiß ich nicht mehr. Aber ich sehe noch heute all die kotzenden Chinesen vor mir, die sich über die Reling beugten, wenn es denn auf ihrem Stockwerk, wo sie zusammengepfercht waren, eine gab. Sonst musste der Boden herhalten. Es roch bestialisch. Meine Magenmuskeln zogen sich noch mehr zusammen und beförderten ihren Inhalt stetig aufwärts. Ich eilte Richtung Geländer, beugte mich vor und tat, was fast alle bei diesen sturmartigen Böen taten: sie erledigten sich unnützer Lasten. Vornüber gebeugt übergab ich das Rindfleisch der See. Blöderweise entledigte sich parallel dazu auch der Darm. Hätte ich damals schon „Victorias-Secret"-Unterwäsche getragen, wie sie meine Schwester Juliette mir Jahre später aus den USA in die Mongolei schickte, ja, dann hätte diese Qualität dem Ansturm vielleicht standgehalten. Doch meine ausgeleierten, schludrigen, 'zigmal ausgekochten Baumwollhöschen waren schlichtweg überfordert …

Breitbeinig und in einer halben Hocke, wie ein mongolischer Ringer, der sich seinem Gegner nähert, watschelte ich zu meinem Tramperrucksack, den ich bei Jürgen gelassen hatte. Ohne viel zu sagen, suchte ich mir ein paar neue Unterhosen hervor, antwortete auf die lachende Frage von Jürgen „Hast du etwa in die Hosen geschi…?" mit einem beschämten Blick und schlich mich davon, um endlich eine Toilette zu finden.

Jürgen schrie mir noch nach: „Geradeaus, dann rechts!"

Ich war froh, mit meiner Ladung nicht mehr Treppen steigen zu müssen. Das winzige WC war zum Glück frei – von Personen meine ich – aber sonst reichlich belegt mit allerlei Unrat. Es wurde die reinste Turnübung, mich darin umzuziehen und behelfsmäßig zu waschen. So ein Erlebnis wünsche ich niemandem. Es war die schlimmste Schifffahrt, die ich je erlebt habe. Heute kann ich darüber lachen, aber damals habe ich bittere Tränen vergossen.

Das Schiff hielt im Hafen eines regenüberfluteten Kaffs, das in gelbem Schlamm versank. Wir hatten Hunger und traten ins einzige Restaurant am Ort. Der Boden war übersät mit Knochen, Knorpeln, Papier und allem andern, was sich halt so beim Essen als überflüssig erwies. Alle halbe Stunde fegte eine Angestellte das Gröbste weg, dann konnten die Gäste wieder von neuem den Boden besäen. „Bach" sah, wie entsetzt wir waren über diese Art, Tischmüll zu entsorgen, und erklärte uns frischfröhlich, dass man das einfach so machte. Na ja dann: Nach etwas Übung hatten auch wir kindlichen Spaß daran, mit abgenagten Hühnerknochen um uns zu werfen.

Irgendwie bekamen wir wieder Busfahrkarten für die fünfstündige Fahrt nach Zhanjian. Dort besetzten wir einmal mehr den Bahnhof. Wir waren fest entschlossen hier wegzukommen, denn Gerüchten zufolge mussten die Hotels saumäßig sein und man munkelte, es gäbe Hunde zum Essen. Nun, da „Bach" bei uns war, vernahmen wir solche Schauergeschichten. Auf der Septemberreise hatten wir vielleicht ganz ahnungslos den einen oder andern Hund oder noch Schlimmeres verzehrt.

Tatsächlich bekamen wir Tickets, aber nur „Hartsitzer". Changsha, unser nächstes Ziel auf dem Weg nach Kunming, war 20 Stunden weit weg. Das konnte wieder heiter werden! Eine Bahnhofsangestellte führte uns müde, frustrierte Ausländer in den speziellen Wartesaal. Dort trafen wir vier Schweizer, die am Meer arbeiteten, an irgendeinem Elektronikauftrag. Sie rückten mit der Sprache nicht so recht heraus; die politisch Informierten unter uns vermuteten, dass sie Chinas Kriegschiffe gegen Vietnam ausrüsteten.

Im Zug erbarmte sich ein Schaffner über uns und besorgte uns gegen den üblichen Aufpreis „Hartschläfer". Nach einem Bananenabendessen schliefen wir ein, bis die Musik uns um 6.30 Uhr weckte. Wozu denn?! Wir hatten ja nichts zu tun, als uns Richtung Norden rollen zu lassen …

CHANGSHA

Kurz vor Mitternacht kamen wir in Changsha an. Eine amerikanische Familie erklärte uns den Weg zum nächsten Hotel. „Fluss" und „Bach", die sich als Leiter der Gruppe verantwortlich fühlten und gelesen hatten, dass der Ticketschalter um fünf Uhr öffnen würde, wollten gar nicht erst in ein Hotel fahren. Aber als ich versprach, dass ich los tigern würde, um die Fahrkarten zu besorgen, ließen sie sich überreden. Zum Umfallen müde sanken wir in das weiche Bett, das uns stolze 32 Franken gekostet hatte. Welche Überwindung, drei Stunden später wieder aufzustehen! Als Anke und ich am Bahnhof ankamen und Tickets wollten, hieß es, das Büro für Ausländer würde erst um acht Uhr öffnen. Netterweise wiesen sie uns darauf hin, dass wir die Studentenausweise mitbringen sollten. Wir schrieben uns das hinter die Ohren, hopsten nochmals zwei Stunden ins Bett, weckten anschließend die Männer, um uns ihre Ausweise geben zu lassen. Jürgen löste Anke ab. Aber als wir kurz vor acht Uhr beim Schalter waren, standen bereits zehn Leute in der Schlange.

Eineinhalb Stunden später durften wir endlich unsere bescheidenen Wünsche vorbringen: „Sechs „Hartschläfer" bitte."

„*Mejo!*"

Und für diese vier hässlichen Buchstaben, die das chinesische Gegenstück zum deutschen „Gibt's nicht" bildeten, hatte ich meinen Schlaf geopfert!

„Softsleeper", sogenannte „Weichschläfer", waren fast so teuer wie Flugtickets und kamen für uns Studenten nicht in Frage. So blieben uns nur noch die „Hartsitzer". Zuhause, das heißt im schönen Hotel, stellten die Chinesischkundigen unter uns fest, dass die ergatterten Sitze nicht mal nummeriert waren. Aber wenigstens hatten „Fluss" und „Bach" mal schlafen können!

Ich versuchte auch noch zu schlafen, aber vergebens. So genoss ich stattdessen ein warmes Bad in der vornehmen Wanne. Da die Hotelangestellten uns versichert hatten, dass es im Bahnhof einen Wartesaal für Ausländer gab, nahmen wir uns vor, dort die restlichen Stunden zu verbringen, denn wir mussten ja die Zimmer räumen. Doch kaum hatten wir uns in die dortigen weichen Sessel fallen lassen, scheuchte man uns wieder weg. Unsere *Piau*, unsere Fahrkarten, waren nicht die richtige Kategorie. Nur „Weichsitzer" durften hier weich warten! So eine Gemeinheit!

Also kehrten wir nach einem Essen zurück ins Hotel und verbrachten die Wartezeit in einem vornehmen Büro, das uns eine barmherzige Angestellte zur Verfügung stellte. Jürgen ging's schlecht. Er hatte Magenverstimmung. Vor uns lag nun die längste Zugreise überhaupt: 36 Stunden am Stück auf Holzpritschen, wenn wir überhaupt welche erkämpfen konnten. Wir mussten ja zuerst den Wettlauf entlang der Waggons gewinnen …

Achtung, fertig, los! Tor auf. Jürgen und ich sputeten in die eine Richtung, die andern vier in die andere. Wir hatten etwas gelernt! Ich verlor Jürgen aus den Augen und kämpfte mich durch mindestens zehn Waggons, bis ich ihn fand. Er hatte ein Plätzchen ergattert. Ich ließ mein Gepäck bei ihm und boxte mich in der Gegenrichtung wieder durch die Meute um herauszufinden, ob die andern vier etwa per Zufall im Liegewagen freie Plätze hatten einhandeln können. Nach einer halben Stunde war ich bei ihnen. Leider nein, hieß es, aber vielleicht morgen Abend. Ab acht Uhr könne man dafür anstehen. Zum dritten Mal durchquerte ich den Zug und setzte mich erschöpft neben Jürgen in den Gang auf meinen Tramperrucksack. Innerhalb zweier Stunden wurde aber seine Bank leer und wir machten es uns bequem. Er hatte immer noch eine Magenverstimmung und war froh, in meinem Schoß liegen zu können. Uns war die chinesische Moral für diesmal egal.

Wir ernährten uns von Brot und Früchten, unterhielten uns mit etwas englisch sprechenden Teenagern, bestaunten die Landschaft draußen, eine Art Hochplateau, auf das der Zug in großen Schlaufen empor fuhr, um dann wieder in eine Schlucht abzusteigen. Wir bewegten uns etwa mit 30 Stundenkilometern.

Zwischendurch konnte man mal aussteigen. Von „Fluss" vernahmen wir, dass sie schon drei Schlafplätze bekommen hatten. Er riet uns, vor acht Uhr in die Schlafwagen zu kommen, egal, ob wir Plätze hatten oder nicht, denn danach schlösse man die Verbindungstüren. So gingen wir das Risiko ein, verließen unsere Bank und warteten in einem windigen, kalten Korridor, bis „Fluss" noch weitere „Hartschläfer" dazu gekauft hatte. Kaum war ich in der Horizontalen, schlief ich durch bis sechs Uhr.

Für Jürgen und mich war klar: wir brauchten nun noch etwas Ruhe. Von den Plänen der andern, von Kunming aus nach Dali zu fahren, wollten wir nichts wissen. Kunming, die Frühlingsstadt, solle sehr schön sein und angenehm im Klima, hatte man uns erzählt. Wir fühlten uns trotz all der Strapazen emotional im Frühling und freuten uns auf die bevorstehende Ruhe. Es hätte auch alles klappen können, wäre da nicht gerade chinesisches Neujahrsfest gewesen …

WENN CHINA FEIERT …

Gegen Mittag des 18. Februars kamen wir in der Frühlingsstadt an. Wir fanden ein gutes, billiges Hotel mit Dreierzimmern. Heißhungrig suchten wir ein Restaurant und landeten bei Muslimen. Das Essen war sehr gut. Nach einem ersten längeren Spaziergang durch die Stadt gingen wir alle früh ins Bett. An Ausschlafen war nicht zu denken, denn die Angestellten wollten pünktlich um acht Uhr die Bettwäsche wechseln …

Ich fühlte mich etwas schlapp, und so verschrieb mir Jürgen Bettruhe, während sich die andern Pagoden und Tempel anschauen gingen.

Es war chinesischer Silvester. Was sich nun anbahnte, konnten wir in keiner Weise erahnen. Die „pängs" der Feuerwerkskracher und Frauenfürze ertönten erst nur alle halbe Stunde, doch je näher der Abend rückte, desto intensiver und lauter wurde das Geballer. Mit vereinten Kräften versuchten die Bewohner Kunmings, die bösen Geister zu vertreiben. Mitternacht schien ein magischer Zeitpunkt zu sein, denn vor und nach dem Tageswechsel verstand man sein eigenes Wort nicht mehr. An Schlaf war die ganze Nacht nicht zu denken. So nahm ich meine Halsschmerzen umso deutlicher wahr.

Am nächsten Morgen reisten die andern vier unserer Gruppe ab nach Dali. Jürgen und ich hatten uns definitiv gegen diese elfstündige Busfahrt entschieden und zwar nicht, weil wir allein im Zimmer bleiben wollten, sondern weil wir schlichtweg zu kaputt waren und uns vor Beginn des neuen Semesters noch ein bisschen erholen wollten. Wir hatten uns gefreut auf die Schönheit der Stadt und wollten sie auskundschaften, doch jetzt, wo alle Chinesen frei hatten (und das hatten sie nur drei Tage im Jahr an eben diesem Fest), musste man sich sogar die Quadratzentimeter Fußboden auf den Gehwegen erkämpfen. Nach etlichen gescheiterten Versuchen, ein stilles Plätzchen zu finden, kamen wir zum Schluss, dass unser Hotelzimmer am gemütlichsten und ruhigsten war.

Wir wagten uns nur noch hinaus in die ballernde, mit schrillen Stimmen in mindestens vier Tönen miteinander kommunizierende Masse der Chinesen, wenn es unbedingt sein musste: zum Einkaufen, Essengehen oder als wir unsere **Fotos für die Hochzeitsanzeige** machen ließen.

Im Zimmer waren wir meist zu zweit, außer wenn der Hotelchef Ankes freies Bett vermietete oder wenn uns eine Maus besuchte.

Am 24. Februar wollten wir für unser ganzes Team Fahrkarten nach Chengdu besorgen und waren vorbildlich früh am Bahnhof, um die ersten zu sein, doch das half nichts.

„Am Abend um 19.50 Uhr wieder kommen", hieß es.

Frustriert kehrten wir ins Hotel zurück. Der Australier, der in Ankes Bett schlief, schlug uns vor, es im vornehmen Kunming-Hotel zu versuchen. Aber dort boten sie uns nur harte Sitze an. Wir konnten es fast nicht glauben, denn wir hatten alles vorschriftsmäßig früh genug getan. Es musste am Neujahrsfest liegen, und dass halb China auf den Beinen war. Da sie uns versicherten, dass wir auch abends am Bahnhof keine Schlafplätze kriegen würden, kauften wir die sechs harten Plätze. Die Vorstellung von 24 Stunden Pritsche schlug mir auf den Magen. Ich war schlecht gelaunt. Zum Essen fanden wir auch nichts Vernünftiges. Wie gerne hätte ich mal Gemüse gegessen, doch wir bekamen so einen Teller komisches Fleisch (Hund? Katze? Affe?) serviert.

Dann versuchten wir es nochmals mit einem Ausflug zum See. Ich erkämpfte einen Sitzplatz im Bus Nummer Vier, trat ihn dann aber einer alten Frau ab. Meinen Frust über die rücksichtslosen Chinesen überließ ich dem Tagebuch:

Ich kann fast nicht zusehen, wie die Jungen sitzen und die Alten stehen. Aber das ist so in China. Der Stärkste, der beste Drücker, bekommt den Platz. Kinder und Alte sind die Dummen.

Beim See konnten wir kaum aussteigen, ich weiß nicht, wo es gedrängter war, im Bus oder außerhalb. Trat man nicht auf Chinesenfüße, dann drohte man einen Essstand umzuwerfen. Missgelaunt nahmen wir den nächsten Bus zurück in Richtung unseres Hotels. Beim Umsteigen entdeckten wir, dass der Jogurtstand nun tatsächlich verkaufte, was er anpries. Bei Jogurt konnten Jürgen und ich noch nie widerstehen, es war eine unserer Leibspeisen. So schütteten wir zusammen fünf Gläser in uns hinein. Dann sahen wir zu unserer Freude auch noch einen Softeisstand und mussten auch davon probieren. Wir reagierten unseren Frust ab. Zufrieden kehrten wir ins Hotel zurück. Doch meine Fressgier rächte sich schneller und schlimmer als mir lieb war.

Nach zwei Stunden aufgedunsenem Bauch, in dem eine Million Bakterien zu ballern schienen, entschloss sich mein Körper zu einer Radikalkur. Erbrechen und Durchfall, das Duo, das ich nur zu gut kannte, übte während Stunden seine Duette. Fast immer spielten sie ihre virtuellen Kadenzen gleichzeitig! Nur gut, dass ich diesmal wusste, wo die Toilette war und einen Beutel mit mir trug. Mit der Zeit war ich aber so schlapp, dass ich nicht mal mehr die 50 Meter zum WC schaffte. Also organisierte mir Jürgen einen Putzeimer und leerte immer wieder meine Kotzbeutel. Der liebe Kerl kümmerte sich rührend um mich, obwohl es im Zimmer bestialisch stank und er allen Grund gehabt hätte zu verduften. Ich war sehr froh, nicht allein im Zimmer zu sein. Ich schlief nur wenig in der Nacht,

hatte Angst um mich und heulte mein Kopfkissen voll.
Am nächsten Tag fühlte ich mich nicht besser. Ich hatte fürchterlichen Durst, aber mein Körper verweigerte noch immer jeden Schluck Wasser, und auch Medikamente konnte ich nicht bei mir behalten. Jürgen sorgte sich sehr um mich. Bestimmt haben wir auch gebetet; ich kann mich nicht erinnern, so schwach war ich. Aber irgendwann gegen drei Uhr bekam ich die Idee, eine Schweizer Suppe zu essen. (Dank einem Paket meiner Eltern hatten wir solchen Reiseproviant bei uns). Löffel für Löffel schlürfte ich die salzige Brühe in mich hinein und – Dank sei Gott – konnte sie behalten. Von da an ging's bergauf. Als unsere vier Freunde am Abend aus dem bezaubernden Dali zurückkehrten, war ich fast wieder gesund. Anke hingegen schien kränklich. Sie war auch zwei Tage im Bett gewesen. Zum Glück hatten wir alle noch einen Tag zum Erholen vor uns.

Der helle Wahn

Unsere Plätze im nächsten Zug konnten wir nur besetzen, weil wir die Chinesen, die auf unseren reservierten Sitzen saßen, fast verprügelten. Der Gang war voller stehender Menschen. Das änderte sich eigentlich während der ganzen 24 Stunden nicht. Heißes Wasser gab es nicht. Der Boiler war zwei Wagen weiter hinten, und das bedeutete: mindestens eine halbe Stunde lang über schlafende Chinesen steigen, turnen, springen. **Es war der helle Wahn!** So was hatten wir noch nie erlebt! Bei jeder Station wollten noch mehr Chinesen einsteigen. Es gab fast Mord und Totschlag. Um Ankes Gesundheit war es schlecht bestellt. Sie hatte sich auf der Fahrt nach Dali Halsweh geholt, dazu kamen Schnupfen, Husten und leichtes Fieber. Ich betete mit ihr im Zug, weil die Schmerzen so stark wurden.

In Chengdu schickte uns Gott einen hilfsbereiten Chinesen über den Weg, der uns zu einem Hotel führte, das freie Doppelzimmer hatte. Anke konnte in der Nacht nicht schlafen, weil sie zu wenig Luft bekam. Am Morgen wurde es noch schlimmer und gegen acht Uhr fragten wir in der Rezeption nach einem Arzt. Eine freundliche Frau untersuchte Anke und händigte uns dann vier Ampullen Penicillin aus, aber keine Spritzen. Sie erwartete tatsächlich von mir, dass ich jetzt Spritzen kaufen ginge und dann das Penicillin in Ankes Gesäß jagte. Als sie sah, wie ich hilflos die Hände verwarf, gab sie zu, dass es wohl besser wäre, ins „Sezuan-Hospital" zu gehen. Ich kaufte einen Beutel Traubenzucker, um ihn Anke in Tee aufgelöst einzuflössen. Dann warteten wir im ungeheizten Zimmer auf „Bach" und „Fluss", die ihr Glück beim Ticketkauf versuchten.

Sie kamen nicht gerade mit erfreulichen Nachrichten zurück. Spätestens am

3. März bekämen wir Fahrkarten, hatte man ihnen versprochen. Wir sollten halt jeden Tag nachfragen. Im Krankenhaus, in das „Bach" Anke brachte, schnitt man ihr im Hals eine Beule auf und saugte den Eiter ab. Dann bekam sie dreimal täglich Penicillinspritzen verschrieben.

Zum Glück erhielt „Fluss" am 2. März drei „Hartsitzer" für den Zug am nächsten Tag. Wir beschlossen gemeinsam, dass Jürgen, „Kultur" und ich schon mal fahren sollten, und Anke in der Obhut der andern blieb. In aller Eile diskutierten wir auch die Heimreisedaten für Juni, weil wir ja in Beijing unsere Visa besorgen mussten.

Fast hätten wir am nächsten Tag unseren Zug verpasst. Leider reichte die Zeit nicht mehr, um uns für die 36-stündige Fahrt mit Proviant einzudecken, aber glücklicherweise wurde an den Bahnhöfen heißes Wasser und Früchte durchs Fenster zum Verkauf angeboten. Der Zustand im Waggon war nämlich derselbe wie auf der Strecke Kunming-Chengdu: absolut kein freier Quadratzentimeter. Nur gut, dass unsere Sitze unmittelbar in der Nähe des WCs waren, sonst hätte man nicht mal *dieses* Bedürfnis befriedigen können! Irgendwie überlebten wir auch diese Tortur und landeten vor Mitternacht in unserem billigen Hotel. Wir nahmen ein Dreierzimmer, duschten und schliefen herrlich bis sieben Uhr.

Unterdessen kannten wir uns in Beijing schon ziemlich gut aus, wussten, welcher Bus wohin fuhr und innerhalb weniger Stunden hatten wir unsere Transsibirischen Tickets für den 12. Juni gebucht und das polnische und russische Visum eingeholt. Zur Feier des Tages gab es dunkles Brot aus dem Freundschaftsladen für Ausländer. Als Bonus bekamen wir am Bahnhof sogar „Hartschläfer" für Hohhot. Nun ja, wer wollte denn schon freiwillig in die Innere Mongolei? Wir! Wir sehnten uns mit allen Fasern nach unserem eigenen Zimmer und einem geregelten Tagesablauf. Ich für meinen Teil hatte genug vom Reisen in China!

13
Zweites Semester in Hohhot

Neue Zimmer, neue Freunde, neue Pläne

Jürgen hatte mittlerweile einige negative Seiten meines Charakters entdeckt. Dazu hatte er nicht mal eine Lupe gebraucht, denn in Extremsituationen, wie wir sie auf dieser Reise erlebt hatten, wurden unsere Schwächen offensichtlich. Ich weiß gar nicht mehr, was mich bei Jürgen damals so störte, aber ihn verdross zusehends meine Art, alles zu kontrollieren und möglichst effektiv zu machen. Im Hinblick auf seine Freunde zuhause hatte er seine Bedenken, wie ich auf sie wirken würde.

Voller Energie hatte ich mich aufs nächste Semester stürzen wollen, ganz im Sinne der Beobachtung, die Jürgen gemacht hatte, doch die kalte Hotelnacht in Chengdu, die Pflege von Anke und die Tatsache, dass ich etwa sechs Kilo weniger wog, hatten meine Kräfte reduziert. Eigentlich hätte ich bei der Ankunft in Hohhot ins Bett gehört. Aber wir hatten keine Yuan mehr zum Einkaufen, waren völlig pleite und mussten als erstes zur Bank. Ein Taxi wollten wir uns nicht leisten. So stieg ich trotz kalten mongolischen Märzwinds bei -15° auf das Fahrrad. Und wie wenn dies alles nicht schon genug gewesen wäre, war kein Geld da! Der Transfer lief über Japan und dauerte ewig. Zum Glück war Jürgens Geld angekommen, denn die Uni erwartete auch schon, dass wir die Monatsgebühren von 500 Franken pro Person endlich bezahlten.

Vom ersten Tag an bezogen wir neue Zimmer, da „Weisheit" nach Hause gefahren war. Die drei Männer bekamen das große Dreierzimmer und Anke und ich teilten uns das vier mal drei Meter kleine Zimmer im Parterre. Trotzdem waren wir glücklich. Wir verglichen das, was wir hatten, nicht mehr mit unserem Zuhause in Europa, sondern mit harten Sitzen und ungeheizten Zimmern. Etwas Gutes hatte es also durchaus gehabt, das Reisen in China: ich war zufrieden mit sechs Quadratmetern, die ich mein Eigen nennen konnte, einem halbwegs weichen Bett und einer warmen Decke.

Nach etwa einer Woche begann der Alltag wieder: Aufstehen um 6.15 Uhr, Fitness/Jogging, Waschen und Anziehen, Stille Zeit, Frühstück um 7.30 Uhr. In zwei Gruppen arbeiteten wir nun an der Übersetzung unseres Grammatikbuches: Anke und ich von 8.30 bis 10.30 Uhr. Den Rest des Tages teilten wir uns selber ein. Ich plante, mindestens zwei Stunden am Tag am **Deutsch-Mongolisch-Wörterbuch zu arbeiten.** Daneben blieb Zeit zum Lesen in der großen Bibliothek, zum

Sprache Üben mit Mongolen, Waschen, Stricken und Briefe Schreiben.

Aus Tagebüchern und Briefen geht hervor, dass wir nun ziemlich viele Kontakte zu Mongolinnen und Mongolen hatten (siehe Farbfoto). Immer wieder mal waren sie zu Besuch bei jemandem von uns, und dann konnten wir alle unseren mongolischen Wortschatz ausprobieren. Einer von ihnen, Jürgens Freund, beherrschte die mongolische Sprache supergut und half mir regelmässig, die Sprachführersätze zu korrigieren, die ich mit *Jaling* erarbeitet hatte. Vor allem die grammatikalischen Fehler der 12-Jährigen entdeckte der geschulte Mongole auf Anhieb. Wir lernten aber auch Besucher kennen, die ihre Muttersprache weder schreiben noch lesen konnten. Die Mongolen waren eine Minderheit in ihrer eigenen Autonomen Region. Von etwa 20 Millionen Einwohnern machten sie nur so drei Millionen aus. In der Regel wurden sie von den Chinesen als minderwertig betrachtet.

Vermehrt versuchten wir abzuklären, wo und in welcher Weise wir unter ihnen auf dem Land leben könnten. Noch immer hofften wir sehnlich, dass die Uni einen Ausflug ins Grasland organisieren würde. Aber daraus wurde nichts. So begannen wir, unsere mongolischen Freunde nach Möglichkeiten zu fragen. Einige versprachen, sich zu erkundigen. Tatsächlich kannte ein junger Mann Kaderleute, die uns zu Semesterbeginn Anfang März eine Stelle als Englischlehrer auf dem Grasland besorgen wollten.

Unseren Eltern hatten wir natürlich auch schon von den Plänen geschrieben, irgendwann nach der Hochzeit zurück nach China zu gehen zum Unterrichten. Als sich die beiden Elternpaare an Ostern in Thun kennenlernten, sprachen sie auch über diese für sie traurigen Aussichten. Meine Mutter drückte das in einem Brief – schön codiert natürlich – so aus:

Dass es leider nicht so geht, wie Heiner gerne möchte, nämlich dass die Vögel nicht wieder fortfliegen, sondern hier ihre Nester bauen sollten, kann ich bestens verstehen. Mir geht es ja nicht besser. Aber erstens kann man die Vogelsprache leider nicht verstehen und zweitens kann man nicht fliegen […] So gibt's alle Arten von Getier …

Wahre Liebe

Unser Nest gebaut, das hätten Jürgen und ich auch gerne vor dem 27. Juli 1985, unserem geplanten Hochzeitstermin. Unterdessen hatten wir die Bestätigung bekommen, dass es mit all unseren Wünschen zu Traukirche, -ort und -pfarrer geklappt hatte. Aber das Datum lag so unendlich weit weg und „unser Topf stand schon so lange auf dem Feuer"! Ich hatte Jürgen echt lieb und fand kaum Worte, um meine Gefühle für ihn zu beschreiben:

Wer mag ermessen, wie gross meine Freude ist? Wer kann meine Liebe, mein Glück messen? Es gibt auf der ganzen Welt kein Metermass, das lang genug wäre. Vielleicht könnte man es in Lichtjahren ausdrücken!

Klar, dieses Glück wollte sich ausdrücken und akzeptierte immer weniger die

Grenzen, die wir ihm setzten, vor allem auch, weil wir uns ja jeden Tag während mehrerer Stunden sahen. Meine Schwester Juliette, die sich natürlich über meine Verliebtheitsgefühle sehr freute, schrieb mir einmal folgende Zeilen:
Du, ich muss ehrlich sagen, dass ich mich sehr darauf freue, dass Du wieder kommst. Eigentlich habe ich Dich trotzdem unheimlich gern, auch wenn Du eine Zeitlang eine total schräge Einstellung hattest. Aber das macht ja nichts. Jetzt weißt Du ja, wie es ist, und nicht wahr: ich hatte auch ein bisschen Recht?
Eine total schräge Einstellung, gestört, nicht ganz normal, ja so hatte sie mich wahrgenommen mit meiner Einstellung zu Sex vor der Ehe. Aber die gleiche schräge Einstellung hatte ich immer noch, nur mit dem Unterschied, dass ich nun mitten drin war im Geschehen. Die Tatsache, dass ich verliebt war, verlieh mir meines Erachtens keine Rechte, Gottes Gebote über den Haufen zu werfen, obwohl manchmal jede Faser meines Körpers das wollte. Aber ich bestand ja aus mehr als Körper, da gab es noch einen Geist, in dem der Heilige Geist wohnte und darauf bedacht war, die Frucht der Selbstbeherrschung wachsen zu lassen.

Wer hätte gedacht, was ich da für Lektionen in China lernen würde! Aber in alldem ging es auch um das Verständnis von wahrer Liebe, Agape[36] eben, die nicht das ihre sucht, sondern den andern beschenken will. In diesen Frühlingsmonaten spürten Jürgen und ich bereits etwas vom Unterschied zwischen Verliebtheit und wahrer Liebe. Wir kannten zunehmend die Schwächen des anderen. Ja, es gab sie, die Gebiete, wo wir uns übereinander ärgerten und wünschten, der andere wäre ganz anders. In solchen Momenten spielten die Gefühle jeweils ihr Veto-Recht aus. Wären Gefühle und Leidenschaft alles gewesen, was zählte, dann hätten wir uns in solchen Zeiten trennen müssen. Aber ich entdeckte in unseren Phasen der emotionellen Krise immer mehr, welches Potential zu positiver Veränderung mir in Jürgen gegeben war.

Die gemeinsamen Zeiten des Gebets und der Fürbitte vertieften meine Liebe, die ich für Jürgen empfand, um ein Vielfaches. Am Karfreitag zum Beispiel bekam ich einen Brief von zuhause, in dem Mami mir schrieb, dass meine Schwester Bernadette sich scheiden lassen würde. Ich war einerseits sehr traurig und erschüttert, aber auf der andern Seite nicht überrascht, denn ich hatte mich nach meiner kurzen Erfahrungszeit schon gewundert, wie Paare ohne Jesus Christus es schaffen, sich immer wieder zu vergeben und die Einheit in Geist, Seele und Leib aufrechtzuerhalten ...

Geistliche Verbindung erlebten wir auch immer mehr in unseren Kontakten mit Mongolen. Da wir nicht anfangen durften, über den Glauben zu reden, sondern nur, wenn wir danach gefragt wurden, fingen wir an, Leute in unser zwölf Quadratmeter großes Zimmer zum Essen einzuladen. Den Tisch der Männer stellten wir zwischen die Betten, auf denen wir alle saßen; gekocht wurde auf der Heizplatte. Unterdessen waren wir so versiert im Improvisieren auf kleinem

---

36 Die Sprache des Neuen Testaments, das Griechische, kennt mehrere Wörter für Liebe: „philia, eros, agape". Agape bezeichnet die Liebe, die ihren Ursprung in Gott hat.

Raum, dass wir sogar Drei-Gänge-Menus kreieren konnten, wenn es sein musste. Und bei solchen Einladungen musste das sein. Gott gefällt Gastfreundschaft! Natürlicherweise beteten wir vor dem Essen, nachdem wir kurz erklärt hatten, was wir taten. Dann nahm der Abend seinen Lauf. Mehr als einmal fragten die Gäste weiter nach, was das denn für ein Gott sei, dem wir dankten und was er mit dem Essen zu tun hätte und so weiter. Antworten durften wir ja, wunderbar!

Es war am Wochenende nach so einem Abendessen, als wir von einem Lehrer, unserem Gast, eingeladen wurden, um mit seinen Studenten in Englisch über unsere Bräuche und Kulturen zu diskutieren. Gerne nahmen wir das Angebot an. Zuerst erfuhren wir einiges über chinesische Bräuche; danach fragte der Lehrer uns nach den unsrigen. Voll Freude beantworteten wir ihre Fragen nach Weihnachten, der christlichen Religion, unserem Glauben …

Eheversprechen in Beijing

Immer wenn wir spürten, wie interessiert die Mongolen am Glauben waren, fühlten wir uns bestärkt in unseren Plänen, gemeinsam unter ihnen zu leben. Noch war unser „gemeinsam" aber nicht offiziell. Laut codierten Mitteilungen von zuhause konnten sie in Thun nichts in die Wege leiten, so lange wir nicht persönlich vor einer Staatsautorität aussagten, dass wir auch wirklich selber heiraten wollten. Ja klar, sonst hätte man uns ja einfach zwangsverheiraten können.

Wir hatten nichts dagegen, nach Beijing auf die Schweizer Botschaft zu fahren. Aber wir brauchten eine plausible Erklärung für Väterchen Staat. So kam es uns ganz gelegen, dass Jürgen bald darauf einen guten Zahnarzt brauchte. Am 24. April nahmen wir den Nachtzug in die Hauptstadt und kamen dort gegen Mittag an. Nach dem Zahnarzttermin versuchten wir alles zu kaufen, was man bei uns bestellt hatte. In Beijing gab es unzählig viel mehr zu kaufen als in Hohhot, und deshalb kriegte jeder, der dorthin reiste, eine ganze Liste von Besorgungen mit auf den Weg.

Völlig ausgelaugt von der Betriebsamkeit der Hauptstadt ließen wir uns abends in einem westlichen Restaurant verwöhnen: Zweiertisch, Kerzenlicht, Pianomusik; es war ganz nach meinem Geschmack. Romantisch eingestimmt kamen wir gegen zehn Uhr in unserem Hotel an. Da Jürgen in den Zügen nie richtig schlafen konnte, hatte er sich auf ein anständiges Zimmer gefreut, doch es war kein Doppelzimmer mehr frei. Zum Glück vielleicht! Jürgen bekam ein Bett in einem 15-er Männerschlafsaal; mir wurde ein Dreierzimmer zugewiesen. Ich nahm schwer an, dass ich es mit zwei weiteren Frauen teilen würde und glotzte nicht schlecht, als nackte Männer in den beiden andern Betten lagen. Sie deckten sich zu, als wir eintraten, aber geheuer war mir die Sache nicht. Väterchen Staat musste da ein Fehler unterlaufen sein, nahm ich an und reklamierte bei der Rezeption. Doch die Verantwortlichen sahen keinen Grund, etwas zu ändern.

Jürgen gefiel dieses Szenario gar nicht. Er ließ nicht locker, bis man mir nach fast einer Stunde Verhandeln im 15-er Frauenschlafsaal noch ein Extra-Bett aufstellt hatte. Schlafen konnten wir beide nicht viel in dieser Nacht und versuchten gleich am Morgen, ein Doppelzimmer zu bekommen. Diesmal klappte es. Anscheinend würde dieser Tag weniger romantisch ausfallen, so viel stand fest, sonst hätte Gott uns das wohl nicht zugemutet …

Zuerst tigerten wir zur mongolischen Botschaft, wo wir das Visum für die Transsibirische Rückreise beantragen wollten. Sie sprachen nur mongolisch, aber wir konnten uns verständigen.

„Kommt am 10. Juni um zwei Uhr.", hieß es.

Wir verließen das Gebäude und suchten anschließend die Schweizer Botschaft auf, wo wir von Herrn Botschafter Dreyer sehr freundlich empfangen wurden. Er erkundigte sich auch diesmal wieder interessiert nach unserem Studentenleben in Hohhot. Das **Eheversprechen** mit meiner Erklärung, dass ich das Schweizer Bürgerrecht behalten wollte, war schnell gegeben und kostete trotzdem 48,50 Fr. Viel Geld für arme Schlucker wie uns! Dafür durften wir dann im Botschaftsgarten beim Swimmingpool warten. Es war eine wunderbare Oase in dieser lauten, hektischen Stadt. Sogar richtiges Schweizer Toilettenpapier gab es da! Der Botschafter fuhr uns um ein Uhr, als er Mittagspause hatte, zurück in die Stadt, wo wir allerlei Einkäufe erledigten.

Müde ließen wir uns abends in die Betten fallen und schliefen den verpassten Schlaf der letzten zwei Nächte nach. Hier wurde zum Glück nicht um acht Uhr Bettwäsche gewechselt, so dass wir liegen bleiben und ausgiebig frühstücken konnten. Nach der gemeinsamen Stillen Zeit bummelten wir nochmals von Geschäft zu Geschäft und fuhren dann mit dem Nachtzug zurück ins zehn Grad kältere Hochland.

Chinesische Briefspione

Vor unserem Garten hatten die Bäume noch nicht zu blühen begonnen. Ich war trotzdem oft draußen und turnte herum. Dabei trug ich einen roten Jogginganzug. Das passte dem Hahn unserer Nachbarn gar nicht. Mehr als einmal forderte er mich zum Kampf heraus. Diese witzige Begebenheit beschrieb ich ausführlich in einem Brief an meine Großmutter. Zwei Tage später begannen die Nachbarn mit dem Bau eines Hühnerstalls. Na, wenn das kein Zufall ist! Die Leute, die unsere ein- und ausgehende Post lasen und etwaige Unstimmigkeiten melden mussten, machten ihre Arbeit gut. Nur Schweizerdeutsch brachte sie zum Verzweifeln. Den Mundartbrief meines Vaters – in einer Handschrift geschrieben, die schon für Schweizer eine Zumutung ist – bekam ich erst nach vier Monaten!

Die codierten Briefe müssen auch ernsthaftes Stirnrunzeln hinterlassen haben, vor allem mein Brief vom 8. Mai, in dem ich meinen Eltern zu erklären versuchte, ob ich mit oder ohne Jürgen nach Thun kommen würde. Der Begriff „Bockwurst" stammte von meiner Schwester Juliette, eine Anspielung auf Jürgens deutsche Nationalität:

Ich weiß nicht, ob ich eine Bockwurst mitbringe. Am liebsten käme ich mit all meinem Plunder direkt in die Schweiz und die Bockwurst in ihre Metzgerei, und dann könntet ihr drei bis vier Tage später Bockwurst sehen. Der Metzger freut sich bestimmt auf Bockwurst und möchte sie ohne Salami genießen. Alles hängt davon ab, wie die Zugverbindungen sind. Wenn alles klappt, könnte ich am 20. Juni in der Schweiz sein.

Ich weiß nicht, wie viele Stunden der chinesische Spion darüber brütete, welche Beziehung nun die Zugverbindung zu Bockwurst und Salami hatte. Ich nehme ja schwer an, dass die Leute schon lange Bescheid wussten über unsere Liaison und sich nur noch köstlich amüsierten über die doofen Europäer. Aber was tut man nicht alles, um einem Teamleiter zu gehorchen!

Den offiziellen Behörden zuliebe nahmen wir an der Feier vom 4. Mai teil, obwohl ich, ehrlich gesagt, nicht mehr weiß, was da gefeiert wurde. Aber es war ein „mega event", wie man es heute nennen würde. Im Gebäude des „China International Travel Service" fand das große Fest statt mit der Crème de la crème von Hohhot und dem Präsidenten der Inneren Mongolei. Es gab ein riesiges Bankett mit Selbstbedienung, Reden, musikalischen und tänzerischen Darbietungen. Mir wurde es um halb neun Uhr, als der Tanz anfing, zu blöd; ich ging mit Anke nach Hause.

WACHSENDES VERSTÄNDNIS

Mir bedeuteten solche Partys nicht viel. Ich war eher ein introvertierter Mensch, der auch gerne mal Zeit allein verbrachte. So habe ich als junge Frau oft gute Abende mit meinen Eltern verpasst, weil ich nicht ahnte, wie viel es ihnen bedeutet hätte. Wenn sie mich zum gemeinsamen Fernsehschauen aufforderten, lehnte ich fast immer ab, weil Fernsehen für mich keine gemeinschaftliche Aktivität, sondern nur reine Zeitverschwendung war. Viel lieber las ich ein christliches Buch. „Es würde uns viel bedeuten, wenn du dich zu uns setzt.", oder so ähnliche Sätze hörte ich nie von ihnen, denn sie hatten es nicht gelernt, ihre Bedürfnisse auszusprechen. Für die nonverbale Sprache war ich nicht sensibilisiert genug.

Erst in Briefen wie diesem, von meiner Mutter geschrieben, realisierte ich das Ausmaß ihrer Enttäuschung:

Zuerst zu Deinem lieben Brief als Muttertagsgeschenk. Es hat mich zutiefst gerührt und auch ergriffen. Deine Dankbarkeit freut mich, es zeigt, dass ich auch einiges gut mache, oder eben besser ausgedrückt, geschenkt bekommen habe. Das Training fing ja schon an, als du im Seminar warst und kaum freie Zeit für uns hattest. Später in Beatenberg, wo Dich viele Ideen und Anschauungen, Arbeit

und Sorge für andere in Anspruch genommen haben. *In Zwischenflüh war Deine Zeit auch restlos ausgefüllt. Glaube mir, dass es weniger schmerzt, wenn ein Kind seine Zeit und sein Dasein mit einer sinnvollen Lebenseinstellung und Haltung ausfüllt ...*
Das meinte sie positiv. Denn unterdessen sah sie, was meine jüngere Schwester in ihrer Freizeit tat. Aber am Ende des Briefes predigte sie mir und sich selber, dass Vergleichen nie gut sei und dass man alle Menschen so annehmen müsse, wie sie seien.

Wie Recht sie damit hatte! Vergleichen ist auch unter Christen tödlich, denn Gott hat extra zugeschnittene Lebenslektionen und Lernrhythmen für jedes seiner Kinder. Er presst uns nicht alle durch die gleiche Schablone, um uns Jesus ähnlicher zu machen. In seiner Liebe und Geduld berücksichtigt er alles, was wir bereits erlebt haben und sieht auch das Potential, das er in jede und jeden von uns gelegt hat.

Das wurde mir immer stärker bewusst, je mehr ich aus Jürgens Kindheit und Jugendzeit hörte und erkennen durfte, was ihn geprägt hatte und immer noch prägte. Wir hatten unsere Leben aus völlig unterschiedlichen Startpositionen begonnen. Ich musste immer wieder lernen, nicht von mir auf Jürgen zu schließen, von ihm nicht das zu erwarten und zu fordern, was für mich selbstverständlich war.

Immer mehr begann ich zu ahnen, dass unsere Ehe nur so lange eine Chance hatte, wie wir Jesus Christus mit einbezogen. Jemand hat mal gesagt: „Entweder verdoppelt sich die Kraft durch eine Ehe oder sie halbiert sich." Von dieser Wahrheit hatten wir bereits gekostet und wussten, dass wir Gott dringend brauchten. Nicht nur für unsere Ehe, sondern auch für unsere Zukunft.

Wir wussten wirklich nicht, was nach der Hochzeit sein würde. Für Flitterwochen hatten wir kein Geld. Alles was feststand war, dass Jürgen noch drei Monate Bibelschule nachholen musste, da er später eingestiegen war, und wir zusammen auf die Schule wollten. Anschließend planten wir einen Englandaufenthalt, um im März einen eventuellen Job als Sprachlehrer im mongolischen Grasland antreten zu können. Plötzlich traten Gerüchte auf, dass Jürgen von der Bibelschule aus im Sommer zu einem Einsatz musste. Es war höchste Zeit, dass wir offen kommunizieren konnten.

Ausmisten im Team

Offene Kommunikation, ehrlich Schuld eingestehen, das wäre auch in unserem Team längst fällig gewesen, denn Spannungen hatten sich aufgebaut und trübten unsere Einheit. Bestimmt war das auch die klare Absicht Satans, der realisierte, dass unser christliches Zeugnis mehr und mehr an Kraft gewann. Wie also besser zerstören als mit Uneinigkeit, Neid und Zwietracht? Schöne Worte bedeuteten nichts mehr, wenn das Leben nicht dahinter stand; das wusste auch er!

Mir wurde einiges an Fehlverhalten bewusst gegenüber meinen Geschwistern hier in der Gruppe. Deswegen machte ich am nächsten Mittwochabend den Anfang mit dem um-Verzeihung-Bitten. Tränen der Busse, der Reue und der Freude folgten, auch bei den andern. Mir wurde ganz stark bewusst, wie viel Segen verloren gegangen war durch unsere Uneinigkeit. Und wirklich: am Morgen nach der Versöhnung spürte Fenny, die fast täglich zu Besuch kam sofort, dass etwas anders geworden war.

LETZTE TAGE

Es war wunderbar, diese Art Team noch zu erleben. Und höchste Zeit, denn unser Semester neigte sich dem Ende zu. In der Drei-Selbst-Kirche hatten wir uns schon verabschiedet und zum Andenken an unser Team meine Gitarre zurückgelassen. Fenny beschloss regelmäßig hinzugehen und wollte sogar im Chor mitsingen. Noch hatte sie ihr Leben nicht Jesus Christus anvertraut, doch sie war nahe dran. Das Zeugnis unserer Versöhnung hatte sie tief berührt. Noch im gleichen Jahr vernahmen wir, dass sie diesen wichtigen Schritt getan hatte!

An der Übersetzung, am Wörterbuch und am Sprachführer gab es bis zuletzt viel zu tun. Da ich wegen meiner schönen Handschrift ausgewählt worden war, alles Mongolische des übersetzten Buches zu schreiben, hatte ich bis ganz zuletzt Stress.

In den letzten Tagen fanden wie gewohnt die üblichen Trinkgelage zu Ehren unseres Abschieds statt. An so einem Abend prostete *No-bagsch* uns beiden ganz offiziell zu und wünschte uns alles Gute. Es war wunderbar erleichternd, endlich aus dem Versteckspiel heraustreten zu können. Einen Tag später lobte uns der Präsident der Universität anlässlich einer Feier: er habe einen sehr guten Eindruck gewonnen von den deutschen Studenten (da war ich hoffentlich eingeschlossen) und sie wären mit uns sehr zufrieden gewesen. Ich freute mich für „Fluss", dass er als Leiter nicht beschämt dazustehen brauchte, sondern im Gegenteil diese Ehre in Empfang nehmen durfte. Die fertig gestellte, 232-seitige Übersetzung konnte er auch feierlich überreichen. Vielleicht würde sie einer andern Gruppe dienen, damit sie dann mit weniger Hirnkrampf Mongolisch lernen konnten.

Natürlich nahmen wir eine Version mit. Die diente mir Jahre später als Grundlage für ein doppelt so dickes Buch, die „Mongolian Grammar"[37].

Der Abschied von der Inneren Mongolei fiel mir schwer. Viele unserer Freunde tummelten sich am Tag der Abreise im Klassenzimmer, um Anke, Jürgen und mich zu verabschieden. Die andern hatten noch weitere Reisepläne. Jürgen war um vier Uhr nachmittags zum Bahnhof geradelt, um die Zugfahrkarten für den 17.39-Uhr-Zug zu kaufen, aber als er zurückkam und berichtete, dass er um fünf Uhr nochmals gehen müsse, wurde es den Verantwortlichen der Uni zu doof. Sie

---

37 „Mongolische Grammatik", ein 460-seitiges Nachschlagewerk, das 1996 publiziert wurde.

packten uns nach rührenden Abschiedszenen in eines ihrer Autos und fuhren mit uns zum Bahnhof. Aber auch sie bekamen nur zwei „Hartschläfer" und einen „Hartsitzer". Und das erst noch für den späteren Zug. Ein Bruder aus der Kirche, der am Bahnhof arbeitete, setzte sich dann für uns ein und konnte schließlich den Sitzplatz in einen Liegeplatz umtauschen.

So lagen wir etwas später das letzte Mal für eine lange Zeit im Zug zwischen Hohhot und Beijing. Wir waren gespannt, ob das mit dem mongolischen Visum klappen würde. Doch anstandslos bekamen wir von *Tumenbayar*, dem Botschaftsangestellten, unsere Visa. Er freute sich sehr über unser Mongolisch und sagte immer wieder, wir sollten doch in *sein* Land kommen.

Haha, dachten wir, *wie denn, wenn die Türen für Westler seit bald 70 Jahren dicht sind?* Selbst wir trauten Gott nicht zu, dass er demnächst im großen Russland und seinen Vasallenstaaten etwas verändern würde. Unterschätzten wir etwa die Macht treuer Fürbitter?

Am 11. Juni kaufte ich in Beijing für mein Hochzeitskleid noch zehn Meter weiße Seide für 51 Franken und ein paar Geschenke. Teures konnten wir uns allerdings nicht leisten. Wir waren finanziell ziemlich ausgeblutet.

Am 12. Juni um 7.20 Uhr setzte sich der bekannte Transsibirische Zug Richtung Moskau in Bewegung. Anke, Jürgen und ich teilten ein Viererabteil mit einem Fremden. Ich kann nicht mal sagen, ob Mann oder Frau, so sehr war ich mit der Landschaft und vor allem mit Jürgen beschäftigt. Ich lehrte ihn berndeutsche Worte, zum Beispiel „süüferli"[38], was ich vor allem im Hinblick auf die Hochzeitnacht als wichtig erachtete.

Nicht „süüferli", sondern eher ruppig wurden wir durch die Wüste Gobi befördert. Ich konnte nicht schreiben, dazu rüttelte es viel zu sehr. Deshalb existieren weder Tagebucheinträge noch Briefe. Nur: den ersten Eindruck der Mongolei aufzuschreiben, das ließ ich mir damals nicht nehmen:

Als ich erwachte, fuhren wir mitten durch eine wunderbare Landschaft: Flüsse, Gras, Bäume, Berge, herrlich!

Heute, wo ich die „Äußere Mongolei", wie die Chinesen das abtrünnige Gebiet der Volksrepublik nannten, etwas besser kenne, vermute ich, dass dies so kurz vor Ulaanbaatar gewesen sein musste. Da ist die Gegend wirklich sehr grün. Weil wir zehn Monate im staubigen Wüstenausläufergebiet gewohnt und kaum je grünes Gras gesehen hatten, flippten wir fast aus. Wie würde es uns erst in der Schweiz gehen!

Am Nachmittag des 17. Junis erreichten wir Moskau und kauften Fahrkarten für den Zug nach Ostberlin, der am gleichen Abend fuhr. 24 Stunden später waren wir dort, ließen die mühsame Grenzkontrolle über uns ergehen und fanden schließlich unseren Weg nach Westberlin. Jürgen kannte Ostdeutschland, denn

---

38 „langsam, vorsichtig"

vier seiner Onkels lebten dort, die es damals auf der Flucht nicht mehr geschafft hatten. Und dann war die Familie getrennt geblieben …

Irgendwann nahmen wir Abschied von Anke, die nun weiter nach Braunschweig fuhr. Es tröstete uns zu wissen, dass wir sie bald an unserer Hochzeit wieder sehen würden. Unser Zug fuhr südwärts und kam kurz nach Mitternacht in Ergenzingen, Jürgens schwäbischem Heimatdorf, an. Und wie man da so spricht, sieht man aus diesem Briefchen, das Jürgen mir mal im Mai geschrieben hat. Da war er noch unverdorben vom linguistischen Einfluss seiner Zukünftigen.

Liebe Rita!

Weil Du jo bis jetzt no net komma bisch und i Dir no ned Gued Nacht gseit han, han i denkt, i ka Dir a Briefle schreiba. I mecht Dir uf jede Fall merci saga für de Tee und ällas Liebe, was Du heit fier mi doa hosch. […] I han Di ganz fescht gärn und frei mi uf morga, wenn i Di wieder sea ka.

Di Mändu!

P.S. A guats Nächtle!

Teil 4

Wann sendest du uns Gott?

Europa
mit Blick in die Mongolei
1986-1991

14
Schweiz & Deutschland

„Meet the parents"[39]

Die Freiheit, die wir nun hatten, war fantastisch! Händchenhalten am helllichten Tage, so viel wir wollten, vor aller Augen ein Paar sein, ja sogar küssen mitten auf der Straße hätten wir uns können, aber das erschien uns doch etwas ungewohnt. Wie im verschlüsselten Brief angedeutet, war die „Bockwurst" zusammen mit der „Salami" in der „Metzgerei gelandet". Jedermann hatte Jürgen sehnsuchtsvoll erwartet: seine Eltern, Geschwister und Hauskreisleute. Jürgens Schwester Hildegard und ihrem Mann war es sogar gelungen, zu unserem Willkommen einen Bibelvers in altmongolischer Schrift auf ein großes Plakat zu malen.

Mein Verlobter war der Mittelpunkt, die Attraktion. Plötzlich lernte ich Jürgen auf eine ganz andere Art und Weise kennen. Er konnte fesselnd erzählen, und das stundenlang. Weil ich Jürgen so, wie er nun war – fröhlich und aktiv – noch viel mehr mochte, wollte ich ihn gar nicht mehr loslassen. Unser Plan wäre gewesen, dass ich alleine in die Schweiz fahre, aber als wir erlebten, wie schön es ist, gemeinsam zu erzählen, änderten wir unser Programm: Jürgen kam ein paar Tage später mit mir ins Berner Oberland.

Im Zug übte er nochmals die berndeutsche Begrüßung „Salü Päpu, wi geit's?" Dann rollte unser Zug in Thun ein. Aber anstelle eines schwarzhaarigen, vitalen Mannes Mitte Fünfzig schloss mich ein weißhaariger Greis in seine Arme. Ich war entsetzt. Was war geschehen in diesen zehn Monaten?

„Siehst du, Ritali", murmelte mein Vater und strich sich langsam über die lockigen Haare, „so sehr hab' ich mich um dich gesorgt."

Meine Mutter, die wie eh' und je' jugendlich hübsch aussah, umarmte mich nun auch, allerdings mit einem Grinsen, das ich völlig unangebracht fand. Ich konnte es immer noch nicht fassen, dass mein Vater, der vor meiner Abreise noch wie ein Zwanzigjähriger in den Bergen herumgerannt war, auf einmal so gebrechlich wirkte. Hatten sie Sorgen mit Juliette oder fanden sie es so daneben, dass ich einen Deutschen heiratete?

Bevor ich mein Hirn noch länger zermartern konnte, prustete Mami, die solche Spannungen noch nie lange hatte aushalten können, los: „Ha, ein Witz! Das ist doch nur Trockenshampoo!"

Paps fing an zu kichern, schüttelte sich die Chemie aus den Haaren und rannte mit unserem Gepäck Richtung Auto. Die Show war perfekt. Jürgen hatte meinen Vater live erlebt, wie er ist, voll Schalk und Fantasie.

---

39 In Anlehnung an den gleichnamigen Film; zu Deutsch „Lerne die Eltern kennen"

Wenig später lernte mein Schatz auch meine Mutter von ihrer besten Seite kennen: sie verwöhnte uns mit einem tollen Essen und hatte an alles gedacht; viele Details zeigten uns, dass die beiden uns liebevoll erwartet hatten. Sie nahmen auch Rücksicht auf unsere „schräge Einstellung", wie Juliette es genannt hatte und gaben uns zwei Schlafzimmer …

Natürlich gab es in meiner Heimatstadt weit mehr zu tun als in Deutschland, da die Hochzeit ja hier stattfand. Nebst allen Gesprächen und Abklärungen wollte ich mein Brautkleid selber nähen, aus der chinesischen Seide, die ich mitgebracht hatte. Deshalb fuhren Jürgen und ich an drei, vier Tagen hinauf nach Zwischenflüh, wo ich das Handarbeitszimmer benutzen durfte. Jürgen sortierte Dias, beschriftete sie und assistierte mir ab und zu mit Stecknadeln, während ich die kostbaren Spinnweben der Maulbeerbaummaden in ein Kleid verwandelte, das sich bald sehen lassen konnte. Der letzte Schliff oder besser gesagt, die letzte Naht, entstand dann unter den fachkundigen Augen meines Vaters.

Hochzeit

An der standesamtlichen Trauung am 26. Juli trugen wir zwei unsere mongolischen Trachten, denn das Interesse an der Mongolei hatte uns ja zusammen geführt. Es schien aber, als hätten wir in Hohhot zu wenig von der mongolischen Kultur mitbekommen, denn Jahre später, als mongolische Freunde die Bilder dieses Festes sahen, waren sie hell entsetzt: meine Farbkombination Rot-Schwarz war der Trauer vorbehalten. Und ich trug diese Farben an meiner Hochzeit!

Zum Trauern hatten wir absolut keinen Grund, denn der folgende Tag wurde zum gelungenen Fest. Nach einem reichhaltigen „Apéro"[40] im Hotel Friedegg, den meine Eltern liebevoll vorbereitet hatten, gaben Jürgen und ich uns in der kleinen, romantischen Kirche in Aeschi das Jawort und wurden von Paul Zürcher mit Gedanken zu Johannes 13, 34-35 für unser gemeinsames Leben gesegnet:

Ein neues Gebot gebe ich euch, dass ihr einander liebt,
damit wie ich euch geliebt habe, auch ihr einander liebt.
Daran werden alle erkennen, dass ihr meine Jünger seid,
wenn ihr Liebe untereinander habt. (Elb.)

Nach dem Fotografieren entführten wir unsere geladenen Gästen auf den

---
40 Stehempfang mit Essen und Trinken

Thunersee. Der Abend stand dann ganz im Zeichen der witzigen Schnitzelbänke[41], die unsere Freunde zusammengereimt hatten. Zu unserer großen Überraschung und Freude hatte der Chef des Hotels uns, dem Brautpaar, das ganze Chalet „Summerhüsi" zur Verfügung gestellt. Wir schätzten es sehr, in dieser lang herbeigesehnten Nacht so allein zu sein, fernab von andern Hotelnachbarn. Jürgen wusste sogar noch, was „süüferli" bedeutete …

Flitterwochen

Am Sonntag nach dem gemeinsamen Frühstück reisten wir ab ins Tessin. Da wir uns keine teuren Flitterwochen leisten konnten, hatten wir Käthis Angebot angenommen und verbrachten mit ihr und ihrer Familie die erste Woche in einer Villa im Tessin und ruhten uns erst mal aus. Doch nach ein paar Tagen holte uns die Wirklichkeit ein. Ich begann mich zu sorgen: was war nach den Flitterwochen? Noch wussten wir nicht, was Gott genau mit uns vorhatte. Sicherlich versuchten wir, ihm zu vertrauen und wussten, dass er einen guten Plan hatte, doch ich hätte langsam aber sicher gern ein paar Einzelheiten gewusst. Die vielen unbeantworteten Fragen legten sich wie ein Schatten auf die Flitterwochen. Ich musste immer wieder neu lernen, diese Sorgen abzugeben und bewunderte Jürgens Gelassenheit, die er an den Tag legte.

Bevor wir nochmals eine Woche in Norddeutschland genießen durften, verbrachten wir einige Tage bei meinen Eltern in Thun. Es war in dieser Zeit, als sich einiges klärte: Im Gespräch mit einem Bibelschullehrer kristallisierte sich heraus, dass Jürgen von September bis Dezember die fehlenden Fächer nachholen konnte. Also war unser Herbstquartal geregelt. Nun blieb nur noch die Frage, was im Januar werden sollte. Doch Gott hatte auch da schon einen Plan, wie wir in den nächsten Tagen herausfinden sollten:

Unser Studienkollege aus der Inneren Mongolei, die bärtige „Weisheit", meldete sich nämlich telefonisch und wollte uns eine interessante „Entdeckung" vorführen, die er in England kennengelernt hatte. Wir luden ihn ein für den 11. August. An jenem warmen Sommertag stand also seine „Entdeckung" vor uns: ein unscheinbarer Mann mittleren Alters mit zerzausten braunen Haaren, einem Wollpulli, dessen geflickte Ellbogen zweifelsohne von stundenlanger Schreibtischarbeit zeugten, karierten Hosen, deren Saum an einem Ende lose herunter hing und einem rasend schnellen Englisch:

„Hallo. Ich bin Gregory. Gregory Parker." Der Mund öffnete sich kaum, wenn er sprach, dafür flackerten seine Augen umso mehr.

„Hallo, es freut uns, Sie zu treffen", sagten wir höflich in langsamem Englisch und schüttelten dem britischen Energiebündel, das „Weisheit" mitgebracht hatte, die Hand. Dann setzten wir uns alle auf den Balkon. Während ich mich um Getränke und einen Imbiss kümmerte, hörte ich, dass die da draußen schon in

41 Bänkelsängerverse

vollem Gang waren. Verschiedenste Stimmen tönten durcheinander:
„Gregory ist dabei, das Neue Testament ins Mongolische zu übersetzen."
„Ich habe gehört, dass ihr die altmongolische Schrift kennt?"
„Wir wollten eigentlich im Januar nach England, um besser Englisch zu lernen."
Zwischendurch brachte ich Mineralwasser und belegte Brote. Der Brite und der Bärtige verschlangen sie, wie wenn sie drei Tage nichts gegessen hätten.
„Gregory wohnt in Leeds, Mittelengland. Dort leben auch Mongolen, die Englisch studieren", hörte ich „Weisheit" ins Sandwich brummeln und dann Gregorys unverkennbare Stimme:
„Was plant ihr für die nächsten Wochen und Monate?"
Nun war es Zeit, mitzureden; das Essen konnte warten. Ich setzte mich mit an den Tisch, gerade als Jürgen sagte: „Wir werden bis Ende Dezember auf der Bibelschule sein. Danach wissen wir es noch nicht genau. Wir wollen Englisch lernen."
„Super! Dann kommt doch im Januar nach Leeds und helft uns, die übersetzten Teile des Neuen Testamentes in die altmongolische Schrift zu übertragen. Dann können wir …" John hatte viele Pläne. Unter der unscheinbaren Hülle steckte ein gewaltig funktionierendes Hirn! Er sprühte nur so von Ideen.
Der hat ja noch mehr Energie als ich, fuhr es mir durch den Kopf. Ich fragte mich, ob der chaotische Typ verheiratet war und was „uns" bedeutete.
„Wo könnten wir denn wohnen?", erkundigte ich mich.
„Oh, das ist kein Problem, absolut kein Problem. Mitarbeiter von mir haben ein großes Haus."
Das hörte sich gut an. So fragten wir nicht weiter. Hätten wir aber besser getan.
Als unser Kollege mit Gregory gegangen war, dämmerte uns erst, was das bedeutete. Hier war ein Mann dabei, die Bibel ins Mongolische zu übersetzen, und wir konnten unser Wissen der altmongolischen Schrift und Grammatik einsetzen, damit die Innermongolen bald das Neue Testament in Händen hielten. Super! All das Lernen hatte sich gelohnt. Gott hatte von Anfang an einen Plan gehabt. Und nebenbei würden wir erst noch Englisch lernen! Einmal mehr staunten wir über Gottes Führungen. Mochte Gregory noch so ein kurioser Typ sein: wir waren begeistert über unsere neue Berufung.
Mit diesen Zukunftsplänen im Kopf fuhren wir nach Norddeutschland, wo Jürgens Verwandte ein Ferienhäuschen am See besaßen. Nun waren wir zum ersten Mal für uns allein und genossen das neue Leben zu zweit.

„New Life"

Die dreieinhalb Monate an der „New Life"-Bibelschule vergingen schnell, da wir ein ausgefülltes Programm absolvierten mit zahlreichen Einsätzen an Wochenenden. Jürgen und ich waren froh, dass wir uns schon so gut kannten, denn das Schulleben stellte viele neue Anforderungen an unsere junge Ehe. Ich war es nicht gewohnt, ständig mit Menschen zusammen zu sein. In Zwischenflüh waren die zwischenmenschlichen Beziehungen relativ einfach gewesen: für die Schüler war ich der Boss, für deren Eltern die Ansprechperson, für den Oberstufenlehrer eine Kollegin, aber in einem Team hatte ich sozusagen nie arbeiten müssen und es deshalb auch nicht gelernt. Diese Zeit in Walzenhausen war deshalb sehr prägend für mich. Ich war Gott dankbar, dass er mein Coach war und genau wusste, was ich brauchte.

Auch was unsere Familienplanung betraf, konnten wir alles mit ihm besprechen. So hatten wir während der Bibelschulzeit verhütet, aber nun, wo wir für die Feiertage nach Ergenzingen gefahren waren, überließen wir auch auf diesem Gebiet Gott die Regie. Er wusste ja schließlich am besten, was die Zukunft brachte. Unser Liebesleben war an der Bibelschule etwas zu kurz gekommen und so holten wir es um die Weihnachtszeit nach. Und einer dieser Nächte verdankt unser ältester Sohn sein „Made in Germany"-Label. Der Regisseur unseres Familienlebens gab Vollgas.

15

LEEDS, ENGLAND

KULTURSCHOCK IN ENGLAND

Am 16. Januar 1986 packten wir meinen Fiat Seat und fuhren von Thun los. Für das Abenteuer England hatten wir das Wissen um Gottes Führung, unsere gegenseitige Liebe, Freude für die Aufgabe an der Bibelübertragung und die Zusage von Käthi, uns monatlich 500 Franken zu schicken. Sie war mir noch Geld schuldig, weil ich ihre Chinareise bezahlt hatte. Es passte ganz gut, dass sie dieses Geld jetzt zurückbezahlen wollte. Nach dem Jahr in Hohhot, der Hochzeit und dem Bibelschulquartal waren wir nämlich pleite.

Am 21. Januar, nach 1600 Kilometern Fahrt, parkten wir unser Auto vor dem braunroten zweistöckigen Haus an der Cardigan Lane in Leeds. Es war schon lange dunkel.

Nach meinem schüchternen Klopfen öffnete der Besitzer die Haustür: „Oh, hallo, ihr müsst Jürgen und Rita sein." Der hoch gewachsene, junge Mann mit den schwarzen Kraushaaren deutete uns an hereinzukommen. Hinter ihm wartete seine Frau schon auf uns. Sie war fast zwei Köpfe kleiner, etwas rundlicher und hatte ebenfalls dunkle Haare.

Beide waren uns sympathisch und hießen uns herzlich willkommen, so herzlich wie das eben geht, wenn man gezwungen wird, Ausländer im eigenen Haus aufzunehmen. Gregory hatte nämlich das Versprechen gegeben, ohne seine Mitarbeiter erst zu fragen. Sie zeigten uns unser Zimmer im ersten Stock. Wir konnten uns glücklich nennen, dass ein Heizkörper darin stand, denn das Haus hatte keine Zentralheizung. Das englische Klima war feuchtkalt, das spürten wir bereits nach einigen Stunden. Wir waren froh, nach der langen Reise eine Tasse Tee, etwas zum Essen und ein warmes Bett zu haben. Alles andere konnte warten.

An einem der nächsten Tage sahen wir zum ersten Mal im Leben einen Computer. Auch sonst gab es da vieles, was für uns Neuland war: wir verstanden nicht, wieso die Engländer ihr Frottiertuch auf den Badewannenrand legten und es im ganzen Badezimmer keinen einzigen Haken gab. Wir ekelten uns vor dem stinkenden „marmite"[42], das Jack und Rebecca aufs Brot schmierten. Wir kauten das gummiartige Sandwichbrot und vergingen vor Sehnsucht nach feiner Kruste. Wir wurden den ganzen Tag über gefragt, ob wir einen Tee möchten, und beim Essen fiel uns auf, dass die Engländer scheinbar die Gewürze noch nicht entdeckt hatten. Kurz: Jürgen und ich erlebten unseren ersten Kulturschock, und das völlig unvorbereitet.

Naiverweise hatten wir gedacht, England sei so etwas wie ein anderes Bundesland von Deutschland oder wie ein weiterer Kanton der Schweiz und hatten uns eifrig daran gemacht, das unterentwickelte Stück Insel auf Vordermann zu bringen: Nägel in die Badezimmerwand eingeschlagen, so dass jeder sein Plätzchen für die Frottiertücher hatte, Gewürze für den Küchenschrank gekauft und – wer weiß, welch unhöflichen Dinge wir noch getan haben! Wir strapazierten die Nerven von Jack und Rebecca wohl sehr, doch sie schienen sich das gar nicht anmerken zu lassen. Hatten sie schon so eine Engelsgeduld entwickelt im Umgang mit Gregory?

Dessen Haus lag ebenfalls in Headingly. So konnten wir zu Fuß zur Arbeit gehen. Die Büroräume befanden sich im Kellergeschoß von Gregorys Haus. Es waren mehrere, denn Gregory, Jack, Rebecca und andere Freiwillige arbeiteten alle hier irgendwie an der Übersetzung mit. Unsere erste Aufgabe war es, die innermongolischen Buchstaben auf dem Computer zu kreieren, denn bisher existierten keine Schreibsätze in dieser traditionellen Schrift. Doch das war leichter gesagt als getan. Und weil zuerst die technischen Probleme überwunden werden mussten, halfen wir sonst überall mit: Dinge einordnen, Bürokram erledigen, Pullover flicken, Hosen bügeln; schließlich war Gregory ja Junggeselle. Zuerst widerstrebte mir dieses Dienen, doch dann realisierte ich, dass meine Mithilfe, egal in welcher Form, dazu beitragen würde, dass die Mongolen die Bibel schneller in Händen hielten.

Neue Freunde

Anfang Februar besuchten wir zum ersten Mal die South-Parade-Baptistenkirche, die sich in der Nähe der Universität befand und deshalb viele Studenten als

---

42 Brotaufstrich, aus Hefe und Kräutern hergestellt; ziemlich würzig

Besucher zählte. Die Predigten des Pastors David Morris waren ausgezeichnet. Es freute uns, dass wir bereits beim ersten Gottesdienstbesuch in einen Hauskreis eingeladen wurden, denn Beziehungen halfen unserem Englisch am meisten. Und als ich im ersten Monat in England feststellte, dass ich schwanger war, war ich auch froh über die Christen in der Kleingruppe, die uns mit Rat und Tat zur Seite standen. Sie konnten nur schwer nachvollziehen, dass wir – ohne festes Gehalt zu haben – nach England gekommen waren. Doch als wir ihnen unseren Auftrag erklärten, verstanden sie uns besser. Für uns war es auch immer wieder eine Frage, wovon wir leben würden, wenn die achtmal 500 Franken abbezahlt wären. Aber Gott wusste auch das!

Als Jürgen und ich hörten, dass Mongolen aus Ulaanbaatar in Leeds studierten, freuten wir uns sehr. Diese Yorkshire City war damals Partnerstadt von Ulaanbaatar und, so weit ich richtig informiert bin, der einzige Ort im kapitalistischen Westen, wo Mongolen hinkommen durften. Es waren nicht viele, aber jedes Jahr doch drei bis vier Studenten, die aus der verschlossenen Volksrepublik Mongolei hierher reisten. Damit sie mit der westlichen Freiheit auch ja richtig umgingen, war auch immer jemand unter den Vieren, der ein Auge auf die andern hatte. Meistens, so fanden wir heraus, war es derjenige, der am wenigsten motiviert war zum Englischlernen und sich am distanziertesten benahm, wenn es um Freundschaft ging.

Am 17. Februar lernten wir *Zogtbaatar* kennen, einen schlanken jungen Mann mit den typisch hohen mongolischen Wangenknochen und einem vertrauensvollen Blick. Er war bereit, uns Kyrillisch beizubringen, denn wir kannten ja nur die altmongolische Schrift. Im Gegenzug besuchten wir ihn in seiner Studentenbude, nahmen ihn mit auf Ausflüge, diskutierten die englische Kultur und bekamen ein paar wenige Einblicke in das Leben der Mongolen jenseits der chinesischen Grenze.

Zogtbaatar hatte eine große Vorliebe für Literatur. So trafen auch unsere zaghaften Versuche, ihm von der Bibel und dem christlichen Glauben zu erzählen, auf ein offenes Ohr.

„Ich habe die Bibel schon einige Male auf Russisch gelesen", erklärte er uns. Bei einem weiteren Besuch brachte uns *Zogtbaatar* bei, wie man *booz* machte. Er lachte sich halb kaputt, als er unsere „toten Mäuse" – wie die Mongolen misslungene, schlecht geformte Maultaschen nennen – begutachtete. Aber wir hatten viel Spaß zusammen und unterhielten uns angeregt, während wir in der Küche hantierten. Auch über Religion. Am Ende dieses Abends meinte er: „Ich suche den goldenen Mittelweg zwischen Buddhismus und Christentum."

Immerhin eine Offenheit für Jesus, dachten wir, und fuhren fort, für die in Leeds studierenden Mongolen zu beten. Bevor er in die Mongolei zurückkehrte, unternahmen wir mit *Zogtbaatar* noch einen Ausflug nach Scarborough. Ein paar Tage danach schrieb der nette junge Mann, der uns ans Herz gewachsen war, in unser Gästebuch:

Lieber Jürgen und Rita,
danke euch beiden vielmals für eure Hilfe und Freundlichkeit. Ein mongolisches Sprichwort sagt: „Der Mann, der viele Freunde hat, ist so weit wie die Steppe, aber der Mann, der keine Freunde hat, ist so eng wie eine Handfläche." Mit beiden von euch habe ich Menschen mit weiten Seelen kennengelernt. Ich wünsche euch das Beste des Glücks und alle Zufriedenheit in eurem Leben. Ich hoffe, dass ich euch wieder sehen werde.
Mit den besten Wünschen,   *Zogtbaatar*

Dankbar nahmen wir diese herzlichen Worte an. Gleichzeitig wussten wir, dass wir nur „weite Seelen" besaßen, weil Jesus darin wohnte und wünschten uns sehr, der junge Mann würde das eines Tages verstehen und selber erleben. Wir sahen ihn vier Jahre später wieder im Ulaanbaatar-Hotel, als wir neu in der mongolischen Hauptstadt angekommen waren.

Keine Kinder, keine Haustiere!

Da es absehbar war, dass die Übertragung des Neuen Testamentes in die altmongolische Schrift und die Englischausbildung nicht in einem halben Jahr unter Dach und Fach sein würden, wie wir das ursprünglich angenommen hatten, beschlossen wir, eine eigene Wohnung zu mieten. „Keine Kinder, keine Haustiere", lautete aber die Bedingung für die meisten Zwei- bis Dreizimmerwohnungen, die für uns in Frage kamen. Weil unsere Freunde zuhause beteten, fanden wir aber eine günstige, möblierte Wohnung mit Garten und Autoabstellplatz in einem alten Haus an der Saint Martins Terrace im Chapeltown Distrikt. Nun wohnten wir nicht länger im Pakistani Quartier, sondern hier waren unsere Nachbarn vor allem Schwarze und Sikhs. Die Atmosphäre war nicht so heilig, wie der Name der Straße es versprach, aber irgendwie faszinierte uns das internationale Flair.

Mitte April reisten wir zurück aufs Festland, um das Auto voll zu stopfen mit Gegenständen, die wir nun brauchten. Vor allem das Kinderbettchen, das ich als Ledige selber geschreinert hatte, musste her! Auf der Rückreise Ende des Monats fühlten wir uns wie Maria und Josef: Wegen einer gebrochenen Schiffsrampe und geschlossenen Tankstellen blieben wir in einer englischen Kleinstadt stecken, in der gerade ein Hockeyfestival veranstaltet wurde. Alle Betten waren restlos ausverkauft. Bis Mitternacht bettelten wir vergebens an den Hoteltüren um eine Unterkunft. Endlich erbarmte sich ein Wirt über uns und richtete im obersten Stock ein Einzelzimmer für zwei Leute her.

Gott, unser Finanzminister

Es war für uns ein Glaubensschritt, eine eigene Wohnung zu mieten. Noch bis Ende August erhielten wir die monatlichen 500 Franken von Käthi, aber so viel kostete nun allein die Miete. Wovon sollten wir leben? Womit die Babysachen kaufen?

Gott kannte unsere Bedürfnisse und versorgte uns, ohne dass wir jemals Menschen um Geld bitten mussten. Unsere Devise war immer: wenn Gott uns in dieser Arbeit haben wollte – und die Mongolen bezahlten ja nicht dafür, dass man ihnen die Bibel übersetzte und erklärte –, dann musste *er* auch für den Unterhalt sorgen. Und wenn er das nicht täte, dann bedeutete das für uns, dass wir normal arbeiten gingen. Ohne es zu wissen, hatten wir angefangen, nach einem wichtigen Grundsatz jener Missionsgesellschaft zu leben, der wir uns fünf Jahre später anschlossen.

Die Gemeindemitglieder in der Schweiz hatten bei unserem Kurzaufenthalt gehört, dass ich schwanger war und wir vorerst in England blieben. Einzelnen von ihnen hatte Gott aufs Herz gelegt, uns zu unterstützen. So bekamen wir manchmal einen Brief mit einem Geldschein. Einer von Jürgens Freunden fand unsere Arbeit so gut, dass er beschloss, uns monatlich einen festen Betrag zu überweisen. Und auch neue Freunde in England hinterließen ab und zu einen Check in unserem Briefkasten.

Auf der einen Seite war es extrem spannend, so zu leben, auf der andern Seite sehr befreiend, Gott als Arbeitgeber zu haben. Wie viel Geld vertraute er uns an? Was sollten wir uns leisten, was nicht? Welchen Lebensstandard hielt er für angemessen? Wir staunten nicht schlecht, mit wie wenig Geld man leben konnte, wenn man bereit war, sich umzustellen. Warum mussten Gegenstände neu und aus dem Warenhaus sein? Wir bekamen vieles geschenkt. Andere nützliche Dinge fanden wir im „Second-Hand"-Laden. Zum Beispiel einen Bastkorb, den ich frisch einkleidete mit rot-weißem Stoff und einer selber gehäkelten wolligflauschigen Decke: Das Bettchen für unser erstes Kind war fertig. Nun brauchten wir nur noch ein Gestell mit Rädern. So was ließ sich am Altmetall-Sammeltag auf den Straßen von Leeds einfach finden. Bald war der Stubenwagen perfekt.

Unsere Sachen waren nicht neu, nicht cool, nicht modisch, nicht ewig haltbar, aber sie waren da, wann immer wir sie brauchten.

Den Mongolen auf den Fersen

Als wir wieder einmal Mongolen in Leeds besuchten, sangen sie uns ein mongolisches Lied vor. Es hatte folgende Liedzeile:
Mutter, ich gehe jetzt fort.
Wenn ich irgendwo ewiges, lebendiges Wasser finde,
will ich es dir bringen.

Für die Mongolen war das lebendige Wasser ein Sinnbild fürs ewige Leben. Als Team in Leeds wussten wir von diesem Wasser und hatten nur einen Wunsch: den Mongolen zu erzählen, wo sie dieses ewige Leben finden konnten. Deshalb waren wir ständig damit beschäftigt, nach Möglichkeiten zu suchen, wie und wo wir Mongolen treffen konnten, die sonst hinter dem eisernen Vorhang fest abgeriegelt lebten. Als wir hörten, dass am Volksfestival in Billingham auch

eine mongolische Sing- und Tanzgruppe auftreten würde, schmiedeten wir sofort Pläne: dorthin reisen, B&B[43] buchen, zu allen Konzerten gehen, versuchen einzeln – wegen des KGB-Aufsehers – mit den Mongolen ins Gespräch zu kommen, wann immer möglich, ihnen Teile des Neuen Testamentes mitzugeben, so dass noch viele andere vom ewigen Leben hören konnten.

Also machten wir uns am 9. August 1986 auf den Weg nach Billingham. Eigentlich wäre es Jürgens Geburtstag gewesen, aber das war plötzlich belanglos. Wir „spionierten" aus, ob tatsächlich eine Gruppe da war, versuchten sie den ganzen Tag zu kontaktieren, saßen im Abendkonzert, welches wegen der koreanischen Trommeln ohrenbetäubend laut war, studierten den Konzertplan und reisten heim. Nachdem wir eine Unterkunft hatten buchen können, kehrten wir zurück nach Billingham und verfolgten die mongolischen Artisten sage und schreibe drei Tage lang fast ununterbrochen. Gingen wir auf dem einen Gehweg, so überquerte die Truppe ganz sicher die Straße, sobald der KGB-Mensch uns entdeckt hatte, nur um ja zu verhindern, dass es zu einer Begegnung kam. Es wäre ja peinlich gewesen, wenn die Mongolen nicht mit den Ausländern hätten mongolisch reden dürfen, also mussten die Aufseher dafür sorgen, dass wir ihren Schäfchen gar nicht erst unter die Augen kamen. Das gelang ihnen super. Als wir nach endlosen Verfolgungen herausgefunden hatten, wo die Truppe untergebracht war, klingelten wir an der Haupttür.

Ein Aufseher öffnete und fragte uns misstrauisch: „Was wollt ihr?"

„Einfach so mit den Mongolen reden.", gab ich zur Antwort. „Wir haben in der Inneren Mongolei Mongolisch gelernt und möchten es mal ausprobieren. Kann ich nicht mit einer der Frauen reden?", bettelte ich.

Mürrisch zog der Mann ab, nicht ohne zuvor einen Blick auf meinen dicken Bauch geworfen zu haben. Ich war nun im achten Monat schwanger und hatte

---

43 Abkürzung für „Bed & Breakfast", was „Bett und Frühstück" bedeutet.

die Form eines Hängebauchschweins. Allzu gefährlich konnte ich ja nicht sein, in meinem Zustand! Tatsächlich kam er zehn Minuten später mit zwei Mongolinnen und ihrem „Schatten" zurück. Wir konnten gerade mal unsere Namen sagen und zwei, drei Sätze austauschen, als der KGB Mann das Gespräch für beendet erklärte. Die Tür schloss sich wieder.

Immerhin! Nach zwei Tagen Nullkontakt war das doch schon ein Erfolg! Aber wir waren noch nicht am Ziel. Noch kein mongolischer Bibelteil hatte den Weg zu einem Nachkommen Dschingis Khans gefunden. Wir mussten es weiter versuchen. Wäre ich nicht so überzeugt gewesen, dass die Bibel lebendiges Wort Gottes ist, ich wäre nie mit meinem Kind im Bauch in der Hitze des Sommers den ganzen Tag lang herumgerannt oder hätte in dröhnenden Konzerten gesessen! Das Baby in mir boxte ganz schön bei diesen schamanistischen Trommelklängen!

Am Ende meiner Kraft betete ich zu Gott und erlebte, wie er möglich machte, was bisher unmöglich gewesen war: eine einfache Begegnung mit einer Mongolin: In der Nachmittagsaufführung kam *Batzezeg*, eine der Frauen, mit denen wir kurz hatten reden dürfen. Sie setzte sich im Dunkel des Zuschauerraums bewusst in die Reihe hinter uns. In der Pause schlich ich schnell zu ihr und überreichte der zierlichen Frau mit ein paar wenigen, lieben, mongolischen Worten einen neutestamentlichen Bibelteil. Sie freute sich, steckte das Teil aber sofort weg, verließ mich und kam nach ein paar Minuten wieder zurück mit einem Geschenk für mich. Dann lugte schon ihr Aufseher um die Ecke, und sie verabschiedete sich hastig. So kurz diese Begegnung auch gewesen war, wir freuten uns alle sehr darüber.

Weil die Musikgruppen weiter nach Lancaster, ans nächste Festival zogen, hängten wir uns auch dort buchstäblich an ihre Fersen, von Sonntag bis Donnerstag. Dem KGB Menschen gingen wir ganz schön auf den Keks; er uns aber auch. Mit meinem roten Seat verfolgten wir wiederum den Bus, um herauszufinden, wo die Mongolen wohnten. In der Nähe gab es einen Park. *Dort werden sie sicher spazieren gehen*, dachten wir und hielten uns absichtlich bei den Bänken und Büschen auf. Aber schön brav, wie es ihnen vorgeschrieben war, ketteten sich die Mongolen immer zwei oder drei aneinander. Und, so hatte man uns belehrt, sollten wir sie nicht ansprechen, sondern nur einzeln. Jeder misstraue dem andern; man wisse nie, wer wen verrate. Diese Mentalität war mir so fremd, dass ich froh war für solche Tipps. Ich hatte keine weiteren Gespräche mehr und konnte auch keine christliche Literatur mehr verteilen. Aber ein Bibelteil hatte den Weg in die Mongolei gefunden, ein kleines Samenkorn sozusagen. Die Frage war nur, ob der Herzensboden dieser *Batzezeg* genug vorbereitet war …

Unser Timutschin
Nach diesen Turbulenzen im wahrsten Sinne des Wortes – wenigstens aus der

Sicht unseres Kindes gesehen – kam **Samuel, unser Sohn nach einer langen und anstrengenden Geburt am 21. September 1986 auf die Welt.** Meine Eltern machten auf ihrer Rückreise aus Amerika, wo sie Juliette besucht hatten, einen Abstecher in Leeds, genau zum richtigen Zeitpunkt. Am Samstagabend, als sie ankamen, begannen meine Wehen, 24 Stunden später holte man Samuel mit der Zange heraus, da der Arzt fand, ich hätte mich nun genug abgemüht.

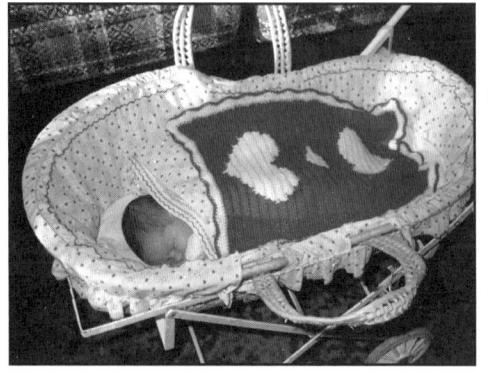

Als der Großpapi die Details erfuhr, meinte er: „Samuel hatte wohl Angst, er müsse in die Mongolei und wollte deshalb nicht raus."

Wir freuten uns sehr über unseren Samuel. *Zogtbaatar* hatte uns schöne Namen vorgeschlagen, weil wir unseren Kindern mongolische Zweitnamen geben wollten. Der Klang von *Timutschin* gefiel uns am besten. Deshalb wählten wir den Eigennamen Dschingis Khans für Samuels Zweitnamen aus.

Es waren wunderbare Momente, die wir nun als junges Ehepaar mit unserem Kleinkind teilten. Samuel brachte auch eine ganz neue Dimension in unsere Ehe hinein, denn Jürgen war ein fürsorglicher Vater. Mir aber wurde schmerzlich bewusst, wie egoistisch ich war:

Noch nie zuvor bin ich mir meines Egos so bewusst gewesen wie jetzt, wenn es gilt, meine Bedürfnisse zurückzuschrauben und Samuel zuliebe Opfer zu bringen, schrieb ich meinen Eltern. Aber ich war Gott dankbar für diese Gelegenheit, mich verändern zu lassen.

Teamarbeit

Ich versuchte nun, alle Bedürfnisse meiner Familie und der Mission unter einen Hut zu bringen. Wenn es sich irgendwie organisieren ließ, nahm ich weiterhin an den Gruppentreffen teil, denn wir waren unterdessen ein gut funktionierendes Team geworden: Gregory unterrichtete uns im Sprachlabor der Universität Mongolisch (wenigstens zu ein paar Lektionen hatten wir ihn überreden können), ein Amerikaner, der mit seiner Familie als Mitarbeiter nach Leeds gekommen war und bereits in Amerika Mongolisch gelernt hatte, brachte uns systematisch die kyrillische Schrift bei, Jürgen lehrte die anderen das altmongolische Alphabet, Jack hielt die kleine Mission administrativ zusammen und Rebecca tippte ihre Fingerkuppen wund, um immer die neuste und korrigierteste Version der Bibelübersetzung auf dem Computer zu haben.

Die computertechnischen Probleme mit der altmongolischen Schrift hatten wir unterdessen gemeinsam lösen können. **Nach langem Herumtüfteln kippten wir den Bildschirm kurzerhand auf die Seite, um die vertikale Schrift mit dem bestehenden Softwareprogramm schreiben und vor allem lesen zu können.** Jürgen hatte alle 28 Buchstaben in ihren diversen Formen fertig entworfen und

war nun frei, dreimal in der Woche einen Englischkurs an einem College zu besuchen. Wenn ich zuhause Zeit hatte – zum Beispiel während Samuel schlief oder für sich spielte – arbeitete ich an der Wortliste, die der Computerexperte bereits erstellt und für mich ausgedruckt hatte: ich begann, neben jedes einzelne kyrillische Wort, das im Neuen Testament vorkam, das altmongolische Gegenstück zu schreiben. Am Computerprogramm, das meine Wortliste dann in einen altmongolischen Text umbauen würde, tüftelten Software-Entwickler noch herum. Ich war ja vorerst mit den 15 000 Wörtern mehr als beschäftigt.

Familienleben

Außerdem waren aus Ulaanbaatar auch wieder neue Studenten angereist, die wir während der nächsten sechs Monate besuchen wollten. Viele von ihnen hatten zuhause Männer oder Frauen und Kinder, die sie mit der Zeit vermissten. Vor allem die Kinder fehlten ihnen; über sie redeten sie am liebsten. Jürgen und ich wunderten uns, dass oft nur Fotos der Söhne und Töchter, nicht aber der Ehepartner in ihren Zimmern ausgestellt waren. Die Lebensgefährten ließen sich im Ausland anscheinend leichter ersetzen …

Wir erfuhren mit der Zeit, dass Mongolen es mit der Moral und der ehelichen Treue nicht so ernst nahmen. Umso mehr hatten wir die Möglichkeit, ihnen gegenüber zu bezeugen, wie Jesus uns sogar in unserer Ehe half. Jürgen und ich waren nämlich so verschieden und eckten so manches Mal mit dem eigenen

Charakter beim anderen an, dass wir uns immer bewusster wurden, dass unsere Ehe nur mit Gott gelingen konnte. Bei ihm gab es Vergebung und die Möglichkeit zur tiefen Versöhnung.

Unterdessen war ich erneut schwanger geworden, und zwar auf der Schweiz-Deutschlandtournee, die wir über Weihnachten/Neujahr unter die Füße nahmen. Nun war ein „Made-in-Switzerland"-Baby in meinem Bauch. Meine Schwangerschaft verlief normal. Wir freuten uns sehr auf unser zweites Kind. Mit unserem Familienplaner waren wir voll und ganz zufrieden. Gleich zwei auf einmal bedeutete zwar viel Arbeit und Nervenbelastung, aber eben auch einen Spielkameraden für Samuel. Außerdem fand mich Jürgen als schwangere Frau sehr anziehend und kümmerte sich liebevoll um mich. Irgendwie brauchte ich ihn nun viel mehr, und das wirkte sich positiv auf unsere Beziehung aus.

Jürgen war durch sein Englischstudium und seine Arbeit im Büro so flexibel, dass er auch mal am Nachmittag zuhause sein konnte, wenn Samuel schlief. So litt unsere Zweierbeziehung nicht unter den vielen Treffen und Besuchen, die abendlich stattfanden. Mit drei der vier Mongolen trafen wir uns regelmäßig. Oft verbanden wir unsere Besuche und Gespräche mit einem Ausflug in die schönen Parks in Leeds oder in die Yorkshire Dales.

Da wir vom abwechslungsreichen England noch nicht sehr viel gesehen hatten, nahmen wir uns vor, mit Denise, einer Bekannten aus der Jugendgruppe in Thun, die ihr Englisch verbessern wollte, durch Schottland zu reisen. Sie blieb einen Monat bei uns und half als begabte „Allrounderin" im Haushalt und mit Samuel. In dieser Zeit konnte auch ich mit Jürgens Englischbüchern lernen. Die Idee, in China als Englischlehrer zu arbeiten, war in unseren Köpfen immer noch präsent, doch die Informationen aus dem Land der Mitte, die uns durch Freunde erreichten, besagten, dass die Beamten nun doch Papiere und Ausweise sehen wollten und nicht einfach jeden unterrichten ließen. Also meldete sich Jürgen zum nächsten Kurs an, dem „Proficiency"-Examen. Das Gute war, dass wir damals als ausländische Familie Anrecht hatten auf Stipendien und Wohnungszulagen. Gott gebrauchte sogar den englischen Staat, um uns zu versorgen!

Wenn Jürgen nicht am Englischlernen war, entwickelte er zusammen mit einem Freund aus der Gemeinde die mongolischen Buchstaben auf einem IBM-Computer. Dieser war viel schneller als der alte BBC. Der dazugehörige Drucker zeichnete sich durch eine viel bessere Qualität aus. Jürgen bereitete diese Entwicklungsarbeit viel Freude, sie war kreativ und ein guter Ausgleich zum Englischbüffeln. Die innermongolische Schrift, die Jürgen auf dem IBM entwickelt hatte, war nun in keiner Weise mehr abhängig von Gregory und seiner neuen Mission. Denn er war wegen Teamkonflikten aus der Mission ausgetreten und hatte eine neue Organisation gegründet, mit der er seine Übersetzungsarbeit fortführte. Da er auf sein Urheberrecht pochte, war es uns verboten, weiter an der Wort-für-Wort-Übertragung zu arbeiten. Wir konnten nur hoffen und beten, dass Gregory möglichst schnell unsere geleistete Arbeit für die Innermongolen beenden würde. Im Wissen, dass Gott auch Herr über dieses traurige Geschehen war, kümmerte ich mich nun umso mehr um meine wachsende Familie. Und das war gut so.

„Hot Curry"

Ab Mitte September 1987 fragte mich mein Gynäkologe vom Krankenhaus, der auch Mitglied unserer Baptistengemeinde war, jeden Sonntag erstaunt: „Bist du immer noch unter uns?" Er hätte mich eher im Krankenhaus vermutet als in der Kirche. Auf meine Frage, was ich denn tun könnte, um die Geburt einzuleiten, meinte er grinsend: „Hot Curry!"

Ich dachte an Essen und fragte nach, ob ich wirklich ein „scharfes Curry" kochen sollte.

Da grinste er noch mehr, nahm mich zur Seite und flüsterte mir ins Ohr: „Das sagt man hier so für guten Sex."

„Aha!", dachte ich laut, war ihm aber dankbar für seinen Expertenrat, denn wir hatten uns wirklich seit zwei, drei Wochen nicht mehr getraut.

Diesen Ratschlag bekam ich am ersten Oktober. In den nächsten Tagen „kochten" wir indisch und tatsächlich: in der Nacht auf den 7. Oktober fingen meine Wehen um vier Uhr an. Wir waren so froh, dass wir zwei Stunden später einfach ins Gästezimmer gehen und Markus Bescheid sagen konnten. Markus war ein berndeutsch sprechender „Engel", der ein paar Tage vor der Geburt aus dem Nichts aufgetaucht und dann wieder abgereist war, als wir ihn nicht mehr dringend brauchten. Unterdessen kannte er sich im Haushalt aus, und Samuel vertraute ihm. Eine genialere Lösung hätten wir uns selbst nicht organisieren können, vor allem, weil Samuel nun im Alter war, wo er absolut nicht zu Fremden ging. Der berndeutsche Dialekt beförderte Markus innerhalb weniger Stunden in den Rang eines Familienangehörigen.

Nach einer ziemlichen Tortur kam Michaja um vier Uhr nachmittags zur Welt. Er war 56 Zentimeter lang und wog 4,6 Kilogramm!

Mein Arzt meinte, als er den strammen Kerl sah: „Also das nächste Kind holen wir früher heraus."

Todmüde und erschöpft wie ich war, mochte ich absolut nicht an eine dritte Geburt denken. Außerdem wusste ich, dass Jürgen, der mit seinem leichten Schlaf kein einfaches Jahr hinter sich hatte, auch nicht mehr so große Töne spuckte, was unsere Kinderanzahl betraf. Uns stand ein ernsthaftes Beratungsgespräch mit unserem göttlichen Familienplanungschef bevor …

Michaja: Wer ist wie Jahwe?

Michaja, der Name unseres zweiten Sohnes bedeutet „Wer ist wie Jahwe?". Die Geschichte des Propheten Michaja[44], der sich trotz der 400 falschen Propheten

---

44 nachzulesen in 1. Könige 22,1-28; durch die englische NIV Übersetzung fanden wir diesen schönen Namen

getraute, dem König die unbeliebte Wahrheit zu sagen, beeindruckte uns tief. Wahrheit ist manchmal unbequem. Sicher hätte Michaja ein einfacheres Leben haben können, wenn er sich – wie die andern Propheten – auf Kompromisse mit Gottes Wort eingelassen hätte. Aber er diente Gott treu. Das erwünschten wir uns für uns und unseren Sohn. Den Zweitnamen *Atschit* gab ihm eine mongolische Studentin, die ebenfalls einen „Glücksbringer, Wohltäter" zuhause hatte. In der Tat: **Michaja bescherte uns und unseren Bekannten mit seinem charmanten Grinsen in den nächsten Wochen, Monaten und Jahren viel Freude und Glück.**

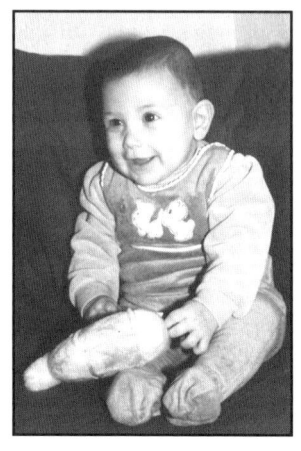

„Wer ist wie Gott? Wie unser Gott? Wie Jesus?" Diese Fragen stellten wir uns oft angesichts der vielen internationalen Freunde und Bekannte, die wir durch Jürgens Englischklasse kennenlernten. Mein Mann brachte Menschen aus verschiedensten Ländern zum Essen nach Hause, im Herbst 1987 vor allem eine türkische Familie und einen muslimischen jungen Mann aus Bangladesch. Doch trotz oder gerade wegen allen Nachdenkens über die Götter anderer Religionen, blieben wir im Herzen fest überzeugt, dass es keine lebenswertere Weltanschauung gab, als die, die Jesus Christus gelehrt hatte. Diese tiefe Überzeugung gab uns immer wieder Mut, den atheistisch erzogenen mongolischen Studenten von unserem Heiland weiter zu sagen, auch wenn manche von ihnen nur ein müdes Lächeln für uns hatten. Ein müdes, vielleicht sogar buddhistisch angehauchtes Lächeln war uns aber allemal lieber als eine vom Koran inspirierte Hasstirade gegen uns „Götzendiener". Wir wurden nicht müde, den Muslimen zu erklären, dass die dritte Person der Dreieinigkeit nicht Maria ist, wie sie es gelernt hatten, sondern der Heilige Geist. Wir pflichteten ihnen bei, dass es von der Bibel her falsch war, Maria und andere Heilige als Göttinnen und Götter anzubeten, wie viele Katholiken das in den Augen der Muslime taten.

Mongolische Weihnachtsgeschichte

Vor allem Weihnachten war eine gelungene Möglichkeit, um den Anders- oder Nichtgläubigen etwas von unserem Glauben zu erzählen. So luden wir an Heilig Abend nicht nur unsere drei intellektuellen Freunde aus Ulaanbaatar, sondern auch ein junges Ehepaar aus der Gemeinde ein. Denn mit unseren zwei Kleinkindern hatten wir ja alle Hände voll zu tun und waren in unserer Gastfreundschaft eingeschränkt. Nach dem feierlichen Nachtessen kam das Gespräch natürlicherweise auf den Ursprung dieses Festes. Weil sie uns nach dem Sinn von Weihnachten fragten, gaben wir ihnen je ein kleines weißes Buch, das die von Gregory bereits übersetzten Evangelien und neutestamentlichen Briefe enthielt und lasen zusammen die Beschreibung der Geburt Jesu auf Mongolisch. Einem unserer Gäste fielen fast die Augen aus dem Kopf, als er auf den mongolischen Lukastext starrte. Er hätte nie gedacht, dass ein christliches Buch in seiner Muttersprache existierte. Manche fragten im Verlauf des Abends mehr, andere weniger. Wegen des gegenseitigen Misstrauens, das unter ihnen herrschte, war es eine etwas heikle Situation. Würde einer die andern verraten, wenn sie zu viel Interesse zeigten? Statt sie also um ihre Meinung zu fragen, erzählten wir aus unserem Leben mit Gott, von meiner schwierigen Beziehung zu Juliette und wie Jesus Christus mir Liebe für sie geschenkt hatte. Wir berichteten offen aus unserem Ehe- und Familienleben und bezeugten ihnen, wie wichtig gegenseitige Vergebung ist. Sie waren erstaunt darüber, dass Gott so real im Alltag hilft.

VOM WINDE VERWEHT

Ein paar Tage später, an Silvester, beteten Jürgen und ich für das Volk der Mongolen. Dadurch, dass die Innere Mongolei wegen der Sache mit Gregorys Urheberrecht etwas aus unserem Visier gerückt war, gab uns Gott neu ein Anliegen für die Menschen der Volksrepublik Mongolei. In einer Statistik lasen wir, dass die Hälfte aller Einwohner Kinder waren. Wie würden sie von Jesus und der Bibel hören, wenn sie mal fertig übersetzt war? Nur durch die wenigen Eltern, die im Ausland eine Kopie erhielten? Konnte man nicht wirkungsvoller streuen?

Plötzlich sah ich vor mir, wie die Transsibirische Eisenbahn durch die mongolische Steppe tuckerte und Nomadenkinder, die auf der Suche nach getrocknetem Kuhdung waren, voller Freude kleine illustrierte Büchlein auflasen, die der Wind aus dem Fenster geweht hatte. Sie nahmen sie heim in ihre Jurte, wo die ganze Familie versammelt war und die bewegende Geschichte des Mannes las, der leidend an einem Holzstamm hing.

Man könnte Kinderheftchen in Plastik schweißen und sie von Touristen aus dem Fenster werfen lassen. Die Idee – auch wenn sie nicht fertig durchdacht war – begeisterte mich. *Gregory wird wohl noch lange nichts für Kinder übersetzen*, sinnierte ich. Er hatte für Jahre genug zu tun mit der Bibelübersetzung. *Ein kleines Büchlein könnte ich vielleicht selber übersetzen, und die beiden Schriften haben wir ja auf dem Computer zu unserer Verfügung ...*

Noch am selben Abend schrieb ich der KEB, deren Leiterkurs ich 1983 besucht hatte, einen Brief und bat um ihre Unterstützung. Postwendend kam ihre Antwort:

Wir würden uns sehr freuen, Ihnen in jeder nur möglichen Weise zu helfen. Ich möchte Ihnen vorschlagen, dass Sie in Erwägung ziehen, das beiliegende Traktat „Gute Nachricht für dich" in den beiden mongolischen Schriften drucken zu lassen. Wir haben davon bisher 1 300 000 Kopien in 16 Sprachen gedruckt. Der Herr hat es in einer wunderbaren Weise gebraucht, um das Leben vieler Kinder und sogar Erwachsener zu verändern.

In den nächsten 20 Monaten sorgte ich mit 21 Briefen dafür, dass diese **„Gute Nachricht für dich" auf in kyrillisch-mongolischer Sprache** fertig wurde. Ich kombinierte den Text eines Traktates, das genau auf mongolische Begebenheiten zugeschnitten war, mit demjenigen des KEB-Kindertraktates, holte alle Bewilligungen ein, schrieb eine Rohübersetzung, organisierte die Illustration, fragte Gregory um Korrektur an, bat Jürgen, sich um das Layout und die Schriften zu kümmern, gab den Druck in Auftrag, und schließlich hielt ich den Flyer, der nun vom Winde verweht werden sollte in Händen.

Doch unterdessen hatte im Osten ein ganz anderer politischer Wind angefangen zu wehen, und es bestand die Hoffnung, dass man die Kinderbroschüren doch nicht aus den Waggonfenstern werfen musste …

Motivierter denn je bereiteten wir uns vor, in dieses unerreichte Land zu reisen. Doch beinahe hätten wir uns in England niedergelassen.

„Du musst zur Stadt hinaus!"

Da sich unsere billige Wohnung als schwer beheizbar und eher feucht herausstellte, rieten uns Freunde aus der Gemeinde, möglichst schnell mit den beiden Kindern umzuziehen. Aber aus finanziellen Gründen fanden sie es klüger, ein Haus zu kaufen, wie es in England üblich war. Nun muss man allerdings dazu erwähnen, dass ein Haus in der Schweiz nicht das gleiche bedeutete wie ein Haus in England. Auf der Insel gab es schnuckelige Reihenhäuschen mit wenig Komfort, die sich fast jeder leisten konnte. In Eigenarbeit wurde am Haus dann geschuftet, bis man etwas Größeres bezahlen konnte. Normalerweise kaufte sich ein junges Paar ein „one-bedroom-house"[45], oder – wenn die Frau bereits schwanger war – ein „two-bedroom-house". Ein paar Jahre später wurde verkauft, und man ergatterte sich ein Haus mit einem dritten Schlafzimmer, und so weiter. Wir haben Familien kennengelernt, die wohnten ständig in einem Provisorium, denn es lohnte sich nicht, die baufällige Küche zu renovieren oder einzurichten, weil man ja in zwei bis drei Jahren wieder auszog.

Also wurde auch uns geraten, endlich in diesen Zyklus einzusteigen. Das hätte aber bedeutet, sesshaft zu werden. Mit zwei Kleinkindern war das für die meisten

---

45 „ein Haus mit einem Schlafzimmer"

Christen sowieso die einzige realistische Möglichkeit. Auch unsere Eltern hatten sich über das zweite Kind gefreut, aber vor allem, weil sie glaubten, dass wir nun nicht mehr ins Ausland gingen. In einem Brief an meine Eltern fasste ich zusammen, was Jürgen und ich dachten:
Bei unserem Lebensstil sollten wir wohl nicht in den Immobilienhandel einsteigen.
Der gut gemeinte Druck der englischen Geschwister nahm aber zu. So mussten wir endlich eine Entscheidung fällen. Wir beteten um Weisheit, baten Gott, zu uns zu reden, hörten auf Gottes Stimme und waren immer noch unsicher. Tief in unserem Innern hatten wir nie Frieden gehabt über einen Hauskauf, aber wenn andere Christen etwas stark sehen und betonen, kann einen das schon verwirren. Ende Januar beteten wir deshalb voll Verzweiflung, dass Gott nun durch einen Bibelvers klar reden solle. Wir schlugen betend die Bibel auf und begannen zu lesen. Die Wortfetzen schlugen ein wie ein Blitz und brachten unseren Herzen die brennende Gewissheit, nach der wir verlangten:
Warum schreist du denn jetzt so laut? Ist der König nicht bei dir? […]
Du musst zwar zur Stadt hinaus und auf dem Felde wohnen ...
(Micha 4,9-10)[46]
Zur Stadt hinaus. Da stand es, Schwarz auf Weiß. Also brauchten wir kein Haus zu kaufen und auch nicht umzuziehen. Gott wollte uns weghaben aus dieser Stadt. Und „Feld" hieß für uns Missionsfeld: Mongolei und nicht England. Unsere Herzen jubelten, dass der Herr geantwortet hatte. Anderseits beschämte uns der erste Teil: Ja, wir hatten geschrien, wie wenn der König Jesus nicht bei uns gewesen wäre. Mit diesem Vers versicherte er uns: „Ich bin bei euch. Vertraut mir. Ich leite euch."

Und tatsächlich offenbarte er uns in den folgenden Tagen, dass wir nach Cambridge gehen sollten und uns dort noch besser vorbereiten auf einen Einsatz in der Mongolei. Jürgen und ich hatten Frieden über dem Plan, dort den TEFL-Kurs[47] zu belegen, aber unsere englischen Freunde aus der Gemeinde waren geschockt, um es milde auszudrücken.

Mittlerweile wussten einige von ihnen, welches monatliche Budget uns Gott zumutete und warnten uns: „Cambridge ist dreimal so teuer wie Leeds. Da findet man keine billigen Wohnungen, weil so viele Studenten dort wohnen. Wir denken nicht, dass ihr euch das leisten könnt."

Wir ließen die ganze Sache etwas ruhen, bekamen aber immer mehr innere Gewissheit, dass Gott uns in Cambridge haben wollte. Wir hatten einen reichen himmlischen Vater; der würde schon für uns sorgen, wenn er uns dort haben wollte. Es war nur in Cambridge möglich, den TEFL Kurs über ein Jahr verteilt zu absolvieren und nebenbei noch Mongolischunterricht zu nehmen. Von China hörten wir immer wieder, dass hohe Qualifikationen nötig waren. Wir

---

46 Übersetzt aus der englischen Bibel, die wir damals gebrauchten
47 „Teaching English as a Foreign Language"; „Englisch als Fremdsprache unterrichten"

konnten uns gut vorstellen, dass das auch in der Mongolei der Fall wäre, falls Gott diese Tür öffnete. Auf Drängen unserer Freunde in China begann auch ich, mir über einen Englischabschluss Gedanken zu machen. Im Sommer bestand ich mein „First Certificate", während Jürgen sein Studienjahr mit dem „Proficiency"-Examen abschloss.

Die Zusage der „Bell School of Languages" für Jürgens TEFL Kurs war wie das von Gott erwartete grüne Licht für Cambridge. Nur wo wir wohnen würden, wussten wir nicht.

„Man bekommt keine billige Wohnung in Cambridge!", hatten die Gemeindeleute uns gewarnt.

Aber Gott war nicht „man", sondern Gott. In der Theorie war uns das klar; ihm zu vertrauen schien einfach. Der Glaube reichte wenigstens so weit, unseren Freunden Sätze in der sicheren Zukunftsform zu schreiben:

Wir melden uns dann von Cambridge aus.

Wenn ich geahnt hätte, wie viel Unglaube in meinem Herzen wohnte!

GOTT LÄSST UNS ZAPPELN

Als erstes ließen wir unsere Gebetsfreunde in der Heimat für eine Wohnung beten; die englischen Geschwister schienen nicht allzu großen Glauben dafür aufbringen zu können. Als zweites fuhren wir als Familie Mitte Juni nach Cambridge, wo wir bei Eltern von Freunden übernachteten und von dort unsere Suche starteten. Nach zwei frustrierenden, ermüdenden Tagen kehrten wir unverrichteter Dinge, aber mit ziemlich viel Verständnis für die Bedenken unserer Geschwister, die sich im englischen Immobilienmarkt auskannten, zurück nach Leeds und beteten und warteten und packten und putzten, denn am 26. Juni mussten wir die Wohnung abgeben. Wir logierten bei Leuten aus der Gemeinde und fuhren am nächsten Tag mit all unseren Habseligkeiten nach Suffron Walden, wo wir wieder zwei Nächte bei den Bekannten bleiben und auch all unsere Sachen unterstellen konnten. Es war unsere letzte Chance, eine Wohnung zu finden. Dementsprechend nervös war ich.

Jürgen brachte die Situation nicht so aus dem Gleichgewicht. „Gott wird schon sorgen", meinte er gelassen, worüber ich mich mehr aufregte, als dass es mich beruhigt hätte. Ich glaubte felsenfest, dass wir das Unsere dazu beisteuern mussten.

Er war schon gegen die erste Reise nach Cambridge gewesen. Kein Wunder: er hatte immer erlebt, wie Gott ihn von hinten gestoßen hatte, mitten hinein ins Geschehen (sogar in die Ehe!), während ich Führung ganz anders erlebte: ich half Gott aktiv bei allem mit, rannte ihm manchmal sogar vorne weg, so dass er Türen zuschlagen oder mich zum Straucheln bringen musste. Mit dieser unterschiedlichen Auffassung von Führung suchten wir also nochmals einen vollen Tag nach einer Wohnung. Jack und Rebecca, unsere Freunde aus Leeds, hatten uns Adressen von zwei Männern besorgt, die die Häuser britischer Missionare verwalteten.

Aber auch von ihnen bekamen wir keine definitive Zusage. So ließ Gott tatsächlich zu, dass wir ohne eine Wohnung gefunden zu haben von England abreisen mussten, nur mit dem Versprechen, dass *er* sorgen würde. Er trainierte unseren „Glaubensmuskel". Für das Missionsfeld waren wir ihm anscheinend noch nicht glaubensfit genug.

Bevor mir aber die Freude an den Sommerferien verging, griff er ein, ganz im Sinne von 1. Korinther 10,13:

Gott aber ist treu, der nicht zulassen wird, dass ihr über eurer Vermögen versucht werdet, sondern mit der Versuchung auch den Ausgang schaffen wird, so dass ihr sie ertragen könnt. (Elb.)

Im Juli meldeten sich nämlich beide Verwalter bei uns in Thun und stellten uns ihre Häuser zur Verfügung. Diese befanden sich auch noch in einem guten Wohnviertel und besaßen schöne Gärten. *Danke, himmlischer Papi!*

In der Schweiz besuchten wir das Zentrum des WEC International[48], eine Missionsgesellschaft, mit der wir bereits in England Gespräche aufgenommen hatten. Der Personaldirektor erteilte uns wichtige Ratschläge für die Planung unserer Zukunft. Effektiv und möglichst schnell tönte das nicht, aber weil diese Organisation sehr erfahren war, vertrauten wir seinen Worten. Wir hatten ja bereits erlebt, wie es gehen konnte, wenn eine Mission nicht solide aufgebaut war.

Nach einem Monat Schweiz kehrten wir nochmals nach Ergenzingen zurück und kamen am 31. August gut erholt in Cambridge an. Es war wundervoll gewesen, die Mühen und Lasten, aber auch die Freuden der Erziehung von Kleinkindern mit den Eltern, Tanten, Onkels, Paten und Patinnen zu teilen. Erst da merkten wir, was uns dadurch entging, dass wir im Ausland lebten.

16

CAMBRIDGE, ENGLAND

CAMBRIDGE, DIE STUDENTENSTADT

Am 1. September 1988 zogen wir in das schnuckelige, zweistöckige Endreihenhaus an der Marmora Road ein. Da vorher Studenten drin gehaust hatten, gab es etliches zu putzen und aufzuräumen, auch im geistlichen Sinne. Jürgen und ich hatten es uns zur Gewohnheit gemacht, betend durch die Räume einer neuen Wohnung zu gehen, denn viele Mieter hinterließen ein spirituelles Erbe, mit dem wir nichts zu tun haben wollten. Bei der physischen Säuberung half uns Annemarie, eine Freundin aus Thun, die Anfang September für zwei Wochen zu Besuch

---

48 „Weltweiter Einsatz für Christus"

kam. Auch hier hatte Gott wunderbar vorgesorgt, so dass wir einen tüchtigen Ersatz für die fehlende Großfamilie hatten. Während Annemarie die Kinder hütete, konnten wir unbesorgt unsere Studien organisieren.

Jürgen belegte den TEFL Kurs, und ich besuchte im „Cambridgeshire College of Arts and Technology" an drei Nachmittagen pro Woche einen Englischkurs als Vorbereitung für das „Proficiency"-Examen, das ich im Dezember bestehen wollte. Dazu studierten wir im Einzelunterricht auch Mongolisch an der „Faculty of Oriental Studies". Mit unserem Mongolischlehrer konnte Jürgen auch seine Facharbeit zum Thema „Schwierigkeiten der Mongolen beim Englischlernen", die er für seinen Kurs schreiben musste, durchdiskutieren.

In einer Stadt wie Cambridge zu wohnen, verpflichtete zum Lernen. Neben Haushalt und zwei quirligen Kleinkindern war das gar nicht so einfach. Deshalb brauchten wir einen genauen Tagesablauf. **Jeder wusste, wann er für die Kinder verantwortlich war und wann er studieren oder an andern Dingen arbeiten konnte.** Andere Dinge, das war für Jürgen zum Beispiel die mongolische Schriftentwicklung. In der Mill-Road-Baptistenkirche, die gleich bei uns um die Ecke lag, lernten wir ein Missionarsehepaar kennen, das in Zusammenarbeit mit dem „Tyndale House"[49] an einer fremdländischen Bibelkonkordanz arbeitete. Durch sie bekam Jürgen das Neuste aus der Computertechnik mit. Bisher hatte er mit einem BBC- und einem IBM-Computer gearbeitet, doch mangels einer Person, die ihm Software schrieb für die Schriftentwicklung auf dem IBM, kam er nicht mehr weiter und konnte keine mongolischen Wörter schreiben. Er freute sich sehr, als er von seinem neuen Freund hörte, dass dies mit einem Apple-Macintosh-Computer möglich sei. Endlich, im Sommer 1989 konnten wir die senkrechte Schrift einwandfrei drucken. Alles, was uns dann noch fehlte, war der Computer selbst.

Ich arbeitete – wenn ich nicht gerade Samuel und Michaja betreute – an der Kinderbroschüre, dem Fernbibelkurs des „London Bible College", den ich auf Anraten des Personaldirektors begonnen hatte, und an der Übertragung, die Gregory

---

49 Das „Tyndale House" in Cambridge ist ein internationales Zentrum für biblische Forschung

nach vielen Gebeten wieder erlaubt hatte. Wenn Jürgen nach den Kindern schaute oder während sie schliefen, wandelte ich also ein kyrillisches Wort nach dem andern um in fein säuberlich geschriebene Striche und Kreise, mit denen Jürgen später den Computer füttern wollte, dann nämlich, wenn wir unseren eigenen Computer hätten. Im Gegenzug zeigten sich Gregory und *Äriona*, seine mongolische Frau, bereit, meine erste Version des Kindertraktates zu überprüfen. Der Himmel muss sich gefreut haben …

Himmelsgeld

Welche Währung gilt im Himmel? Wie bezahlt Gott seinen Mitarbeitern den verdienten Lohn? In Cash oder Naturalien? Oder in Form von Segen? In unserer Lohntüte befanden sich auf jeden Fall Schweizerfranken, Deutsche Mark und Englische Pfund. Gott war im internationalen Geldbusiness tätig und seine Transaktionen erledigte er durch den Heiligen Geist. Eines Tages erfuhren wir, dass gute Freunde von uns in finanzieller Not waren. Jürgen und ich hatten beide den Eindruck, dass wir helfen sollten und gaben ihnen hundert Pfund. Was uns wirklich aus den Socken haute war, dass Gott unser Darlehen an die Himmelsbank am gleichen Abend zurückzahlte: Marc, ein Freund aus der Jugendgruppe unserer Freikirche in Thun meldete sich und informierte uns darüber, dass die Jugendlichen an besagtem Abend beschlossen hätten, uns ein Auto oder etwas anderes, was wir brauchten, zu finanzieren. Wir staunten einmal mehr über Gottes Treue und seine Zinssätze! Da wir bereits ein Auto hatten (einen Lada, den Freunde, die nach China ausreisten, dringend loswerden mussten), wünschten wir uns einen Macintosh-Computer, so dass wir endlich besser arbeiten konnten.

Nicht immer reagierte unser „Finanzminister" so schnell. Manchmal ließ er uns auch zappeln, um unser Vertrauen in ihn zu trainieren. So war es kurz vor Weihnachten, nachdem ich übrigens das „Proficiency"-Examen gut bestanden hatte:

Vorgestern, am 19. Dezember, musste Jürgen 641 Pfund mit Check bezahlen (Miete und Kaution), um am 1. Januar einziehen zu können. Uns lag diese Summe schon länger auf dem Magen und Gebet. […] Jürgen zahlte alles Geld, das wir noch hatten, aufs Konto ein. 40 Pfund fehlten. […] Ich mit meinem Kleinglauben wollte schon Henry anpumpen, […] aber Jürgen sagte, dass Gott all unsere Not kenne. Beide aber hatten wir kaum Glauben, dass noch Geld kommen würde. Dann hörten wir den Briefträger zum zweiten Mal kommen. Eine Weihnachtskarte von David and Catherine und ein 50-Pfund-Check! Wir freuten uns und heulten beide, weil wir so beschämt wurden von Gott und traurig waren über unser kleines Vertrauen. Wir wollen endlich lernen, ihm mehr zu vertrauen. Noch haben wir etwa eineinhalb Pfund übrig, […] aber Gott hat uns gestern einen Scheck von 100 Deutschen Mark zukommen lassen. Das reicht eine Weile. Preis sei unserem treuen Gott!

Einen Tag später notierte ich noch:
Gestern Abend bekamen wir auch einen Check von Henry für 50 Pfund. Er hatte ihn am 14. Dezember ausgestellt, noch bevor er von unserer brenzligen Situation wusste.

Ich erinnere mich gut, wie schlecht ich mich als Mutter gefühlt hatte, drei Tage vor Weihnachten, ohne Geld zum Einkaufen von Nahrungsmitteln oder Geschenken für die Kinder. Als Henry, ein an Mission interessierter englischer Junggeselle, den wir zum Fest eingeladen hatten, fragte, was er den Buben schenken solle, meinte ich: „Bananen und Trauben." Ich wollte sicherheitshalber etwas zum Essen, aber doch so, dass es speziell war für die Kleinen. Sicherheitshalber, falls Gott uns im Stich lassen würde. Wie konnte ich so was von meinem himmlischen Papi denken!

Er hatte uns ja auch gleich zwei Häuser in Cambridge besorgt. Da wir im Sommer in Thun vor lauter Freude über eine Unterkunft beiden Verwaltern telefonisch zugesagt hatten, einigten wir uns folgendermaßen mit den beiden Herren: Nach vier Monaten in der ersten Wohnung – wenn Nachmieter gefunden worden waren – würden wir umziehen in die zweite. Das war Anfang Januar 1989 der Fall. Das leer stehende Haus an der Cowper Road war noch netter, der Garten verspielter und romantischer, und die Miete sogar etwas billiger als vorher. Nun besuchten wir auch eine neue Gemeinde, die Eden-Baptistenkirche. Dort lernten wir eine interessante Frau kennen:

Lisas Vision

Als Jürgen mit unseren Buben in der Kindergruppe war, traf er Lisa, eine junge Engländerin und erzählte ihr von unserer Arbeit.

Beim Stichwort „Mongolei" strahlten ihre Augen und sie erzählte ihm ihre Geschichte: „Vor einigen Jahren hatte ich einen Traum. Ich sah Menschen, die in einer steppenartigen Landschaft in weißen Zelten lebten. Sie trugen farbige Mäntel, hatten schwarze Haare, hohe Wangenknochen und besaßen viele Herden. Ich hatte keine Ahnung, um welches Volk es sich handelte, aber Gott sagte mir: ‚Bete für diese Menschen. Sie brauchen Jesus.' Am nächsten Tag fuhr ich in die Bibliothek und blätterte einen völkerkundlichen Atlas durch, bis ich unter ‚Asien' genau so ein Bild sah, wie Gott es mir im Traum gezeigt hatte. Ich lernte, dass es sich um Mongolen handelte. Nun war meine Neugier geweckt. Ich versuchte, ein mongolisches Sprachbuch aufzutreiben, fand aber nur ein verstaubtes Exemplar aus dem vorigen Jahrhundert, das ich nicht mal heim nehmen durfte. So setzte ich mich an einen Tisch in der Bibliothek und begann, die hieroglyphenartigen Schnörkel abzuschreiben. Zuhause versuchte ich, dieses Alphabet zu lernen, aber ohne Lehrer war das sehr frustrierend. Irgendwann gab ich es auf und ließ es beim Gebet bewenden. – Und nun lerne ich euch kennen. Schön!"

Mit Lisa und ihrem Mann entwickelte sich eine tiefe Freundschaft. Und immer wieder beteten wir zusammen für das mongolische Volk.

Wie weiter?

Nach wie vor hegten Jürgen und ich den tiefen Wunsch, diesem Volk von Jesus Christus zu erzählen. Deshalb suchten wir auch den Kontakt mit Gleichgesinnten in aller Welt.

Im Juni reiste Jürgen an ein solches Treffen nach Deutschland. Kaum war er wieder zuhause, erzählte er ganz begeistert: „Das Hauptziel des Treffens war Einheit und dass wir uns gegenseitig unterstützen und helfen. Wir beteten und fasteten; es war schön zu sehen, wie gegenseitiges Vertrauen, Verständnis und Respekt wuchsen. In Ulaanbaatar, der Hauptstadt der Mongolei, soll es bereits eine winzige Gruppe von Menschen geben, die Jesus Christus nachfolgen."

Als wir zusammen die neusten statistischen Zahlen[50] lasen, wurde uns bewusst, welch wichtige Rolle christliche Literatur spielen würde. Aber je mehr Menschen wir kennenlernten, die dasselbe Anliegen teilten, desto mehr Möglichkeiten schienen sich aufzutun. Ehrlich gesagt, verwirrte uns das. Was war als nächstes dran? Gott versicherte uns immer wieder, dass er dabei war, die Fäden für die nächsten Jahre zu ziehen, dass wir ihm einfach vertrauen sollten und Schritt für Schritt vorwärts gehen. Vertrauen war und blieb die Hauptlektion in unserem Lehrplan mit „Lehrer Jesus".

Ende April bekamen wir einen Brief, der bestätigte, dass wir ein Jahr lang als Missionskandidaten der „Vereinigung Freier Missionsgemeinden" (VFMG) mitarbeiten konnten. Zu dieser Dachorganisation freikirchlicher Gemeinden gehörte auch meine Gemeinde, die FMG Thun. Diese Praktikumszeit war eine Bedingung, die der Personaldirektor des WEC gestellt hatte, so dass wir für unser riskantes Unternehmen „Mongolei" auch genug Beterinnen und Beter hätten, die unseren Dienst unterstützten.

Nach dieser Zusage brauchten wir eine Wohnung in Thun und Umgebung. Da Gott sich ja als Spezialist im Maklergewerbe bewiesen hatte, brachte sogar ich es fertig, diesmal mit der nötigen Gelassenheit zu warten. Es dauerte nicht lange. Innerhalb fünf Wochen hatte jemand in Uetendorf eine Dreieinhalb-Zimmer-Wohnung für uns gefunden, die wir auch bezahlen konnten. Zum ersten Mal in unserem Eheleben bezogen wir einen festen Lohn. Anscheinend waren nun andere Prüfungen dran. Die Lektionen vom Vertrauen hatten wir wohl in einer ersten Runde bestanden. Dachte ich.

Jesus hat Humor!

Wir hatten unseren amerikanischen Freunden ja diesen Lada, dieses russische Vehikel, abgekauft. Der weiße Wagen tat uns mehrheitlich treue Dienste, bis auf all die vielen Male, wo er an Kreuzungen stehen blieb oder sich morgens weigerte, auf den Zündschlüssel zu reagieren. Dieses bockige Verhalten hatte uns schon etliche Millimeter Nerven und einige Stoßgebete gekostet. Ich erinnere mich, wie ich damals im

---

50 Zwei Millionen Einwohner, ein Viertel davon lebt in der Hauptstadt, die Hälfte der Bevölkerung ist unter 18 Jahren alt, 98 % können lesen und schreiben.

Sommer 1988 nach Harrogate fahren musste zur „First-Certificate"-Prüfung. Unterdessen kannten wir die Tücken dieses „Russen". Parken mussten wir stets so, dass man den Wagen fünf Meter anrollen lassen konnte, dann sprang der Motor an. Pech hatten wir, wenn die Distanz nicht reichte, denn dann stand der Lada am Ende der Sackgasse hinter unserem Haus, und wir mussten Nachbarn aufbieten, um die Karre hoch zu schleppen. Ich hatte also Glück gehabt an jenem Morgen: der Motor war kurz vor dem Gartenzaun angesprungen. Ich konnte im Rückwärtsgang die paar Kurven hoch schlängeln und in die Hauptstraße einbiegen. Ein Stoßgebet löste das Dankgebet ab: *Herr, bitte keine roten Ampeln auf dem Weg nach Harrogate!* Vielleicht habe ich sogar die Geschwindigkeit überschritten, um noch bei Grün hindurch zu sausen. Und dann sah ich sie, die rote Ampel. Unser behindertes Auto forderte nun meine völlige Konzentration. Ich rollte ganz langsam auf die Ampel zu, aber noch war kein Grün in Sicht. Also blieb ich mit dem Fuß auf dem Gaspedal, trat die Kupplung, um den Motor ja nicht abzuwürgen, und zog zugleich mit aller Kraft die Handbremse, um vor dem Stoppstrich stehen zu bleiben.

Kurzum, es war sehr mühsam, mit unserem Auto in einer Stadt unterwegs zu sein. Niemand in Leeds schien das Problem unseres Autos beheben zu können. Der „Russe" war den Engländern eine Nummer zu groß.

Kaufen wollte ein solch störrisches Auto auch keiner. Sobald wir wussten, dass wir Ende Juli in die Schweiz zurückkehren würden, versuchten wir alles, den Lada loszuwerden. Vergeblich! Jürgen war wieder mal die Ruhe selbst, als wir das Auto Mitte Juli immer noch hatten, während ich schon wieder rotierte.

„Ich denke, wir brauchen das Auto noch in den letzten Tagen, wenn wir all unseren Hausrat auflösen und dich und die Kinder nach London zum Flughafen bringen müssen", meinte Jürgen besänftigend, als ich ihn wieder mal bestürmte, was jetzt mit dem Auto sei und was er zu tun gedenke. „Gott weiß doch das alles auch", sagte er beschwichtigend.

Damit war die Diskussion für ihn erledigt, aber ich wusste wieder mal nicht, woran ich mit Jürgen war: hatte er nun wirklich solches Vertrauen in Gott, oder war er zu faul, um was zu unternehmen? Beides konnte der Fall sein; von außen ließ sich Vertrauen und Faulheit nicht unterscheiden. Folglich überließ ich die Herzensprüfung Gott, aber auch die Verantwortung für das blöde Auto.

Nachdem die Buben und ich in die Schweiz geflogen waren, kamen zwei Freunde aus der Jugendgruppe Thun mit einem Kleinbus bei Jürgen an. Sie halfen mit, die Wohnung aufzuräumen und unsere Dinge zu verstauen. Da Richu etwas von Autos verstand, schaute er sich das russische Problemkind einmal genauer an und stellte fest, dass man nur den Keilriemen anzuziehen brauchte. Schon lief der Motor wie am Schnürchen. Super! Nun hätte Jürgen das Auto mit gutem Gewissen verkaufen können, doch da gab es noch das andere Problem mit der falschen Steuerseite. Da der Wagen aus Europa stammte, befand sich der Fahrersitz links und nicht rechts, wie das in englischen Autos üblich ist. Welcher

Engländer würde schon so verkehrt herumfahren wollen?!
Als Dänu mal fragte: „Hey, was macht ihr eigentlich mit dem Lada?", antwortete Jürgen: „Verkaufen natürlich!"
Das Gegrinse fing an. „In zwei Tagen willst du so ein Auto verkaufen?", fragte Richu halb spöttisch, halb erstaunt, weil er doch einen Funken Glauben in Jürgens Stimme wahrgenommen hatte.
„Bis jetzt haben wir das Auto noch gebraucht. Du kannst nun in den Second Hand Shop fahren und ein paar Dinge holen, die im Wohnungsinventar fehlen. Aber warte, ich klebe noch eine Notiz ans Auto", sagte Jürgen, malte auf ein Blatt Papier „FOR SALE" und den Verkaufspreis und klebte den Zettel an die Rückscheibe.
Erst nach einer Stunde kam Richu ganz aufgeregt zurück. Jürgen hatte sich schon Sorgen um ihn gemacht. „Die wollen tatsächlich das Auto kaufen!", schrie er Jürgen beim Aussteigen entgegen.
„Wer ist *die*?", fragte Jürgen freudig.
„So ein paar Spanier, die damit in die Ferien fahren wollen. Als ich vom Shop zurückkam, standen sie beim Auto und haben heiß diskutiert. Ich habe gesagt, ich komme in einer halben Stunde wieder mit dem Besitzer."
„Also gut, laden wir die Sachen aus, und dann fahren wir los."
Das war am Vormittag. Um 15.15 Uhr, als alle Arbeit im Haus erledigt war und der Minibus zur Abfahrt bereit stand, unterzeichnete einer der Spanier den Kaufvertrag. Jürgen, Richu und Dänu staunten Bauklötze, als sie die Unterschrift lasen; der Glaube an Gott schnellte auf der Skala ein paar Striche in die Höhe, gerade so, wie wenn man einen Thermometer vom Kühlschrank in die Sonne gelegt hätte.
Dann rief Jürgen mich an.
„Kullmann bei Haas", nahm ich den Telefonhörer ab.
„Hallo Schatz. Wie geht es dir und den Kindern?", fragte Jürgen.
„Salü Jürgen. Uns geht's gut. Alles verlief super auf der Reise. Und bei euch? Fahrt ihr bald ab? Habt ihr das Auto verkaufen können?"
„Ja, haben wir", prahlte Jürgen „Jesus hat's gekauft."
„Haha", meinte ich trocken und leicht enttäuscht.
„Es ist wahr! Für 285 Pfund verkauft, heute Nachmittag."
„An wen denn? Woher habt ihr auf einmal den Käufer?" Ich war erleichtert, dass das Ding doch weg war und wir keine Entsorgungsgebühren hatten bezahlen müssen.
„Ich sag's doch: Jesus hat das Auto gekauft. So steht es im Kaufvertrag: Jesus Bello Pernoi!"
Während sich das triumphierende Gelächter des Männertrios seinen Weg durchs Telefonkabel von England in die Schweiz bahnte, stand ich mit offenem Mund im Wohnzimmer meiner Eltern und war sprachlos! Das war zu viel! Das war witzig! Das war echt der Hammer! Jesus war liebe- und buchstäblich fantasievoll!

> Mit „so einem Jesus"
> konnten wir es wagen, überall hin zu gehen.
> Sogar mit zwei kleinen Kindern in eine Mongolei,
> die bald von zwei Wirtschaftssystemen
> hin- und hergeschüttelt werden sollte,
> dass fast nur noch saure Milch
> übrig blieb.

Aber noch befand sich dieses Land, wie so manches in seiner Nachbarschaft, im kommunistischen Schlaf – Tiefschlaf konnte man nicht mehr sagen, denn die Alarmuhr hatte bereits geklingelt und die ersten Menschen waren aufgestanden …

DIE NACHKOMMEN DSCHINGIS KHANS

Die Volksrepublik Mongolei wurde 1921 mit Hilfe Russlands als zweiter kommunistischer Staat der Welt ausgerufen. Jenseits der südlichen Grenze, in China, herrschte diese sozialistische Weltanschauung seit 1949 und beeinflusste durch Väterchen Mao die dreieinhalb Millionen Mongolen, die dort lebten. Entsprechend Lenins Aussage „Religion ist Opium fürs Volk", wuchsen Dschingis Khans Nachkommen also ohne große Vorstellungen von einem Gott oder spirituellen Wesen auf; was zählte, war allein die Materie, also das, was man sehen konnte. Alles andere gab es nicht und durfte es nicht geben. Allerdings war hier und da ein buddhistischer Lama oder animistischer[51] Schamane der religiösen Säuberungswelle entgangen und hatte in aller Stille oder in einem möglichst abgelegenen Winkel des Landes sein Wissen an die Nachkommen weitergegeben. Die wenigen Christen, die in der Inneren Mongolei gelebt hatten, waren – wenn sie konnten – nach Taiwan oder Hongkong geflüchtet.

Mongolen waren damals also in der Regel Atheisten, „Gott-lose". Doch es schien, als suchten viele im Herzen nach dem Etwas, das ihr inneres Vakuum füllen könnte. Für diejenigen, die es ins Ausland schafften, gab es dort Möglichkeiten, dieses „Etwas" genauer zu definieren. Doch wie schwer Glaube ist, wenn man ihn nicht von Kindesbeinen an vermittelt bekommt, verstanden wir, nachdem uns ein Freund aus Asien, der ebenfalls in einem kommunistischen Staat aufgewachsen war, schrieb:
Ich denke, ich werde wahnsinnig, wenn die momentane Situation so weitergeht. […] Ich wollte, ich könnte Glauben haben an Jesus, aber wegen meinen zwanzig und etwas Jahren weltlicher Erziehung kann ich nicht einfach meinen Verstand zu einem bestimmten Glauben hinbiegen. […] Ich denke nicht, dass ich

---

51 Animismus, wörtlich „Beseelungslehre", ist eine Naturreligion. Ihre Anhänger glauben, dass hinter allen Dingen Geister (gute und böse) stehen. Diese Religion herrschte in der Mongolei vor, bevor der Buddhismus dort eingeführt wurde.

irgendwelche solche heiligen Glaubensüberzeugungen habe an irgendetwas oder irgendjemanden. Woran glaube ich dann? Harte Arbeit, Intelligenz und Zufall. Vielleicht mit dem Segen oder dem Fluch gewisser himmlischer Wesen.
Obwohl viele Mongolen sicher Interesse für das Neue Testament bekundet hätten, wies die Regierung der Volksrepublik Mongolei dieses zurück. Als sie in einem offiziellen Schreiben der Vereinigten Bibelgesellschaft darüber informiert wurde, dass das Neue Testament nun bald in mongolischer Sprache erscheinen würde, beantworteten sie dieses Schreiben am 4. Juli 1989 folgendermaßen:
Wir haben die Ehre Ihnen mitzuteilen, dass wir es nicht als nötig erachten, die Bibel für unser Land zu drucken und zu kaufen.[52]
Schade, denn nun mussten die Bürger ihren spirituellen Hunger wieder anderswo stillen. Die meisten Mongolen waren trotz ihrer atheistischen Erziehung an geistlichen Dingen interessiert. Vielleicht spüren Menschen, die als Nomaden viel enger mit der Natur verbunden sind, einfach besser, dass es geistliche Kräfte gibt, als verträumte Ideologen, die am Schreibtisch oder aus persönlicher Enttäuschung heraus jeglicher Religion das Existenzrecht absprechen …
Auf jeden Fall war das Vakuum in der Volksrepublik Mongolei nach 70 Jahren so groß, dass sich bereits im Sommer 1989, als wir in die Schweiz umzogen, eine gewaltige Änderung abzuzeichnen begann. Man konnte nur hoffen und beten, dass es nicht – wie in China – zu einem blutigen Massaker[53] kommen würde.

17

UETENDORF, SCHWEIZ

ENDLICH WIEDER HAKEN IM BAD!

Uetendorfs Aarestrasse 12 lag in einem Dreieck zwischen zwei Bahnlinien und der Autobahn. Während die 200 oder mehr Züge zwischen Thun und Bern pro Tag die Schienen so erschüttern ließen, dass das Geschirr in unserem Küchenregal vibrierte, hörten wir die Autobahn nur in der Ferne als leises, beständiges Rollen. Samuel und Michaja waren ganz vernarrt in die nahe gelegene Barriere, deren „bling-bling" wir sogar im Haus hören konnten. Wann immer ich Zeit hatte, ging ich mit den beiden raus. Wir beobachteten die rot-weißen Schranken, wie sie sich neigten und trotzdem vor Autorität strotzten. Jürgen gefiel der Standort unserer Mietwohnung weniger. Sein leichter Schlaf machte ihm auch hier, wo die

---
52 SCI Informationsbrief von Januar 1990
53 Am 4. Juni 1989 wurde die Studenten-Demonstration auf dem Platz des himmlischen Friedens, *Tien-An-Men*, in Beijing gewaltsam durch die Armee niedergeschlagen. Das Massaker soll laut Chinesischem Roten Kreuz 2600 Menschenleben gefordert haben.

bimmelnden Kühe etwas weiter weg grasten, zu schaffen. Sogar nachts rauschten die Züge – vor allem schwer beladene Güterwagen – 30 Meter nördlich unseres Schlafzimmerfensters vorbei. Mich störte das alles weniger; meine Seele labte sich nämlich an den schweizerischen „Erfindungen": Haken und Tuchstangen im Bad, so viele das Herz begehrte, Fensterläden zum Verdunkeln der Kinderzimmer für den Nachmittagsschlaf, Zimmerecken, die so sauber verarbeitet waren, dass sie keinen Viechern feuchtwarmen Spielraum ließen, Wasserleitungen, die auch im Winter nicht einfroren. Kurzum, ich fühlte mich wohl in meiner Heimat mit all den vertrauten Sachen und genoss es, zur Abwechslung mal eine einigermaßen normale Familie zu sein.

GEREGELTES FAMILIENLEBEN

Es entlastete mich, dass die Verantwortlichen der VFMG, bei der wir nun ein Jahr als Missionskandidaten angestellt waren, keinerlei Erwartungen an mich stellten. Sie rieten mir sogar stark dazu, nach der anstrengenden Zeit in England nun voll für die Familie da zu sein. Das tat ich dann auch, genoss die Schweizer Natur, die Großeltern in der Nähe, die öffentliche Bibliothek mit den wunderbaren Kinderbüchern, die guten christlichen Familienratgeber und Freunde, von denen wir so allerhand lernen konnten. Ganz besonderen Spaß bereitete es mir, mit den Kindern zu singen. Natürlich war das Repertoire eher christlicher Natur, denn wir fanden es wichtig, unseren Kindern von klein auf Jesus lieb zu machen. In der Mongolei würden auch sie einen persönlichen Glauben brauchen.

Ihr lautstarkes Singen führte manchmal zu witzigen Situationen, zum Beispiel einmal, als meine Mutter sie hütete und sie mit in den Supermarkt nahm. Weil Großmutti mit Freundinnen am Reden war, wurde es den Buben langweilig und sie fingen an zu singen, und zwar im Duett aus voller Kehle:
   Niene chönnt i's besser ha,
   als bi mim Heiland, Hallelujah![54]
Manche mögen sich ja gefreut haben, aber die meisten Schweizer waren damals eher peinlich berührt und gaben meiner Mutter zu verstehen, dass sie ungewöhnliche Enkelkinder hatte. Hätten die Kinder „Ja, Schmittchen Schleicher mit den elastischen Beinen" geträllert, wäre das in Ordnung gewesen, aber doch nicht ein Lied über Jesus! Außerhalb der Kirchenmauern waren Religion oder spirituelle Themen tabu.

Nach unseren Jahren im Ausland nahmen wir die Schweiz nun viel kritischer wahr und versuchten auch ab und zu, sie mit den Augen unserer asiatischen Freunde zu sehen. Mit einigen von ihnen standen wir im Briefkontakt und verfolgten gemeinsam die Entwicklungen in der Mongolei. Im Dezember 1989 schrieb uns ein politisch interessierter Freund einen langen Brief, in dem er uns seine Sorgen mitteilte:

---
54 „Nirgends könnte ich es besser haben als bei meinem Heiland. Hallelujah."

„Auf welche Seite?"

Ich kann sehen, dass die Sowjetunion sich bald auflösen wird. Aber haltet nicht so wie andere an der naiven Sicht fest, dass der Zusammenbruch der kommunistischen Welt gut sei. Nein. […] Ich glaube nun fest, dass die Menschheit die Welt zerstören wird, bevor sie errettet ist.
Ihr habt Recht! Es ist alles wegen Sünden! Vielleicht ist der einzige Weg, die Welt zu retten der, zum ursprünglichen Kommunismus zurückzukehren. Je industrialisierter die Menschen sind, desto schlechter werden sie. Es sind die modernen Westler, welche die Welt zerstören. Sie sind es, die von den Sünden errettet werden müssten, und nicht so sehr die harmlosen Randgruppen von Völkern. […]
Ich sehe nun eine große Revolution kommen in der orientalischen Welt. […] Man hört Gerüchte, dass es einige Meinungsverschiedenheiten gibt, auch in der Mongolei. Wird die kommunistische Mongolei überleben? Auf welche Seite sollte sich die Mongolei neigen?

Er hatte nicht unrecht mit dem, was er über die Errettung aus den Sünden des Westens schrieb! Die Kapitalisten brauchten das Evangelium genauso wie die Kommunisten. Jürgen und ich fanden den Kapitalismus, die Herrschaft des Geldes, genau so schlecht wie einen Kommunismus, der den Menschen verbot, an Gott zu glauben. Wir waren nicht daran interessiert, politisch aktiv zu werden oder die Mongolei als Land in eine bestimmte Richtung zu drängen. Alles, was wir wollten war, dass die Mongolen die Möglichkeit bekamen, von Jesus zu hören. Die Leute im Westen hatten diese Möglichkeit; es lag an ihnen, diese zu nutzen oder nicht. Die Mongolen würden vielleicht bald eine Chance bekommen. Gerüchte über eine Öffnung des Landes häuften sich.

Glasnost und Perestroika

Im ersten Halbjahr war Jürgens Dienst vor allem auf die Freie Missionsgemeinde in Thun beschränkt gewesen, aber ab Januar 1990 predigte er schweizweit in den Freikirchen dieses Verbandes. Wann immer möglich reisten ich und die Kinder mit, denn *ein* Ziel des Kandidatenjahres war es, dass die Gemeindemitglieder uns kennenlernten und später, wenn wir auf dem Missionsfeld waren, für uns beteten.

Mir gefiel es zu beobachten, wie gut Jürgen die Leute herausfordern konnte, über Mission nachzudenken. Die Not der vom Evangelium unerreichten Menschen bewegte ihn selber immer wieder. Überall gab es treue Beter, die unsere Informationen aufnahmen und in aller Stille zuhause Gott um seine Hilfe baten. Durch unsere Rundbriefe hielten wir solche Leute auf dem Laufenden, zum Beispiel auch, als wir vernahmen, dass die kommunistische Partei nach den Hungerstreiks auf dem Suchbaatar-Platz eingelenkt hatte und Glasnost und Perestroika im eiskalten Januar 1990 blutlos in die breiten Straßen Ulaanbaatars eingezogen waren:

Zu den vielen Nationen, die in diesen Wochen und Monaten durch gewaltige Veränderungen gehen, hat sich auch die Volksrepublik Mongolei gesellt. In den Medien war von großen Demonstrationen die Rede, dem Ruf nach Demokratie, ja sogar Religionsfreiheit. Was viele noch vor einem Jahr mit wenig Glauben von Gott erbaten, erfüllt sich diese Tage: eine Öffnung des Landes! Traditionsgemäß sind die Mongolen Buddhisten. So ist es nicht erstaunlich, dass sogar einer der Leiter der neuen nichtkommunistischen Bewegung ein Lamaist (Buddhist) ist. Welche Richtung wird das Land und seine Regierung einschlagen? Als Christen müssen wir nicht tatenlos zusehen, nein, wir können beten, dass Gottes Wille und Plan geschieht!

Betet bitte für die neuen Parlamentsmitglieder in der VR Mongolei. Gott möge ihnen Weisheit schenken, die richtigen Entscheidungen zu treffen. Betet bitte besonders für den Präsidenten Ochirbat und die Führer der Oppositionsparteien, dass sie für die freiheitlichen Rechte aller Mongolen einstehen. Die Regierung hat zwar versprochen, dass sie Religionsfreiheit garantiert, aber betet doch, dass dies auch gegenüber den Christen praktiziert wird, die das Evangelium verkündigen wollen.

RELIGIONSFREIHEIT IN KINDERSCHUHEN

Die neue mongolische Regierung war der Bibel gegenüber viel offener eingestellt als diejenige, die das Wort Gottes vor einem Jahr dankend abgelehnt hatte. Sie bestellten bei der Bibelgesellschaft Neue Testamente in Mongolisch und Russisch. Am 3. August 1990 wurde das mongolische Neue Testament in Hongkong gedruckt. Dies war ein geschichtsträchtiger Tag, denn die Mongolei war die letzte Nation der Welt, welche die Bibel – oder wenigstens den zweiten Teil davon – in der Landessprache erhielt. Gregory Parkers Ziel war nach Jahren härtester Arbeit erreicht.

Es freute uns, von der Offenheit der Regierung zu hören, denn unterdessen hatten wir die Kinderbroschüre fertig gestellt und bereits ein zweites, kleines Büchlein in Auftrag bekommen, weil Jürgens altmongolische Computerschrift nun ebenfalls druckreif war. Auch Gregory und seine Frau *Äriona* arbeiteten an einem neuen Projekt, einem Flyer gegen Abtreibung. Denn nachdem Sektenanhänger im südamerikanischen Jonestown ihrem Guru in einen Massenselbstmord gefolgt waren, kam in der Mongolei das Gerücht auf, die Christen verachteten den Wert des menschlichen Lebens. Angeheizt wurden solche Missverständnisse durch Filme über die Kreuzzüge und die Inquisition. Abtreibung war daher ein brisantes Thema fürs mongolische Volk, denn bis zu Perestroika war diese Handlung mit Gefängnis bestraft worden, weil das Leben traditionellerweise als heilig galt.

LEBEN LASSEN ODER ÜBERLEBEN?

Sorge tragen für das Leben, das war wichtig in der Mongolei. Obwohl die „Sandwich-Einlage" zwischen Russland und China vierzig mal größer ist als die Schweiz, zählte das Land nur gut zwei Millionen Einwohner. Die Gesellschaft hatte sich vom radikal gelebten tibetischen Lamaismus, der von seinen Gläubigen lebensfeindliches Verhalten forderte, auch nach 70 Jahren noch nicht richtig erholt.

Um 1910[55] herum betrug die Lebenserwartung gerade mal 30 Jahre, 40% der mongolischen Männer lebten als Bettelmönche und waren eigentlich der Keuschheit verpflichtet. Doch aufgrund der mongolischen Gastfreundschaft, die damals beinhaltete, dass man dem Gast seine Frau oder Tochter für die Nacht anbot, verbreitete sich Syphilis[56] – nicht zuletzt durch die reisenden Bettelmönche – rapide und war zu Beginn des 20. Jahrhunderts die häufigste Todesursache. Aus religiösen Gründen aßen die Buddhisten außerdem keine Fische oder Eier und bauten kein Gemüse an. Niemand, der um sein Karma[57] besorgt war, tat so etwas. Wenn man eine ganze Familie mit *einer* Sünde, nämlich *ein* Rind zu töten, drei Monate lang ernähren konnte, so wollte niemand Hunderte oder sogar Tausende von Sünden begehen und viele Lebewesen töten, die noch gar nicht geschlüpft waren, im Boden herum krabbelten oder sich in den Gewässern tummelten. Um solche Handlungen wieder auszugleichen, hätte man ein ganzes Leben lang Gebetsmühlen drehen, meditieren, Kinder ins Kloster geben und andere Karma fördernde Rituale vollziehen müssen. Da ließ man es besser bleiben, auch wenn Eier, Fische und Gemüse nahrhaft gewesen wären.

Erst die Kommunisten brachten eine Änderung. Sie gingen aber nicht gerade zimperlich mit den Buddhisten um. Hunderte von Klöstern wurden zerstört und Tausende von Lamas[58] unter *Tschoibalsan*, Stalins Schatten in der Mongolei, hingerichtet. Man sah wohl keine andere Möglichkeit, um mit dem „Opium" fertig zu werden, das die Menschen anscheinend vergiftet hatte. Doch die brutale Rechnung ging nicht auf: Religiöse Wurzeln kann man nie ganz ausreißen, denn sie befinden sich in den Herzenswinkeln der Menschen und können jederzeit wieder keimen, wenn die Zeit dazu reif ist. Manche Menschen sind sogar bereit, sie zur Unzeit zum Blühen bringen zu lassen und bezahlen dafür mit Gefängnis, Folter oder sogar mit dem Leben. Aber was niemand zu glauben vermag: Die Wurzeltriebe, die ihren Kopf aus der Erde stecken, obwohl er ihnen sogleich abgehauen wird, verströmen einen so wunderbaren Geruch, dass viele andere davon angezogen werden. So hat sich die christliche Kirche mit ihrem Weinstock Jesus Christus zum Beispiel unter *Mao-Tse-Tung* trotz extremster Verfolgung vervielfacht …

---

55 Die folgenden Zahlen stammen aus den Nachforschungen, die wir 1991 vor unserer Ausreise in die Mongolei gemacht haben; viele der Quellen, die im Westen damals zugänglich waren und die wir benutzten, waren kommunistische Propaganda und sollten als solche interpretiert werden. Tatsache bleibt, dass die Lebensbedingungen katastrophal waren.
56 Syphilis […] ist eine Infektionskrankheit, die zur Gruppe der sexuell übertragbaren Erkrankungen gehört. […] Während der Schwangerschaft und bei der Geburt kann eine erkrankte Mutter die Infektion auf ihr Kind übertragen. (Wikipedia)
57 Karma […] bezeichnet ein spirituelles Konzept, nach dem jede Handlung – physisch wie geistig – unweigerlich eine Folge hat. Diese muss nicht unbedingt im aktuellen Leben wirksam werden, sondern kann sich möglicherweise erst in einem der nächsten Leben manifestieren. (Wikipedia)
58 buddhistische Priester/Mönche

Die im Erdboden vergrabenen mongolischen Wurzeln warteten nun auch darauf, ans Licht zu kraxeln. Die Frage lag in der Luft: was würde mit ihnen geschehen? Und: war der Erdboden vorbereitet genug, um neue spirituelle Saat aufzunehmen?

DIE MÄNNLICHE PSYCHE

Wir waren bereit zu gehen und zu säen. Das wussten unsere Freunde. Einer von ihnen, der die mongolische Kultur selber kannte, wollte Jürgen helfen, ein guter Sämann zu werden und ernannte sich zu unserem Lehrmeister. Als erstes meinte er: „Ihr könnt nur Freunde der Mongolen werden, wenn ihr mit ihnen trinkt. Erst dann erzählen sie Dinge, die bedeutungsvoll sind." Eigentlich hatte er das Wort „saufen" gewählt.

Jürgen und ich hatten Mühe mit dem Gedanken, unser kostbares Saatgut in Alkohol zu tränken, geschweige denn, es darin zu ersäufen. Aber irgendwie hatte er Recht mit seiner Psychoanalyse des mongolischen Mannes. Allzu deutlich demonstrierten uns später die Herren der mongolischen Schöpfung, dass sie sich ohne Alkohol im Blut nicht getrauten, ihr Innerstes preiszugeben. Und da man nicht überleben kann, ohne über seine Nöte und Sorgen zu sprechen, war der Griff zur Flasche mehr als natürlich. Eigentlich schade, dass man den Alkoholismus auf der Welt nicht vermehrt bei seiner Wurzel anpackt, nämlich bei der abgrundtiefen Einsamkeit vieler Männer.

Jahre später, als wir unsere erste christliche Gemeinde gründeten, wagten wir uns, den Männern folgende Wurzelbehandlung vorzuschlagen: der „Spiritus" im Blut wird ersetzt mit dem „Spiritus Sanctus"[59] im Herzen. Viele versuchten es und siehe: es funktionierte. Gott kannte den Weg zu der Einsamkeit des menschlichen Herzens. Er war ihn am Kreuz selber gegangen …

WODKA FÜRS STOCKHORN

Aber nicht erst in der Mongolei merkten wir, wie realitätsbezogen die Aussage unseres Freundes gewesen war. Während wir in Uetendorf wohnten, lernten wir einen mongolischen Ethnologen kennen, der in Europa herumreiste. Er war bestimmt auch einsam, denn er freute sich sehr, als wir ihn für ein paar Tage zu uns einluden. Außerdem hatten meine Eltern noch nie einen Vertreter seines Volkes zu Gesicht bekommen. Wir fanden, es wäre höchste Zeit dafür. Mit *Tumur* konnten sie sich erst noch auf Deutsch unterhalten. Nach einer Wanderung in „Heiligenschwendi" und „Goldiwil" luden meine Eltern uns alle in ein Restaurant ein. Es war kurz vor Mittag, wir hatten alle Durst, wollten aber zum Essen heimgehen. Mein Vater bestellte ein Bier, meine Mutter und wir ein Mineralwasser. Und *Tumur*?

„Einen doppelten Wodka, bitte", sagte er in bestem Hochdeutsch zur Kellnerin.

---

59 lateinisch: „Heiliger Geist"

Mein Vater schluckte, meiner Mutter fiel der Kinnladen runter, aber sie sagten nichts. Nach ein paar Sekunden hatten sie sich wieder gefasst und lächelten dem schlitzäugigen Gast zu. Ich wusste genau, was in ihren Gedanken ablief: *Also nein, so was bestellt man doch nicht im Restaurant, wo es so teuer ist! Da kann man sich ja im Laden eine ganze Flasche davon kaufen!* Meine Eltern hatten immer versucht, möglichst sparsam zu leben. Schon die Tatsache, dass wir auswärts etwas tranken, war etwas Besonderes. Sonst hatten wir immer ein Picknick dabei.

Jürgen und mir war es etwas unwohl. Doch es kam noch schlimmer: Wir saßen also auf der gemütlichen Sonnenterasse und bestaunten die wundervolle Aussicht auf den mit weißen Segelschiffen bespickten Thunersee, bewunderten das „Stockhorn", den mohrenkopf-förmigen Berg, der als Wahrzeichen von Thun gilt, erklärten *Tumur*, wie die Bergpyramide gegenüber hieß und wo wir geheiratet hatten.

Er fiel in unser Lob der Schöpfung mit ein, aber auf seine Weise: Als die Kellnerin die Getränke brachte, begannen sich alle daran zu erfrischen, alle außer *Tumur*. Der stand auf, langte theatralisch nach dem vollen Schnapsglas, tauchte seinen Ringfinger hinein und ließ den tropfenden Finger am gebeugten Daumen derselben Hand so abprallen, dass der Whisky Richtung Stockhorn spritzte. **Dann drehte er sich Richtung „Niesen" und vollführte das gleiche Ritual**, sehr zum Entsetzen meiner Mutter, die ahnungsvoll zu all den andern Bergen blickte. Und tatsächlich: die „Blüemlisalp", die „Jungfrau", der „Mönch" und der „Eiger" reckten ihre Hälse auch gierig zum Himmel und begehrten ein paar Tropfen des durchsichtigen Göttertranks. Zum Glück versperrte das Nachbarhaus die Sicht auf die weiteren Gipfel, sonst hätte *Tumur* womöglich nichts von seinem doppelten Schnaps abbekommen und einen weiteren bestellt. Als er unsere fragenden Blicke und das helle Entsetzen meiner Mutter sah, fühlte er sich zu einer Erklärung verpflichtet. Während er wieder Platz nahm, meinte er lässig: „So verehren wir eben die Berggeister in der Mongolei …"

Von *Owoo*-Geistern bedroht

Am gleichen Abend waren wir zu einer Abschlussparty von Freunden eingeladen, wo wir *Tumur* mitnehmen durften. Am Lagerfeuer in den Kiesbuchten des Gürbe Flusses erzählten wir uns nach dem Essen Geschichten von früher. Als es schon dunkel geworden war, nahm ich die Geistersache vom Mittag auf. Wir alle

hatten etwas Wein getrunken, deshalb war ich nun gespannt auf die Tiefen der männlichen mongolischen Seele:
„Glaubst du tatsächlich an diese Berggeister?", begann ich meine „psychologische Höhlenforschung".
„Ja –", er zögerte einen Moment, dann sprach er weiter, „früher nicht, da hielt ich das alles für Humbug. Doch seit dem Ritt in die Berge damals –." Wiederum hielten ihn bestimmte Erinnerungen gefangen.
Jürgen und ich saßen schweigend neben ihm und beobachteten die Glut.
Nach einer Weile begann *Tumur* zu erzählen: „Es war vor ein paar Jahren. Ich war als Ethnologe zusammen mit mongolischen Nomaden unterwegs auf dem Land. Wir kamen an ein *owoo*."
Jürgen und ich wussten, dass dies ein schamanistischer Steinhaufen war, den man oben auf Bergen oder Pässen vorfand.
„Die Männer bei mir stiegen von den Pferden, hoben Steine vom Boden auf und marschierten ums *owoo* herum, im Uhrzeigersinn, dreimal. Dann legten sie die Steine oben auf den Haufen. Manche steckten eine Tugrik-Note in eine Ritze. Ich schaute zu. Für mich als Ethnologe und Kommunist war das purer Aberglaube. Sollten sie das doch machen, aber mich gefälligst damit in Ruhe lassen." *Tumur* winkte mit der Hand ab, als wollte er noch heute in Ruhe gelassen werden mit solchem Zeug.
„Die ließen mir aber keine Ruhe. Sie bedrängten mich immer mehr. Die hatten Angst, die Kerle! Schließlich drohte mir einer …" *Tumur* stand schwankend auf und demonstrierte uns den Rest des Satzes. Das geisterhaft von Mondlicht erhellte Gürbetal bildete einen perfekten Hintergrund zu seinem Schauspiel:
„*Tumur*", schrie er und ahmte seine Reisegefährten von damals nach, „wenn du den Geistern, die hier regieren, nicht deine Ehre erweist, dann werden sie dich auf der weiteren Reise nicht beschützen. Du brauchst ihren Schutz! Mach jetzt endlich."
Der kleine Mongole ließ sich wieder auf die Decke fallen und fuhr fort: „Ich lachte nur. Ich war mir sicher, dass ich diesen Schutz nicht brauchte. Nicht ich – *Tumur*!" Wieder lag auf seinem Gesicht dieser ernsthafte, schmerzerfüllte Ausdruck, aber er fuhr fort mit erzählen: „Wir ritten weiter. Bald wurde es gefährlich. Der Weg führte an einem Abhang entlang. Wir trabten in Einerkolonne hintereinander. Plötzlich fing mein Pferd an zu wiehern. Ich wich zurück." Er erzählte nun immer schneller und wir mussten gut zuhören, dass wir seine Worte unter dem schweren Atem noch verstanden: „Der Gaul schnellte mit seinen Vorderbeinen hoch und hätte mich beinahe aus dem Sattel geschleudert! Ich verlor die Kontrolle, konnte mich aber an seinem Schweif festhalten. Ich wollte nur noch überleben. – Diese fürchterliche Angst vergesse ich nie mehr …"
Ich spürte, dass meine „psychologische Höhlenexpedition" zum Ende kam, als er sagte:
„Sie hatten Recht, die Männer. Es gab sie, die Geister. Es gibt sie! Wir Menschen

müssen sie besänftigen, damit sie uns ihren Schutz verleihen. Das weiß ich nun. Deshalb schenke ich ihnen halt Wodka oder Steine, Milch oder weiß der Teufel was." –
Es war noch lange still im Gürbetal. –
Ich erinnere mich an diese Geschichte, wie wenn er sie gestern erzählt hätte. Und auch an die folgende:

„WO WOHNT DER HAUSGEIST?"

Wir wollten *Tumur* ein Stück schweizerisches Brauchtum zeigen und nahmen ihn mit nach Zwischenflüh und von dort weiter Richtung Seebergsee. Die Verwandten einer ehemaligen Schülerin wohnten im Sommer dort oben in einer Sennhütte und verarbeiteten die Milch zu Bergkäse. Wir hatten Glück. Sie waren gerade dabei, das edle Weiß in dem großen Kupferkessel zu erwärmen und so konnten wir *Tumur* die ganze Prozedur zeigen. Er stellte den beiden Käsern viele Fragen zu ihrem Vieh. Zum Schluss durften wir uns die Berghütte noch von innen ansehen.

Als wir unsere Füße auf den Dachboden setzten und *Tumur* die vielen herumliegenden und -hängenden altertümlichen Holzgeräte sah, freute er sich wie ein Kind. Die 30 Quadratmeter hätten ein Völkerkundemuseum sein können, nur ein bisschen unaufgeräumter.

Als die Augen unseres Ethnologen ein Bündel getrockneter Blumen erspähten, fragte er: „Wozu gebraucht ihr die?"

Nun musste der junge Käser seine Mutter holen, denn über Kräuter wusste er zu wenig Bescheid.

„Wenn die Kühe einen geblähten Magen haben", keuchte die Bäuerin, die unterdessen die Treppe raufgekommen war, „kriegen sie davon zu essen."

Tumur nickte eifrig mit dem Kopf. Dann schaute er sich plötzlich nervös um, wandte sich an die Frau und fragte: „Und wo wohnt der Hausgeist?"

Sie schaute ihn mit großen Augen an, dann mich, um sich zu vergewissern, dass sie sein Hochdeutsch richtig verstanden hatte.

„Der Haus-Geist!", wiederholte dieser langsam, „wo wohnt ihr Hausgeist? Sie haben doch einen Hausgeist, oder?"

Nun war es an der Zeit, der perplexen Frau einiges zu erklären: „Viele Mongolen glauben an Geister: Berggeister, Seegeister, bei ihnen wohnt wahrscheinlich auch in jedem Haus ein Geist", sagte ich.

„Aha, haha", lachte die alte Frau, „nein, nein, Hausgeist haben wir keinen." Und mit einem Augenzwinkern meinte sie: „Ussert em Melissägeischt, aber dä wohnt i dr Schnapsfläschä."[60]

Ich war froh über diese Antwort, denn ich hätte es *Tumur* zugetraut, dass er den großen Laib Käse angeschnitten und dem Hausgeist ein Stück davon als Opfer in

---

60 „Außer dem Melissengeist, aber der wohnt in der Schnapsflasche."

den Kamin geworfen hätte.

Wir bedankten uns für die Führung und die Zeit, die sie sich genommen hatten, und wanderten weiter zum See.

Es war nun, da weder Melissen- noch Wodkageister *Tumurs* Sinne benebelten, passend, ihm von Jesus Christus zu erzählen. Denn dieser hatte die Antwort auf die Furcht vor all den Geistern.

Es wurde höchste Zeit, in die Mongolei zu gehen. Nicht etwa, um den Mongolen ihre Lobeshymnen an die wunderbare Schöpfung zu verbieten, nicht um sie zu motivieren, den Schnaps egoistisch für sich zu saufen, statt damit die Berge zu besprenkeln, nicht um ihr wertvolles Kulturgut wie pflanzliche Heilmittel zu verteufeln, nicht, um sie zu überreden, Schweizer Käse statt getrocknete Quarkstücke herzustellen, nein, wir wollten ihnen nur vom Schöpfergott erzählen, der weitaus größer und mächtiger war als die geschaffenen Berge und Seen, wir wollten ihnen Jesus Christus lieb machen, der die Menschen aus Sünden-, Todes- und Geisterangst erretten konnte. Wir wollten ihnen ein Leben offerieren in der Kraft des Heiligen Geistes, das in wahre Freiheit führt.

VON INNEN NACH AUSSEN

Für Jürgen und mich war mittlerweile klar geworden, dass wir in die Volksrepublik Mongolei oder in die „Äußere Mongolei" gehen wollten. Verschiedene Gründe hatten uns dazu bewogen, aber der entscheidende war sicher der, dass sich dieses Land geöffnet hatte und es nun möglich – wenn auch nicht einfach – war, dorthin zu reisen. Zwar standen uns die Türen in die Innere Mongolei weiter offen, denn von Freunden dort vernahmen wir, dass das „Institut für Mongolische Sprache" der „Inner Mongolia University" bereit wäre, uns entweder als Fremdsprachenlehrer oder als Mongolischstudenten einzuladen. Die deutschen Studenten von 1984 hätten bei einem der Vizepräsidenten der Universität einen tiefen Eindruck hinterlassen, hieß es.

Aus anderer Quelle wussten wir aber, dass die Ausländer in China seit dem *Tien-An-Men*-Massaker an enger Leine gehalten wurden und beide, Mann und Frau, vollzeitlich unterrichten oder studieren mussten. Das kam für uns so nicht in Frage, denn unsere Buben waren noch zu klein, als dass wir sie Väterchen Staat anvertrauen wollten.

Ein weiterer Grund, weshalb wir die Innere Mongolei nicht mehr in Betracht zogen war der, dass Gregory die Verantwortung für die Übertragung des Neuen Testamentes in diesen Dialekt übernommen hatte. Und außerdem gab es in diesem Autonomen Gebiet von China ja christliche, offiziell registrierte chinesische Kirchen, die durchaus eine Sicht dafür hatten, die Mongolen mit dem Evangelium zu erreichen. Das war zwar nicht einfach für sie, weil eine geschichtlich begründete Feindschaft zwischen den beiden Volksgruppen besteht, aber es war mindestens ein lobenswerter Versuch.

Und dann existierte da noch ein linguistischer Grund: In der Mongolei sprach man überall mongolisch, in der Inneren Mongolei hingegen mehrheitlich chinesisch. Neben Familie und Job *zwei* schwierige Sprachen zu erlernen, war sogar für uns Pioniere eine Überforderung.

Unsere Pläne besprachen wir auch mit der WEC-Mission, doch sie reagierten zuerst verhalten. Es war nicht ihre Strategie, neue Mitarbeiter in ein neues Land zu schicken, schon gar nicht alleine, ohne ein Team. Also wussten wir nun, wofür wir beten mussten.

Mitarbeiter gesucht

Gott führte uns auf interessante Art und Weise – ohne Internet und Google – mit Menschen in Berührung, die wie wir von ihm selbst vorbereitet waren:

An einem Treffen in Deutschland lernten wir Dieter Krause kennen, einen Ostdeutschen, der nun, da die Grenzen seines Landes sich geöffnet hatten, sehr motiviert war, mit seiner Familie als Missionar in die weite Welt zu ziehen. Da er bereits Russisch konnte und die sozialistische Gesinnung kannte, war die Mongolei gar keine schlechte Wahl.

Elisabeth Schindler, eine junge Sozialarbeiterin aus Karlsruhe besuchte uns eines Tages in Uetendorf und wollte mehr über die Mongolen erfahren. Wir liehen ihr Dr. Vietzes mongolische Sprachkassetten aus. Tatsächlich hat sie sich viele Abende lang mit den konsonantenlastigen mongolischen Wörtern, die einem Schnarchen ziemlich nahe kommen, in den Schlaf wiegen lassen und später exzellent Mongolisch gelernt. Unterdessen ist ja wissenschaftlich bewiesen, wie effektiv diese Methode ist!

Später lernten wir noch Beat Schuler, Doris Minder und Jasmin Pfister kennen, die auch alle ein Herz für das mongolische Volk hatten und nach einer Möglichkeit suchten, dorthin zu gehen. Ein Team war in Sicht, und deshalb bekamen wir nach langen Verhandlungen vom Personaldirektor des WEC grünes Licht für die weiteren Schritte. Im März 1990 wurden wir zum viermonatigen Kandidatenkurs eingeladen, der im August begann.

18
Rüti, Schweiz

Fit für die Mission?

Mitte August 1990 zogen wir um nach Rüti, wo der schweizerische Zweig des WEC International seinen Sitz hat. Das Ziel dieser vier Herbstmonate war folgendes: wir lernen die Missionsgesellschaft, ihre Theologie, Werte, Strukturen, Strategien und Heimatmitarbeiter kennen, und die Mitarbeiter im Heimatzentrum prüfen Jürgen und mich, unser geistliches Leben, unsere Motivation, unser Familien- und Eheleben, unsere Art, Stress zu bewältigen, unsere charakterlichen Stärken und Schwächen. Als unser Arbeitgeber trugen sie schließlich ein großes Stück Verantwortung, wen sie da hinaus sandten in die weite Welt. Und wir konnten viel lernen von Menschen, die sich seit Jahren mit fremden Kulturen und den damit verbundenen Herausforderungen befasst hatten.

Neben dem täglichen Unterricht, den Hausaufgaben und der Pflichtlektüre bestand unsere Hauptaufgabe darin, eine Arbeit über die Mongolei zu verfassen. Das, was uns vor Jahren ein asiatischer Anthropologen-Freund geraten hatte, war auch hier am Kurs Pflichtfach:

Ihr sollt die Geschichte, die Kultur, die sozialen Strukturen, die lokale Moral und das Wertesystem der Menschen, unter denen ihr arbeiten werdet, kennen. Ohne diese Grundlage werdet ihr nirgendwohin kommen. […] Auf jeden Fall denke ich, dass es eine gute Idee ist, wenn ihr geht und euch das Leben der Mongolen anschaut und am eigenen Leib erfahrt. Das wird einige eurer Annahmen oder Vermutungen, die ihr von euren Kulturen geerbt habt, verändern. […] Also, eure Aufgabe ist nicht, andere zu belehren, sondern bescheiden von den Menschen zu lernen, mit denen ihr leben werdet. Das ist eine sehr gesunde Art, mit den kulturellen Dingen umzugehen, sonst, wenn man darauf besteht, dass die andern dumm, heidnisch, blinde Schafe sind und man ihnen sagt, dass Gott sie liebt – was sie nicht verstehen, oder sogar denken, dass ihr verrückt seid – dann wird sich etwas entwickeln, und schlussendlich werdet ihr die Kultur, die ihr lieben wolltet, hassen. […]

Trauriegerweise hatte die christliche Mission in der Vergangenheit viele Fehler begangen, denn allzu oft hatte man westliche Kultur und christlichen Glauben nicht voneinander getrennt. Seriöse westliche Missionsgesellschaften waren fest dazu entschlossen, solche Fehler in der Zukunft zu vermeiden und verpflichteten ihre Mitarbeiter deshalb zu Kandidatenkursen oder kulturellen Fortbildungen.

Mit diesem Auftrag erforschten wir also alles Mongolische: die Geschichte, die Kultur, die Religionen, die Geografie, die Wirtschaft. Es war nicht einfach, Material zu finden, aber mit der Zeit häufte sich so viel an, dass wir uns entschlossen, unsere Forschungen andern in einer Art Leihbibliothek zugänglich zu machen. Nach Abschluss des Kurses hatten wir 140 Artikel, die zum Ausleihen bereit standen: Bildbände über die Mongolei, Lehr- und Sachbücher, Sprachkassetten, Zeitungsartikel, Wörterbücher.

Dass die Mongolei Interessierte aus aller Welt anzog, zeigt sich aus der Korrespondenz, die wir in den Jahren 1988 bis 1991 führten. Da schrieben und empfingen wir Briefe aus Japan, Indien, USA, England, Taiwan, Ungarn, Deutschland und der Schweiz. Es war höchst spannend zu sehen, wie Gott Menschen aus aller Welt berief, sich für die Mongolei vorzubereiten. Wir kannten uns, beteten füreinander und informierten uns gegenseitig.

Fühler ausstrecken

Was Jürgen und mir durch das Kulturstudium immer mehr bewusst wurde war, dass die Sprache der Schlüssel zum Verständnis der Menschen ist. Deshalb strebten wir nun anstelle eines Lehrerjobs in erster Linie ein Sprachstudium in der Mongolei an. Anfangs hatten wir keine Ahnung, wie wir das von der Schweiz aus organisieren sollten, bis im September der folgende Brief eintraf:

Lasst mich euch ein Stück Information weitergeben. Es gibt ein neu gegründetes Mongolisches Kulturelles Zentrum in der Schweiz. Sie brauchen Leute, die sich ihnen anschließen. Sie können auch Reisen und kulturelle Austauschprogramme mit der Mongolei arrangieren. […] Das ist eine sehr gute Chance. Die Organisatorin dieses Zentrums […] ist eine Vierzigerin, energievoll und humorvoll. Sie mag die Mongolei ganz arg. Wenn ihr wollt, dann schreibt an die folgende Adresse.

Das ließen wir uns nicht zweimal sagen und kündigten umgehend dieser humorvollen Frau unser Interesse an. Dass sie voll Energie war, stimmte, denn schon einige Tage später hatten wir eine freundliche Antwort auf dem Tisch. Am 10. Oktober lieferte sie uns noch genauere Informationen:

Viel Unterstützung ist unserer „Association" zugesagt worden von mongolischen Behörden und anderen Organisationen, zum Beispiel ein Stipendium für Leute, welche die mongolische Sprache in der Mongolei lernen wollen. Das nächste beginnt im Februar 1991.

Da wir aber nicht wussten, ob das mit dem Austauschprogramm klappen würde, schrieben wir auch *Tumur*, der unterdessen wieder in der Mongolei wohnte, und bekamen von ihm folgende Informationen. Sein Brief zeigt zugleich, wie gut die Deutschkenntnisse mancher Mongolen damals schon waren:

Eure Postkarte an Zogtbaatar hab gleich nach Ankunft überreicht, er war natürlich überrascht und sehr froh. Jetzt ist er […], sehet? […] Wegen deinem, Jürgen, Angebot, hab nur mit Zogtbaatar gesprochen. Er wird sicher selber über seine Meinung und Gedanken schreiben. Ich bekam den Eindruck, dass eure Wünsche und Träume sind im Prinzip erfüllbar, das ist, glaube ich, nur Frage der Zeit. Wegen Geldverdienen dürfte fast keine Schwierigkeiten geben, denn die Jugendliche (aber auch andere) brauchen jetzt fremde Sprachen (Englisch, Deutsch insbesondere), das ist jetzt ausgesprochen frei geworden. […] Mit Wohnung dürfte auch keine große Schwierigkeiten geben. But the question is, ob privates oder offizielles Domizil. Denn die Behörden bekämen gerne die Miete in Valuta bezahlt. Und die Preise sind dabei relativ hoch. Bleibt nur private Wohnung und das ist mit einigen Formalitäten verbunden. Wie gesagt, das ist nicht das eigentliche Problem. Ein Mongolistikstudium kann möglich sein, wenn das offiziell an Universität oder Akademie der Wissenschaften beantragt wird, was ab dieses Studienjahr sehr aktiv praktiziert wird. So zum Beispiel kenne ich etwa sechs bis sieben Amerikaner, die eine Society finanziell unterstützt, bei uns hier studieren und ab nächstes Jahr Englisch unterrichten werden. [...] Mit deinem Computer-ABC für Mongolisch hab noch nichts Vernünftiges erreicht. Ich werde auch weiterhin dafür mich einsetzen. [...] Hab mit Zogtbaatar gesprochen, er sagte, es sei möglich, euch zu unterbringen und sogar in einem Verlag als deutsch- bzw. englischsprachiger Redaktoren einzustellen oder private Deutschunterricht geben zu lassen. [...] Ich glaube, es wird auch machbar sein, die Buben in die Schule, Kindergarten zu geben.

„Everybody learn English!"

Was *Tumur* erwähnte, war tatsächlich so. Jeder wollte nun Englisch lernen, um international mitreden zu können. Russisch war definitiv „out". Von diesem Bedürfnis hörte auch „Soon", eine christliche Organisation, die in Englisch, Französisch, Deutsch und Portugiesisch leicht lesbare Zeitungsblätter herausgibt mit kurzen Artikeln und Lebensberichten von Menschen. Nachdem ihr Inserat für diese kostenlose Englischzeitung in der 141. Ausgabe der Zeitung *niisleliin sönin bitschig* erschienen war, bekamen sie über 350 Anfragen. Zum Beispiel bestellte der Direktor der ausländischen Sprachen an der Staatlichen Universität für all seine Englischstudenten 1000 Exemplare von „Soon", inklusive Kassetten. Natürlich waren diese Englischstudenten in erster Linie an Englisch interessiert und nicht am christlichen Inhalt der Zeitung, aber bestimmt ist hie und da ein Samenkorn gesät worden, das später keimte. Englischlehren schien überhaupt eine gute Strategie zu sein, um Menschen für Jesus zu gewinnen. So jedenfalls beurteilte das ein mongolischer atheistischer Freund, der uns überraschende Tipps gab:

Ich wundere mich nun, wie ihr euren Glauben verbreiten wollt. Ladet ihr einfach ein paar Freunde ein und führt sie in die biblische Lehre ein? Wie effektiv, denkt ihr, wird das sein? Ein guter Lehrer ist einer, der etwas Schwieriges vereinfacht. Biblische Doktrin ist beides, schwer und einfach für die Mongolen. Am schwierigsten ist es, die Mongolen für die Bibel zu interessieren. Ihr könnt euch nicht einfach in einer selbst gebastelten „Kirche" versammeln und laut und womöglich stolz darüber reden. Unmöglich! Nicht nur wird die Behörde eingreifen, sondern die normalen Menschen werden entweder keine Zeit oder kein Interesse haben.

Was dann?

Ich schlage euch einen Trick vor: Ihr werdet ja Englisch unterrichten. Neben dem Textbuch braucht ihr ja zusätzlichen Lesestoff. Warum sucht ihr nicht einfach geschriebene Kinderbibelgeschichten und bittet die Studenten, diese zu lesen und zu übersetzen? Die Sprache sollte einfach und der Inhalt interessant sein. Vielleicht fragt dann einer nach Erklärungen, und das ist eure Chance!!! Merkt euch: macht es interessant, und dann werden sie die „Märchenwelt" von selbst auskundschaften. Diese erste Phase ist die wichtigste, gemäß dem Sprichwort: „Von zehntausend Angelegenheiten ist das Beginnen die schwierigste." Ihr müsst denken, dass ich ein komischer Kauz bin: ein solider Nichtchrist, der christlichen Missionaren sagt, wie sie den christlichen Glauben verbreiten sollen!

Besorgniserregender Blick in die Mongolei

Natürlich bekamen wir auch andere Briefe aus der Mongolei, die uns Einblick gaben in die Situation vor Ort. Und die war alles andere als einfach und rosig: Die Lebensbedingungen wurden immer katastrophaler. Das alte System, die Verbrüderung sozialistischer Länder, funktionierte nicht mehr – man musste nun den Russen in harten US-Dollar bezahlen, wenn man Benzin oder Ersatzteile für die Kohlekraftwerke brauchte – und das neue, die westliche Marktwirtschaft, funktionierte auch noch nicht, wenigstens nicht für die Mehrheit der Menschen. Es fehlte plötzlich fast an allem. Das britische Hilfswerk SCI[61] informierte in seinem Herbst-Infoblatt über die Ergebnisse einer Studie, die erhoben worden war:

Von den 100 000 Schülern der 84 Schulen von Ulan Bator [...] wurden 2400 medizinisch untersucht. Folgende medizinischen Befunde wurden gemacht: 66% hatten Hals-Ohren-Nasen Krankheiten, 62% hormonelle Mangelerscheinungen, 81% unbehandelte Zahnprobleme, 10% Geburtsfehler, 12% Geschlechtskrankheiten, 19% Nieren- und Blasenkrankheiten, 47% eine unkorrigierte Sehschwäche. In den 84 Schulen von Ulan Bator haben 700 Schüler aktive Tuberkulose und weitere 4000 sind Träger. In einer Schule waren von 900 Schülern 228 Träger von TB.

Auch was man über die Nahrungsmittelversorgung zu Ohren bekam, war besorgniserregend. Bereits ein Jahr nach der Öffnung des Landes musste die Regierung die Lebensmittel rationieren. Für den ehemaligen Großen Bruder im Norden war „Liberté", Freiheit, anscheinend wichtiger geworden als „Fraternité", Brüderlichkeit ... Wir berichteten unseren Freunden weiter, was wir gehört hatten:

Seit Anfang des Jahres sind Reis, Mehl, Zucker, Butter und Öl rationiert in Ulaanbaatar. Die UdSSR hat Benzinexporte in die Mongolei gekürzt. Die Nahrung gelangt nicht mehr in die Städte, wo 50% der Bevölkerung leben.

Kein Wunder, dass man in dieser Not die ankommenden Ausländer molk wie fette Kühe. Sie waren *die* Chance, um an Dollar zu kommen. Die Mongolei brauchte die grünen Scheine nun dringend für all ihre internationalen Geschäfte. Daniel Fisher, der in England bereits mit uns zusammen gearbeitet hatte, war unterdessen verheiratet und lebte seit kurzem mit seiner Frau Susan in der Mongolei. Er informierte uns über ihr Studentenleben in der Hauptstadt: sie bezahlten der Staatlichen Universität pro Person 550 US-Dollar, davon waren 246 für Studiengebühren, 140 für die Wohnung und 169 Taschengeld. Letzteres wurde natürlich in der Lokalwährung ausbezahlt, 750 Tugrik, so dass die Regierung, oder wer auch immer für das Melken zuständig war, auch diese Dollar behalten konnte. Alle Amerikaner waren im gleichen Haus untergebracht. Es gab außer ihnen noch 16 andere, davon waren sechs Studenten, der Rest Ehepartner, Kinder oder Lehrkräfte. Außerdem gab es ein paar Briten, Finnen, Franzosen, Koreaner und Japaner. Daniels Beobachtungen zufolge wohnten nur zwei ausländische Familien

---

61 Sharing Christ Internationally

mit Kindern in der Mongolei, die anderen waren Ledige oder kinderlose Paare. Kein Wunder, bei diesen Zuständen!

Auch unser atheistischer Brieffreund hegte so seine Bedenken:
Ich nehme an, dass das Leben sehr schwierig sein wird für euch; ich kann mir einfach nicht vorstellen, wie ihr mit der Lebensmittelknappheit und andern Problemen klarkommen werdet, vor allem mit zwei kleinen Kindern. Ich hoffe, dass ihr euch gründlich psychologisch vorbereitet, bevor ihr geht. Ich kann eure Eltern voll und ganz verstehen. Wirklich, das wird kein Spiel werden.

Von allen Seiten wurden wir zur Vorsicht ermahnt. Wir versuchten darum, uns wirklich gut vorzubereiten und waren froh, dass wir nach erfolgreichem Abschluss des Kandidatenkurses noch weiter im Missionshaus wohnen bleiben konnten, um alles Wichtige zu erledigen.

Erste internationale Mongoleikonferenz

Über Weihnachten/Neujahr 1990/1991 **besuchten wir Jürgens Familie in Deutschland** und anschließend potentielle Mitarbeiter aus Ostdeutschland.

Wir waren froh, dass wir Samuel und Michaja bei Jürgens Schwester Inge in Bayern abgeben konnten, um an der ersten Mongoleikonferenz im Januar/Februar 1991 in Hongkong teilzunehmen. Während der Golfkrieg tobte und die Welt in Atem hielt, trafen sich Christen aus vielen Ländern, um über eine Zusammenarbeit in der Mongolei zu diskutieren. Es war sehr interessant, all diese Leute kennenzulernen oder vor Augen zu haben, nachdem man jahrelang korrespondiert hatte. Wir freuten uns auch, WEC Leiter in Asien zu treffen und mit ihnen unsere zukünftige Arbeit zu besprechen.

Die mongolische Kinderbroschüre war unterdessen von KEB gedruckt worden. Wir stellten sie an der Konferenz vor und nahmen die ersten Bestellungen entgegen. Ein christlicher Verlag in Hongkong bot sich an, sie in Zukunft für uns zu drucken, und ein Amerikaner, den wir von England her flüchtig kannten, bat sogar darum, ihm die Druckfilme in die Heimat zu schicken, so dass er dort Tausende von Kopien herstellen lassen konnte.

Ein Jahr später wurde die Mongolei förmlich mit den farbigen Kinderbroschüren übersät. Von einem Zusatzblatt mit USA Adresse war nie die Rede gewesen. Ich kann heute nur hoffen, dass meine Broschüre damals nicht dazu missbraucht worden ist, christliche und politische Ziele zu vermischen, wie es vielen Missionen in der Vergangenheit immer wieder angekreidet worden ist. Jürgen und ich hatten nie politische Ziele verfolgt und wenn, dann hätten wir uns das nach der Warnung unseres Freundes nochmals gut überlegt:

Ich hoffe, dass ihr die unstabile Situation in der Mongolei nicht ausnutzen werdet und versucht, das ganze politische und religiöse System durcheinander zu bringen. Wenn ich die Mongolen vertreten kann: ich würde keine religiöse Intervention begrüßen, vor allem nicht zu diesem politisch sensiblen Zeitpunkt.

Bilaterale mongolische Verhandlungen

Die Situation war tatsächlich unstabil. Was das Land am meisten brauchte waren Devisen. Deshalb versuchte man Beziehungen mit allen möglichen westlichen Leuten aufzubauen, wo es nur ging. Ende März trafen wir die unkomplizierte Leiterin der „Association Culturelle Suisse-Mongolie" in ihrem Zuhause. Sie erzählte uns von ihrer Zeit in der Mongolei, von den Bekanntschaften mit wichtigen Herren, von den Saufpartys und den daraus resultierenden Versprechen. Es schien sich einmal mehr zu bewahrheiten, dass der Rat, zusammen zu saufen, seine Richtigkeit hatte, wenn man ein Ziel erreichen wollte. Die hartnäckige Frau hatte unsere Studienanträge auf jeden Fall bereits abgeschickt und wartete nun auf Antwort. Am 11. April erfuhren wir, dass ihre Bemühungen erfolgreich waren und unser Stipendium genehmigt worden war. Sie schrieb uns, wir sollten uns mit allen konkreten Fragen an den ersten Sekretär der „Permanent Mission of Mongolia"[62] in Genf wenden.

Wir freuten uns sehr, dass es mit dem Stipendium geklappt hatte! Anfänglich konnten wir nicht glauben, dass Gott uns ein Stipendium schenkte, wo andere Ausländer saftige 500 Dollar pro Monat bezahlen mussten. So wollten wir das nochmals genau klären. Prompt kam die Bestätigung:

Nun wegen dem, was ihr für das Stipendium schuldet: nichts, weil es unsere Ziele sind, an den beiden Kulturen Anteil zu geben und sie in den jeweiligen Ländern zu verbreiten.

Schön, dass unser Missionsauftrag, so wie wir ihn verstanden, sogar in die Ziele der „Association" passte. Die mongolische Seite war schon ganz eifrig dabei, ihre Kultur mitsamt ihren religiösen Elementen in der Schweiz zu verbreiten. Wir

---

62 mongolisches Konsulat

wurden also geradezu von den Statuten her aufgefordert, in der Mongolei vom christlichen Glauben zu erzählen. Natürlich würde ich auch „Mir Senne hei's luschtig" singen, wie in der Inneren Mongolei, und schweizerische Kuchen backen oder von den vier Landessprachen und der direkten Demokratie erzählen, aber zu den „Wurzeln" unserer Kultur musste man vordringen! Das tat die Mongolei mit ihrem reichen Erbe an buddhistischem und schamanistischem Brauchtum ja auch. Somit war es auch unser gutes Recht, das biblische Erbe des christlichen Westens aufzuzeigen. Denn: die Demokratie, die Nationalhymne, das Strafgesetzbuch oder das Rote Kreuz hätte es ohne biblisches Erbe wohl nicht gegeben ...

Das vorchristliche, keltisch-heidnische Erbe, das in den letzten Jahren eine Wiederbelebung erfährt, gehört natürlich auch zu den helvetischen Wurzeln. Aber die Mongolen kannten diese animistischen Bräuche mit der dazugehörigen Angst vor den Geistern und den Einschränkungen im Alltagsleben zur Genüge. Solche Dinge mussten wir nicht auch noch exportieren.

Euer Ja sei ein Nein?

„Euer Ja sei ein Ja und euer Nein ein Nein." Dieser Satz, beziehungsweise die Haltung, dass man Versprechen einlöst, ist ein Beispiel für unsere biblischen Wurzeln. Aber diese waren ja gerade erst in die mongolische Sprache übersetzt worden und anscheinend den Behörden, die für unser Stipendium zuständig waren, nicht bekannt. Oder aber: ihre Versprechen, die unter einer Hebamme namens „Wodkalina" geboren wurden, stellten sich, nüchtern betrachtet, als unglaubliche Blödheit heraus. *Warum in aller Welt 1000 Dollar in den Wind schlagen, wenn da eine Schweizerfamilie war, die es gar nicht erwarten konnte, in die Mongolei zu kommen? Waren die etwa nicht bereit, für die Erfüllung ihres Wunsches etwas zu bezahlen? Ausprobieren konnte man es ja.* Und so erhielten wir einen von Enttäuschung triefenden Brief von der „Association Culturelle", in dem uns mitgeteilt wurde, dass wir nun pro Person 400 Dollar zu bezahlen hätten.

Jürgen und ich waren deprimiert, ganz klar. Wir entschieden ziemlich schnell, dass unter diesen Umständen nur Jürgen an der Uni studieren würde. Von Daniel und Susan wussten wir ja, dass das Dollar-Gesamtpaket auch die Wohnung und ein paar Tugrik zum Leben beinhaltete. Somit hatten wir wenigstens einen Ort zum Wohnen und etwas Geld, wenn wir ankamen. Ich würde schon irgendwie Mongolisch lernen und hatte so mehr Zeit, die Kinder zu unterrichten.

Dass uns auch noch die Wohnung abhanden kommen würde, wussten wir zum Glück damals noch nicht. Über die mongolische Unzuverlässigkeit hatten wir kaum etwas gelesen in den vielen Artikeln über Kultur. Vielleicht hing es ja auch nicht mit der Kultur zusammen, sondern mit der miserablen wirtschaftlichen Lage. Jeder versuchte halt, sich über Wasser zu halten.

Unsere „Hintern" als Übungsfeld

Weil die Lage so miserabel war, mussten wir auch medizinisch vorbereitet sein und machten uns ans Werk. Nach den schlimmen Statistiken über den Gesundheitszustand der Kinder in Ulaanbaatar hatten wir auch begonnen, uns ernsthaft um unsere Gesundheit zu sorgen. Wir hatten ja nicht vor, abgeschirmt in unseren eigenen vier Wänden zu leben, sondern regen Kontakt zu knüpfen mit der Bevölkerung. Das brachte viele Risiken mit sich. So kauften wir uns im WEC Buchladen das Buch „Where there is no doctor"[63], ein Sachbuch mit medizinischen Hinweisen zu Diagnosen und Behandlungen. Dieser dicke Ratgeber lag wochenlang auf meinem Nachttisch. Die makabren afrikanischen Illustrationen von Diphtheriekranken oder von Tollwut gebissenen Kindern verfolgten mich manche Nacht bis in die Traumwelt. Ich war dann jedes Mal heilfroh, am Morgen in der Schweiz aufzuwachen, in einem Land mit gut funktionierenden Krankenhäusern.

Unser Vertrauensarzt brachte uns sogar bei, wie man subkutan spritzt und auch die andere Art Injektion, die ins Gesäß. Jürgen übte unter Aufsicht des Arztes an meinem Hintern und ich an seinem! Ich brachte es fast nicht fertig, die lange Nadel in seine Muskeln zu jagen, hatte keine Ahnung, welchen „Anlauf" ich dazu benötigte, um nicht nur ein bisschen die Haut zu streicheln, sondern die Spritzenladung auch dort zu platzieren, wo sie hingehörte. Ich hoffte schwer, dass ich das in der Mongolei nicht anzuwenden brauchte, doch ich hatte mich getäuscht. Es war dann aber ein anderes als Jürgens Gesäß, das ich mit den Spritzen traktierte ...

Wir erhielten ebenfalls einen Koffer voll Medikamente. Vor allem für die Kinderantibiotika und die sterilen Nadeln zum Nähen von Platzwunden war ich dankbar. Ich wollte wenigstens das Nötigste selber verarzten können, ehe ich in ein mongolisches Krankenhaus mit tuberkulosekranken Kindern und schmutzigen Injektionen gehen musste.

Eine kleine Missionsgesellschaft, die eine Inspektionsreise in die Mongolei unternommen hatte, riet einem potentiellen Mitarbeiter von einer Ausreise ab. Deswegen meldete sich der junge, interessierte Mann dann bei uns. Er wurde einer unserer ersten Mitarbeiter. Auch zwei Bibelschülerinnen entschieden sich trotz der schwierigen Situation dazu, in der Mongolei bei uns ihr Praktikum zu absolvieren. Wir freuten uns auf die Zusammenarbeit, konnten ihnen aber noch nichts Konkretes versprechen. Was uns faszinierte, war zu sehen, wie Gott als Baumeister der Gemeinde eine lautlose, friedliche Mobilmachung für die Mongolei bewerkstelligte, auch in der Schweiz. Er wollte all diese Leute dort, damit sie ihm mit ihren Gaben dienten, zum Wohl des lange vernachlässigten mongolischen Volkes.

---

63 „Wo es keinen Arzt gibt"

MEIN NAME IST GOTT

Einige Missionare waren schon vor Ort, aber es war gar nicht so einfach zu wissen, wie sie den Menschen von Gott erzählen konnten. Das fing damit an, welches Wort man für „Gott" wählen sollte. Die Problematik kann man besser verstehen, wenn man sich überlegt, wie das zur Zeit unserer Vorfahren gewesen sein musste:

Man stelle sich vor, wir hätten im 7. Jahrhundert irgendwo im alemannischen oder keltischen Gebiet gewohnt, als christliche Mönche aus Irland das Evangelium von Jesus Christus in unsere Region brachten:

Natürlich kannten wir das Wort „Gott", so verehrte man in unserem Volk eine Gottheit. Wir Kelten waren es gewohnt ihn anzurufen, halt ein bisschen anders, als das die Iren nun aus der Bibel lehrten. Aber beim genauen Hinsehen gab es merkliche Unterschiede zwischen „Jahwe", der sich in der Bibel offenbart hatte und dem „Gott" der Kelten. Was sollten nun also die irischen Missionare tun? War es richtig, das Wort Gott weiter zu verwenden und die Unterschiede zu erklären, oder wäre es besser, ein ganz anderes Wort zu erfinden, das noch unbelastet war von falschen Vorstellungen? In der deutschen Sprache hat man sich damals für den heidnischen Begriff Gott und das Korrigieren der animistisch geprägten germanischen Gottesvorstellung entschieden.

Sollten die Mongoleimissionare nun also *Borchang* verwenden, den buddhistisch gefärbten mongolischen Gottesnamen oder lieber einen neutraleren Begriff wie *Jirtenziin Ezen*, was übersetzt „Herr des Universums" bedeutet und in Gregorys NT verwendet wird?

Was man vor allem vermeiden wollte, war Synkretismus[64], eine Vermischung von Christentum und Buddhismus. Bis heute leidet nämlich die katholische Kirche an den Folgen von Religionsvermischung, weil zur Zeit, als das Christentum zur erzwungenen Staatsreligion wurde, viele heidnische Elemente aufgenommen worden waren, um den Menschen eine Bekehrung schmackhafter zu machen. Die Heiden konnten damals ihre Göttinnen und Götter und ihre alten Rituale mitnehmen; diese wurden einfach umbenannt, mit einem christlichen Mäntelchen bekleidet. Dass man damit gegen einige von Gottes Geboten verstieß, schien egal, Hauptsache die religiöse Macht war gesichert!

Streit um religiöse Macht gab es laut Augenzeugenberichten leider bereits unter den ersten christlichen Mongolen:

In den letzten sechs Monaten wissen wir von acht Mongolen, die ihren christlichen Glauben bezeugt haben. Nie zuvor in seiner ganzen Geschichte ist dieses Land so offen gewesen, um Jesus persönlich zu begegnen. [...] Wir sind zuversichtlich, dass Gott große Dinge tut, um seinen Namen hier aufzurichten, aber das geschieht nicht ohne Konflikte. [...] Wir sind Zeugen der Spaltung der ersten Gemeinde in diesem Land. Obwohl es erst etwa ein Dutzend Christen gibt, haben

---

64 Die Vermischung von religiösen Ideen oder Philosophien zu einem neuen System oder Weltbild. (Wikipedia)

sie sich wegen vielen Dingen in zwei Gruppen gespalten. Einer der Hauptstreitpunkte war, wie man Gott auf Mongolisch nennen soll. Eine der Gruppen mag den Konkurrenzkampf. Wir haben versucht, gegenseitiges Verständnis aufzubauen, doch manche der Christen scheinen resistent gegen biblische Lehre. Wir befürchten, dass manche sich einer christlichen Ideologie verschrieben haben, aber Jesus nicht persönlich kennen. […] Das Letzte, was die Mongolei braucht, ist eine christliche Religion ohne die erneuernde Kraft Jesu durch den Heiligen Geist. Bitte betet! Das ist eine faszinierende, aber auch heikle Zeit.

Die miesen Fingerabdrücke Satans waren auch hier sichtbar. Er tat wirklich alles, um die Gemeinde Christi in diesem Land von Anfang an zu zerstören. Uneinigkeit und Unversöhnlichkeit waren dazu bestens geeignet, denn dadurch wurde der Heilige Geist betrübt, der Segen Gottes blieb zwangsläufig aus und der lebendige, christliche Glaube mutierte zur toten Religion, beziehungsweise Institution. Wir beteten, dass es nicht so weit käme und motivierten viele zur Fürbitte. Allein im Mai 1991 besuchten wir 10 Missions-Gebetsgruppen. Das sind regelmäßige Zusammenkünfte von Christen aus unterschiedlichen Kirchen und Freikirchen, die für gezielte Anliegen aus aller Welt beten. Mit unseren aktuellen Informationen, die wir in Form einer Tonbildschau zusammentrugen, informierten wir über die Situation in der Mongolei. Um auch die Herzen der Menschen zu erreichen, wagten wir uns sogar ans Liederschreiben[65]:

WEIT ENTFERNT IM DUNKLEN HERZEN ASIENS

*1. Weit entfernt im dunklen Herzen Asiens,
weit weg von der Liebe des Herrn,
gibt's ein Volk von sieben Millionen,
die noch immer dem Heiland so fern.
Umgeben von schneeweißen Bergen,
in den Tälern die Flüsse so klar:
Mongolen leben dort im Schatten des Todes,
Mongolen, für die Jesus starb.*

*2. Von buddhistischen Lehren beeinflusst,
geben sie sich hin okkulter Macht.
Auch Schamanen mit ihren Zaubereien
halten sie in dunkler Nacht.
Von marxistischem Gedankengut umgeben,
bleibt die Sehnsucht ihres Herzens ungestillt:
Die Mongolen warten auf die Erlösung.
Wer ist zum Gehen gewillt?*

---

65 Der Text passt zur Melodie „Who can sound the depths of sorrow" von Graham Kendrick, Lied Nr. 604 aus „Songs of Fellowship, Kingsway Music, Great Britain, 1991"

*3. Die Mongolen in der öden Wüste Gobi,
in den Zelten auf dem Grasland so weit,
in den neu erbauten trostlosen Städten,
werden nur durch Gebet befreit.
Wir wollen geh'n und von Jesus erzählen,
was er einst am Kreuz für uns tat.
Und laut proklamieren, dass Jesus rettet
und die Ketten des Teufels zerbrach.*

*4. So weiß wie der Schnee auf ihren Bergen,
so klar wie ihre Flüsse und Seen,
wäscht das Blut Jesu Christi ihre Sünden,
wenn sie von Herzen sich zu Ihm bekehr'n.
Ganz egal wie stark das Bollwerk von Satan,
durch Glauben und Gebet gibt's manchen Riss.
Wenn finstere Mächte auch wütend toben:
In Jesu Nam' ist uns der Sieg gewiss.*

ZIRKUSMONGOLEN

Dass die Mongolen hungrig und durstig waren nach spirituellen Dingen, zeigte uns ein Erlebnis im April. In Rüti, unserem Wohnort, gastierte gerade der „Zirkus Stey". Als ich einmal mit den Kindern auf dem Zirkusgelände herumlungerte und eigentlich nach Tieren Ausschau hielt, entdeckte ich ein mongolisches Gesicht. Wir freundeten uns mit dem jungen Mann an. Er besorgte uns vier Freikarten für die Vorstellung der nächsten Woche. 13 Mongolen seien sie, informierte er uns.

Super! 13 Mongolen aus der ehemals so verschlossenen Mongolei hier in der Schweiz. Welche Möglichkeit!, dachte ich. Wir wollten sie unbedingt einladen. Das taten wir dann einen Tag nach der überwältigenden, tollen Vorführung. Den ganzen Tag bereitete ich ein gutes Essen vor mit viel Gemüse und Salat, denn ich wollte die mangelhaft ernährten Mongolen aufpäppeln. Wie wenig ich von der mongolischen Esskultur wusste, merkte ich, als fast die ganze Gemüseplatte noch übrig blieb. Dafür hätten sie wohl zehnmal so viel Fleisch gegessen.

Weil sie kaum Deutsch und wir nicht allzu gut Mongolisch konnten, zeigten wir ihnen Bilder aus der Inneren Mongolei. Die Kommentare bekamen sie in gebrochenem Mongolisch, aber sie schienen einigermaßen folgen zu können. Wir trällerten die mongolischen Lieder, die wir in China gelernt hatten und sie zeigten alle Kunststücke, die man auf engem Raum vorführen konnte. Ich war begeistert von der elastischen Schlangentänzerin. Ermutigt durch die bilaterale Abmachung, die Kultur zu verbreiten, gaben wir allen zum Schluss noch zwei christliche Broschüren auf Mongolisch, nachdem sie uns mit bunten Götterfratzen beschenkt hatten. Manche begannen sofort zu lesen, und einige von ihnen baten uns um ein drittes und viertes Exemplar. Sie zeigten auf jeden Fall viel Interesse an der christlichen Literatur.

Zweifel und Anfechtungen

Solche positiven Erlebnisse zu machen war wichtig für uns, denn manchmal fragten wir uns schon, ob unser Vorhaben nicht zu gefährlich wäre: *War es verantwortungslos, mit den Kindern auszureisen, wie so viele der Verwandten meinten?* Nachdem ein Bekannter aus der Mongolei zurück gekehrt war und berichtete, es gäbe nur Tee und Salz in den Geschäften, schwante mir Schlimmes. Für einen Moment war ich versucht, auch Lebensmittelvorräte mitzunehmen, doch das war unmöglich. Wir hatten zwar die Zusage von „Malaysian Airline" für 150 Kilo Gepäckerlaubnis von Zürich nach Hongkong, aber wir mussten Wichtigeres mitnehmen: Schulmaterial, Medikamente, Wörterbücher und warme Schuhe. Wir konnten uns unmöglich aus der Schweiz versorgen lassen! Also blieb uns nur das Vertrauen in Gott, dass er uns versorgen würde. In dieses Zweifeln hinein las ich eines Morgens den 145. Psalm und staunte über die Verse 15-19:

Aller Augen warten auf dich,
und du gibst ihnen ihre Speise zu seiner Zeit.
Du tust deine Hand auf und sättigst alles Lebendige nach Wohlgefallen.
Der Herr ist gerecht in allen seinen Wegen und treu in allen seinen Werken.
Nahe ist der Herr allen, die ihn anrufen,
allen, die ihn in Wahrheit anrufen.
Er erfüllt das Verlangen derer, die ihn fürchten.
Ihr Schreien hört er, und er hilft ihnen. (Elb.)

Gott hatte uns als ganze Familie berufen. Auch wenn ich mich als Mutter sorgte, durfte ich wissen, dass letztlich Gott verantwortlich war für uns, wenn wir ihm gehorchten. Ich legte also meine Sorgen im Gebet bei ihm ab und bat Jesus, uns als Eltern zu helfen:

Mit Freude und gespannter Erwartung gehe ich der Zukunft entgegen. Ich freue mich darauf, unsere Kinder begleiten zu dürfen auf ihrem Weg dorthin, in allen Schwierigkeiten, denen sie begegnen werden. Ich möchte, dass sie spüren: Wir sind geborgen. Mami und Papi kümmern sich um uns. Gib du, Herr, dass wir ihnen gerecht werden können, ihrem kindlichen Wesen, ihren Ängsten, ihren Bedürfnissen und vor allem ihrem geistlichen Innern.
Hilf du, Herr, uns allen. Wir brauchen dich.

Im Rundbrief an unsere Freunde schrieb ich kurz vor der Ausreise:
Eine Zeitlang sah es so aus, als ob wir mit wehenden Fahnen und ohne große Probleme in die Mongolei verreisen würden. Seit dem letzten Rundbrief hat sich dieses Bild etwas verändert und die „berühmt-berüchtigten" Angriffe haben eingesetzt.

Zu diesen Angriffen gehörte die Tatsache, dass wir bis kurz vor Abreise auf der

Warteliste unseres Fluges standen, dass das Konsulat in Genf uns immer noch keine näheren Angaben zur Unterkunft gemacht hatte und dass meine Eltern immer mehr Mühe hatten mit unserer unsicheren Zukunft. Wir wohnten in der letzten Zeit bei ihnen. So bekamen sie alle Turbulenzen mit, die unsere Ausreise mit sich brachte. Sie gaben sich zwar alle Mühe, ihre zwiespältigen Gefühle zu verbergen, aber wir realisierten schon, wie schwer es ihnen fiel, uns mit den kleinen Kindern in diese Unsicherheit zu entlassen.

Ab und zu schenkte uns Gott auch Lichtblicke: zum Beispiel bekamen wir an einem JmeM[66] Treffen in Einigen, wo wir über unsere neue Arbeit in der Mongolei informierten, eine Spende von über 1400 Franken. Damit konnten wir gerade die Flugtickets von Hongkong nach Ulaanbaatar bezahlen.

Aussendungsfeier

Am 21. Juli fand in der FMG Thun der Aussendungsgottesdienst statt. Die Verbundenheit zwischen der Missionsleitung, der Gemeindeleitung und uns war deutlich spürbar. Dankbar nahmen wir die Bibelworte entgegen, die für uns ausgesucht worden waren:

Siehe, ich habe dir eine Tür geöffnet, die niemand verschließen kann.
Deine Kraft ist klein; doch du hast an meinem Wort festgehalten
und dich unerschrocken zu mir bekannt. (Offenbarung 3,8)

Ihr aber seid das von Gott auserwählte Volk, seine königlichen Priester,
Menschen, die ihm gehorchen und sein Eigentum sind.
Deshalb sollt ihr die großen Taten Gottes verkündigen,
der euch aus der Finsternis befreit und in sein wunderbares Licht geführt hat.
(1. Petrusbrief 2,7-9 nach Hfa)

Ich weiß noch, wie der damalige Schweizer Missionsleiter, Erhard Seelig, uns in etwa sagte: „Ihr seid als Familie die Gemeinde Gottes. Auch wenn es keine andern Christen in der Mongolei gäbe, so könntet ihr euch als Gemeinde versammeln und Gott ehren."

Dieses Wort hat mich noch jahrelang begleitet, und wir haben auch versucht das umzusetzen. Die geistliche Gemeinschaft mit unseren Kindern war uns immer wichtig; von Anfang an haben wir sie als „Geschwister" gesehen, durch die Gott auch zu uns sprechen wollte, uns ermutigen und wo nötig korrigieren.

Im Wissen, dass viele Christen mit ihren Gebeten hinter uns standen, fühlten wir uns gestärkt und bereit, in die Mongolei zu reisen. Aber der Feind gönnte uns dieses gute Gefühl nicht lange. Noch am selben Abend spürte ich beim Duschen einen Knoten in meiner linken Brust, der Jürgen und mich aufschreckte. *Was, wenn ich Brustkrebs hatte? Konnte das sein? Wollte uns Satan so stoppen?* Viele Fragen standen im Raum und beflügelten jeden Tag unsere Gebete, bis ich vom

---

66 „Jugend mit einer Mission Schweiz" ist ein Dienst von „JMEM International".

Arzt eine Woche später den Bescheid bekam, dass der Knoten gutartig sei. Wir atmeten auf, doch nicht für lange, denn der echte Hammer kam am 2. August, zwei Tage vor unserem Flug nach Hongkong.

„Eine Tür, die niemand schliessen kann ..."

Wir waren gerade zurück aus den Ferien in Burgdorf, hatten den ganzen Tag gepackt und genossen nun in aller Ruhe das „Fondue-Chinoise"-Essen, das Mami uns zum Abschied liebevoll vorbereitet hatte. Da klingelte das Telefon. Ich stand auf, weil es jetzt eh' meistens für uns war:

„Kullmann bei Haas", meldete ich mich.

„Mongolisches Konsulat", meldete sich die Stimme am andern Ende.

Was kam nun?, dachte ich.

„Wir haben soeben ein Fax von der Universität in Ulaanbaatar bekommen, dass sie euch als Familie nicht empfangen können."

Ich war schockiert. „Wieso denn nicht? Was ist passiert?" Bedeutungsvolle Blicke wanderten von mir zu Jürgen und zurück.

Schweigen, Hüsteln am anderen Ende. Dann endlich: „Nun, ich glaube, sie wollen die Verantwortung für die Kinder nicht übernehmen. Sie wissen ja, die wirtschaftliche Lage ist im Moment schwierig."

„Und was heißt das konkret?", fragte ich voll unguter Ahnungen.

„Das heißt, dass sie nicht in die Mongolei gehen können", meinte der Herr in Genf.

„Hören Sie", sagte ich bestimmt ins Telefon hinein – während ich der leisen Stimme des Heiligen Geistes lauschte, die den Aussendungsbibelvers ‚eine Tür geöffnet, die niemand verschließen kann' zitierte –, „wir haben unsere Jobs hier aufgegeben, die Wohnung gekündigt und die Flugtickets gebucht. Wir fliegen übermorgen hier los. Richten Sie der Universität aus, dass wir trotzdem kommen."

Ich weiß nicht mehr, was der Mongole daraufhin sagte, ich glaube, ich habe aufgehängt.

Natürlich wollten jetzt alle im Wohnzimmer wissen, was denn los sei. Die Bombe war geplatzt und die schöne Chinoise Stimmung auch. Mami tat mir Leid. Sie hatte sich so auf den ruhigen, gemütlichen Abend gefreut. Und nun das! Sie ärgerte sich über diese Mongolen und meinte einmal mehr, wir sollten die doch auf den Mond schicken – *da waren sie aber schon*, dachte ich sarkastisch – und hier bleiben. Wenn die so dumm taten und uns nicht wollten! Warum denn hinterher rennen? Warum nicht zurück in den Beruf, beide als Lehrer arbeiten, den Buben eine vernünftige Schulbildung ermöglichen, ein Haus kaufen ...

Mamis Vorschläge schienen irgendwie verlockend zu sein, doch sie ähnelten letztlich zu sehr dem Einwand, den Petrus gegenüber Jesus geäußert hatte, als er ihn vom Weg nach Jerusalem hatte abhalten wollen.

Es war allen Erwachsenen am Tisch klar, was die Verweigerung der Universität für uns bedeutete: die Uni war verantwortlich für uns, für unsere Wohnung, unser Essen, eine Einführung in die Mongolei, einfach für alles. Nun waren wir plötzlich auf uns allein angewiesen. Wir wussten nicht mal, wo wir am ersten Abend in der Mongolei übernachten würden.

Ein weiteres Glaubensabenteuer konnte beginnen!

Teil 5

Wozu das alles Gott?

Ulaanbaatar, Mongolei

1991–1993

19

Euphorie

Endlich am Ziel!
Wie lange war es nun her, dass Gott uns sein Herzensanliegen für die Mongolen mitgeteilt und den Wunsch, für längere Zeit in der Mongolei zu leben, in unsere Sinne gelegt hatte? Bei mir seit 1984. Bei Jürgen schon seit 1982, als er von der geistlichen Not in der Mongolei gehört und angefangen hatte, mit zwei seiner Freunde für dieses Land zu beten. Und nun schrieben wir das Jahr 1991. Lange Jahre der Vorbereitung hatten wir hinter uns an jenem Abend des 19. Augusts, als Jürgen und ich Hand in Hand auf einem der zahlreichen Balkons in Ulaanbaatar standen und in das von der Abendsonne in goldenen Rottönen gemalte Bild von Häuserblocks, Strassen und entfernten Hügelketten blickten (siehe Farbfoto). Endlich am Ziel! Es fühlte sich gut an. Wirklich gut. Kulturschock Phase Eins hatte eingesetzt: Euphorie.

Irgendwo tief in meinem Innern regten sich zwar schon ganz leise Stimmen, die sich in mein endorphinhaltiges Bewusstsein zu bohren versuchten, um klammheimlich meine Traumblase der idyllischen Mongolei aufzustechen, doch ich ließ es nicht zu. Das Abendlicht gab schließlich die kaputten Fassaden der Häuser und die dahinter liegende Not auch nicht preis, sondern umhüllte sie mit einer Romantik, die unsere Herzen eroberte. Dieser Moment war wichtig, das spürten wir intuitiv und genossen ihn in vollen Zügen.

Jürgen und ich wussten nur zu gut, was es uns gekostet hatte, hierher zu kommen. Gott musste etwas im Sinn haben. Teil zu sein von Gottes Plan fühlte sich faszinierend an, erfüllte uns aber auch mit tiefer Ehrfurcht. Wir standen auf dem Balkon wie zwei kleine Kinder, die ihre leeren Hände ausstreckten und darauf warteten, dass ihr Papa sie füllte.

Plötzlich wurde es dunkel. Vor uns gähnte ein schwarzes Loch, und hinter uns hörten wir eine schlaftrunkene Stimme: „Papi, das Licht ist aus."

Wir lösten uns aus unserer Umarmung und stolperten zurück ins Zimmer. Dies also war einer der berüchtigten Stromausfälle Ulaanbaatars. Man hatte uns gewarnt. Irgendwo in den 100 Kilo Gepäck, die wir vor etwa zwei Stunden die Treppen hoch in den fünften Stock getragen hatten, befand sich, was wir nun dringend brauchten.

„Bleibt mal in euren Betten", sagte ich zu den Kindern, „wir suchen die Taschenlampen." Es gab schon genug, worüber man in dieser Dreizimmerwohnung straucheln konnte. Als Familie bewohnten wir ein großes Zimmer mit vier Betten nebeneinander; die andern Räume waren belegt. Unsere Koffer hatten wir im Wohnzimmer und im Flur abgestellt. Jürgen fummelte in seinem Handgepäck herum und fand schließlich seine Taschenlampe. Beim ersten Lichtstrahl verloren die Buben ihre Angst und fanden es bald äußerst lustig, dass wir uns wie Einbrecher von Zimmer zu Zimmer schlichen und Streichhölzer und Kerzen suchten. Die verdrießliche Wirklichkeit wurde zu einem spannenden Spiel. Im einzigen Küchenschrank fanden wir, was wir suchten, und bald war zumindest in unserer Wohnung die verloren gegangene Romantik wieder hergestellt: Ein Kerzenstummel erleuchtete das Badezimmer, der andere das Schlafzimmer. Beim Zähneputzen hatte ich trotz des sanften Lichts das eigenartige Gefühl, als würde ich beobachtet. Aber es sollte noch Tage dauern, bis ich dem Zuschauer auf die Schliche kam.

Die Elektrizität kehrte nicht zurück, und so huschten auch Jürgen und ich ins Bett, obwohl es erst kurz nach zehn Uhr war. Irgendwie war es ganz gemütlich, dieses Familienzimmer! Dennoch konnte ich lange nicht einschlafen. Erlebnisse der letzten zwei Wochen zogen an meinem inneren Auge vorbei, manche noch prunkvoll geschmückt, andere schon fast verblasst:

REISE-ERINNERUNGEN

Sonntag, 4. August 1991, Flughafen Zürich-Kloten: Ich sitze am Boden, öffne Koffer und Kisten, versuche mich zu entscheiden, was ich zurücklassen soll. Neben den bewilligten 150 Kilos haben wir 17 Kilos zu viel. *Soll ich den Dampfkochtopf da lassen oder das Lesebuch für Samuel? Meine Winterstiefel oder einige von Jürgens Englischbüchern?* Mami erträgt unsere fruchtlose Diskussion nicht länger. Sie und Dänu, unser Freund, den ich bei der „Jesus-kauft-Lada-Geschichte" erwähnt habe, begleichen die Extrakosten während ich alles dankbar wieder einpacke.

Mitternacht, Dubai: Wir sitzen um unser Handgepäck und spielen Karten; so vergeht die Zeit schneller.

Montag, 5. August, Kuala Lumpur: Es ist 6.30 Uhr, beziehungsweise 13.30 Uhr Lokalzeit. Wir landen in der Hauptstadt Malaysias und beziehen unser Hotel. Schlafen, spazieren. Die Pommes frites und Banana Splits hätten wir besser nicht bestellt, denn mit dem einheimischen Eis konnten unsere Magen gar nichts anfangen …

Dienstag, 6. August, Hongkong: Hochhäuser, kaum Platz fürs Flugzeug dazwischen! *Wenn das nur gut geht!* Feuchtheiße Luft. Steve holt uns ab. *Danke Jesus!* Das YMCA Camp, wo die Konferenz stattfindet, ist schön: am Meer, ruhig, grün. Nur die Schaumgummimatten auf den Doppelstockbetten sind zu dünn. Egal. Wir sind Missionare. Haben wenigstens ein Bett, wenn auch zu viert im Zimmer. *Was wird in der Mongolei sein?* Ich kann nicht schlafen, trete in den Hauptraum der Hütte. Meine Füße frieren auf dem Betonboden. Ich setze mich an den Tisch, bete und kritzle ins Tagebuch:

Ich spüre, ich kann keinen weiteren Schritt tun in eigener Kraft. Der Herr allein ist meine Stärke. […] Gott tröstet mich durch Psalm 23,1.

Dienstag, 13. August, Hongkong: Die Konferenz ist vorbei. Wir wohnen bei Freunden. Das Telefon klingelt. Daniel aus Ulaanbaatar! *Ein Wunder!* Nun wissen sie Bescheid. Er verspricht uns abzuholen. *Gut!* Dann folgen Tipps: Bankkonto eröffnen, Ersatzbrille für Samuel bestellen, Plastikgeschirr, Schlösser, Batterien, Kakerlakengift, Ablaufsieb, Kontaktlinsenreiniger, Stromschwankungsgerät, Kabel und dergleichen einkaufen. *Wie kriegen wir das alles in die Mongolei?*, sorge ich mich.

Mittwoch, 14. August: Steve ruft an. Seine Organisation kann einen Teil unseres Gepäcks schon diese Woche, einen anderen Teil im November mitbringen. *Danke Herr!* Wir sortieren alles um. *Was brauchen wir dringend? Was kann warten? Die Wintersachen! Jürgen braucht die Bücher. Ich die meinen auch, für Samuels Schule, fürs Mongolischlernen.*

Samstag, 17. August: Eine innermongolische Christin kommt uns besuchen. Sie hat Interesse an der computerisierten mongolischen Schrift, die Jürgen entwickelt hat. *Schön, dass jemand sie brauchen kann!* Wir freuen uns zu hören, dass es schon christliche mongolische Radiosendungen gibt!

Sonntag, 18. August: Ausschlafen, Andacht mit Kindern, nochmals Eis essen gehen. Eltern anrufen, so lange wir noch in der Hightech Welt sind …

Montag, 19. August, 6.30 Uhr, Hongkong Flughafen: *Blöd! Immer noch 25 Kilos zu viel!*

13.30 Uhr, Beijing Flughafen: Haben gerade eingecheckt für den Flug nach Ulaanbaatar. MIAT[67]-Angestellte wollten kein Übergewicht-Geld; sind mir sympathisch. Ich notiere:

Nun sitzen wir bereits inmitten von Mongolen, die mongolisch sprechen. Ich fühle mich fast wie zuhause!

15.50 Uhr, über der Wüste Gobi: *Das, mein Zuhause? Kein Thunersee, keine schnuckeligen Dörfer, nur grau-braune Hügellandschaft. O Gott!*

17.30 Uhr, Ulaanbaatar: Wir landen und staunen: all unser Gepäck ist da, etwas havariert, aber da! Wir trotten den Menschen hinterher ins Freie, unsere Blicke suchen! Da! Daniels Halbglatze und Bart, unverkennbar. Umarmen, fröhliche Müdigkeit. Ein Mann drängt sich vor. „Bin von der Uni", sagt er und will uns ins teure Hotel stecken und Tugrik gegen Dollar tauschen: 40:1. Daniel rät uns ab. Er hat eine Unterkunft für uns. *Ist aber nett, dass die Uni jemanden geschickt hat.* Der Uni Mensch geht. Jürgen solle sich melden, von wegen Studium und so. Okay. Lächeln.

19.00 Uhr, im Fünften Distrikt: Das Auto hält vor fünfstöckigem Haus. Draußen ein Kinderspielplatz. *Super.* In der Wohnung von Daniels Organisation ist ein Zimmer frei für eine Weile. Gepäck abladen. Kurz umschauen. *Nicht schlecht. Danke Herr.*

20.00 Uhr, im Dritten Distrikt: Begrüßen Susan, löffeln ihre heiße Suppe und

---

67 mongolische Fluggesellschaft

essen Brot. Wie gut, wenn man Freunde hat! Fahren zum ersten Mal Bus. „Wohin?", fragen unsere Buben.
„Nach Hause, zum Haus mit dem Kinderspielplatz", antworten wir.
21.15 Uhr, zuhause: Kinder liegen im Bett. Jürgen und ich stehen auf dem Balkon, dankbar für alles.

Ich drehte mich ein letztes Mal um in meinem neuen Bett und schlief friedlich ein, müde von der Ereignisparade, die in meinen Gedanken vorbeigezogen war und zu müde, um mir den Kopf zu zerbrechen über morgen.

DER ICH DELGUUR

Um acht Uhr weckte uns das Telefon. Dann nahmen Jürgen und ich uns Zeit fürs Bibellesen und Gebet, solange die Kinder noch schliefen. Nach dem gemeinsamen Frühstück fuhr Jürgen mit Daniel los in die Stadt, während ich mit den Kindern auf- und einräumte. Als erstes installierten wir den mitgebrachten Wasserfilter. Aber für mich war es schon zu spät. Irgendwo hatte ich mir bereits eine Bakterie oder ein Virus eingefangen, das mich zusehends schlapper werden ließ. In der prallen Mittagssonne machte ich mich trotzdem mit den Kindern auf den Weg zum nahe gelegenen *ich delguur*, dem „großen Laden". Von außen sah das Gebäude ganz imposant aus, doch drinnen gab es kein Licht. Stromausfall! Nicht mal die Waren in der Nähe der Fenster konnte man sich richtig anschauen, denn diese lagen schön aufgestapelt etwa anderthalb Meter hinter hölzernen Theken, die von Verkäuferinnen bewacht wurden. Davor bildeten sich lange Schlangen. Und es war stickig heiß.

Irgendwann kehrte die Elektrizität zurück, zum Glück, denn ich fand es absolut interessant, all das Neue zu beobachten. Da gab es zum Beispiel ein ganzes Gestell voll Mützen: Gepolsterte Seidenkappen mit graziös verknotetem Zipfel, Fellmützen mit Ohrenklappen oder einem 30 Zentimeter langen, echten Tierschwanz. Samuel und Michaja waren ebenfalls fasziniert. Sie konnten sich nicht satt sehen an den vielen Mongolen in allen Größen und Formen, und diese starrten unverhohlen zurück auf den kleinen Jungen mit dem roten Brillengestell, seinen Bruder und seine Mama. Diese hatte aber nur Augen für die Waren. Instinktiv, wie ein Tier in der wilden Natur, stieg ich ein in den Überlebenskampf. Eine innere Liste sagte mir ständig, was wir noch alles bräuchten in den nächsten Monaten. Sobald meine Augen diese Dinge entdeckten, registrierte ich Freude, ja Lust. Es war ein Spiel mit Herausforderung, Gewinn und Verlust. Angst hatte ich keine, denn ich wusste: mein himmlischer Vater überwacht die Spielregeln.

Da ich keine Lust hatte, in den Schlangen zu stehen, zerrte ich die Kinder zu einem Regal, an dem niemand Interesse zu haben schien. *Aha! Wollstrumpfhosen für Kinder! Kann sicher nicht schaden, sich damit einzudecken.* Aber obwohl ich wie wild gestikulierte und gebrochene mongolische Wortfetzen um mich schleuderte, gaben die Verkäuferinnen mir die zwei Paar erwünschten Hosen nicht,

sondern schauten mich nur verständnislos an und wiederholten: „*kaass, kaass*".
   Hätte ich einfach abgeschaut, wie andere das tun, wäre ich dem mongolischen Einkaufssystem und so manch anderem kulturellen Verhalten früher auf die Schliche gekommen. Aber ich war ein Mensch, der rational, über den Verstand lernte; das war in dieser Situation nicht gerade hilfreich. Kurz bevor ich frustriert aufgab, schnallte mein Hirn, wie das mit der *kaass* funktionierte: Man erkundigte sich als erstes nach dem Preis der Ware, ging zur Kasse, bezahlte den Betrag, bekam die Quittung, wanderte zurück zur Theke, eroberte sich die Aufmerksamkeit der Verkäuferin erneut, streckte ihr den Zettel entgegen und – oh Wunder! – bekam das Gewünschte. Für diese Prozedur war es ganz schön nützlich, wenn man wenigstens die mongolischen Zahlen gut verstand. Zum Glück war die Inflation damals noch nicht *so* hoch, dass elfsilbige Zahlenwerte wie *durwen-miängen-dooloon-zoon-täwen-näämang*[68] genannt wurden. 1991 reichte es, wenn man die Einer und Zehner kannte. Selten kostete etwas über Hundert Tugrik. Laut Haushaltbuch, das ich damals peinlich genau führte, bezahlten wir für die beiden Strumpfhosen *dutsching*, also 40 Tugrik. Gemäß dem Tauschangebot des Uni Typs entsprach das einem Dollar.

BÄÄCHGUI

Nach dieser Einkaufstour hatten wir alle Hunger. Wir schleppten uns ins nächste Restaurant, studierten die Speisekarte, entschieden uns für die Schnitzel und standen zu dritt in der langen Schlange an.
   Als wir an der Theke unser Menu bestellten, antwortete der Mann ungeduldig: „*Bäächgui!*"
   Also versuchte ich es mit *booz*, den mongolischen Ravioli.
   „*Bäächguee!*", tönte es auch diesmal wieder, nur schien der Mann diesmal die letzte Silbe anders auszusprechen, was für meine linguistisch gespitzten, lernbereiten Ohren frustrierend war.
   Dieses *bäächgui* war das erste mongolische Wort, das die Kinder in Ulaanbaatar lernten. Es hatte die gleiche frustrierende Bedeutung wie das *mejo*, das mir noch heute aus meiner China Zeit in den Ohren klingt und fühlte sich an, wie wenn man geohrfeigt wird: „Gibt's nicht!"
   Während ich sogar diesem Vorfall seine gute Seite abzugewinnen versuchte, verließen wir das Restaurant, denn auf die Suppe, deren Fettstücke mit den roten Wangen der Serviertöchter um die Wette glänzten, hatten wir keinen Appetit.
   Auf dem Heimweg kaufte ich für 25 Tugrik ein Pack mongolische Nudeln und eine Tüte Salz. Ich hatte keine Tasche bei mir, auch im Laden gab es keine. Niemand spazierte mit Plastiktüten umher. Ich schaute mich um, was „frau" denn zum Einkaufen benutzte: entweder ein gehäkeltes Netz für die schmutzigeren Gegenstände wie Kartoffeln und Fleisch oder eine Stofftasche für den offenen

---
68 „4758"

Reis oder das Mehl. Die meisten trugen ihr Brot oder ihre Flasche Öl einfach unter dem Arm.

„Das ist ja richtig umweltfreundlich", frohlockte ich zu den Buben. Ich bewunderte das ökologische Einkaufsverhalten der Mongolen. Zuhause packte ich eine „Carbonara"-Fertigsauce aus, die ich vorsorglich für die ersten Tage eingepackt hatte, warf die aluminiumbeschichtete Verpackung mit schlechtem Gewissen in den Kehricht und kochte heißhungrig unser erstes Essen in der Mongolei. Die Nudeln schmeckten etwas „tangglig", wie wir Berner es nennen, wenn Mehlspeisen verkocht und klebrig sind, und ab und zu quietschte Sand zwischen den Zähnen. Aber wir wurden satt. Das war doch die Hauptsache, oder? …

Nach diesem anstrengenden Einkaufen legte ich mich mit Kopfweh ins Bett und hoffte, Jürgen würde bald heimkommen. Das tat er, nahm die Buben abends mit ins Ulaanbaatar-Hotel, wo es auch etwas Vernünftiges zum Essen gab, während ich zuhause die mongolischen Nudeln mit der Toilette teilte und mich dann gesund schlief.

Überlebensstrategie Freunde

Als ich am nächsten Morgen aufwachte, traf ich im Korridor unsere neuseeländischen Zimmernachbarn an, ein Ehepaar in unserem Alter. Wir bedankten uns bei ihnen für ihre Bereitschaft, die Wohnung mit uns zu teilen.

Beim Frühstück fragte mich Jürgen: „Rate mal, wen wir gestern Abend noch getroffen haben?"

Mein Kopfweh war dank einer Dose russischen Kaffees, den Daniel mir aus lauter Mitgefühl überlassen hatte, vorbei. Ich überlegte: „*Zogtbaatar? Delgermaa? Tumur?*"

Jürgen schüttelte nur den Kopf, als ich die Namen der Mongolen aufzählte, die wir im Ausland kennengelernt hatten. Also versuchte ich es mit den Ausländern: „Gregory?" Auch nicht. Wer konnte denn noch in der Mongolei sein? Ich kam nicht drauf.

„*Ganzörig* und seine Frau! Erinnerst du dich?", fragte Jürgen.

Natürlich tat ich das. Er war einer unserer Bekannten aus der Hohhot-Zeit.

„Sie wohnen hier in der Nähe und haben uns heute zum Mittagessen eingeladen. Ich gehe jetzt zur Uni und versuche, die zuständigen Lehrer zu treffen. Dann hole ich euch ab und wir gehen gemeinsam." Mit einem Kuss war Jürgen aus dem Haus.

Ich putzte die kleine Küche gründlich und richtete sie etwas ein. Immer konnten wir auch nicht auswärts essen gehen, auch wenn es für Schweizer Verhältnisse billig war.

Wir freuten uns, *Ganzörigs* Frau *Odontoya* kennenzulernen. „Sternenstrahl", wie ihr mongolischer Name übersetzt lautete, hatte wunderbar gekocht. Ich staunte, wo sie das Gemüse her hatten.

„Vom chinesischen Markt", verriet sie mir. Wir beschlossen, den am Nachmittag aufzusuchen. *Ganzörig* war sehr ernüchtert. Man ließ ihn hier in Ulaanbaatar spüren, dass er Chinese war, ein unerwünschter Eindringling. Der alte Hass zwischen Eroberern und Eroberten flammte wieder auf. Er erzählte uns, dass manche Leute sie sogar anspuckten, wenn sie auf der Straße zusammen chinesisch sprachen. Die Ablehnung, die sie erfuhren, führte aber dazu, dass sie sich umso liebevoller um uns Neulinge kümmerten. Ich fragte mich, ob man uns wohl auch anspucken würde. Die Antwort sollte ich ein paar Tage später bekommen.

Zuhause packte ich meinen zehn Kilo schweren Rucksack aus mit Gemüse und allerlei Haushaltsdingen, die ich im *ich delguur* erstanden hatte. Aber die Kinder wollten nichts essen. Nun klagten sie über Bauchweh und Durchfall. Es wurde Zeit, WC-Papier zu finden.

Überlebensstrategie Einkaufsläden

Jeder Tag hatte einen ähnlichen Ablauf: einkaufen, irgendwann beim Ulaanbaatar-Hotel vorbeischauen, Kontakte knüpfen, den Haushalt besorgen.

Am Donnerstag, als ich allein unterwegs war und Jürgen die kranken Kinder hütete, traf ich *Delgermaa* wieder, die mongolische Englischstudentin aus Leeds, die Michaja seinen Zweitnamen gegeben hatte. Sie schien wirklich erfreut, uns zu sehen und lud uns für Sonntagmittag zum Essen ein.

Doch vor dem ersten mongolischen Ruhetag gab es noch viel zu entdecken: Jeder Tag hielt eine spezielle Überraschung für uns bereit. Nun war ich an der Reihe, diese auszupacken, denn jetzt lag Jürgen mit Durchfall im Bett: Während ich mit den Kindern die Spielplätze der Umgebung erkundete, hatte ich immer Professor Vietzes Deutsch-Mongolisch-Gesprächsbuch dabei und versuchte, mit Kindern ins Gespräch zu kommen. Einmal gesellte sich eine Oma, eine *emee* dazu, die sogar im gleichen Haus wohnte und uns ein paar Tage später zu Schnaps, vergorener Stutenmilch, *booz*, Tomatensalat und Torte einlud. Ich schätzte diese Kontakte zu der Bevölkerung sehr, denn bis dahin hatten wir ja vorwiegend Mongolen getroffen, die schon etwas europäisiert waren. Ein Satz, den ich in meinen ersten Mongoleitagen auswendig lernte, ohne ihn zu verstehen – ganz entgegen meiner analytischen Art – , ist mir bis heute in Erinnerung geblieben: *Minii biji negl bazaachgui bään*, was ungefähr bedeutet: „Mir geht es gesundheitlich nicht so gut." Mit diesem Satz erreichte ich dann, dass ich in den ersten Wochen, wo ich öfters Magenkrämpfe und Durchfall hatte, nicht immer alles essen musste, was mir angeboten wurde.

Der Höhepunkt dieser ersten Woche war, als mir eine Ausländerin den Russenladen zeigte. Er lag im Osten der Stadt. Hier bezahlte man zwar in Dollar, doch es gab Dinge, die man sonst nirgendwo fand: Marmelade, Butter, Essig, Öl, Konserven. Eigentlich war der Laden den Russen vorbehalten, doch wenn man russisch genug aussah und die beliebten grünen Scheine hatte, drückten die Verkäuferinnen meistens ein Auge zu, vor allem dann, wenn die Regale mit einer Ladung aus dem Norden neu gefüllt worden waren.

Ganz anders sah es Ende August im *ich delguur* aus. Da am 1. September alle Schulen mit dem Unterricht begannen, waren Schulhefte so begehrt, dass die besorgten Eltern vor dem „grossen Geschäft" bis zum 3. Stock hoch in breiten Schlangen anstanden (siehe Farbfoto).

Für Menschen mit Dollar gab es noch andere Privilegien, zum Beispiel den Fleischdollarladen, den mir ausländische Freunde zeigten. Da unterdessen die Grundnahrungsmittel bereits rationiert waren und es Reis, Mehl, Butter, Fleisch und Öl für die Mongolen nur gegen Rationierungskarten gab – und letzteres war sogar ganz ausgegangen –, musste man als Ausländer diese Dinge entweder in den Dollarhops oder im Russenladen einkaufen, außer man besaß einen Pass für den M20-Shop, in dem es diese Grundnahrungsmittel auch in Tugrik gab, doch eben nur, wenn man für eine mongolische Organisation arbeitete. Im Fleischdollarladen hatten sie vor allem Rinderfilet, Schinken, Lammkeulen – alles edle Fleischstücke für das Botschaftspersonal. Nun, gegen ein Kilo Rinderfilet für gut drei Dollar hatten wir alle nichts einzuwenden. Hier wurde es sogar in Papier gewickelt, ein Detail, das bei manchen westlichen Frauen erstaunlich viel Heimatgefühl und Dankbarkeit auslöste.

Die Ausländer, die wir in diesen Geschäften antrafen, wunderten sich immer über unsere einjährigen Ein- und Ausreisevisa, die wir erhalten hatten. Normalerweise mussten die westlichen Immigranten für jede Ein- und Ausreise ein extra Visum beantragen. Da schien Gott für uns mit der „Association Culturelle" eine geniale Lösung geschaffen zu haben.

Am Samstagabend, dem 24. August, nach einem feinen Filet-Essen schrieb ich unseren ersten Rundbrief und erwähnte auch, was Jürgen bei seinen vielen Gängen zur Uni erreicht, beziehungsweise eben nicht erreicht hatte:

Mit der Uni sind wir immer noch im Gespräch. Viele Leiter sind noch in den Ferien. Wahrscheinlich werden wir unsere mongolische Schrift auf dem Computer einsetzen und in Zusammenarbeit mit der Uni besseres Lehrmaterial herstellen.

So einigermaßen waren wir nun angekommen und schienen zu überleben. Was uns noch fehlte zu unserem Glück war ein Studienplatz oder eine Arbeit und eine eigene Wohnung. Für einen Moment sah es fast so aus, als würden wir in die Käseproduktion einsteigen. Ein Freund aus England, der unterdessen Jurist war, pflanzte diese Idee in unseren Kopf, als wir ihn wieder trafen. Doch unser Hilferuf nach einem Käser aus der Schweiz verhallte ohne Echo. Schade!

LECKEREIEN VOM SCHWARZMARKT

Am Sonntag holte uns *Delgermaa* wie versprochen ab und brachte uns in den vierten Mikrodistrikt, wo sie mit ihrer Familie gegenüber dem Moskau Restaurant in einem neunstöckigen Hochhaus wohnte. Sie verwöhnte uns mit einem sehr gesunden Essen mit viel Gemüse. Ich staunte wieder mal, woher sie das hatten, wenn man in den Läden doch nichts dergleichen sah. Ich glaube, das Zauberwort hieß diesmal Schwarzmarkt. Für mich hörte sich das zu illegal an, als dass ich noch weiter fragte. Wer weiß, was man da für einen Eintrittspass brauchte! Meine Sorge war aber unbegründet. Später gehörte der *char zach* zu meinen Lieblingseinkaufsorten.

Delgermaa meinte, sie würde mal ihre Freunde fragen von wegen Wohnung für uns und so. Ihre Familie schien einflussreich zu sein, denn der Onkel des Mannes war ein Lama im *Gandan*[69] Kloster. Vielleicht waren sie deshalb nicht interessiert, als wir ab und zu etwas über unseren Glauben an Jesus verlauten ließen. Das war Okay. Wir wollten niemandem etwas aufdrängen. Jürgen und ich wünschten uns einfach da zu sein für Menschen, die spirituelle Fragen hatten, auf die sie noch keine befriedigende Antwort hatten finden können. Wir schätzten die Freundschaft zu *Delgermaa* sehr und waren dankbar für ihr Hilfsangebot, denn mit der Zeit wurde es eng zu viert im Zimmer.

Jetzt, wo wir alle gesund und munter waren, hätten Jürgen und ich auch gerne wieder ein normaleres Sexleben geführt. Für uns war es ungewohnt, zusammen mit Kindern im Zimmer miteinander zu schlafen. Wir fühlten uns zu beobachtet. Etwa so, wie dies jeden Abend beim Zähneputzen der Fall war. Irgendwann aber verriet sich der heimliche Beobachter: er wagte sich zu weit aus dem Spalt zwischen Holzbrett und Spiegelschränkchen hervor, fuchtelte mit seinen langen Fühlern in der Luft herum und glotzte mich mit seinen großen Augen so lange an, bis ich ihn erspähte. Es war das erste Mal in meinem Leben, dass ich einen Kakerlaken sah. Weil die andern Ausländer sich noch nicht negativ geäußert hatten und ich keine Ahnung hatte, was dieses Insekt so alles tat, war ich, als eine an Biologie interessierte Lehrerin, sogar begeistert über diese neue Spezies. Als ich ihn den Buben zeigen wollte, war er aber schon weg, ganz nach hinten getrippelt in sein Versteck. Aber nun, da ich wusste, wo er hauste, sah ich ihn jeden Abend. Er störte mich eigentlich nicht weiter, denn es schien, als ginge diese Gattung dem Menschen aus dem Weg und frönte einem ausgedehnten Nachtleben.

Auf Wohnungssuche

Delgermaa hielt ihr Versprechen und unterbreitete uns etwa zwei Wochen später zwei Angebote. Genau zum richtigen Zeitpunkt, denn Daniel hatte angerufen, dass wir am 24. September raus sein müssten.

In der ersten Woche hatte Jürgen aber auch *Zogtbaatar* wieder getroffen, unseren ehemaligen Koch- und Kyrillischlehrer, der auf der Suche war nach dem goldenen Mittelweg zwischen Buddhismus und Christentum. Auch er versprach uns, die Augen offen zu halten wegen einer Wohnung. Da er ins Amt eines hohen Beamten gewählt worden war, konnten wir davon ausgehen, dass er viele einflussreiche Bekannte hatte. Wir luden ihn zusammen mit seiner Frau zu einem Essen in unsere provisorische Wohnung ein und vernahmen, dass seine Eltern eine Vierzimmer-Wohnung im Stadtzentrum besaßen, die sie eventuell vermieteten,

---

69 Das große, lamaistische Kloster im Zentrum Ulaanbaatars

weil sie in eine Jurte ziehen wollten. Wenn ich mich richtig erinnere, erklärte er diesen Wunsch damals so:
„Meine Eltern sind alt und denken ab und zu ans Sterben. Ihnen ist wichtig, dass der Geist beim Tod den Körper auf buddhistische Weise verlassen kann. In einer Wohnung ist das schlecht möglich, weil der Geist nur senkrecht aufsteigen kann und nicht in einem 90° Winkel, wie er das bei der Flucht aus einem Wohnungsfenster müsste."

Für uns war es ganz praktisch, dass *Zogtbaatars* Eltern sich um buddhistische Sterbenstheorien kümmerten und so ihre Wohnung frei wurde. Das Ganze schien nur eine Frage der Zeit, bis eine Jurte gefunden war. Wir freuten uns über das Versprechen, denn *Zogtbaatar* war ein Mann des Wortes. Er versicherte uns auch, dass er Jürgen problemlos einen Job als Englischlehrer besorgen könne. Dieses Angebot nahmen wir gerne an, denn obgleich wir die Visa und die Aufenthaltsbewilligungen hatten, brauchten wir doch eine Organisation, die uns anstellte, um an Dinge aus dem M20-Shop ranzukommen.

Es war so gut, diese Freunde aus England zu haben! Viele ausländische Kollegen beneideten uns um unsere Kontakte, denn sie fanden es schwierig, mit Mongolen Freundschaften aufzubauen. Damals herrschte ein großes Misstrauen gegenüber Ausländern, oder vielleicht besser gesagt: Angst vor dem Kontakt mit ihnen. Zu lange war dies verboten gewesen. Ein so antrainiertes Verhalten konnte man nicht von einem Tag auf den andern ablegen. Auch unsere guten Bekannten waren nach den anfänglichen Hilfeleistungen zu beschäftigt oder zu besorgt, um den Kontakt mit uns weiter zu pflegen. Verständlich, denn wir waren auch kein gesellschaftliches Gegenüber für Minister, Juristen und UNO-Angestellte. Also begaben wir uns mehr oder weniger allein auf Erkundungstouren.

Auf Erkundungstouren

Am dritten Sonntag, dem 8. September, sah das Wetter so vielversprechend aus, dass wir uns auf die Socken machten in Richtung Berge im Süden. Jürgen und ich wollten endlich die Gegend auskundschaften. Unsere Kinder waren für solche Abwechslungen immer zu haben. Wir schulterten unsere Rucksäcke und zogen los, überquerten den Suchbaatar-Platz (siehe Farbfoto) und stellten überrascht fest, dass an einem kleinen Stand das kyrillische Neue Testament für 60 Tugrik und auch andere kleinere Schriften gekauft werden konnten! **Entlang der Hauptstrasse wanderten wir direkt auf den Tool-Fluss zu.** Nach etwa einer Stunde kamen wir zu einem heruntergewirtschafteten Fabrikgelände. Aus Riesenröhren, die sich übers ganze verlassene Gelände verteilten und von denen die wattierte Isolation in dreckig-gräulichen Fetzen herunterhing, tröpfelte bei der einen oder andern Schweißnaht Wasser oder noch schlimmer, irgendeine Substanz heraus. Wir passten auf, wo wir hintraten, überquerten hier einen Zaun und dort eine kleine Mauer. Es machte uns Spaß. Dies war ein Gratis Hindernis-Parcours und abenteuerlicher und lustiger als ein Kartenspiel. Da die Sonne sich aber versteckt hielt, war es bereits recht kalt. Wir verschlangen unser Picknick am Fuße des Berges und kehrten dann um.

Nach einem feinen Dessert – im Tagebuch steht Jogurt und Beerensauce; ich kann mich aber nicht mehr erinnern, was für essbare Beeren wir zerquetscht haben –, setzten wir uns als Familie zu unserem ersten Sonntagsfamiliengottesdienst zusammen. Wir sangen ein paar Lieder, ich erzählte den Kindern eine Geschichte, dann tauschten Jürgen und ich Gedanken zu einem Bibelabschnitt aus, während die Buben auf unserem Schoß saßen und die Nähe genossen. Zum Schluss beteten wir noch zusammen. Der Anfang war gemacht. Es wurde eine Tradition daraus, die uns als Familie in jeder Beziehung zusammen schweißte.

Nach einem Monat kamen Daniel und Susan Fisher dazu und noch einen Monat später Emily und Peter Sanders, gute Freunde aus Kanada, die gerade angekommen waren und auch Gleichgesinnte suchten. Obwohl wir mit drei verschiedenen Organisationen in der Mongolei tätig waren und aus vier Nationen stammten, waren wir in Jesus Christus ein Herz und eine Seele. Wir nannten unsere Gruppe Sonntagsgemeinschaft, „Sunday-Fellowship". Da unser Treffen in Englisch abgehalten wurde, verlegten wir unsere Familienzeit auf den Morgen und die Kinder spielten am Nachmittag für sich, wenn wir Erwachsene unseren Gottesdienst abhielten.

Normalerweise gingen wir jeden Sonntag auf einen Erkundungstrip. Am 15. September nahmen wir den Bus Nummer 14 nach Osten bis zur Endstation Uliastay und wanderten dann auf den nächsten Hügel, von wo man eine tolle Aussicht hatte. Im Gegensatz zur Schweiz waren wir die einzigen Bergwanderer. Mongolen, die wir unterwegs trafen, konnten absolut nicht verstehen, wieso wir freiwillig da rauf kraxelten, ohne ein Schaf retten zu müssen oder gewisse Kräuter für ein krankes Familienmitglied zu pflücken. Das Leben war für sie körperlich so anstrengend, dass sie auf diesen Freizeitsport gerne verzichteten.

Manche mögen sich fragen, warum wir nicht zu den christlichen Kirchen gegangen sind, die es damals in Ulaanbaatar bereits gab. Da uns bekannt war, dass Gregory und Morris, die Drahtzieher hinter den beiden ersten mongolischen Gemeinden wegen des Gottesnamens bereits massiv miteinander stritten und die Einheimischen in den Machtkampf verwickelt hatten, wollten wir nicht auch noch von ihnen instrumentalisiert werden, bevor wir Sprache und Kultur einigermaßen gelernt hatten. Fishers und Sanders sahen das auch so. Für uns drei Ehepaare war es wichtig, einander zu ermutigen und dran zu bleiben an der schwierigen Sprache. Doch das war gar nicht so einfach, wie mein Brief zeigt:

Teil 5: Ulaanbaatar, Mongolei, 1991-1993

An der Uni zu studieren, wurde uns abgeraten. Erstens ist der Unterricht zu schlecht, zweitens nehmen sie einen finanziell aus. Nun arbeiten wir an Lehrmitteln (Deutsch-Kyrillisch-Altmongolisch), die dann auch in Zukunft andern helfen sollen, die Sprache systematisch und mit vielen Beispielen und Übungen zu lernen. Wir denken, dass wir auf diese Weise – mit Hilfe mongolischer Sprachhelfer, – am meisten profitieren.

PUTZWUT

Obwohl ich am liebsten den ganzen Tag gelernt hätte, war es nur ein kleiner Teil der Woche, den ich über den Büchern verbringen konnte. Zu sehr hielt mich das Hausfrauendasein auf Trab: gleich in der ersten Woche wollte ich den für Schweizer Verhältnisse doch sehr schmutzigen Kühlschrank putzen, doch da brach er fast auseinander. Man hatte diese fragilen Plastikteile also mit Absicht in Ruhe gelassen ... Nun, wir waren ausgerüstet mit bestem Klebeband aus Hongkong und bestem Qualitätsleim aus der Schweiz und konnten uns so an manche Renovierungsarbeiten wagen. Es tat gut, nach getaner Arbeit in einer geputzten, sauberen Wohnung die Seele baumeln zu lassen.

Nach dem 27. August waren wir die einzigen in der Wohnung, und so setzte ich zu einem Großputz an. Dazu musste ich mit den Kindern per Bus durch die halbe Stadt fahren und Daniels Staubsauger ausleihen. Ich erinnerte mich an die Zeit, wo ich zum Glauben an Christus gekommen war und mir ernsthaft überlegt hatte, ob man als Christen heutzutage nicht viel mehr Dinge gemeinsam haben sollte, so wie damals die Urgemeinde. Nun fand ich mich ein bisschen in dieser Position wieder. Man teilte natürlicherweise miteinander. Es war ein gegenseitiges Geben und Nehmen. Ich war begeistert. Die Euphorie der ersten Tage hielt unvermindert an. Auch das aufwändige Einkaufen nahm ich bereitwillig hin. **Ich liebte es sogar, die Läden abzuklappern und zu sehen, ob es 'was Neues, Brauchbares gab.** Dabei ging ich einfach davon aus, dass ich die Dinge brauchte, die ich zuhause auch hatte: Bettlaken, Bettbezüge, Kochtöpfe, Wallholz[70] und vor allem warme Kleider. Ich musste mich ganz schön anstrengen, um all diese Gegenstände zu finden. Bisher hatten wir in den leinenen Schlafsäcken geschlafen, die ich von zuhause mitgebracht hatte, aber ich sehnte mich nach etwas Hübsche-

---

70 Nudelholz

rem. Manchmal entdeckte ich was Nettes, Farbiges, aber das stellte sich bei näherem Betrachten immer als chinesischen Polyester heraus. Meine Suche nach Bettwäsche war typisch für so viele andere Suchen der nächsten Tage und Wochen:

Die gelbe Bettwäschegarnitur

Am 3. September entdeckte ich per Zufall in einem Schaufenster eines kleinen Ladens weit weg von zuhause eine gelbe, baumwollene Bettwäschegarnitur. Aber die Tür war verschlossen. Sie hielten um 14.00 Uhr Mittagspause. *Na dann.* Am nächsten Tag pilgerte ich nochmals mit Samuel und Michaja im Schlepptau dorthin. Welcher Erfolg: die Tür war offen, aber die zuständige Verkäuferin nicht da, und so konnte man mich leider nicht bedienen. Einmal mehr hieß es *margaasch*, morgen.

Der nächste Tag brachte eine weitere Enttäuschung. Statt zuhause die von Hand ausgewaschene Wäsche in Ruhe auf dem sonnigen Balkon aufhängen zu können, hastete ich einmal mehr mit den Buben in den vierten Distrikt. Die Ladentür war verriegelt, trotz korrekter Öffnungszeit. Da nützte alles Poltern nichts. Die Kinder lernten die Ungeduld ihrer Mama und vielleicht das eine oder andere Schimpfwort kennen.

Aus Frust ließ ich einen Tag aus. Ich hatte auch gar keine Zeit, weil Ganzörig und *Odontoya* zum Essen kamen und ich dafür mal wieder in die andere Stadtrichtung einkaufen gehen musste. Aber am Samstag war ein neuer Tag, mit neuer Hoffnung. Frohgemut wagte ich einen neuen Versuch. – Vergebens! Nun reichte es mir! Sollten die ihre Bettwäsche doch selber kaufen! Ich fuhr schnellstens heim in der festen Absicht, nun bis ans Ende meines Lebens in unseren leinenen Schlafsäcken zu pennen, backte mit den Buben Guetsli[71], steckte alle meine Energie wieder mal ins Staubsaugen und warf mich abends, als die Kinder im Bett waren, vor den Fernseher. Es gab nur ein mongolisches Programm, und da lief so was wie ein Dokumentarfilm über Liebe und Verliebtsein. Ich verstand immerhin schon einige Worte. Etwas versöhnt mit dem dummen Einkaufserlebnis schlief ich ein, doch wovon träumte ich? Von einem Liebespaar in romantischer Schweizer Bettwäschegarnitur …

Am übernächsten Morgen entdeckte ich auf meinem Gebetsspaziergang eine Milchverkaufsstelle hinter unserem Haus. Natürlich hatte ich kein Gefäß dabei, aber ich merkte mir das für den nächsten Morgen. Bisher hatten wir aus Mangel an richtiger Milch die Kondensmilch aus dem Russenladen verdünnt getrunken. Sie schmeckte etwas zu süß und hatte diesen eigenartigen metallenen Geschmack, aber immerhin Milch. Besser als keine. Dies hier schien nun frische Kuhmilch zu sein. *Super!*

Es kam noch besser. Unerwartet meldete sich Besuch aus Beijing an. Drei

---

71 Kekse, Plätzchen

Freunde, die wir von Hohhot her kannten – zwei davon Deutsche – kamen uns besuchen, brachten Äpfel und Kaffee mit und kümmerten sich liebevoll um unsere Kinder und deren hochdeutsche Sprachkenntnisse. Sie blieben ein paar Tage in der Stadt, schliefen auswärts, waren aber öfters zum Essen und zu abendlichen Diskussionen bei uns. Es war interessant zu vernehmen, was jenseits der Grenze so alles geschah.

Am 14. September waren wir als Familie bei Daniel und Susan eingeladen. Auf dem Hinweg spürte ich in meinem Innern einen leichten Impuls: „Geh beim Bettwäscheladen vorbei." Ich schaute auf die Uhr: 14.12 Uhr. Nun war laut Plakat Mittagspause. Ich wusste nicht recht. Zu oft hatte ich vor der verschlossenen Türe gestanden. Es war ja auch immer irgendwie demütigend, wenn meine Pläne und Absichten nicht zum gewünschten Ziel führten. Ich gehorchte der inneren Stimme aber trotzdem und tatsächlich: die Tür war offen, die richtige Verkäuferin anwesend und meine beiden Garnituren noch zu haben. *Danke Jesus.*

Die Kinder durften sich bei Daniel das „Dschungelbuch"-Video anschauen, während Jürgen sich von ihm Bücher auslieh für seinen Englischunterricht und ich mit Susan in der Küche darüber philosophierte, in welchem Laden es wann und wo und unter welchen Umständen welche Vorräte gab.

Die Tugend der Bescheidenheit

Zuhause, als ich voller Stolz unsere entfaltbaren Daunenschlafsäcke mit den freundlichen, baumwollenen Bezügen bekleidete, musste ich an Bibelverse denken, die ich kürzlich gelesen hatte:

Ob ich nun wenig oder viel habe, beides ist mir durchaus vertraut,
und so kann ich mit beidem fertigwerden: Ich kann satt sein und hungern;
ich kann Mangel leiden und Überfluss haben.
Das alles kann ich durch Christus, der mir Kraft und Stärke gibt.
(Philipper 4, 12-13 aus Hfa)

Der Apostel Paulus konnte das mit Überzeugung schreiben. Konnte ich das auch? Konnte ich ein einfaches Leben führen, oder sehnte ich mich nach all dem Komfort der Schweiz?

Bin ich immer noch bereit, einfach hier zu leben, wie die Mongolen, oder muss
Gott mir diese Bereitschaft neu beibringen?,

hatte ich mein Tagebuch bereits am 2. September reflektierend gefragt. Diese Frage stand auch heute im Raum: Was war nötig, was nicht? Wo wünschte sich Gott Verzicht, wo gönnte er mir Luxus? Wo war der Zeitaufwand zu groß, wo gerechtfertigt? Wo musste ich lernen, meine Pläne Gott hinzulegen, damit er mich führen konnte, so wie mit der inneren Stimme heute?

Ja, ich wollte es lernen, in so einer Abhängigkeit von Gott zu leben, dass er mich zum richtigen Zeitpunkt irgendwohin schicken konnte, wenn er fand, dass ich dieses oder jenes brauchte. Das konnte ja spannend werden. Ich freute mich wie ein kleines Kind auf weitere göttliche Führungen.

Wohnungswahl

Göttliche Führung brauchten wir auch dringend, denn unterdessen wollte *Delgermaa* uns zwei in Frage kommende Wohnungen zeigen, aber von *Zogtbaatar* wussten wir noch immer nichts Neues. Natürlich wären wir am liebsten in seine Vierzimmerwohnung umgezogen, doch nun war schon der 16. September. Am 24. mussten wir die Wohnung geräumt haben. Jürgen hatte Mitte September seinen Englischkurs begonnen, jeweils montags und mittwochs von 18.30 bis 20.15 Uhr. Wir konnten uns also nicht zu viele unnötige Turbulenzen erlauben. Da die Jurte noch nicht in Aussicht stand, entschieden wir uns, die beiden Wohnungen anzusehen. Die eine war eine Zweizimmerwohnung in der gleichen Gegend, die andere eine Dreizimmerwohnung im 10. Distrikt. Beide kosteten 100 Dollar. Die größere Wohnung gefiel uns sehr gut, vor allem die Küche mit ihren vielen Schränken! Wir sagten zu und bekamen das Versprechen, dass wir am Samstag, den 21. September, einziehen könnten. Wir freuten uns. Die jungen Freunde von *Delgermaa* machten einen netten Eindruck und waren einverstanden, dass wir ihre Wohnung für einen Monat mieteten, bis die größere von *Zogtbaatar* bezugsbereit war. Das Ganze schien okay. Dachten wir.

Doch am Freitagabend, als wir alles gepackt hatten und fertig waren für den Umzug, klingelte das Telefon. *Delgermaa* war am Apparat. Das, was sie vorbringen musste, war ihr irgendwie peinlich, aber sie tat es:

„Rita, höre, die Vermieter wollen nicht an euch vermieten. Es tut mir Leid."

„Ja, wieso denn nicht? Ich denke, das war abgesprochen?"

Schweigen. Hüsteln.

„Weißt du, wieso nicht, *Delgermaa*?", fragte ich direkt, wie ich nun mal war.

„Emh, nun ...", *Delgermaa* fiel es sichtlich schwer, mit der Wahrheit rauszurücken, „sie wollen mehr Geld. 100 Dollar seien zu wenig, sagen sie. Ihr könnt ja auch alle ihre Möbel gebrauchen. Sie wollen, dass ihr pro Monat 140 bezahlt."

„Aber das ist zu teuer", entgegnete ich. Ausländer hatten uns unterdessen darüber informiert, dass die Mongolen ganz wenig für ihre Wohnungen bezahlten. Nicht mal 20 Dollar. Da war ein fünf- oder sechsfacher Preis doch in Ordnung! „*Delgermaa*, was sollen wir nun tun? Wir können nicht mehr bezahlen! Und nun haben wir auch schon alles zusammengepackt. Wo sollen wir denn morgen hin?"

„Pass auf, Rita, ich spreche noch mal mit ihnen. Ich denke, sie verstehen das schon."

Wir hofften es. Vielleicht hatten sie einfach mal probieren wollen, wie weit sie gehen konnten. Aber wir verstanden dieses Verhalten trotzdem nicht. Ein Versprechen war doch ein Versprechen!

„Okay, vielen Dank, *Delgermaa*."

„Bis nachher, ich rufe euch nochmals an. Tschüss."

„Tschüss."

Sie rief uns nochmals an und sagte, alles wäre in Ordnung. So packten wir am nächsten Morgen unsere sieben Sachen in einen Lada und fuhren gegen zehn Uhr, wie abgemacht, vor. Was uns dann erwartete, katapultierte uns endgültig in die zweite Phase des Kulturschocks: die Entfremdung.

20

ENTFREMDUNG

DER 21. SEPTEMBER 1991

Als Samuel an diesem Tag erwachte, musste er sich gedulden mit Geburtstag feiern. Aber er war ein verständnisvoller Junge und sah schließlich an diesem Morgen mit eigenen Augen, dass alles, aber auch alles, womit sich feiern ließ, irgendwo in einem Koffer oder einer Tasche lag und Mami beschäftigt war, der Wohnung den letzten Glanz zu verleihen. Wir vertrösteten ihn auf den Abend. Um zehn Uhr hinfahren, etwas sauber machen, um zwölf picknicken, dann auspacken und einräumen; nach meiner Rechnung konnten wir abends friedlich in unserem neuen Heim feiern. Aber die Mongolen rechneten anders als wir oder vielleicht gar nicht ...

Als wir voller Erwartung mit der ersten Ladung Koffer, die wir aus dem geliehenen Lada in den zweiten Stock des Hochhauses 7A getragen hatten, an der Türe Nr. 44 klingelten, öffnete *Zörig* die Tür. Zwischen uns stand das Argument vom Vorabend, aber es schien sich wie auf lautlosen Befehl von *Delgermaa* hin zwischen zwei Lächeln zu verkrümeln.

Etwas unsicher fragte Jürgen: „Können wir reinkommen? Ist die Wohnung bereit?"

„Ja, ja, kommt rein."

Das war leichter gesagt als getan, denn im Flur standen Stühle, ein paar Kisten, und etliche Kleider lagen am Boden.

Zörig führte uns in die kleine Küche, wo *Zendee*, seine Frau, am Frühstückstisch saß, in aller Ruhe ihre *borzag*[72] in den Milchtee eintauchte und genüsslich zerkaute. „Oh, hallo. Ihr seid schon da?"

Ich schaute auf meine Armbanduhr. Es war 10.20 Uhr. Ja, wir waren schon da. So hatten wir es vereinbart. Und es war abgemacht, dass die Wohnung geräumt und geputzt sein würde. Oder etwa nicht? Ich dachte nach: *Haben wir darüber gesprochen oder habe ich das als Schweizerin einfach vorausgesetzt?* Ich wurde plötzlich unsicher.

---

72 In Fett frittiertes Gebäck, das zu Tee gegessen wird.

„Mami, was machen wir nun?", fragte Michaja und zerrte ungeduldig an meiner Hose.

„Können wir etwas spielen?", fragte nun auch Samuel und sah mich erwartungsvoll an.

Ich fühlte mich für einen Moment im falschen Film. *Zendee* schien unsere Situation zu verstehen und deutete an, dass die Kinder im Wohnzimmer spielen könnten, das sei sozusagen leer.

Also packte ich den Spielzeugkoffer der Buben aus und überließ sie ihrem Schicksal. Für ein, zwei Stunden würden sie nun beschäftigt sein.

„Können wir euch helfen mit Packen?", fragte ich *Zörig*, der nun mit Gebäckstücken im Mund zwischen Schlafzimmer und dem Einbauschrank hin und her eilte. Wir waren uns einig geworden, dass sie ihre Sachen dort einstellen konnten.

„Nein, das machen wir schon", meinte er. „Wollt ihr eine Tasse Tee?"

„Nein danke." Alles, was wir wollten, war unseren Plan durchziehen: Putzen, einräumen, feiern, ruhen, schlafen. Ich schaute mich um. Im Badezimmer lag so gut wie nichts rum, also begann ich dort mit Schrubben. Was ich brauchte, hatte ich dabei. Jürgen nahm sich das Wohnzimmer vor. Bald hörte ich Schläge: „Plopp, plopp", tönte es und die Kinder kreischten und rannten herum. Irgendwann tauchte mein Mann im Bad auf und sagte siegestrunken: „Nun habe ich schon die 100. Fliege erschlagen." Da es im Bad kein Fenster und keine Lebensmittel gab, ließen mich die Viecher hier in Ruhe. Nach einer halben Stunde sah das Bad schon ganz anständig aus.

Unterdessen hatte *Zendee* die Küche halbwegs ausgeräumt. Schälchen mit Butter standen herum, halboffene Sirupflaschen, welche die Fliegen in Scharen anlockten, ein Suppenteller mit etwas gekochtem Fleisch, von dem man in Kürze auch nicht mehr sagen konnte, was Kuh und was Fliege war. *Zendee* wusste gar nicht recht, wohin mit dem ganzen Zeug. Also opferte ich ein paar von meinen Hongkong Plastiktüten, damit es endlich vorwärts ging. Ich half ihr dabei, ihren Mehl-, Reis- und Zuckervorrat zu verpacken, und kurz vor Mittag war die Küche leer. Zum Glück, denn das Gerede der Kinder war in den letzten Minuten immer lauter geworden. Ich wusste intuitiv, dass ihre Energie sich ohne neue Ideen demnächst in Streit umwandelte. Es war höchste Zeit für die Mittagspause. *Zendee* und *Zörig* diskutierten und hantierten nun in den übrigen zwei Räumen, und so besetzten wir die Küche. Es war alles andere als appetitlich, zwischen dem schmutzigen Geschirr zu picknicken, aber das störte uns kaum. Einfach weiter kommen, arbeiten, krampfen, endlich alles hinter uns bringen! Darum ging es und um nichts anderes!

Aus lauter Anstand luden wir das junge Ehepaar zu unserem Picknick ein, waren aber heilfroh, als sie ablehnten, denn es hätte nicht für alle gereicht. Wir hatten einen Bärenhunger und keine Lust, noch einkaufen zu gehen. Wir kannten die Gegend hier ja noch gar nicht.

Nach dem Essen brauchte ich einen Kaffee. Es war schon 13.30 Uhr, aber die Wohnung sah immer noch chaotisch aus. Überall lagen tote Fliegen auf dem Boden und immer neue drängelten von außen hinein. Aber Jürgen tat seinen Job vorbildlich. Er war nun etwa bei Nummer 180 angelangt. Zum Glück waren wir keine Buddhisten! Diese Morde hätten Jürgen in seinem Karma um viele Leben zurückgeworfen. Er hätte schnurstracks ins Kloster eintreten müssen, um noch eine kleine Chance zu haben, als Mensch und nicht etwa als ein Tier oder ein Dämon auf dieser Erde wiedergeboren zu werden. So sehr wir es verabscheuten, Lebewesen zu töten, wir sahen keinen andern Weg, einigermaßen friedlich schlafen zu können und unseren Kindern und uns eine gesunde Umgebung zu garantieren.

Nachdem Jürgen das Wohnzimmer mit Daniels Staubsauger gesaugt hatte, kuschelten sich die Kinder aufs Sofa und schauten sich Büchlein an. Ich hoffte und betete, sie würden dabei einschlafen. Ich begann, den jungen, den alten und den antiken Dreck in der Küche wegzuschrubben. Mit dem Putzzeug aus Hongkong war offensichtlich mehr möglich als mit mongolischer Ware. Oder lag es am Ende nicht an der Chemie, sondern an der Motivation und Kraft, die man in die Putzlappen steckte?

Gegen Abend verließen *Zendee* und *Zörig* ihre Wohnung, nachdem sie uns auch noch geholfen hatten, die letzten Räume zu putzen. Unsere Koffer und Kisten standen noch herum, aber die Fliegen waren weg und der Dreck auch. Die Kinder hatten geschlafen, dann gespielt und schließlich gestritten. Es war wieder Zeit zum Essen. In unserer Lebensmittelkiste fand ich ein Paket mongolische Nudeln und eine Schweizersauce, dazu servierte ich rohe Karotten und Gurken. Dann zog ich mich mit den Kindern für eine längere Gute-Nacht-Zeremonie ins Kinderzimmer zurück. Jürgen wollte gerade seine Büroecke einrichten, als es klopfte. *Nanu, wer kommt denn jetzt zu Besuch?*, dachte ich.

 Durch die angelehnte Tür hörte ich *Ganzörigs* Stimme und die eines fremden Mannes, der gebrochen englisch sprach. Sie unterhielten sich über einen Sprachkurs. *Wieder eine Schule, die Jürgen als Englischlehrer engagieren wollte!* Er konnte sich fast nicht mehr retten vor Angeboten. Aber eigentlich waren wir ja zum Sprache Studieren gekommen. Ich hörte, wie Jürgen verhandelte. Der Lohn war wie immer sehr gering, nur ein Dollar für eine Lektion. Weil Jürgen keinen richtigen Schreibtisch hatte und auch in den Läden keinen gesehen hatte, hörte ich ihn den Direktor fragen: „Können sie mir einen Schreibtisch besorgen, wenn ich an ihrer Schule unterrichte?"

„Ja, natürlich. Kein Problem. Ich kann Ihnen morgen einen herschicken lassen."

Nachdem Jürgen seine Gäste mit ein paar Erklärungen über unseren Tag verabschiedet hatte, richtete er voller Freude über seinen eingehandelten Bürotisch seine Studierecke ein, während ich unsere Sachen in der Wohnung versorgte.

Abends weiterputzen und aufräumen bis elf Uhr. Todmüde ins neue Bett. Leider

hatten wir keine Zeit zum Geburtstag feiern von Samuel. Wir haben es verschoben auf morgen.
Mit diesen Worten beendete ich diesen unvergesslichen Tag. Wir waren halbe Mongolen geworden, denn wir vertrösteten auch schon auf *margaasch*! Der Schreibtisch wurde aber tatsächlich am nächsten Tag geliefert! Mit diesem wahrhaftigen „morgen" begann die Freundschaft zu Herrn *Purevdordsch*, so dass Jürgen einige Tage später auch den Vertrag mit dem „Institut für Sprache und Literatur" der „Akademie der Wissenschaften" unterzeichnete.

MÖCHTE-GERN-CURRY

Samuel kam am 22.9. auf seine Rechnung. Zum Mittag kochte ich sein Lieblingsessen Curry, allerdings in mongolischer Version ohne Weißwein und Sahne in der Sauce, dafür mit getrockneten Bananen aus Vietnam, die ich in der russischen Kondensmilch weich gekocht hatte. Das Originalste waren die Ananas aus der Dose und das Currygewürz aus der Schweiz. Als Dessert lagen selbstgebackene Kekse in den Formen SAMUEL – 21. SEPTEMBER – 1986, die den Transport von der ersten Wohnung hierher in einem Tupperware-Gefäß gut überlebt hatten, auf dem Tisch, rings um das einzige Geschenk: einen Geldbeutel mit zehn Franken von den Großeltern und 20 Tugrik von uns. Während meine drei Männer am Nachmittag schliefen – ein paar überlebenstüchtige Fliegen hatten Jürgen nachts den Schlaf geraubt –, dekorierte ich die Wohnung mit Bildern. Ich wollte meiner Familie endlich ein gemütliches Heim schaffen. Die Wohnung war wirklich schön, nun da sie aufgeräumt war.

Vor unserem Gottesdienst begutachteten wir ausgiebig die Spielplätze in der neuen Umgebung. Es gab Rutschen, Tierfiguren zum darauf Sitzen und Reiten und verteilt über die Hochhaussiedlung im Westen der Stadt Basketballkörbe, unter denen die Teenies der Gegend wie verbissen übten. Genug Platz für unsere Kinder, aber nicht ungefährlich. Ab und zu lagen Scherben herum, oder Metallkanten der Spielgeräte waren abgeschlagen. Ihre Überreste gierten mit rostigem Blick nach Kinderblut. Ich erinnerte mich an die anschaulichen medizinischen Lektionen, die unser Hausarzt uns im Kandidatenkurses beigebracht hatte und sah die gebogene Nadel mit sterilem Faden, die sich in unserem Apothekerköfferchen befand, vor meinem geistigen Auge. Ich hoffte aber sehr, diese Dinge nie gebrauchen zu müssen. Wie tröstlich war es zu wissen, dass es Schutzengel gibt! Nur so mussten wir nicht vor lauter Sorge immer neben den Kindern her rennen.

Abends, als sie im Bett waren und Jürgen und ich umschlungen auf dem Sofa die ruhigen Minuten nach dem hektischen Wochenende genossen, ertönte draußen plötzlich eine tiefe Männerstimme.

Mongolischunterricht in Hohhot, Innere Mongolei

„Mein geliebter Freund, wenn du geduldig wartest,
wird deine Geliebte, deine Freundin, sicher kommen."

Unsere Gruppe am „Maskenball"

Eines der vielen Liebespärchen Chinas im Schutz der Dunkelhe[it]

Neugierige Kinder besuchen die Langnasen

Bäuerliches Leben außerhalb Hohhots

Ulaanbaatar 1991 mit Blick aufs Gandan-Kloster und Jurtensiedlungen

August 1991: Suchbaatar-Platz

Nov. 91: Einzug in Wohnung Nr. 55

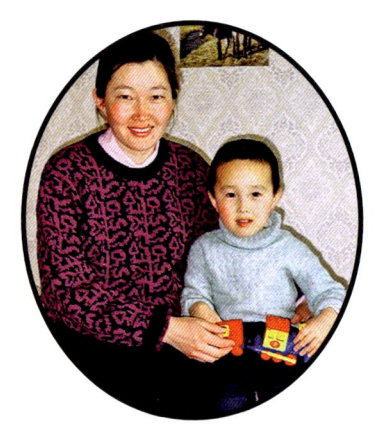

1991: Möbelkauf; Hoffen auf ein Transportmittel

Erste Freunde

Munchdschargal & Baterden

Die Mongolei im Umbruch zwischen Kommunismus und Kapitalismus

Aug. 91: Schlange stehen für Schulhefte

Abfallentsorgung

Überfüllte Busse

Winter 91/92: Hungerstreik gegen Korruption bei -30°

Kennenlernen von Land und Leuten

chuduu westlich von Ulaanbaatar

Typisches *chaschaa* mit 2 *ger*

argal sammeln zum Feuer machen

Mongolisches Neujahrsfest im Feb./März: *zolgoch* an *zagaan sar;* Auf dem Tisch rech[ts] das Fusssohlengebäck mit *aarol* und Bonbons, links das gekochte Schaffleisch (nicht mongolisch: Ritas Schokokuchen)

Juli 1993: Ferien im Uvs Aimag

In den Charchiraa-Bergen

Unterwegs zum Chiargas-See

Unsere einzige mögliche Unterkunft am See: die Fernfahrerabsteige

Während die Buben am „Strand"
spielen, liegt Rita mit *mochorolgää*
im Bett. Die Mongolen lassen
Patienten nie allein.

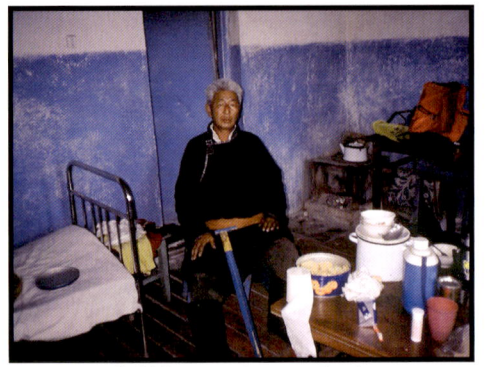

Das hilfsbereite Sippenoberhaupt

„Unsere" Küche

Endlich! Mit *äärag* trinkenden Mongolen auf der Rückfahrt nach Ulaangom.

Im Krankenhaus Nr. 1 in Ulaanbaatar: Überlebt dank Dr. Otgondalää und „Dr. Jesus".

Mein erstes Adoonii mach

„*Adoonii mach, adoonii mach!*", posaunte jemand in die abendliche Stille. Ich lauschte, verstand zuerst nicht, was da gesagt wurde, aber schließlich konnte ich das *mach* erkennen. „Fleisch" stand auf meiner inneren Liste der Notwendigkeiten, vor allem nun, da wir noch weiter vom Fleischdollarladen entfernt wohnten, die Temperaturen kälter und somit die Busse voller und die Wartezeiten viel länger geworden waren. Ich hopste zu Jürgens Enttäuschung aus seiner Umarmung, öffnete das Fenster und sah in der Dämmerung die Silhouette eines Mannes, der hinter einem Tisch mit Bergen von Fleisch stand. Noch immer hatte ich keine Ahnung, was das *adoon* für Fleisch war. Ich musste mir das näher ansehen gehen. Mit ein paar Tugrik und einer Schüssel in der Hand näherte ich mich dem alten Mongolen:

„*Säämbäänoo?*", begrüßte ich ihn.

„*Sääng, ta säämbäänoo?*", grüßte er zahnlos, aber mit gütigem Blick zurück.

Dann wollte ich wissen, was das für Fleisch sei: „*En juunii mach we?*"

„*Adoonii mach*", antwortete er und fing wieder lauthals an, seine Ware in der Umgebung anzupreisen. Das Fleisch sah gut aus, richtig große Stücke ohne Knochen und ohne viel Fett, ganz anders, als ich es im Mongolenladen bisher gesehen hatte. Da wurden die meisten Fleischstücke mit Knochen verkauft, denn die Mongolen liebten Suppe.

Ich ging laut sämtliche Tiere durch, die ich kannte und von denen ich wusste, dass Mongolen sie aßen: Schaf, Rind, Pferd, Schwein, Ziege, Kamel, aber der Fleischmann schüttelte nur immer seinen Kopf und sagte immer wieder „*adoonii mach.*"

Was in aller Welt war ein adoon, das so gutes Fleisch zu haben schien?, fragte ich mich. Als ich mich nach dem Preis erkundigte und der Alte zu meinem Erstaunen nur 21 Tugrik für das Kilo wollte, beschloss ich einfach mal, einen Versuch zu wagen.

„*Gorwang chil*", meinte ich und deutete auf ein großes, zart aussehendes Stück.

Er bohrte den eisernen Haken der Ziehwaage mitten ins Fleischstück, streckte seinen Arm aus, so dass die rote Masse frei hängen konnte, schaute auf die winzigen Striche, die nun sichtbar wurden und erklärte mir, dass es dreieinhalb Kilo wären. Keine Ahnung, wie er das in der Dämmerung sehen konnte.

„*Dsugeer*", bestätigte ich meinen Kauf und streckte ihm meine Schüssel und meine Tugrik hin. Dann kehrte ich mit meiner blutigen Ladung um, lautlos verfolgt von vielen Schlitzaugenpaaren, die den internationalen Dialog von ihrem Balkon aus verfolgt hatten. Als ich in den dunklen Flur trat, drehte sich eine Frau zu mir um, deutete auf das Fleisch und sagte spitzbübisch: „*Mörnii mach*".

Pferdefleisch also! Wieso hat der Mann dann nicht genickt, als ich das so gesagt habe?, frage ich mich. Jürgen nahm mich und das Fleisch an der Tür in Empfang. Ich kurvte schnurstracks ins Wohnzimmer zum Wörterbuch und schaute unter *adoo/n* nach: Pferde. So war das also. So wie die Engländer nicht

„pig meat" sondern „pork meat" sagten, so nannten die Mongolen eben ihr Pferdefleisch nicht *mörnii mach*, wohl aus Respekt gegenüber ihrem geliebten *mör*. Der alte Herr hätte mich aber nicht so zappeln lassen müssen! Nun, es zeigte mir einmal mehr die Wichtigkeit des Sprachelernens.

Natürlich musste ich das Fleisch gleich noch zurechtschneiden, in lauter gleichmäßige Stücke für Gulasch. Stolz über meinen billigen Einkauf steckte ich drei Tüten Fleisch ins Gefrierfach und behielt eine im Kühlschrank. Dann duschte ich mich, um danach mit Jürgen unser erstes, richtig schön eingerichtetes Schlafzimmer in der Mongolei einzuweihen …

Wie ich „Licht" kennenlernte

Es schlief und liebte sich gut in der gelben Bettwäsche. Nachdem Jürgen in den ersten zwei Tagen 400 Fliegen ins Jenseits befördert hatte, konnten wir nachts ruhig schlafen. Meine Vorräte befanden sich, wie wir das im Kandidatenkurs von Afrikaexperten gelernt hatten, in Tupperware-Dosen. Deshalb verloren immer mehr Insekten das Interesse an unserer Wohnung. Die paar frechen Kakerlaken, die sich nachts aus den Ritzen des hölzernen Küchenbodens wagten und damit rechnen mussten, dass Jürgen ihnen begegnete, während er ein Glas Wasser trank, wurden mit Spray beduselt und zogen sich in andere Wohnungen zurück. Bald hatten wir ein insektenfreies Heim, das wir so gut wie möglich sauber hielten.

Die Vermieter besaßen eine halbautomatische Waschmaschine, der reinste Luxus für uns. So wusch ich all ihre Vorhänge, flickte sie und bedankte mich auf diese Art für die Gastfreundschaft.

Am Nachmittag fuhr ich zum „Bettwäschegeschäft", denn dort hatte ich auch Stoff gesehen, aus dem sich Kissenbezüge und eine Tischdecke nähen ließen. Aber der Laden war wieder verschlossen. Da ich Zeit hatte, wartete ich auf der Bank nebenan und lernte Sätze aus meinem mongolischen Konversationsführer.

Plötzlich sagte neben mir jemand etwas in Russisch. Ich glaube, es war eine Begrüßung. Auf die russische Sprache und Kultur hatten wir uns im Kandidatenkurs nicht vorbereitet. Ich schaute auf, sah der jungen Frau mit den glatten, schulterlangen Haaren in ihre weit auseinander liegenden Augen und grüßte auf Mongolisch zurück.

Sie lächelte, so dass ihre roten Backen noch voller und mongolischer aussahen und stellte sich vor, diesmal in Deutsch, denn sie hatte den Titel meines Buches gelesen: „Guten Tag. Sind Sie Deutsche? Ich heiße *Gerlee* und wohne hier in der Gegend.

„Guten Tag, *Gerlee*", antwortete ich und freute mich über die schöne Bedeutung ihres Namens: *gerel*, „Licht"! Die Mongolen hängen oft bei einem Namen einen passenden Endvokal an. „Ich bin Rita und komme aus der Schweiz. Ich wohne etwas weiter weg. Wo hast du Deutsch gelernt?" Da die Frau einiges jünger war als ich, benutzte ich die mongolische du-Form, aber sie siezte mich weiter, wie sich das für ältere Menschen oder Respektspersonen gehörte.

„In Deutschland. Ich bin Russischlehrerin und wollte eigentlich mein Russisch mit Ihnen üben. Sprechen Sie auch englisch?"

„Ja, wieso? Sprichst du etwa auch noch englisch?", fragte ich erstaunt.

„Ich lerne es gerade. Wir Russischlehrer werden nun umgeschult auf Englisch. Ich absolviere einen Jahreskurs und sollte eigentlich auch üben. Würden Sie mit mir englisch sprechen?"

„Ja, wenn du mir dann etwas Mongolisch beibringst, gerne", antwortete ich und war stolz, wie ich das, was mir wichtig war, eingehandelt hatte.

Wir unterhielten uns noch, bis die Chefin meines Ladens kam und *Gerlee* und ich uns trennen mussten. Vorher tauschten wir Adressen aus.

Als ich der Mongolin in ihrem Wollrock, den Stiefeln und der Jacke nachsah, freute ich mich, dass der Laden geschlossen gewesen war. Wie schön, dass ich „Licht" kennengelernt hatte. Wir schienen uns gut zu verstehen. Ich nahm mir vor, sie bald zu besuchen.

Das mit dem Stoff klappte bestens. Auf dem Heimweg fand ich in einem Laden kleine, weiße Brocken, die sie *aarool* nannten. Es schmeckte wie Quark, nur ein bisschen säuerlicher. Ich kaufte ein Kilo davon und bereitete zum Nachtessen einen Quarkauflauf zu mit Grieß, Eiern und Sultaninen. Unsere neue Wohnung hatte nämlich einen Backofen wie zuhause, so dass ich auch Brot selber backen konnte, wenn ich genügend Mehl dazu fand.

Es hatte sich bald im Haus herum gesprochen, dass in der Wohnung von *Zendee* und *Zörig* nun Ausländer wohnten. Eine tschechische Nachbarin kam eines Tages vorbei und brachte den Kindern eine Orange und eine Banane. Samuel und Michaja freuten sich riesig. Wir hatten noch keine frischen Früchte gesehen, seit wir angekommen waren, außer einmal Wassermelonen. Leider konnten wir uns nicht verständigen, da sie nur tschechisch und russisch sprach. Aber Lächeln und Liebesdienste überbrückten so manche Sprachbarriere. Das wollte ich mir merken!

Neugierige „Mondblume"

Das 14-jährige Mädchen, das unser Treppenhaus putzte, war irgendwann auch neugierig genug, um bei uns zu klopfen. Sie stand da in Wollstrumpfhosen, einem dünnen Baumwollrock, einer viel zu großen Bluse und mit einem schmuddeligen Tuch um den Bauch gebunden. In den Händen hielt sie einen Plastikeimer und einen Schrubber. Mit strahlenden Augen sagte sie: *Chaloon oss.*

Ich verstand zwar „heißes Wasser", wusste trotzdem nicht, was sie von mir wollte, bis sie den Eimer unter meine Nase hielt und ihre zwei Worte ständig wiederholte. Ich ließ sie in die Wohnung, aber anstatt den Eimer im Badezimmer zu füllen, spazierte sie erst mal von einem Zimmer ins andere und schaute sich mit großen Augen um. Als sie die Kinder mit den Legos spielen sah, wäre sie am liebsten zu ihnen hingekniet und hätte mitgeholfen, Häuser zu bauen. Doch ihre

Arbeit rief. Seufzend füllte sie den Eimer mit frischem Wasser, bedankte sich und fing an, das Treppenhaus zu schrubben. Wahrscheinlich hatte sie vorher im obersten oder untersten Stock Wasser geholt, aber von nun an kam sie zu uns in den zweiten Stock und legte mit der Zeit ihre Schüchternheit ab, so dass wir etwas mehr über sie erfuhren.

Sie hieß *Saranzezeg*, was „Mondblume" bedeutete; ihre Mutter war gestorben. Gewöhnlich stand sie um vier Uhr auf, um das Treppenhaus zu putzen, manchmal half ihr die kleinere Schwester. Dann erst ging sie zur Schule. Sie tat mir Leid. Wenn sie jeweils mit dem leeren Eimer als Vorwand auftauchte – sie putzte ja morgens – , ließ ich sie ein bisschen spielen. Wir übten Mongolisch, und wenn wir aßen, aß sie mit. Nach dem ersten Essen bei uns – es war wieder mal Curryreis gewesen – half sie fleißig mit, den Tisch abzuräumen. Ich beobachtete, wie sie die Teller in der Küche aufstapelte, die Messer aber einfach ableckte und in der Schublade verschwinden ließ.

Samuel, der ihr dabei zusah, reagierte entsetzt: „Mami, schau mal, was die macht! Gell, das darf man nicht?"

„Nein, wir machen das nicht so", antwortete ich ihm. „Wir haben ja genügend Wasser zum Abwaschen. Vielleicht hat *Saranzezeg* das auf dem Land so gelernt, wo es wenig Wasser gibt."

Mit dieser Erklärung war Samuel zufrieden, doch er nahm die Messer wieder aus der Schublade, spülte sie mit Wasser ab und erklärte der verdutzten „Mondblume": *„Ingidsch chii,* mach es so!" Ich war froh, dass er mir mit seiner kindlich direkten Art erspart hatte nachzugrübeln, wie und ob ich die junge Mongolin nun korrigieren sollte. Wir waren so darauf getrimmt worden, unsere Kultur nicht der mongolischen aufzudrängen, dass Situationen, die zuhause völlig klar gewesen wären, einem auf einmal Kopfzerbrechen verursachten. *Saranzezeg* aber war unkompliziert und lernte schnell. Allerdings bestand sie darauf, dass ich auch von ihr lernte, zwar nicht verbal, aber nonverbal. Jedes Mal, wenn sie uns besuchte, ordnete sie unser Wohnzimmer neu. Die zwei Sessel, die bei mir nie im 90° Winkel zum Tischchen standen, sondern etwas abgedreht, so wie ich es von zuhause gewohnt war, wurden jedes Mal im rechten Winkel ausgerichtet und alle Bücher, die irgendwo im Zimmer lagen, auf einen Stapel gelegt. Wenn irgendwo noch ein Legoteil herumlag, dann erspähte sie es bestimmt und schimpfte die Buben aus. Sie war eine tüchtige Hausfrau. Deshalb lehrte ich sie eines Tages Kekse backen. Wie freute sie sich, als sie ihre ersten selbstgebackenen Guetsli probierte und voller Stolz heim trug!

Das erste Mal, als sie mit ihrer kleinen Schwester auftauchte, waren wir am Vespern oder, wie wir Schweizer in Anlehnung an unsere französischen Nachbarn sagen, am „Kafi-Gomple"-Essen: Brot, Butter und Marmelade – die gute mit den russischen Himbeeren – standen auf dem Tisch. Ich lud die beiden ein mitzuessen. *Saranzezeg* angelte sich einen Esslöffel, tauchte ihn zweimal in das Marmeladenglas und patschte das klebrige Rot erst auf die Hand ihrer kleinen

Schwester und dann auf ihre eigene.

Unsere Buben staunten Bauklötze: „Mami, das geht doch nicht! Sie kann doch die Konfi nicht ohne Brot essen!", reklamierte Michaja, stemmte seine Hand in die Seite und schaute mich herausfordernd an.

Unterdessen waren noch zwei Esslöffel Beeren verschwunden und das Glas, das mindestens eine Woche hätte reichen müssen, war schon fast leer.

Samuel, der noch nie irgendetwas Klebriges oder Dreckiges an seinen Händen hatte ausstehen können, schaute angewidert auf die verschmierten Gesichter und Hände. Aber in den Augen der beiden Mongolenkinder spiegelte sich eine solche Wonne, dass ich diese nicht mit Zurechtweisung kaputt machen wollte, auch wenn unsere Buben lautstark an meinen Gerechtigkeitssinn appellierten. Ich gab den beiden Mädels noch gekochte, gedörrte Pflaumen und eine Tüte Bonbons mit.

Beim Zubettgehen versuchten wir unseren Kindern zu erklären, wieso die beiden Mädchen heute so viel Marmelade hatten ohne Brot essen dürfen. Wir versprachen ihnen aber auch, dass dies nicht mehr häufig geschehen würde. Das nächste Mal reichten wir ihnen einfach fertige Marmeladenbrote, als sie hungrig bei uns auftauchten.

Wertloses Papier

Am 25. September, als ich *Gerlee* zum ersten Mal besuchen gehen wollte, tobte ein heftiger Schneesturm. Weil ich eine halbe Stunde lang auf den Bus warten musste, dämmerte mir, dass es nun höchste Zeit war, warme Kleider zu besorgen. Ab und zu hatten wir ja etwas gekauft: Strumpfhosen, Mützen, Handschuhe, aber so richtig warme Jacken besaßen wir keine, denn die waren ja alle noch in unseren Koffern in Hongkong. Steve hatte versprochen, sie im November mitzubringen. *Bis dahin sind wir aber erfroren!*, kalkulierte ich. *Gerlee*, die sich über meinen unerwarteten Besuch sehr freute und mich nun vertraut mit „du" anredete, fand auch, dass wir vorher etwas Warmes bräuchten. So warteten wir den nächsten milden Tag ab, an dem Jürgen keinen Unterricht hatte, und „tschumpelten"[73] als Familie durch die ganze Stadt und alle Läden, bis wir fündig wurden: einen grünen, wattierten Baumwoll*deel*[74] für Jürgen für 650 Tugrik, zwei Jacken, Schuhe und Hosen für die Buben für 530, und eine Jacke für mich für 500 Tugrik. Nun waren wir einigermaßen versorgt. Da es in der noch ungeheizten Wohnung auch immer kälter und ungemütlicher wurde, kauften wir uns noch drei Bettflaschen, mongolische Filzstiefel und zwei Kamelhaarwolldecken der Marke „Gobi". Letztere kosteten stolze 5440 Tugrik. Da es damals noch keine größeren Noten als die Hundert-Tugrik Noten gab, und in der Regel 10er- und 20er-Noten im Umlauf waren, kamen manche Leute mit Sporttaschen voller Geld ins Geschäft.

---

73 mühevolles, langes Gehen
74 Der *deel* ist der traditionelle mongolische Mantel oder Kleid (auch für Frauen). Er wird mit einem *buss* (Stoffband als Gürtel) zusammengehalten.

Die armen Kassiererinnen mussten unendlich lange zählen, bis sie einem Kunden den ersehnten Kassenzettel aushändigen konnten. Wehe, sie verzählten sich – was öfters geschah, weil jemand auftauchte, den sie kannten –, dann mussten sie von vorne anfangen. So wurden mit steigender Inflation die Schlangen an den Kassen immer länger, das Einkaufen immer mühsamer und die Lektion „Geduld", die Gott uns ins tägliche Lernprogramm geschrieben hatte, immer effektiver, so dass sich heute waschechte Schweizer oft über unsere unhelvetische Gelassenheit aufregen.

Pfui!
Als wir zwei Tage später auch noch ein langes, gelbes Stoffstück fanden, das als Gurt dienen konnte, war Jürgens Ausgehuniform komplett. Voller Stolz wickelte er sich den gelben *buss* um die Taille – erst später lernten wir, dass die Männer ihn etwas weniger feminin um die Hüfte trugen – und wir gingen als Familie spazieren. Doch mit den Reaktionen der Menschen hatten wir nicht gerechnet. Obwohl sich einige, vor allem die alten Leute, heimlich freuten, einen Ausländer in der mongolischen Tracht zu sehen, schauten die meisten etwas befremdet drein. Ein paar Russen, die uns begegneten, schimpften uns wohl in ihrer Sprache aus, denn sie bekräftigten ihre uns unverständlichen Worte mit Spucke. Wir konnten uns das nur so erklären, dass sie sich darüber entrüsteten, dass wir als vermeintliche Russen die russische Kultur verrieten. Da hatten sie sich jahrzehntelang darum bemüht, aus den schlitzäugigen Barbaren zivilisierte Menschen in Hosen, Hemd und Anzug zu machen, die auch ein anständiges Alphabet benutzten und nicht so unleserliche Hieroglyphen. Und nun kamen wir und trugen die verpönten Hirtenmäntel zur Schau! Hätten sie gewusst, dass wir die mongolische Schnörkelschrift der Kyrillischen vorzogen, wären wir wohl vor der Lenin Statue, die vor dem Ulaanbaatar-Hotel thronte, geköpft worden.

Ihre Kulturdiktatur schien äußerst erfolgreich gewesen zu sein: kaum jemand auf der Straße trug traditionelle mongolische Kleidung. Vielleicht ab und zu ein Hirte auf einem Pferd, der sich in die Stadt verirrt hatte oder eine Oma vom Land, die es eben praktisch fand, sich im Notfall einfach auf dem Trottoirrand in den wilden Thymian hocken zu können, um geschützt vor allen Augen ihr Geschäft zu erledigen.

Wir gehörten in keine der beiden Kategorien, aber wir hatten gar keine Wahl. Der grüne Mantel war das einzig Warme, das sich für Jürgen hatte finden lassen. Ihm stand die Tracht echt gut, vor allem mit der russischen Zobelmütze, die er sich später noch dazu kaufte. Sollten die Russen vor uns ausspucken, der *deel* war nichts, wofür sich die Mongolen zu schämen brauchten. Im Gegenteil, eine genialere Erfindung gab es wohl kaum. Wenn man sich schämen wollte, gab es unserer Meinung nach andere Sachen. Aber die negativen Seiten der Kultur versuchten wir immer noch aus unserem Blickfeld zu verdrängen. Es konnte und durfte doch nicht sein, dass die Mongolen sich vor unseren Augen als weniger liebenswerte Menschen entpuppten, als wir das erhofft hatten!

Zum Glück lernten wir immer wieder gute Menschen kennen, die uns noch ein bisschen länger vor der Eskalation des Kulturschocks bewahrten.

Warum seid ihr hierher gekommen?

Gerlee war uns wirklich eine Hilfe. Treu besuchte sie uns und half, wo sie konnte. So brachte sie uns meistens pasteurisierte Milch in Beuteln mit. Sie kannte die Fabrik, wo die Milch so verarbeitet wurde und hatte dort anscheinend Beziehungen, so dass sie das kostbare Weiß unter der Hand für uns kaufen konnte. Als ich herausgefunden hatte, wie sehr sie Kaffee mochte, tauschten wir Milch gegen Kaffee. Ihre Eltern lebten auf dem Land, im Chenti-Aimag. Dort wurden warme Kleider selber hergestellt, mit Lammfellfutter, wie sie erklärte. Mit Erleichterung bestellten wir zwei *deel* für die Kinder, denn die russischen Kinderjacken in den Grau- und Brauntönen, die jedermann trug, schienen nicht annähernd so warm zu sein wie die traditionell mongolischen, die verboten gewesen waren. Kaum zu glauben, was Leute bereit waren zu opfern, wenn man sie im Namen des Fortschritts dazu aufforderte!

Zum neuen Fortschritt gehörte auch, dass man Sprachen beherrsche. Deutsch und Englisch waren nun gefragt und alle Ausländer wurden als potentielle Lehrer gesehen und umworben. Wenn *Gerlee* kam, interessierte sie sich immer für unsere Bücher. Einmal lag die Kinderbibel auf dem Salontisch, denn jeden Tag lasen wir unseren Kindern daraus vor. Während *Gerlee* darin blätterte und ihr Deutsch testete, brachte ich die Kinder zu Bett. Sie hörte zu, wie wir Gott mit einfachen Liedern priesen und zusammen beteten. Keine Ahnung, was damals im atheistisch geprägten Herzen der jungen Frau ablief. Sie fragte nicht so viel wie Gaana, eine von Jürgens Englischstudentinnen.

Diese junge Frau kam eines Tages zu Besuch und hatte viele Fragen zur Bibel, zum Glauben an Jesus, von dem sie schon gehört hatte, aber was sie vor allem wissen wollte und nicht verstehen konnte war, warum wir die Schweiz verlassen und in dieses trostlose Land gekommen waren. Sie selber musste bald von Ulaanbaatar, dem Zivilisationszentrum der Mongolei, weg und berufshalber in eine andere, kleine Stadt ziehen, und schon das fiel ihr schwer!

„Gott hat uns hierher geschickt", antworteten wir jeweils wahrheitsgemäß, auch wenn die Mongolen mit diesem Satz wenig anfangen konnten. Nach unseren ausführlichen Erklärungen aber blieben sie meist eine Weile nachdenklich sitzen und sannen dem Gehörten nach.

Der lächelnde Buddha

Bold hingegen, ein Familienvater mit drei Kindern, den Jürgen mal an einer Schule kennengelernt hatte, war ein Praktiker, kein Philosoph. Er bot uns seine Freundschaft an, denn auch er sprach gut deutsch und hatte in Ostdeutschland wie viele andere Mongolen eine gute Ausbildung genossen. Da er ein Auto besaß, konnte er uns wirklich viel helfen. Natürlich bezahlten wir ihn für seine Dienste. Es war so nützlich, ein Privatauto zu haben, wenn man größere Dinge einkaufen musste. So fuhr er mich, wenn er Zeit und – was viel schwieriger aufzutreiben war – Benzin hatte, manchmal zum Russenladen für meinen Großeinkauf.

Wenn er uns aber zu seinen Eltern in die Jurte einlud, war das die beste Mongolischübung und der anschaulichste Kulturunterricht. Es war interessant, das weiße Rundzelt mal von innen zu sehen: in der Mitte stand der eiserne Ofen mit dem riesigen flachen Kochtopf drauf, in dem alle Gerichte und Getränke gekocht wurden. Rechts befanden sich zwei hölzerne Küchenmöbel mit den nötigsten Utensilien wie Teller, Schälchen, Schüsseln, Wallholz, Gabeln, Löffeln und einigen scharfen Messern. Im Schränkchen bewahrten sie Vorräte von Mehl, Reis, Öl und Zucker auf.

Bolds Mutter saß auf dem einen der beiden Betten, die gegen die Jurtenwand standen, hielt ein mit Mehl bestäubtes Holzbrett auf ihrem Schoß und war dabei, *booz* zu formen. Ihr Mann half ihr dabei. Mit großer Geschicklichkeit nahm er einen Löffel Fleisch-Zwiebelmischung, setzte sie in die Mitte des ausgewallten Teigrondells, klappte die Ränder nach oben und verzierte das Ganze mit richtigem Druck an etwa zehn Stellen zu einer Art Blume. Die kunstvoll geformten Teigklöße setzte er im Kochtopf auf ein großes Metallgitter und deckte es zu. Während das Wasser auf dem Topfboden diese asiatischen Maultaschen dämpfte, bekamen wir Milchtee zu trinken und versuchten das Brot mit dem frischen *urum*. Die weißen dicken Fetzen erinnerten mich von ihrer Struktur her an meine Kindheit. Ich schauderte. Wie hatte ich es gehasst, wenn die „schludrige" Milchhaut an meinen Zähnen und an der Zunge hängen blieb! Aber die mongolische Milchhaut mit all dem Rahm, der an ihr klebte, war an der trockenen Luft leicht knusprig geworden und schmeckte – frisch wohlverstanden – wie die beste Butter zuhause. Die Kinder stürzten sich auf diese beschmierten Brote, erst recht, als die Oma ihnen oben noch Zucker draufstreute. *Eine interessante Vorspeise*, kommentierte mein innerer, noch immer positiv eingestellter Kulturführer und schickte die appetitanregenden Vorstellungen von salzigem Gebäck und pikanten Chips in die Wüste.

Alles in der Jurte versuchte ich positiv zu werten: die Einkaufstaschen, die originell an den Ecken der scherengitterartigen Jurtenwände baumelten, die aus Pferdehaaren selbst gedrehten Schnüre, an denen die wenigen Hand- und Geschirrtücher hingen, das kleine Metallgefäß, das durch Hochschieben eines Stöpsels einige Tropfen Wasser zum Händewaschen freigab, die Buddhafigur, die auf dem orangefarbenen Schrank im hinteren Teil der Jurte im Licht einer Stummelkerze still und friedlich vor sich hinlächelte, als wäre im Land alles in bester Ordnung. Ich versuchte wie er, die Augen zu schließen und mich lächelnd der Täuschung hinzugeben, dass all das Leid, das ich bisher gesehen hatte, nur eine Illusion war. Aber was, wenn das Leben doch knallharte Wirklichkeit war, wenn der gelernte Landwirtschaftsmechaniker fast von einem Tag auf den andern keine Lehrlinge mehr hatte, weil alle auf eine „saubere" Art ihr Geld verdienen wollten? Wenn die Oma vor mir ihre blutdrucksenkenden Medikamente nicht mehr bekommen konnte, weil die Apotheken keine Dollar hatten, um welche einzukaufen? Wenn die meisten Wohnungen nur noch 15° warm waren und die Kleinkinder sich auf nackten Fußböden eine Lungenentzündung holten, weil das Kohlekraftwerk irgendein Ersatzteil aus Russland brauchte, das nun nicht mehr geliefert wurde? Sollte Buddha doch in seiner Scheinwelt vor sich hinlächeln, mir war nach etwas anderem zumute, nach Wort und Tat.

Geregelter Tagesablauf

Nach einer Woche in der zweiten Wohnung waren wir heimisch geworden, hatten die Läden der Umgebung, die Milchverkaufsstellen und die meisten anderen zum Überleben wichtigen Dinge gefunden und wollten uns fortan in einem geregelten Tagesrhythmus bewegen. Dazu setzten Jürgen und ich uns zusammen und entwarfen einen Stundenplan und auch einen Schulplan für die Kinder. Samuel hatte sich bereits in Uetendorf das ABC selbst beigebracht und war nun alt und reif genug, um mit dem schweizerischen Erstklassenmaterial, das ich mitgenommen hatte, anzufangen. So unterrichtete ich drei halbstündige Lektionen am Tag, zwei vormittags mit Michaja entweder auf meinem Schoß sitzend oder am selben Schulpult wie Samuel, und eine Lektion am Nachmittag mit Samuel allein, während der jüngere Bruder schlief.

Im Kinderzimmer hing auch das so genannte „Tüpfli-Blatt", das die Kinder für gezielte Lernerfolge und gutes Benehmen belohnte, aber auch Fehlverhalten notierte, um korrigierend einzugreifen, wenn sich dieses häufte. So war unsere Strafe nie willkürlich, sondern Samuel und Michaja wussten genau, welches Verhalten welche Strafe nach sich ziehen würde. Strafen waren selten nötig, denn die Buben waren eifrig bemüht, die Belohnungen einzukassieren.

Eines Tages, als wieder zwei Studentinnen aus Jürgens Klasse da waren, um uns als Familie kennenzulernen, merkte ich, wie ungewohnt dieses „Tüpfli-Blatt" für das mongolische Kulturverständnis war. *Chongorzol*, eine der beiden 16-Jährigen, interessierte sich aber sehr für dieses Erziehungssystem. Sie verstand sich sowieso von Anfang an bestens mit den Kindern, tummelte mit ihnen auf dem fusseligen Teppich, brachte ihnen die paar Sätze Englisch bei, die sie bei Jürgen gelernt hatte und war uns so sympathisch, dass wir sie bald mal baten, regelmäßig zu kommen und mit den Kindern mongolisch zu reden. Diesmal war sie es, die einen Handel vorschlug. Sie wünschte sich, mit mir Englisch zu lernen. Intuitiv grub ich aus meiner Erinnerung den Rat unseres atheistischen Freundes hervor und begann mit ihr, in einer englischen Kinderbibel zu lesen. Wir diskutierten an diesen Nachmittagen immer ganz intensiv. Sie lernte mit jedem Besuch bei uns mehr Englisch, ich mehr Mongolisch, und gemeinsam dachten wir ganz ungezwungen über Gottes Lebensprinzipien nach und was diese für unser eigenes Leben bedeuten könnten.

Rotznasen

Ab und zu gingen *Chongorzol* und ich auch zusammen einkaufen. Ich erinnere mich, wie wir beide einmal die Hauptstraße zum Suchbaatar-Platz hinunter schlenderten und ich meine Nase schnäuzen musste. Ich nahm mein Taschentuch aus dem Jackeninneren und entleerte den vollen Inhalt beider Nasenlöcher geräuschvoll wie zu Hause ins Baumwolltuch.

Chongorzol zuckte zusammen, fasste mich am Arm und sagte peinlich berührt: „Bitte, Rita, mach das nicht so laut. Wir Mongolen tun das nur ganz leise, und meistens zuhause, nicht auf der Straße. Und Taschentücher kennen wir auch nicht."

Ich schaute sie überrascht an. Okay, das mit dem Lärmpegel leuchtete mir ein, aber was taten sie dann mit dem Rotz? Ich fragte meine neue Freundin, die ich gerade wegen ihrer Offenheit so schätzen gelernt hatte, danach. *Wird sie das Gleiche sagen wie die kleine Jaling aus der Inneren Mongolei?*, wollte ich wissen.

„Also, wenn's unbedingt sein muss, machen wir das so." Sie hielt sich mit dem Zeigefinger ein Nasenloch zu, beugte sich vornüber an den Trottoirrand und tat, als schnäuzte sie. Da sie eine saubere Nase hatte, war ihr Getue nicht ganz so anschaulich, aber ich hatte genug Fantasie um mir vorzustellen, in welchem Bogen meine Rotze auf der Straße gelandet und dort angefroren wäre.

Warum nicht?, dachte ich. *Ist doch ganz praktisch; man muss dann keine Taschentücher waschen oder entsorgen.*

„Wir Mongolen können uns einfach nicht vorstellen, wie ihr Europäer dieses glitschige Zeug in eure Jackentasche stecken könnt. Das finden wir eklig", fuhr sie fort und nahm mir das Versprechen ab, dass ich nie mehr in ihrer Gegenwart so etwas Peinliches tun würde. Ich versprach es, aber die Vorstellung von gefrorener Rotze, die im Frühling – triefend von ausgeschlafenen Bakterien – taute, empfand ich als keine erstrebenswerte kulturelle Alternative. Erst als ich über ein Jahr später mit Herrn *Purevdordsch* Nachmittage lang am mongolischen Grammatikbuch schrieb, kam ich einer Nasenputz-Methode auf die Schliche, die mir imponierte und die ich mir aneignete. Er verließ jeweils das Zimmer und wusch sich im Bad mit Wasser die Nase. Na also, wenn das nicht die hygienischste Lösung ist!

Da nicht alles in der Mongolei so hygienisch war, hatten wir es immer wieder mit Magenkrämpfen, Durchfall und Erbrechen zu tun, vor allem ich in den ersten drei Monaten. Wahrscheinlich war ich durchs Putzen diesen Käfern am meisten ausgesetzt. Aber vielleicht musste mich Gott durch die Zwangsbettruhe einfach nur immer wieder mal bremsen.

Mitte Oktober war es richtig schlimm. Drei Tage lang war ich außer Gefecht, meistens im Bett und freute mich umso mehr, als die erste Post von zuhause eintraf. Sie war also fast zwei Monate unterwegs gewesen. Aber wir kannten das ja aus der Inneren Mongolei. Es dauerte einfach seine Zeit, bis die Damen und Herren des Geheimdienstes die Handschriften entziffert hatten. Mit der Zeit ging es immer schneller. Wir bemühten uns, die Briefe fein säuberlich zu schreiben, wenn möglich mit Computer. So oft es sich arrangieren ließ, gaben wir unsere Briefe Kurieren mit, Freunden oder Bekannten von Freunden, die ins Ausland verreisten. Dann hatte man eine Garantie, dass die Zeilen auch ankamen. Das Leben in Ulaanbaatar war so aufwändig und die Zeiten, wo man ungestört etwas tun konnte, so kostbar, dass wir keine einzige Zeile vergebens schreiben wollten.

Freund oder *Nääz*?

Oft konnten wir unseren Stundenplan nicht einhalten, weil Besuch kam. Und ehrlich gesagt, das war uns lästig! Und zwar gewaltig. Ich musste den Stundenplan sowieso regelmäßig über den Haufen werfen, weil so viel Stromausfall war, dass ich schließlich immer dann unterrichtete, wenn keine Elektrizität geliefert wurde, um dann in der Restzeit kochen, nähen oder backen zu können. Die Kinder mussten flexibel sein. Immer wieder wurden Versprechen gebrochen.

„Ich lese euch in einer halben Stunde, wenn wir gegessen haben, weiter vor aus dem Vreneli Buch", beteuerte ich Michaja, nur um ihn dann wegen einem Besucher links liegen zu lassen. Und das immer wieder. Ich hasste mich dafür und mit der Zeit leider auch die Leute, die mich durch ihre spontanen und meist unwichtigen Besuche von meinen Prioritäten wie Mann und Kinder, Zeit mit Gott oder Sprache lernen abhielten. Ich hatte keine Ahnung, dass ich Besucher auch hätte links liegen lassen können, um einfach meiner Arbeit im Haus oder eben meiner Tätigkeit mit den Kindern nachzugehen. Die mongolische Gastfreundschaft verlangte nur, dass man spontane Gäste hereinbat und ihnen etwas zu trinken anbot. Doch ich konnte meine schweizerische Haltung – oder war es eine „Familie-Haas"-Haltung, die ich lange genug beobachtet hatte? – Gästen gegenüber nicht verleugnen, eigentlich bis zum Schluss nicht. Für mich bedeutete Gastfreundschaft volle Aufmerksamkeit, sprich: Schule oder Spielen mit den Kindern abbrechen, Essen und Trinken anbieten und Herzlichkeit. So wurde ein spontaner Besuch zu einem erheblichen Stressfaktor, vor allem wenn ich zu wenig Zeit, Herz oder Lebensmittel hatte. Wenn dann noch die falschen Leute an die Tür klopften, wurde es ganz kritisch.

Ich erinnere mich an einen jungen arroganten Kerl, der immer wieder vor unserer Tür stand oder Jürgen oder mich draußen abfing, um uns zu versichern, dass er unser Freund wäre. Dabei kannten wir ihn gar nicht! Er sei unser *nääz* und wir seine *nääz*, darauf bestand er und forderte, dass wir ihm Deutsch und Englisch beibringen sollten. Bevor wir im kyrillischen Wörterbuch nachgeschlagen hatten, vermuteten wir, dass *nääz* in der Mongolei eine andere Bedeutung haben musste als „Freund", vielleicht „Geschäftspartner" oder so. Aber es war das *Konzept* von mongolischer Freundschaft, das wir nicht verstanden oder nicht verstehen wollten: „Was nützt er mir, was nütze ich ihm? Wenn wir beide einen Nutzen haben, dann werden wir Freunde, egal wie sehr wir uns mögen oder auch nicht." Viele sahen in einer Freundschaft zu uns einen klaren Nutzen für sich und zwängten uns fast in den Kreis ihrer Freunde hinein. Aber was boten sie *uns*? Solche Draufgänger waren uns nicht mal sympathisch. Damit hatte sich die Sache von Freundschaft für uns erledigt, ganz egal, was sie uns zu bieten hatten. Ihre egoistischen Deals konnten uns gestohlen bleiben.

Der Deal mit *Zogtbaatar* war anders. Wir waren zuerst Freunde, dann wurden wir *nääz*: Wir brauchten eine Wohnung und seine Familie unsere Devisen. Das fanden wir in Ordnung. Freunde waren da, um einander zu helfen (siehe Farbfoto). Am 11. Oktober schauten wir uns die Vierzimmerwohnung im fünften Stock an, lernten *Zogtbaatars* Mutter kennen und freuten uns zu hören, dass wir die Wohnung haben können. Anscheinend hatten sie eine Jurte mit senkrechtem Dachfenster für ihren Lebensabend gefunden. Obwohl wir laut *Zörig* und *Zendee* länger in ihrer Wohnung hätten bleiben können, beschlossen wir nach viel Gebet umzuziehen:

Als wir die Wohnung letzten Freitagabend anschauen gingen und ich die kleine, einfache Küche sah, das kleine Bad/WC, so wurde es mir sehr schwer zumute, diese Wohnung hier mit den vielen Annehmlichkeiten loszulassen. Ich bat Gott, mir zu helfen loszulassen. […] Wir beteten abends dann darüber, und ich hatte doch die Gewissheit, dass die Wohnung von Zogtbaatars Eltern gut ist für uns. Aber man kann gar nichts organisieren und planen. Sie sagen uns nicht einmal, was sie kosten soll, auch wissen wir nicht, wie viele und welche Möbel dort sein werden. Nun, uns bleibt nichts als Gott darin völlig zu vertrauen. Er weiß, was wir brauchen! Wir sollen uns nicht sorgen! Ich will das üben, o Herr, und dir vertrauen!

Ein großer Vorteil, auf den wir uns freuten war, dass sich diese Wohnung mitten in der Stadt befand. Wir würden nicht mehr so sehr auf die überfüllten Busse angewiesen sein (siehe Farbfoto)!

Abenteuer Busfahrt

Es war nämlich jedes Mal ein richtiges Abenteuer, einen Sitzplatz zu bekommen, und Stehen im Bus hieß für die Kinder, auf Augenhöhe zu sein mit lauter Knien aggressiver Erwachsener, die sich einen möglichst bequemen Stehplatz ergattern wollten. Dazu kamen noch die Wollmäntel, deren Säume exakt auf Kindernasenhöhe hin und her wiegten und kaum Luft zum Atmen ließen. Davor hatten unsere Kinder Angst. Kein Wunder, dass sie für Sitzplätze beteten, wie ich es im Tagebuch vom 29. September notiert habe:

Gestern wollten wir per Bus von der Stadt nach Hause in unser neues Heim im 10. Distrikt (Bus Nr. 1 oder 26). Wir warteten zehn Minuten an der Bushaltestelle, doch es kam kein 1-er, und der 26-er fuhr voll vorbei. Wir marschierten eine Station weiter; weit und breit war kein 1-er Bus sichtbar. Michaja hatte die Idee zu beten, dass wir doch Platz im Bus finden. Zuerst zögerte ich, denn ich glaubte fast nicht, dass Gott das tun würde, aber im kindlichen Glauben betete ich. Es vergingen an der neuen Bushaltestelle keine fünf Minuten, bis ein leerer 26-er kam und hielt. *Trotz der vielen Leute bekamen wir noch einen Sitzplatz! Danke Jesus. Wir freuten uns alle über die Beantwortung unseres Gebetes. Am Abend war der Strom von vier bis acht Uhr weg und um zehn Uhr schon wieder. Samuel fürchtete sich, weil es im Zimmer plötzlich dunkel war (keine Straßenlampen). Er bat Jürgen, für Strom zu beten. Jürgen zögerte auch, denn normalerweise ist der Strom längere Zeit weg. Aber nach dem Gebet war innerhalb zehn Minuten wieder Strom da! Preist den Herrn!*

Elf Tage später notierte ich:

Seither haben wir ab und zu gebetet, um einen Platz im Bus zu bekommen, und siehe da, es klappte jedes Mal. Das hat den Glauben der Kinder sehr gestärkt.

Es war nicht nur für unsere Kinder ermutigend, Gott so zu erleben, sondern auch für uns.

„UNSER TÄGLICHES BROT GIB UNS HEUTE."

Ich begann, Gott mehr zuzutrauen und versuchte, auf seine Stimme zu hören. So konnte es passieren, dass ich mitten im Unterrichten eine innere Stimme vernahm, wie zum Beispiel einmal das „Geh jetzt los zum Diplomatenladen!"

Es ging ums tägliche Brot. Unterdessen war auch dieses Grundnahrungsmittel rationiert worden und alle Mongolen bekamen **Rationierungskarten**. Wir Ausländer konnten in den normalen Geschäften, die es in jedem Quartier gab, keine Grundnahrungsmittel mehr kaufen. In den M20-Shop ließ man uns nicht, da keine der Organisationen, für die Jürgen arbeitete, den Eintrittspass hatte besorgen können. Also blieb uns nur der Diplomatenladen in der Nähe des Stadtzentrums oder der Russenladen ganz am andern Ende der Stadt. Nie wusste man, wann es wo Brot gab. Es war wie in der Lotterie. Deswegen war die innere Stimme des Heiligen Geistes höchst willkommen!

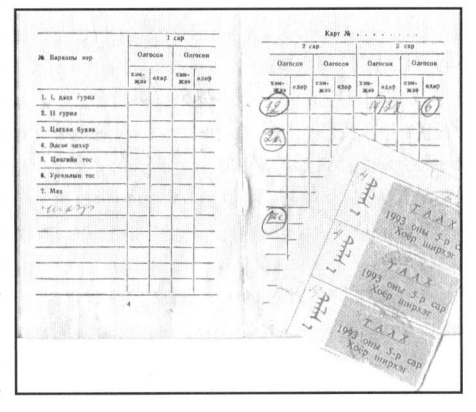

Nach diesem inneren Marschbefehl forderte ich Samuel und Michaja auf sich anzuziehen, packte Stofftüten, die ich mir genäht hatte, in den großen Tramperrucksack, mit dem ich meistens unterwegs war – man konnte ja nie wissen, was es plötzlich in den Läden gab – , und ab ging's in Richtung Diplomatenladen.

Als wir die Stufen in den ersten Stock hoch stampften, stieg uns der Duft frischen Brotes in die halb erfrorenen Nasen. Die Mongolen mit ihren Stupsnasen hatten es gut! Bei ihnen funktionierte die Durchblutung noch länger! Da lagen sie, die heiß begehrten Laibe: herrlich duftend auf und – was man nicht sehen konnte – unter der Theke. Die Verkäuferinnen hatten nämlich keine Lust, nach getaner Arbeit in ihrem Mongolenladen für das rationierte runde Ding eine halbe oder ganze Stunde anzustehen, und bedienten sich an den paar wenigen „Pfünderlis", die für die Diplomaten gebacken wurden.

Heute hatten wir Glück, beziehungsweise eben Gottes Segen, denn ich konnte ganze sechs Brote kaufen. Das hieß, keine Brotsorgen für fast eine Woche, denn vier konnte ich einfrieren. Wenn das Mehl nicht so teuer gewesen wäre und der Strom regelmäßiger, dann hätte ich auch öfters backen können. Wer aber schon erlebt hat, wie es ist, wenn man den Brotteig fertig hat, ihn in den Ofen schieben will und dann die Elektrizität für vier Stunden oder länger weg ist, kann ahnen, was dieser göttliche Aufruf zum Einkaufen für mich bedeutete. Wir erlebten als Familie die Erhörung des „Unser tägliches Brot gib uns heute".

Nach und nach, ganz vorsichtig, begann ich, auch bei anderen Dingen Gott zu fragen und auf seine Stimme zu lauschen. Aber einfach war es nicht. Nicht immer, wenn wir seine Stimme klar und deutlich hören wollten, hörten wir sie auch so. Aber irgendwie fühlten wir uns trotzdem geführt, vor allem dann, wenn wir auf den inneren Frieden achteten, mit dem der Heilige Geist eine gottgewollte Entscheidung zu belohnen pflegte.

Auf Gott hören

Zum Beispiel klopfte einmal nachts um zwei Uhr ein Betrunkener an unsere Wohnungstür und verlangte nach *Zörig*. Er wollte unbedingt rein und machte einen Riesenradau. *Was sollen wir tun, Gott? Müssen wir ihn reinlassen? Und dann? Wir verstehen doch kein Mongolisch, erst recht nicht das Gestammel der Betrunkenen.* Wir ließen ihn draußen stehen, aber irgendwie mit schlechtem Gewissen.

Beispiel Zwei von Samstag, dem 19. Oktober: „Mondblume" war den ganzen Nachmittag bei uns gewesen und wartete nun auf ihre kleine Schwester. Diese hätte nach der Schule zu uns kommen sollen, so hatten es die beiden ausgemacht. Bis am Abend tauchte keine Schwester auf. *Saranzezeg* traute sich nicht nach Hause ohne die Kleine, aus Angst vor ihrem Vater. Sie saß einfach da und wartete, obwohl es schon lange dunkel war und wir uns sorgten, wie sie selbst nun heimkäme. Unterdessen hatten wir herausgefunden, dass sie in *Bayan*chooschoor wohnte. Obwohl das Wort „reich" im Namen dieser Jurtensiedlung, die außerhalb Ulaanbaatars liegt, vorkommt, hatten die paar Zelte, die sich hinter verlotterten Zäunen verbargen, nichts mit Reichtum zu tun. Dort wohnten die Armen, aber sie hielten sich bissige Hunde. Darum wollte Jürgen unsere „Mondblume" nicht mit dem Bus nach Hause begleiten. Im Dunkeln waren die streunenden, ausgehungerten Vierbeiner zu gefährlich. *Was sollen wir tun, Gott? Woher ein Auto nehmen? Hilf uns!*

Eine Viertelstunde später klopfte es an der Tür. Ein Englischstudent stand draußen zusammen mit seinem deutschsprachigen Freund und: sie waren mit einem Taxi hier! *Halleluja!* Wir überredeten *Saranzezeg*, mit dem Taxi nach Hause zu fahren, doch diese hatte panische Angst vor ihrem Vater. Also fuhren der Student und ich mit ihr im Taxi nach Bayanchooschoor. Die Schwester war zum Glück zuhause! Auf dem Nachhauseweg kam ich mit dem jungen Mann ins Gespräch. Er studierte in Berlin, sprach perfekt deutsch und war bereit, in ein paar Tagen, wenn er zurückkehrte, unsere Briefe mitzunehmen. *Super arrangiert, Gott! Danke.*

Beispiel Drei: Am 23. Oktober schrieb ich ins Tagebuch: *Immer noch keine Nachricht wegen Wohnung von Zogtbaatar, außer dass sie 140 Dollar wollen pro Monat. Riesige Geduldsprobe für uns!*

Wir waren erstaunt. Es hatte immer geheißen, Geld sei kein Problem und hatte sich angehört, wie wenn er uns einen Vorzugspreis bieten würde. Und nun 140 Dollar und noch immer kein Umzugstermin! *Was sollen wir tun, Jesus?*, betete ich. Ich meinte zu hören, dass wir drängeln sollen, nicht einfach passiv warten. So fuhr ich am nächsten Tag zu Zogtbaatars Büro, wartete bis er Zeit hatte, um mit mir zu seinen Eltern zu fahren und traf seine Mutter. Am 1. November könnten wir einziehen, hieß es. Na also!

Doch alles Hören auf Gott bewahrte uns nicht vor Phase Drei des Kulturschocks: Eskalation.

21

ESKALATION

DAS FASS IST VOLL!

Ich beginne das Kapitel Eskalation ganz bewusst mit dem Einzug in die Wohnung Nr. 55 (siehe Farbfoto). Nicht, dass diese jetzt besonders schlimm gewesen wäre, aber an diesem 1. November war das Fass einfach voll.

Unser lang ersehntes Zuhause befand sich in einem Haus des sechsten Bezirks des Suchbaatar-Distrikts, nicht weit vom gleichnamigen Platz entfernt. Dieses Äquivalent zum Roten Platz in Moskau war gekrönt mit einer Statue des mongolischen Freiheitskämpfers *Suchbaatar*, der mit Hilfe der Sowjetunion die Unabhängigkeit von den Chinesen erkämpft hatte.

Das Botschaftsquartier befand sich ganz in der Nähe. Unser Haus atmete einerseits die kommunistische Luft der kubanischen Vertretung ein, andererseits den von Weihrauch geschwängerten Odem des nördlichen buddhistischen Tempels. In diesem Luftgemisch musste ein mongolisches Haus ja gedeihen! Tatsächlich, die Fassade war weniger bröcklig als die mancher Häuser in der Umgebung. Dass die alten Backsteinhäuser die Wärme viel besser speicherten als die Betonblockbauten im dritten und vierten Distrikt, die der Russe Breschnew der Mongolei geschenkt hatte, war mit ein Grund gewesen, weshalb wir uns für diese Wohnung entschieden hatten. Denn die vier Kohlekraftwerke der Stadt befanden sich in einem bedenklichen Zustand. Das wenige Wasser, das sie zusammen zum Brodeln brachten, reichte nicht mal für alle Wohnungen, geschweige denn für die Treppenhäuser.

Für mein Empfinden war es eiskalt, als die rostige Eingangstür hinter uns zuschlug. Je weiter wir im Halbdunkel die maroden Steintreppen hinaufstolperten, desto mehr fragten wir uns, was wir hier sollten. Nummer 55 befand sich zuoberst rechts im fünften Stock, beziehungsweise im vierten nach Schweizer Zählung, denn ein Erdgeschoss kennt man nicht. Und wenn, dann hieße es „Sandgeschoss".

Obwohl wir uns abgehärtet und bereits als halbe Mongolen fühlten, war das, was uns hinter dieser Türe erwartete, mehr als ich ertragen wollte. Ich hatte endgültig genug von der mongolischen *margaasch*-Kultur, den leeren Versprechungen – um nicht böse zu sagen Lügen –, der buddhistischen Tierliebe, die aus Schiss vor schlechtem Karma ganze Generationen von Kakerlaken krabbeln und zappeln ließ. Ich wollte endlich wieder mal nach Plan leben, schweizerisch durchorganisiert, in einem sauberen Heim. Meinen Frust der nächsten paar Wochen warf ich Freunden aus der Heimat in einem ausführlichen Brief an den Kopf, ahnend, dass ich mich in Phase Drei des Kulturschocks befand:

Ulaanbaatar, 10.12.91
Liebe Mirjam und Jim,
Wieder einmal kommt so ein Bandwurm von uns. […] Es ist schwierig, eine gekürzte Fassung zu machen. Dies sind wohl so typische Erlebnisse eines „firsttermers"[75]*, der sich noch für solche Sachen begeistern mag. Bei uns kommt die Reife wohl auch noch! Es ist Samstagabend, der 7. Dezember, 20.30 Uhr. Ich habe gerade ein warmes Bad genossen und will nun die vergangenen Wochen etwas dokumentieren. Vieles haben wir erlebt: Wohnung wechseln, Rind kaufen und schlachten, Lehrer suchen für Jürgen etc.*

Das Kakerlakenparadies

Am 28. Oktober begannen wir bereits mit Packen und Putzen der alten Wohnung, in der Meinung, wir könnten dann am 30. Oktober bei der Schlüsselübergabe bereits anfangen, die neue Wohnung zu putzen. Als wir dann, wie abgemacht, um drei Uhr dort waren, stand alles noch herum. Die Wohnung war voller Sachen, kaum etwas geputzt, ein Zimmer war nicht einmal zu besichtigen. So trug ich mein Putzzeug wieder heim und vertröstete mich, dass uns versprochen worden war, dass am 1. November um zehn Uhr alles fertig und geputzt sei. Für dann hatten wir mit Mühe und Not einen kleinen Lastwagen organisiert.
Während ich dann am 1. November um zehn Uhr mit den Kindern per Bus in die neue Wohnung fuhr, wollte Jürgen zusammen mit einem Freund unser Hab und Gut verladen. Ich wusste, ich hatte so ein bis zwei Stunden, um die Wohnung so

---

[75] Missionare leben meistens für einen „term" von drei bis vier Jahren im Einsatzgebiet und kommen dann nach Hause für Berichterstattung, Fortbildung und Urlaub. Im zweiten „term" ist man viel erfahrener.

bereit zu machen, dass alle unsere Sachen kommen konnten. Wer mich kennt weiß, wie gern ich solche Momente organisiere, plane und ausdenke, dass dann ja alles klappt!
Nun, um zehn Uhr war die Wohnung noch immer voller Sachen, kaum was geputzt, und ich konnte nirgends mit Putzen beginnen, weil alles voll stand. Ich hoffte fast, dass Jürgen mit unseren Sachen Verspätung hat und war froh, als er telefonierte, dass der Mongole das Auto leider erst um zwei Uhr benutzen könne. Er kam dann her, half wegräumen, Möbel umstellen und flicken, putzen. Als um halb drei Uhr unser Zeug kam, war wenigstens die zukünftige Stube halb leer und der Boden einigermaßen gewischt[76]. Wir arbeiteten wie Wilde den ganzen Nachmittag und brachten zuerst das Kinderzimmer auf Vordermann, dann unser Schlafzimmer und zuletzt die Küche. Am nächsten Tag mussten wir einen Teppich kaufen gehen fürs Kinderzimmer. Die Wohnung hat einen einfachen Holzboden, der jetzt im Winter natürlich eiskalt ist. Wir fanden einen mongolischen Wollteppich, der allerdings von so schlechter Qualität ist, dass er jeden Tag einen Staubsaugersack voll Fusseln von sich ließ und das 20 Tage lang. Nun sind es vielleicht alle vier Tage einen Sack voll[77]. Als nächstes mussten wir den Staubsaugerschlauch reparieren, der voller Löcher war. Zum Glück hatten wir gutes Klebeband dabei.
Da unsere Vermieter fast alle Stühle mit in die Jurte genommen hatten, kauften wir noch vier Stühle für das Esszimmer. Wir trugen je zwei nach Hause (zirka zwei Kilometer) und gaben ein köstliches Bild ab für die Mongolen: die Kinder marschierten voraus, wir hinten drein, und wenn wir müde waren, setzten wir uns auf dem Gehsteig auf unsere Stühle! Da die bestellten Betten (in den Läden gab es nur gebrauchte und doppelt so teuer wie neue bestellte!) für die Kinder noch nicht fertig waren, errichteten wir ihnen ein Nachtlager auf Filzmatten. Nachdem wir uns nun einen Monat lang mit dieser fusseligen Lösung abgefunden hatten, kauften wir ihnen heute Betten. „Es gibt welche im Kaufhaus", sagte uns gestern Abend ein Freund. Als Jürgen heute hinging, kaufte er gleich die letzten zwei! Obwohl es neue Betten sind, passten die Gestelle nicht zueinander und wir hatten unsere Mühe, die Betten überhaupt aufzustellen. […]
Schon in der ersten Nacht knüpften wir Bekanntschaft mit den Kakerlaken! Unsere Heizkörper sind mit Holz abgedeckt und lassen die warme Luft durch Ritzen ins Zimmer.. Dahinter befinden sich wohl Tausende von Kakerlakennestern! Sie marschierten in der Nacht sogar über unser Bett und auf unserem Gesicht herum. Wir schliefen schlecht. Unterdessen haben wir diverses gegen sie ausprobiert[78], doch eigentlich mit wenig Erfolg, bis wir ein chinesisches Produkt fanden. Es ist eine

---

76 Er war von den Vermietern gut geputzt worden, nur habe ich das dem Holzboden nicht angesehen. Meine Putzerei hinterließ nachher dieselben Flecken
77 Die Qualität hat sich als ganz gut herausgestellt, nachdem er entfusselt war
78 Wir haben den Wecker alle zwei Stunden gestellt, uns im Dunkeln mit Schuhen an den Händen bewaffnet, Licht angeknipst und dann die schwarzen Tiere an den Wänden erschlagen.

Kreide. Man zeichnet dort, wo sie durchlaufen, Kreise und wenn sie davon essen, sterben sie innerhalb einer Stunde. Seither haben wir Ruhe. Alles, was wir machen müssen ist, alle Tage die toten Kakerlaken zusammenkehren!
Am Montag, dem 4. November, kam ich dann dazu, das Badezimmer gründlich zu putzen. Es hat kein Fenster, ist sehr hoch wie die übrigen Zimmer (zirka dreieinhalb Meter) und die ganze Decke ist feucht, die Farbe gelöst und verschimmelt! Rechts war ein Wirrwarr von alten verrosteten Leitungsrohren, nicht gerade sehr schön zum Ansehen. Nun wölbt sich auf Duschstangenhöhe eine grüne Plastikdecke über das Zimmer, eine zweite verdeckt die Rohre, und Deutschlandbilder laden zum Heimweh-Haben ein. Es ist fast ein gemütliches Örtchen geworden.
Das Gästezimmer, das noch zwei Wochen lang voll stand mit Sachen der Vermieter (noch jetzt sind kiloweise Bücher und anderes von ihnen im Schrank) wurde bereits am 5. November eingeweiht. Am Mittag kam ein Telefonanruf, dass zwei Freunde aus Hongkong am Flughafen eingetroffen seien; für uns eine Woche zu früh! Während ich schnell das Zimmer einigermaßen herrichtete, holte Jürgen sie ab. Am ersten Abend schlief einer von ihnen auf dem Boden, dann gingen wir ein Bett (halt gebraucht) kaufen. Die ganze Woche über hatten wir noch zu tun mit Einrichten. Alle Fensterscheiben waren irgendwie zerbrochen und nicht mal geklebt. So brauchten wir rollenweise Tesa. Zudem hielten viele sich nur noch mit ein paar Nägeln am Holzrahmen. Jürgen fing an, mit russischem Plastilin die Fenster abzudichten. Und das bei Temperaturen von minus 12° draußen.
Im Großen und Ganzen fühlen wir uns sehr wohl hier, nun, da die Wohnung etwas in Schwung gebracht ist. Küche- und Kinderzimmerfenster sind gegen Westen gerichtet und ab Mittag sehr sonnig.

„RIND-METZGETE"

Am 27. November kauften wir ein zweieinhalbjähriges Rind von den Eltern eines mongolischen Freundes, die etwas außerhalb der Stadt in einer Jurte wohnen und eigene Tiere haben. Das Rind kostete uns nur 3000 Tugrik, das sind umgerechnet so 40-50 DM. Es war ein kalter Tag, so minus 18° draußen. Zuerst wärmten wir uns in der Jurte auf, aßen booz (Nationalgericht) tranken Tee (und Schnaps) und unterhielten uns etwas mit den Eltern und dem zahlreichen Besuch, der ein und aus ging in der Jurte. Mir war schon am Morgen zuhause schlecht gewesen, und ich hatte Durchfall. So waren für mich diese zwei Stunden eine Tortur, und von der dicken Kohleofenluft bekam

ich dann Kopfweh. Nachdem dem Rind die Kehle durchgeschnitten war, durften ich und die Kinder auch raus und helfen. Ich wollte vor allem deshalb dabei sein, um sicher zu gehen, dass sie das Filet und die Entrecote nicht zerhacken. Die Mongolen kochen alles Fleisch gleich und unterscheiden nicht wie wir. Am liebsten haben sie ja Fett; ihnen sagt Filet nichts. Als es also so weit war, zeigte ich unserem Freund eine kopierte Seite des Kochbuches mit dem Bild eines Rindes und erklärte ihm, welche Stücke ich haben möchte. Er verstand nur „Bahnhof", und so konnte ich zufrieden sein, dass wir wenigstens ein Filet wohlbehalten verpacken konnten.

Eigentlich hätte ich mich gern um das geschlachtete Fleisch gekümmert, es in der Jurte klein geschnitten, abgepackt und beschriftet, doch die Mutter wollte mir zeigen, wie man die Innereien verwendet. So musste ich also mit dem schon üblen Magen mithelfen, die Därme auszuwaschen (mit sehr wenig Wasser, versteht sich, denn in der Jurte gibt's ja kein fließendes Wasser), sie umdrehen, die Magenhaut (oder was war es?) abschaben, usw. Wir konnten mit aller Mühe erreichen, dass sie das Blut und die Dickdarmdärme behielten, alles andere mussten wir mitnehmen. Einige knochige Stücke ließen wir bei der Jurte, da auf unserem Fenstersims nur beschränkt Platz ist, um Sachen hinzustellen zum Gefrieren.

Zuhause erbrach ich mich mal gewaltig, legte mich ein paar Minuten hin, schaffte es gerade noch, das Filet und die Entrecote zu zerlegen und zu beschriften. Dann überließ ich Jürgen seinem Schicksal! Der Arme stand nach elf Uhr in der Küche und packte Fleisch ab. Freunde kamen noch vorbei zum Helfen und nahmen einige Kilos für sich. Nun liegt alles gefroren draußen. Wir haben genug Fleisch bis im März, wenn es auch sehr oft Suppe geben wird, denn viel Fleisch ist zäh und auch das Filet nicht zu vergleichen mit westlichem Standard. Wahrscheinlich hätten wir es lagern müssen, aber wo? Im Kühlschrank müssen wir schon Kartoffeln, Zwiebeln und Äpfel lagern. Glücklicherweise konnten unsere Freunde einen Mongolen anrufen, der liebend gern die Innereien abholte. Jürgen brachte es nicht übers Herz, respektive über seine Hände, die Därme, die Magenwand, Gebärmutter usw. zu säubern und abzupacken. Und ich habe nicht viel Ahnung, wie man diese Dinger schmackhaft kocht. Außerdem lag ich noch mit Durchfall zwei Tage im Bett.

Das also war unsere erste Erfahrung im Schlachten. Die Kinder haben sich sehr gut gehalten und alles mit Interesse verfolgt. Nur einmal meinte Michaja: „Gäu, dr Grind und d'Scheiche wei mir niid?"[79] Wir hatten schon vorher mit dem Freund abgemacht, dass wir den Kopf wirklich nicht essen können. Tja, wir sind halt noch keine eingefleischten und abgehärteten Missionare!

LEHRERSUCHE

Weil Jürgen viel besser lernt, wenn er einen strengen Lehrer und dadurch etwas

---

79 „Den Kopf und die Beine wollen wir nicht, gell?"

Druck hat, sind wir seit langem auf der Suche nach einem Lehrer oder einer Lehrerin für ihn. Wir wollten ursprünglich noch den Umzug hinter uns bringen und dann ernsthaft jemanden anstellen. Anfang November erfuhren wir durch einen Freund, dass eine Privatschule eventuell einen Lehrer stellen würde. Nach einigen Verhandlungen stellte sich aber heraus, dass sie uns als Englischlehrer wollten. Es gab wieder ungeheuren Druck.

Der Direktor kam am 12. November um zwei Uhr persönlich und bat mich fast auf den Knien, ob ich nicht um vier Uhr unterrichten könnte. Er hätte einen Englischkurs angesagt und habe noch keinen Lehrer. Nur diese Woche (dreimal) solle ich unterrichten, nur, um ihm aus der Klemme zu helfen. Bitte, bitte!

Ja, was macht man? Mir war schlecht (Menstruation), die Wohnung war ein Chaos (der Besuch war am Mittag abgereist) und Jürgen musste auch unterrichten. Was mit den Kindern? Der Direktor wollte gleich fünf Frauen her senden, (zum Kinderhüten und Putzen), nur damit ich ja unterrichten würde. Schließlich blieb ich bei meinem Nein. Es ging einfach nicht, die Kinder irgendjemandem zu überlassen, und ich hatte den schweren Verdacht, dass ich dann nicht mehr loskäme vom Unterrichten. Gibt man ihnen den kleinen Finger, so haben sie bald die ganze Hand.

Es verging eine weitere Woche, bis Jürgen dann ein Gespräch mit seinem zukünftigen Lehrer hatte. Der wollte jedoch drei Dollar pro Lektion (das sind 400 Tugrik), während Jürgen nur 60-100 Tugrik erhält für eine Lektion Englisch. Also war das wieder nichts. Der Mongole, der für die Schule arbeitet und etwas Deutsch kann, kommt nun einmal pro Woche und unterrichtet Jürgen.

Da Jürgens Englischkurs nun zu Ende ist, hat sein Arbeitgeber ihn an eine andere Schule ausgeliehen für die Zeit, in der kein Kurs stattfindet. Dort unterrichtet er jetzt zweimal pro Woche 15-17-jährige Schüler. An dieser Schule ist eine Deutschlehrerin (Mongolin), die angeboten hat, Jürgen zu unterrichten. Sie will so ihr Deutsch verbessern und verlangt kein Geld. Das Problem ist dann nur, dass solche Lehrer, die nicht auf Dollar aus sind, sehr unzuverlässig sind. Ein Freund von uns kam mal mit einer Primarlehrerin vorbei, die Jürgen unterrichten wollte. Alles schien wunderbar. Dreimal die Woche für zwei Stunden. Nach dem ersten Mal sagte sie dann ab, brachte aber eine Kollegin, die es tun wollte. Die schien noch qualifizierter zu sein. Wiederum sah es so aus, wie wenn das nun endlich klappen würde. Wer aber dann nie erschienen ist und auch nichts von sich hat hören lassen, ist diese Lehrerin. So sind immer wieder Wochen vergangen, weil Leute Sachen versprochen haben und sie nicht hielten. Nun hoffen wir das Beste!

Jürgen ist schon langsam frustriert, dass er nun schon so lange hier ist und noch nicht mehr Mongolisch kann! Andere Ausländer tun sich auch sehr schwer mit dem Sprachunterricht und es scheint fast, als läge dem Teufel viel daran, dass niemand die Sprache lernt und richtig kommunizieren kann mit den Mongolen. So ein bisschen unterrichten und sich mit dem Haushalt abkrampfen, da hat er nichts dagegen. Nun, wir geben uns nicht geschlagen. Wir sind mit Jesus am längeren Hebel!

Kindergarten

Da uns nun von verschiedener Seite gesagt worden ist, dass die mongolischen Kindergärten schlecht seien, haben wir uns nicht bemüht, unsere Kinder dorthin zu schicken. Sie spielen eigentlich sehr gut zusammen. [...] Wir haben gehört, dass bald eine internationale Schule gegründet werden soll, vielleicht schon diesen Monat. Es gibt hier nun doch einige westliche Kinder im Schulalter. Wir sind am Überlegen, ob wir unsere Buben dann dahin schicken sollen. [...] Es wäre bestimmt gut für sie, mit andern Kindern zusammen zu sein. Einige Mongolenkinder wird es dort auch geben. Ja, so entwickeln sich die Dinge rasch und wir sind immer wieder vor Entscheidungen gestellt.

Soweit unser Infobrief von Anfang Dezember. Diese Phase des Kulturschocks war sicher nicht leicht für die Mongolen, die uns damals kannten. Im Nachhinein tut es mir Leid, dass wir sie oft verletzt haben mit meiner Putzwut, unserer Ungeduld und einem mangelnden Verständnis für ihre Situation und Kultur. Gott zeigte mir auch Handlungsbedarf, was meinen Charakter betraf und motivierte mich immer neu dazu, ihm zu vertrauen:

Was will mich Gott im Moment lehren? Einen Murren-freien Alltag.

In your time, in your time, you make all things wonderful, in your time ... Gott macht alles wunderbar zu seiner Zeit. Welches Versprechen! [...] All zu oft setze ich den zeitlichen Maßstab und renne ins Dilemma, wenn Gott nicht hinten nach rennt. Lehre mich, Herr, mit dir Schritt zu halten, am Pulsschlag deines Handelns zu sein in meinem Leben, dem Leben meiner Familie und dem Leben hier in der Mongolei! Herr mache mich geduldig. In your time ...

„Habt ihr schöne Gardinen!"

Anfang November tauchten unsere Gäste, wie erwähnt, eine Woche zu früh auf. Ein Freund aus Hongkong besuchte uns zusammen mit seinem Freund aus Indonesien. Dieser hatte noch nie im Leben Schnee gesehen und fror schon wie ein Schlosshund, als er den ersten Fuß auf mongolischen Boden setzte. Als wir ihm das Gästezimmer zeigten, rief er aus: „Oh, sind das schöne Gardinen!"

Wir wussten gar nicht, was er meinte, denn niemand von uns sah Gardinen, höchstens die hellblauen, verbleichten Vorhänge, welche die Besitzer in der Jurte ja nicht gebrauchen konnten.

Was er daran so schön fand?, wunderten wir uns.

„So ein schönes Blumenmuster!", lobte er nochmals.

Wir zweifelten langsam an seinem Verstand oder dachten, das sei vielleicht seine Art, uns Gastgebern Komplimente zu machen aus schlechtem Gewissen darüber, dass sie eine Woche früher gekommen waren und uns ziemliche Umstände verursachten. Aber ein schlechtes Gewissen war völlig fehl am Platz, denn wir hatten uns trotz Umständen und Mehrarbeit so gefreut auf diesen Besuch.

Die Männer brachten uns Briefe aus der Heimat mit, die man nach Hongkong gesandt hatte, und – ganz wichtig – unser Geld für die nächsten Monate, denn Banküberweisungen in die Mongolei waren noch nicht möglich oder schienen uns nicht sicher genug. Was sie außerdem an Geschenken auspackten, waren hitzebeständige Plastikteller, die wir bestellt hatten und Früchte! Doch leider waren unsere Körper schon so auf eine fruchtlose Diät eingestellt, dass die Kinder mit schwerem Durchfall auf die Orangen und Birnen reagierten. Über die Teller freuten wir uns, denn wir hatten uns schon durch viele mongolische Plastiksuppenteller gegessen, die unter der heißen Brühe einfach weg geschmolzen waren. Unser kostbares Geld wollten wir nicht für teure, vollständige Geschirrsets aus Russland ausgeben, aber einzelne Teller fanden wir nirgends. Also hatten wir uns Plastikgeschirr aus Hongkong bestellt!

Zurück zu unserem Indonesier. Er sah tatsächlich Blumen. Endlich begriffen wir, was ihn so entzückte.

„Das sind keine Gardinen, sondern Eisblumen", klärten wir ihn auf und zeigten auf die feinen, äußerst kreativen Verästelungen, die sich an der kalten dünnen Glasscheibe gebildet hatten. Das Fenster war nach Nordosten gerichtet und sah kaum einen Strahl Sonne. So blieben die Nachtschönheiten den ganzen Tag über am Glas kleben.

Irgendwann schloss der Mann aus dem Süden seinen Mund wieder.

Ich war ihm dankbar für seinen Schönheitssinn. Ja, wir mussten unbedingt lernen, in allem Schmutz und Elend immer die bezaubernden Wunder zu sehen. Nur so konnten wir die Mongolei überleben. So ein Wunder war denn auch, dass wir russisches Plastilin fanden, mit dem Jürgen die dünnen Glasscheiben an ihre modrigen Holzrahmen kitten konnte, so dass sie – wenn man die Fenster im Sommer öffnete – nicht herunterfielen. Bis dann wehte so viel frische Luft durch die undichten Rahmen, dass Lüften überflüssig war.

EVOLUTION AUF DEM PRÜFSTAND

Unser Hongkong-Freund, ebenfalls ein überzeugter Christ, konnte es gar nicht abwarten, in Jürgens Englischklasse zu gehen und mit den Studenten zu diskutieren. Jürgen war froh, ihnen mal einen „native english speaker", also jemanden, dessen Muttersprache Englisch war, zu präsentieren. Wie man mir später erzählte, haben sie sogar über Gott und die Welt diskutiert, weil die Studenten dazu Fragen stellten. So hörten diese jungen Leute zum ersten Mal vom christlichen Schöpfergott, provozierten den gelehrten Hongkong-Christen aber durch ihren selbstverständlichen Glauben an die Evolution, ihnen gewichtige Argumente gegen die Darwin'sche Lehre darzulegen und studierten noch tagelang darüber, wieso man ihnen in der Schule nur die *eine* Hypothese zur Entstehung der Welt unterbreitet hatte. Das, was dieser Mann erzählte, schien doch ganz vernünftig. Und so konnte Jürgen später mit einigen noch tiefer über dieses Thema reden, natürlich nicht im Klassenzimmer, sondern bei uns zu Hause.

In der Regel **unterrichtete Jürgen nun zehn Lektionen pro Woche**, meistens am Spätnachmittag von 16.00 bis 19.00 Uhr. Das gab ihm zwar natürlichen Kontakt zu vielen Mongolen, von denen nicht wenige uns privat besuchen kamen, doch so richtig Mongolisch lernte er nicht. Abends lasen wir oft gemeinsam im mongolischen Neuen Testament, um mit dem christlichen Wortschatz vertraut zu werden. Dabei wurden wir öfters von kreischenden Schreien und tobenden Rufen unserer Nachbarn gestört. Ihr Schlafzimmer grenzte an unseres. Obwohl wir kein Wort verstanden, wurden wir durch die Mauer Ohrenzeuge von so manchem Ehestreit.

Jürgen und ich waren jedes Mal neu dankbar für unsere Beziehung, wenn wir hörten, wie andere ihre Konflikte lösten. Irgendwann brachte ich den Nachbarn einen Kuchen vorbei, um Kontakt zu knüpfen, und einmal, ich glaube in der ersten Woche schon, brauchten wir die Hilfe des Mannes, als unsere Sicherung durchbrannte und wir keine Ahnung hatten, wo wir nun eine neue finden konnten. Der streitsüchtige Mann war praktisch begabt: er holte einen Kupferdraht – Elektriker jetzt bitte nicht weiter lesen! – und überbrückte die durchgebrannte Sicherung einfach von außen. Fertig. Er strahlte übers ganze Gesicht, als bei uns die Lichter wieder brannten. Nur gut, dass unser erster WEC Mitarbeiter von Beruf Elektriker war, sonst hätten wir die Mongolei vielleicht nicht überlebt …

Einkaufsfreuden und -leiden

Nach wie vor „zottelte" ich mit den Kindern ein paar Mal die Woche durch die Stadt. Zum Beispiel um Sicherungen zu finden. Unterdessen hatten wir die Winterkleider aus Hongkong bekommen. Zwar nicht alle, denn ein Koffer voll Pullis, Thermo-Unterwäsche und dergleichen war versehentlich bei den Hilfsgütern für China gelandet. Zuerst war ich sehr traurig, denn mein Lieblingskleid, ein blaubraun-goldenes Wollkostüm, das mir meine Mutter mitgegeben hatte, war auch in jenem Koffer. Doch dann freute ich mich einfach für die Leute, die es in China bekämen. Gott wusste, was er tat. Als *Gerlee* davon hörte, half sie mir eine Frau zu finden, die schöne Seiden-*deel* nähte. Ich bestellte einen, nachdem wir endlich nach vielen vergeblichen Einkaufsbummeln das richtige Material gefunden hatten.

Aber Hauptsache war, dass meine Stiefel und meine warme Jacke, die ich mir extra noch für die Mongolei gekauft hatte, nun angekommen waren. Die Buben trugen ihre wattierten, grün-violetten Skianzüge zusammen mit mongolischen Mützen, Handschuhen und Schals, und ich spazierte mit ihnen in meiner hellblau glänzenden Jacke und den roten Wildlederstiefeln umher. Wir fielen auf, das war klar, denn die Mongolen bewegten sich fast ausschließlich als schwarz-weiß Foto durchs so wie so schon triste Grau ihrer Umgebung. Nur hie und da war jemand frech oder mutig genug, eine rote, gelbe oder grüne Mütze zu tragen. Der Kommunismus ließ grüßen: Gleichheit für alle, wenn nötig auch gleich langweilig.

Am 4. November schenkte ein Amerikaner unseren Kindern je zwei Äpfel, die er im Dollarladen soeben erstanden hatte. Als wir atemlos dort vorbeischauten, gab es vielleicht noch welche unter der Theke, aber keine mehr zum Verkauf. Emily Sanders, die Zugang zum M20-Shop hatte, kaufte uns dort eine Woche später zwölf Kilos für 600 Tugrik, ein halbes Vermögen für die Mongolen. Ich trocknete einen Teil der Äpfel zuhause, um Vitamine und Ballaststoffe rationieren zu können. Unterdessen gab es kaum mehr schöne Karotten. Unsere amerikanischen Freunde warnten uns, dass diese bald mal ausgingen und es weise wäre, welche einzufrieren. Damit hatten sie Recht, denn Ende Dezember fand ich nur noch vier bis fünf Zentimeter lange, kleine, verschrumpelte Möhren, die man kaum noch schälen konnte und danach nichts mehr bis zur neuen Ernte im Sommer. Ich versuchte mich auch im Sauerkraut Einmachen, aber da ich in der ganzen Stadt keine hitzebeständigen Gläser mit Deckel fand, mussten wir unser Kraut halt möglichst schnell aufessen.

Am 13. Dezember konnte ich mich irgendwie in den M20-Shop einschleichen und fand dort Mandarinen und Sanddornsirup. Während des Kandidatenkurses hatte ich gelesen, dass Sanddornbeeren extrem viel Vitamin C enthielten und erst nach dem Frost gepflückt würden. Diese Tatsache hatte mich damals gefreut, denn es bestätigte mir Gottes Fürsorge für seine Geschöpfe. Die karge Mongolei hatte also eine super Vitamin C Quelle, die auch noch kompatibel war mit dem Klima.

Töchirolzoonii Delguur

Regelmäßig pilgerte ich in den vierten Distrikt zum „Tausend-Waren-Laden" auf der unermüdlichen Suche nach Toilettenpapier und Glühbirnen. Noch hatten wir den Schwarzmarkt nicht entdeckt und mühten uns ab, in den andern Läden das Lebensnotwendigste zu finden. Unser Hongkong-Freund konnte nicht glauben, dass das Leben hier so mühsam war und stellte sich der sportlichen Herausforderung, für uns Glühbirnen zu finden. Im Treppenhaus war es nämlich stockdunkel, weil die Bewohner dort als erstes die Glühbirnen rausschraubten, wenn sie welche brauchten. Als wir eingezogen waren, hatten wir jedes Stockwerk mit Licht versorgt, doch schon nach ein paar Tagen baumelten leere Lampenfassungen über unseren Köpfen, wenn wir die Treppen rauf und runter stiegen. Unterdessen war auch im Gästezimmer die Birne defekt. Diejenige vom Korridor hatten die Wohnungsbesitzer mit in die Jurte genommen.

Obwohl wir zu zweit eine Woche lang alle Geschäfte abklapperten und der Hongkong-Superman zwischendurch auch noch auf geheimer Mission unterwegs war, fanden wir nichts. Wir baten schließlich *Bold*, uns zu helfen. Innerhalb 24

Stunden brachte er uns vier Birnen. Er hat wohl deswegen vier Klassenzimmer seiner Privatschule in Discolicht getaucht ... Hongkong-Boys geheime Mission war aber auch erfolgreich: 20 Rollen WC-Papier für 122 Tugrik. Das war sagenhaft, denn im Dollarladen kosteten zehn Stück stolze sechs Dollar.

Es wurde Zeit, dass man das Monopol der Dollarläden knackte. Das geschah auch, denn gegen Mitte Dezember entstanden die ersten *töchirolzoonii delguur*. Lange verstanden wir nicht, was *töchirolzoon* hieß. Uns genügte, dass diese kleinen Kioske, die in den nächsten Wochen und Monaten wie Pilze aus dem Boden schossen, allerlei anzubieten hatten, was man in größeren, staatlichen Läden nicht finden konnte. Die Inhaber waren private Händler, die vor allem Waren aus China und Russland einführten. So fanden wir zum Beispiel einmal Pfirsichkompott oder Erbsenkonserven aus Vietnam. Dass das komplizierte Wort „Übereinkommen" bedeutete und eigentlich ein Handeln erlaubt hätte, wussten wir nicht.

Einige der **„Übereinkommensläden"** kauften ihre Ware auch einfach auf dem Schwarzmarkt außerhalb der Stadt ein und verkauften sie gegen einen Aufpreis im Stadtzentrum. *Ganzörig* und *Odontoya* erklärten uns das und führten uns am 8. Dezember zum ersten Mal auf den Schwarzmarkt, wo wir uns wie im Paradies wähnten: Plastikeimer, Zündhölzer, Kerzen, Glühbirnen, Verlängerungskabel, alles Dinge, die wir lange gesucht hatten, gab es hier an einem Ort zu kaufen. Schwarz bedeutete nicht illegal, sondern einfach nicht-staatlich. Väterchen Staat hatte alle Hände voll zu tun, seine Bevölkerung durchzufüttern und konnte froh sein, dass ihm andere dabei halfen. Wer arbeitsam und sprachbegabt war, dazu einige Dollar Startkapital hatte, konnte ganz gut Geschäfte machen und es zu etwas bringen.

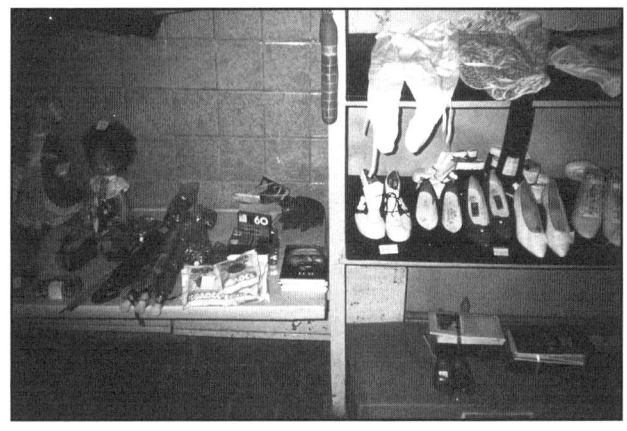

Deshalb baten unsere Vermieter uns auch darum, dass wir ihnen drei Monatsmieten im Voraus bezahlten. Andere Ausländer mussten eine ganze Jahresmiete hinblättern, wenn sie eine Privatwohnung mieten wollten. Unter den neuen Händlern gab es leider auch Skrupellose, Kriminelle, welche die paar wenigen sinnvollen Gesetze mit korrupten Geschenken umgingen und durch Ausbeutung der Natur, der Armen und Schwachen zu ihrem unverhältnismäßigen Reichtum kamen. Solche Zusammenhänge zwischen Ausländer-Dollar, Privathandel und dubiosen Geschäften verstanden wir erst viel später. Offensichtlich war für uns nur, dass jeder sich die Finger leckte nach unseren Devisen. Sie waren das Eingangstor zum wirtschaftlichen Paradies. Mit diesen Hintergedanken in den Köpfen vieler Mongolen war es alles andere als einfach zu spüren, wer Freund und wer *nääz* war, wer sich wirklich für Gott interessierte und wer für den Mammon[80].

Einerseits verstanden wir diese Gier nach Luxus und Wohlstand, auf der anderen Seite wussten wir aus der Erfahrung in Europa, dass Besitz die innere Leere nicht stillen konnte. Wir beteten, dass die christlichen Gemeinden eine befriedigendere Antwort für die Suchenden hätten.

Es gab mittlerweile etwa 50 ausländische und etwa 130 mongolische Christen in der Hauptstadt. Wir hörten, dass in einigen anderen Provinzen, wo christliche Englischlehrer unterrichteten, auch einige Mongolen an Jesus gläubig geworden waren. Insgesamt schätzte man die Christen auf etwa 200. Es hätte mich brennend interessiert, was aus *Batzezeg* und dem Bibelteil geworden war, den wir damals in England unter KGB Verfolgung schließlich hatten abgeben können …

Fix und fertig

Von einem „Engel" Markus habe ich damals, in der England-Zeit, mal berichtet. Der junge Mann war aufgetaucht, als wir seine Hilfe dringend benötigt hatten. Eine ähnliche Situation erlebte ich am 10. Dezember. Ich hatte mich an jenem extrem kalten Tag auf den Weg gemacht zum Russenladen. Man hatte mir erzählt, dass er umgezogen wäre. Deswegen fanden die Buben und ich die neue Lokalität erst nach einigem Suchen. Wie gewöhnlich verbot ich den Kindern zu reden, damit die russischen Kunden und Kundinnen keinen Verdacht schöpften. Sie mochten es nicht leiden, wenn Europäer oder Amis ihnen ihre Waren wegkauften. Den Verkäuferinnen war es egal. Normalerweise warteten diese, bis die letzten Landsleute bedient waren, schlossen den Laden ab, damit wir in aller Ruhe gestikulierend sagen konnten, was wir brauchten, und schlossen erst wieder auf, wenn alles im Rucksack verstaut war. Dann schlichen wir mit einem russischen Lächeln auf dem Gesicht davon.

Ein klein bisschen aufgewärmt durch die Wärme im Geschäft, machten wir drei uns auf den Rückweg. Einen Platz in einem Bus zu bekommen, war zusehends schwieriger geworden, da viele Fahrzeuge kaputt gegangen und mangels Ersatzteilen nicht mehr hatten repariert werden können. Ich beschloss, ein Taxi zu nehmen. Es gab aber keine Taxifirma, die man hätte anrufen können, stattdessen fungierte jedes Auto, das noch freie Plätze hatte, als Taxi. Für viele Menschen, die einen Wagen besaßen, war das ein guter Nebenverdienst und dieses „car-sharing" entlastete die Umwelt. Wegen diesem System hatten wir eigentlich nie das Bedürfnis nach einem eigenen Auto. Es gab genügend Fahrer, die man

---

80 Götze des „Geldes", siehe Matthäus 6,19-24

unterstützen konnte. Dabei ersparte man sich viele Probleme wegen Ersatzteilen und fehlenden geheizten Garagen. Der Anblick der Feuerchen, die manche Mongolen frühmorgens unter ihrem Auto anzündeten, um den gefrorenen Diesel oder das kristallisierte Benzin aufzutauen, ließ uns die Haare zu Berge stehen. Aber an jenem 10. Dezember hätte ich viel darum gegeben, ein eigenes Auto zu haben. Samuel, Michaja und ich stellten uns also mit dem 30 Kilo schweren Rucksack an die Bushaltestelle und warteten mit ausgestreckter Hand, dass ein Auto hielt. 10 Minuten vergingen, 20 Minuten, – wir schlotterten, und noch immer hielt kein Auto an. Die wenigen Busse fuhren zum Ärger der Wartenden überfüllt an der Haltestelle vorbei.

Endlich schubste mich ein Mongole am Arm und meinte: „Hier dürfen die Autos nicht anhalten. Versuchen Sie es dort."

Ich war erstaunt darüber, dass es tatsächlich so etwas wie ein Verkehrsverbot gab. Dankbar für den Hinweis, zerrte ich meine beiden Buben ein paar Meter weiter. Dort versuchten wir unser Glück aufs Neue. Ich weiß nicht, was an dem Tag los war, aber alle Autos waren bereits voll, als sie an uns vorbeifuhren. So blieb uns nichts anderes übrig, als die Strecke zu Fuß zurückzulegen. Doch schon nach den ersten 300 Metern konnte ich nicht mehr weiter. Der Rucksack war einfach zu schwer. Michaja, der meine Verzweiflung zu spüren schien, fing an zu weinen. Da endlich hielt ein freundlicher Russe und nahm uns mit bis zum Ulaanbaatar-Hotel. Bevor ich mir noch Gedanken machen konnte, wie ich den Rest des Weges schaffen würde, tauchte Peter auf, unser Freund aus der „Sunday-Fellowship". Er trug mir das schwere Ding heim. Natürlich war es Jürgen nirgends Recht, dass ich so schwer geschuftet hatte, aber man wusste im Voraus eben nie, was es in den Läden gab. Wenn mal Konserven da waren, musste man zuschlagen und konnte nicht zimperlich sein.

Die Bürokratie des Telefonierens

Bis zum 10. Dezember hatten wir kein eigenes Telefon. Dann bekamen wir die Nummer 1-25169. Manchmal wünschten wir uns aber, wir hätten keins, denn mindestens einmal in der Woche schreckte uns ein Anruf mitten in der Nacht aus dem Bett, der vom noch wachen Ausland kam und wohl den vorherigen Besitzern der Nummer galt. Aber das konnten wir ja nicht wissen. Es hätte auch sein können, dass unsere Eltern uns erreichen wollten. Vom Ausland konnte man uns nun direkt anwählen, aber *wir* mussten durch folgende Prozedur, wenn wir nach Hause telefonieren wollten:

Zuerst marschierte man zum Hauptpostamt am Suchbaatar-Platz und stellte sich in die Schlange des Schalters, der Anmeldungen für Telefonate entgegen nahm. Bis wir allein diesen Schalter gefunden hatten, waren Tage und Stunden vergangen. Dann füllte man einen Zettel aus und gab die genaue Uhrzeit an, wann man mit der gewünschten Nummer im Ausland verbunden werden wollte, und bezahlte gleichzeitig genau so viele Minuten, wie man zu sprechen beabsichtigte. Als ob man das im Voraus wüsste! Nach dieser Bestellung konnte man heimgehen und wartete dort die besagte Tages- und Uhrzeit ab, in der das Postbüro die ersehnte Verbindung herstellte. Wenn man Glück hatte, war der Betreffende zur bestellten Zeit zu Hause, und man konnte so lange telefonieren, wie man bezahlt hatte. War diese Zeit aber abgelaufen, gab es kein Pardon und die Verbindung wurde gekappt. Hatte man Pech, weil niemand zu Hause war, musste man die ganze Prozedur wiederholen, aber glücklicherweise nicht neu bezahlen. Unser Problem war nicht das Geld, sondern die Zeit. Es konnte locker bis zwei Stunden dauern, so einen Telefonanruf zu bestellen, mit dem Marsch zur Post und den Wartezeiten. Bei einem Versuch, mit meinen Eltern zu sprechen, erlebte ich Mitte Dezember folgendes:

Hungerstreik gegen Korruption

Auf dem Nachhauseweg von der Post sahen die Kinder und ich zwei Männer bei -30° Kälte in dicke Felle gehüllt unter dem Suchbaatar-Denkmal auf Filzmatten liegen (siehe Farbfoto). Über ihren Köpfen hingen die schweren Eisenketten, welche die Steinlöwen miteinander verbanden und so das Gebiet des Denkmals einzäunten. Dagegen gelehnt trotzten zwei Plakate der eisigen Kälte.

„Mami, wieso liegen diese Männer da auf dem Boden?", fragte mich Samuel, der sofort verstand, dass dies nicht normal war.

„Frieren die nicht?", wollte nun auch Michaja wissen, der sie mitleidig musterte.

Ich versuchte, das Plakat mit den *schaardlagh*, den „Bedingungen", zu entziffern, verstand aber das Wort *zawchroolagtschid*, um das es vor allem ging, nicht.

Während ich nach einer Antwort suchte, zerrte mich Samuel nochmals am Arm: „Mami, haben die kein Zuhause?"

„Doch, ich denke schon", antwortete ich, „aber sie wollen den Menschen etwas sagen, nämlich das, was dort auf den Plakaten steht. Nur kann ich es nicht genau übersetzen. Ich mache ein Foto. Dann fragen wir später unsere Freunde, was das heißt."

„Wieso können sie es nicht normal sagen?", forschte Samuel weiter.

Gute Frage, dachte ich. *Ja, wieso können sie es nicht normal sagen?*

„Weißt du, das ist wie im Märchen.", begann ich zu erklären. „Manche bösen Könige wollen nicht hören, was die guten Leute zu sagen haben. Dann müssen die guten Leute sich etwas einfallen lassen, damit man sie beachtet."

„Diese Männer beachtet man aber", sagte Michaja und zeigte auf all die Menschen, die um sie herumstanden.

„Warum beten sie nicht einfach zu Gott, wenn es gute Menschen sind? Er kann ihnen doch helfen gegen die bösen Könige!", schlug Samuel vor.

„Wahrscheinlich kennen sie Jesus nicht und wissen gar nicht, dass er ihnen helfen könnte", sagte ich traurig. Unterdessen hatte ich das große Wort *ulsgulung* entziffert und erklärte meinen Buben: „Die Beiden wollen wahrscheinlich, dass

die ‚Hungersnot' in der Mongolei aufhört. So was steht auf dem Plakat."
„Mami, wenn sie Jesus nicht kennen, dann müssen wir ihnen von ihm erzählen!", sagte Michaja, der immer noch die Männer anstarrte.
„Deshalb lernen Papi und ich ja Mongolisch, damit wir das tun können. Und deshalb ist es so wichtig, dass ihr zuhause viel helft und euer Zimmer selber aufräumt, damit wir mehr Zeit zum Lernen haben." Ich konnte es mir nicht verkneifen, ein erzieherisches Tor zu schießen. Und es wirkte, sogar doppelt.

Wenn ich keine Lust hatte zum Mongolischlernen oder etwas dergleichen verlauten ließ, sagte bestimmt einer der Buben: „Mami, du musst lernen, damit du den frierenden Männern von Jesus erzählen kannst."

Übrigens: die frierenden Männer waren in einen Hungerstreik getreten und verlangten die Absetzung korrupter Beamter. Das fand ich später mit Hilfe mongolischer Freunde und dem Foto heraus. Die Frage von Samuel klang noch lange nach: „Warum beten sie nicht einfach zu Gott, dass er ihnen hilft?" Ich dachte an *Zogtbaatar*, an einen der wenigen Mongolen, die bereits von Jesus gehört hatten, an seine einflussreiche Position und seine wachsende Macht.

Vielleicht eines Tages …, träumte ich.
Und manchmal beteten wir auch. Zu wenig? –

Leidenschaft in unseren Herzen!

Am 19. Dezember 1991 waren Jürgen und ich zusammen unterwegs, während *Chongorzol* unsere Kinder hütete. Ich hatte mein erstes Treffen mit Professor *Suchbaatar* an der Staatlichen Universität. *Delgermaa* hatte mir diesen Sprachlehrer empfohlen, als ich ihr vorgejammert hatte, dass ich niemanden hätte, der mir meine grammatikalischen Fragen beantworten könne. Es war wirklich mühsam, wenn man als Antwort immer hörte: „Das muss man im Gespür haben."

Wie sollte ich spüren, ob man *tschi irech uu?* oder *tschi irech we?*[81] sagte? Wenn ich auf mein Gespür hörte, sprach ich meistens falsch, also musste es doch auch Regeln oder dergleichen geben. Nur kannten unsere mongolischen Bekannten diese nicht besonders gut, denn die hatten eben ihr korrekt gelerntes Empfinden! Ich war gespannt auf meinen neuen *bagsch*, wie man die Lehrer betitelte, aber auch nervös.

„Bonjour, monsieur", übte ich, denn ich wusste, er sprach nur mongolisch und französisch, weil er in Paris unterrichtet hatte. Kein Englisch.

Jürgen begleitete mich hinein in das entsprechende Zimmer, doch nach einer Weile, als die Kommunikation doch ganz gut lief und er einen angenehmen Eindruck von dem Lehrer gewonnen hatte, verabschiedete er sich. Er wollte noch einkaufen gehen. *Suchbaatar-bagsch* und ich vereinbarten, dass wir einmal die Woche zusammen sitzen würden, um meine grammatikalischen Fragen zu besprechen. Zufrieden kehrte ich nach Hause zurück.

---

81 „Kommst du?" Das Fragezeichen kann mit unterschiedlichen Fragepartikeln ausgedrückt werden, für deren Gebrauch es klare Regeln gibt.

Ich kochte, doch Jürgen kam nicht. Langsam begann ich mir Sorgen zu machen. Gegen zwei Uhr tauchte er auf. Ich spürte ihm an, dass er etwas Besonderes erlebt hatte, musste mich aber etwas gedulden, bis er den Kindern eine Geschichtenkassette eingelegt hatte, so dass wir in Ruhe reden konnten.

„Stell dir vor, wen ich heute getroffen habe!", fing er an.

Ich schwieg. Ich war zu müde für ein Rätselraten.

„Muslimische Missionare! Ich war auf dem Heimweg, und da sah ich plötzlich vor mir so zwei Figuren in wehenden weißen Gewändern. Ich fragte mich schon neugierig, welche Art *deel* das sei. Also lief ich etwas schneller und holte die beiden Männer ein.

‚Woher kommen Sie, wenn ich fragen darf?', begann ich das Gespräch.

Einer blickte freundlich zu mir herüber und antwortete in gutem Englisch: ‚Aus den Vereinigten Emiraten.'

‚Was bringt Sie in die Mongolei?', fragte ich weiter, denn mitten im Winter macht ja kaum einer Urlaub hier.

‚Wir sind Muslime und wollen den Kasachen helfen', antwortete nun der andere.

Wir hielten an und stellten uns vor. Dann wollten auch sie wissen, wer ich sei und woher ich komme. Als sie hörten, dass ich Missionar sei, luden sie mich zu sich nach Hause ein. Ich ging mit. Da waren noch ein paar andere, die gekocht hatten. Ich durfte mitessen. Es gab Tee und Fladenbrot und eine Art gekochtes Fleisch. Es schmeckte lecker. Aber stell dir vor, dann sagten die doch:

‚Wir haben eine Leidenschaft in unseren Herzen. Wir wollen nicht, dass Menschen in die Hölle gehen.'

Echt, ich sag's dir. Die meinten das so. Die schilderten mir die Hölle! Die beiden, die ich auf der Straße traf, hatten tatsächlich drei Wochen Ferien genommen, um die Kasachen hier in der Mongolei zu islamisieren und vor der Hölle zu retten."

Jürgen hielt inne, als erforschte er sein Herz und meinte dann – beinahe unter Tränen: „Und wir? Haben wir eine Leidenschaft in unseren Herzen für die verlorenen Mongolen? Ich wünschte mir, wir Christen hätten alle dieselbe Leidenschaft wie diese Männer!"

Ich legte meinen Arm um Jürgen, und wir schwiegen eine Weile.

Dann wechselte er das Thema: „Und dann erzählten sie mir vom Paradies." Jetzt lachte Jürgen kurz auf und schaute mich an. „Die bestürmten mich richtig, ich solle Muslim werden. Dann würden 72 Jungfrauen im Paradies auf mich warten. Echt, du hättest sie hören sollen. Wenn die natürlich mit diesem Argument die ahnungslosen Mongolen missionieren –, ich bin mir nicht sicher, ob sich nicht scharenweise Bekehrte finden."

„Und, was hast du ihnen gesagt?", wollte ich wissen, denn diese Thematik ließ mich als Frau ja nicht ganz kalt.

„Ich habe gesagt, dass ich *eine* liebe Frau habe und mir das genüge, auch fürs

Paradies. Daraufhin haben sie mich ausgelacht und gesagt, sie könnten schon jetzt vier Frauen haben, wenn sie wollten. Ich sei dumm, wenn ich nicht Muslim würde. Da hätten es die Männer am schönsten …"

„Bleibt abzuwarten, ob ihre Vorstellung vom Paradies stimmt", meinte ich sarkastisch und war nur froh, dass wir eine gerechtere Botschaft für die Mongolen hatten, eine, die nicht die Männer auf Kosten der Frauen bevorzugte, auch wenn manche christlichen Männer über die Jahrhunderte hinweg aufgrund von Traditionen, einseitigen Auslegungen der Bibel und dem Druck der Gesellschaft das für sich in Anspruch genommen hatten.

Wir freuten uns auf die Weihnachtszeit, wo wir Gelegenheit haben würden, von Jesus zu erzählen, dessen Leben und Vorbild so ganz anders war als das des Propheten Mohammed …

Heilig Abend 1991

Weihnachten war kein Feiertag in der Mongolei. Die Mongolen feierten eh' keine Geburtstage, erst recht nicht den von Jesus Christus. So kam der Heilige Abend und wäre wieder gegangen, wenn wir und sicher auch ein paar Ausländer ihn nicht willkommen geheißen hätten. Wochen zuvor hatte ich mich bemüht, Mehl, Zucker und Eier für diese Zeit zur Verfügung zu haben, doch das war leichter gesagt als getan. Schon am 5. Dezember hatte ich meinen Eltern geschrieben:

Im Moment ist leider das Mehl etwas knapp, man findet davon weder im Russen- noch im Diplomatenladen. Deshalb kann ich nicht ganz so fleißig backen.

Und wenn man Mehl hatte, gab es wiederum keine Eier oder Butter. Aber ich hatte mich kundig gemacht und Eier eingefroren, schön getrennt nach Gelb und Weiß, denn so ließen sie sich verbacken. Irgendwie musste ja Weihnachtsstimmung aufkommen! Wenn schon keine verzierten Bäume, keine hübsch verpackten Geschenke, keine Weihnachtsmusik im Radio und kein Gottesdienst in Aussicht waren, dann wollte ich als Schweizermami doch, dass sich Guetsli-Duft breitmachte, wenn wir Gott zusammen dankten für sein Liebesgeschenk.

Auch die Wohnung wurde sauber geputzt. Dabei kamen wir der ersten Maus auf die Spur, die noch am selben Tag auf den Balkon gelegt wurde. Das war ein Kompromiss: Totschlagen konnte sie Jürgen auch nicht. Ich aber duldete sie nicht länger in meinem Vorratsschrank.

Als Weihnachtsgeschenk durfte ich am 21. Dezember zusammen mit *Bold* und seinem Auto eine halbautomatische Waschmaschine kaufen gehen. Die 7900 Tugrik waren uns die Zeit wert, die wir damit sparten. Außerdem hatten die Kinder einen Riesenspaß, die Trommel mit dem Wasserschlauch, den wir im Küchenabwaschtrog angeschlossen hatten, aufzufüllen oder dem schäumenden Abwasser zuzuschauen, das ebenfalls durch einen Schlauch in einen großen Eimer entleert wurde.

Mit Vorfreude schauten wir dem Festessen entgegen: „Fondue Chinoise." Das Filet des geschlachteten Rindes hatte nun gut einen Monat auf unserem nördlichen

Fenstersims, sprich Gefrierschrank – ab Oktober war die Temperatur nämlich nie mehr über -18° gestiegen – gelagert. Vor meinem inneren Auge sah ich den reich geschmückten Tisch meiner Eltern: statt Chips würden wir aber Reis dazu essen, anstelle des grünen Salats plante ich einen nordkoreanischen Erbsensalat, statt einer Ananasdose hatte ich im Diplomatenladen eine Dose Lychees gefunden, aber die Mayonnaise/Ketchup Sauce sowie den Randen[82]-Salat konnte ich fast wie zuhause auftischen. Für das Dessert war auch gesorgt, weil Jürgens Schwester Inge im November ein 20 Kilo schweres Paket losgeschickt hatte mit meist dringend benötigten Sachen, aber eben auch ein paar Luxusartikeln für Weihnachten. Darin waren denn auch die einzigen Geschenke für die Kinder, denn meine Eltern überwiesen lieber das Geld, so dass wir uns und den Kindern selber etwas Passendes kaufen konnten.

So vertrösteten wir sie auf Hongkong und verwöhnten sie mit unserer Zeit und Fantasie: aus ihren Legosteinen bauten wir gemeinsam den Stall von Bethlehem und legten ein bisschen WC-Papier in die rote Krippe. Aus Plastilin ließ ich Maria, Josef, das Jesuskind, einen König und einen Hirten – damit war das Plastilin leider aufgebraucht – zum Leben erwachen und füllte den leeren Stall damit. Dann dekorierten wir das Dach der Hütte mit kleinen farbigen Geburtstagstorten-Kerzchen, die wir in einem „Übereinkommensladen" erstanden hatten. Es sah zum Weinen aus! Mein Sinn für weihnachtliche Ästhetik und meine Vorliebe für Naturmaterialien wanden sich unter einem einzigen zweistimmigen Aufschrei durch mein Inneres, bis sie im Verstand zur Ruhe kamen: nein, ich konnte und wollte nicht in den nahe gelegenen Wald rennen und dort eines der wenigen, über viele Jahre gewachsenen kleinen Bäumchen absägen, auch nicht nur Zweige davon. Alles, was wir hier taten, sollte als Vorbild tauglich sein für die zukünftigen Christen. Wie verheerend und entgegen Gottes Absichten, wenn sie alle Ende Dezember die Wälder plünderten! Ein Weihnachtsbaum war, bitte schön, kein göttliches Gebot und nirgends in der Bibel erwähnt. Dieser Teil schweizerischer Kultur musste endgültig zuhause bleiben!

Also freuten wir uns an unserem unverwüstlichen, rot-gelb-blau glänzenden Plastikstall, der unter der größten Zimmerpflanze, die unsere Vermieter uns zu meiner Freude da gelassen hatten, der Dinge wartete, die da kommen sollten. Die Weihnachtsgeschichte ließ sich allemal vor dieser Plastikkulisse erzählen …

Wir hatten gerade fertig gegessen und wollten – während unser Magen mit dem zähen Filet und den bleivergifteten Erbsen beschäftigt war – in den besinnlichen Teil übergehen, als es an der Tür klopfte. Im dunklen Treppenhaus – wir kamen gar nicht nach mit Birnen nachfüllen! – stand ein älterer Mann und winkte mit einem Zettel. Er bat um Einlass. Etwas unsicher darüber, wer er war und was er wollte, ließen wir ihn eintreten. Er nahm wie selbstverständlich am Wohnzimmertisch Platz.

---

[82] Rote Beete

Wie die kleine „Mondblume" bei ihrem ersten Besuch, staunte auch er mal eine Weile und schaute ganz besonders interessiert auf den erleuchteten Legostall und noch fasziniert auf meine selbstgebackenen Weihnachtsguetsli, die in einem Teller auf dem Salontischchen thronten. Wir stellten ihm den Teller mit der freundlichen Aufforderung *mä* unter die Nase, und er versuchte von jeder Sorte eines. Dabei verriet er uns, wer er war und was er wollte: er hatte draußen im Elektrokasten den Strom abgelesen und musste nun unsere Rechnung ausstellen. Seine Hände waren etwas steif von der Kälte. Also bekam er noch eine Tasse heißen Tee. Mit absichtlich verlangsamtem Tempo kritzelte er die Zahlen in die vorgesehenen leeren Felder des Formulars. Er schien jede Minute in unserer Wohnung zu genießen. Ich spürte, wie mein Herz, das sich an eine Weihnachtsgeschichte von Leo Tolstoi erinnerte, langsam die Kurve kriegte von ärgerlicher Gehässigkeit über die Ruhestörung an Heilig Abend hin zu Mitleid und Liebe für diesen Menschen. Darum ging es doch an Weihnachten! Als er eine halbe Stunde später den Betrag für zwei Monate Strom, nämlich 520 Tugrik, ausgerechnet hatte und weiter musste, feierten wir den besinnlichen Teil mit Weihnachtsgeschichte, Liedern, Musik und Gebet etwas anders, als wir es ohne die Störung getan hätten: mit mehr Herz und Dankbarkeit.

Verdorbene Erstlingsfrucht

Den ersten Weihnachtstag verbrachten wir bei Daniel und Susan, zusammen mit einer mongolischen Familie, die sich als eine der ersten in ihrem Land zu Christus bekannt hatten und Jesus nachfolgen wollten. Es war schön, sie alle kennenzulernen und mit ihnen das Fest der Liebe zu feiern. Doch was sie uns im Verlauf des Tages erzählten, stimmte uns sehr traurig: Streit, Zwistigkeiten und böse Verleumdungen unter den Christen der ersten Gemeinde. Gewisse Namen, die uns bestens bekannt waren, wurden immer wieder erwähnt. Es tat uns Leid zu sehen, wie verletzt diese ersten Christen waren. Sie mussten lernen zu vergeben und die angestaute Bitterkeit loszulassen. Doch das von einem neuen Christen zu verlangen war schwierig, vor allem, weil viele ihre liebe Mühe hatten mit dem Vaterbild Gottes. Statt Trost, Liebe und Verständnis hatten viele von ihren Vätern nur Strenge und Ablehnung erfahren. Es brauchte Zeit, bis sie durchs Lesen des Neuen Testaments ein anderes Bild von Gott bekamen und dem himmlischen Vater vertrauen lernten.

Uns wurde wieder neu bewusst, welche Verantwortung wir als Missionare hatten. Der Kulturschock, den wir durchliefen oder wie wir es empfanden, durchkrochen, führte uns ebenfalls in die Abhängigkeit von Gott. So manche Charakterschwäche, die sich in der Schweiz, in Deutschland oder auch in England hatte verstecken können, tauchte nun unter den stressigen Bedingungen, denen wir ausgesetzt waren, auf. Es war nicht einfach, diesen Dingen ins Auge zu sehen. Die Versuchung, sie einfach unter den Teppich zu kehren, war groß, weil man sich so der Scham oder Schuld nicht zu stellen brauchte. Zum Glück verstand ich genug von Psychologie, oder sagen wir besser Theologie, um zu wissen, dass solche panikartigen Flucht- oder Ablenkungsversuche das Ganze auf die Dauer nur schlimmer machten. Das Herrliche am christlichen Glauben war ja, dass wir den Kampf gegen die Sünde und unsere Schwächen nicht alleine austragen mussten. Wer an Jesus glaubte, dem schenkte Gott seinen Heiligen Geist. Mit dessen Hilfe war langfristige und tiefe Veränderung möglich.

Auch in der mongolischen Gesellschaft waren Probleme aufgebrochen, die es, so weit *ich* das beurteilen kann, unter dem Kommunismus nicht gegeben hatte: Gier und Neid erwachten in den Menschen. Vorher hatten alle mehr oder weniger das Gleiche besessen, in den Geschäften hatte es kaum etwas gegeben, was man sich nicht hatte leisten können. Durch die Abriegelung der Grenzen war auch das Wissen bescheiden gewesen, was es sonst noch alles Interessantes auf diesem Planeten gab. Unter den neuen Bedingungen der freien Marktwirtschaft krochen neue egoistische Verhaltensmuster hervor wie die Nacktschnecken nach dem Regen. Die Menschen reagierten verstört über die Bosheit, die in vielen Herzen aufbrach. Ende 1991 schien es uns, als regnete und regnete es. Die Schnecken kamen in Scharen, und niemand hatte ein wirksames Gift zur Hand. Die Politiker nicht, die Buddhisten nicht, die Schamanisten nicht … Und schon gar nicht die westlichen Geschäftsleute! Die rieben sich gierig die Hände, als sie die Schneckenschar sahen, und überlegten eifrig, wie sie zu deren Vermehrung beitragen konnten.

Die Christen, die das Gegenmittel kannten und hatten, waren immer noch vollauf damit beschäftigt darüber zu streiten, welchen Namen man demjenigen geben sollte, der das Heilmittel erfunden hatte. Wir konnten nur hoffen und beten, dass Gott sich erbarmen würde!

Und das tat er! Wie, das schildere ich, sobald ich Folgendes erklärt habe: Phase Vier des Kulturschocks wird „Missverständnisse" genannt. Durch eine lernbereite Haltung und Einheimische, die einem aufrichtige Rückmeldungen geben, gelangt man schließlich zu Phase Fünf, der „Verständigung". Ich finde es schwierig, unser Erleben nun weiter in diesen Kulturschockphasen zu beschreiben, denn es gibt kulturelle Aspekte, die wir schneller lernten und respektierten als andere. Ich glaube, dass wir sogar nach 12 Jahren Mongolei nicht sagen können, dass wir in allen Bereichen zur Phase „Verständigung" vorgedrungen sind. Man bleibt bei so unterschiedlichen Kulturen wohl ein Leben lang auf dem Weg des Lernens …

22
DAS JAHR 1992

ECYC

Am 11. Januar 1992 lasen ungefähr 2200 mongolische Augenpaare diesen Namen zum ersten Mal auf der Leinwand ihres Kinos. Lippen öffneten sich und formten leise den Namen „Jesus". Es war die Premiere des gleichnamigen Films, produziert in mongolischer Sprache von „Inspirational Films". 350 von 400 Parlamentariern waren der Einladung gefolgt.

Obwohl sich die Christen noch nicht einig waren, wie Gott auf Mongolisch heißen sollte, gab es zum Glück mit dem Namen seines Sohnes[83] keine Schwierigkeiten. Der Kino Manager beschloss, den Film noch die ganze Woche zu zeigen, so groß war das Interesse der Bevölkerung. Begleitet wurde diese Filmpremiere durch Prominenten-Besuch aus den USA: Der christliche Sänger Randy Stonehill konnte in drei Konzerten auf die Botschaft des Mannes aus Nazareth aufmerksam machen, viele amerikanische christliche Geschäftsleute – ich kann nur hoffen, dass sie nicht zur Kategorie der „Schneckenzüchter" gehörten – waren gekommen, um den Mongolen Geschäftsprinzipien aus christlicher Perspektive zu erklären. Die Ehefrau und der Sohn von James Irwin hatten ein Treffen mit dem Präsidenten der Mongolei, um ihm die kleine, mongolische Fahne zu überreichen, die James damals als Apollo Astronaut auf den Mond mitgenommen hatte.

Da der Präsident selbst aus politischen Gründen nicht an der Premiere des Jesus-Films hatte teilnehmen wollen und den Vizepräsidenten gesandt hatte, war es umso bedeutungsvoller, dass die Irwins die Gelegenheit bekamen, mit dem Präsidenten zu reden. Dieser genehmigte sogar Joes Bitte, für die Mongolei beten zu dürfen. Er war sichtlich bewegt von den Segensworten des Astronautensohnes für sein Land.

Natürlich war ich damals nicht live mit dabei, sondern habe diese Informationen von amerikanischen Missionaren gehört und später in einem Artikel der amerikanischen Zeitschrift „Pulse" gelesen, die dieses Geschehen in Ulaanbaatar in ihrer Ausgabe vom 7. Februar 1992 kommentierte. Was mich faszinierte war die Tatsache, dass Gott die vielfältigsten Menschen und Situationen gebrauchte,

---

83 Die Dreieinigkeit Gottes (Vater, Sohn, Heiliger Geist) führt immer wieder zu Missverständnissen. Es handelt sich bei Jesus nicht um einen „Sohn" in menschlichem Verständnis, der sexuell gezeugt wurde, sondern Jesus ist *die* Person der Gottheit, die Mensch wurde, um uns Menschen zu zeigen, wie der unsichtbare Gott (der himmlische Vater) ist und um uns durch seinen stellvertretenden Tod am Kreuz die Gemeinschaft mit Gott-Vater wieder zu ermöglichen.

um diesem Not leidenden Land und seiner Bevölkerung seine Hilfe anzubieten. Jeder wirkte an dem Platz, den Gott für ihn vorbereitet hatte und trug wie ein Mosaiksteinchen dazu bei, dass das Bild der Liebe Gottes auch in der Mongolei Gestalt annahm. Und diese Liebe war nötiger denn je.

Der Wirtschaft und den Menschen in der Mongolei ging es zusehends schlechter. Da viele Rohstoffe nur noch gegen Dollar eingeführt werden konnten, wurden immer mehr Fabriken geschlossen. Die Aussicht auf Arbeitslosigkeit trieb die Leute noch mehr in den Alkohol. Obwohl Hilfe aus dem Ausland eintraf, benutzten viele einflussreiche Leute ihre Positionen, um sich selbst zu bereichern. Die normale Bevölkerung aber verarmte immer mehr. Ein Stück Waschseife kostete im Januar 1991 nur 40 *mung*[84], ein Jahr später das Hundertfache. Wer ein paar Winterstiefel kaufen musste, legte mehr als einen Monatslohn auf den Ladentisch. Diese wirtschaftliche Not trieb die Menschen in die Verzweiflung und nicht wenige Frauen und Mädchen in die Prostitution. Laut einer Statistik wurden in Ulaanbaatar jeden Tag 25 Abtreibungen gemacht. 10% davon waren Teenager oder Frauen, die das erste Kind erwarteten! 77% der Mädchen unter 18 Jahren hatten sexuelle Beziehungen; es gab Tausende von allein erziehenden Müttern. In den Kindergärten hungerten die Kinder. Offiziell betrug die tägliche Ration für ein Kind zwar 40 gr Fleisch, 46 gr Mehl, 8 gr Zucker, 0,6 gr Butter, 8 gr Reis und 460 gr Milchprodukte, doch ob diese Nahrungsmittel auch immer zu den Kindern gelangten, war fraglich.

Politisches Interesse

Erst hier in der Mongolei wurde Politik für mich zum Thema, denn ich realisierte, dass ein Staat nicht automatisch so gut funktionierte, wie ich das von der Schweiz her kannte. Immer stärker wurde mir bewusst, wie viele gute Einrichtungen in der Schweizer Gesellschaft ihre Wurzeln in der biblischen Kultur hatten. Mit Bedauern beobachtete ich aus der Ferne, wie die Schweiz sich Jahr für Jahr mehr von ihren christlichen Wurzeln trennte, aber dabei allen Ernstes glaubte, sie könne ihr menschliches Angesicht behalten. Mir kam das vor, wie wenn abgebrochene Zweige eines Baumes behaupteten, trotz allem überleben zu können!

Ich begann also, mich mit Politik zu beschäftigen, ließ mir über die Schweizer Botschaft in Beijing Abstimmungsunterlagen zuschicken und übte meine Rechte, die mir die direkte Demokratie zubilligte und die ich ganz neu schätzen lernte, pflichtbewusst aus. Ich entrüstete mich jedes Mal, wenn der offizielle Abstimmungsumschlag schon zerfetzt bei mir ankam und ich deshalb keine Chance hatte, an den Wahlen teilzunehmen. Jürgen war damals mein einziger Gesprächspartner in diesen gesellschaftspolitischen Überlegungen. Heute führe ich diese Debatten vor allem mit unserem Sohn Samuel, den auch irgendwann in der

---

84 *Mung* entspricht den Rappen oder Cents; werden heute nicht mehr verwendet.

Mongolei das Politik-Fieber ergriffen hat.

Die Schweizer Botschaft befand sich weit weg, in China, aber die ostdeutsche Botschaft lag fast vor unserer Haustür. Nach der deutschen Wiedervereinigung machte sich die Regierung daran, ihr Botschaftsgebäude in der Mongolei auf Vordermann zu bringen. Als erstes wurde alles entsorgt, was man nicht mehr brauchen konnte. Und so gab es zu unserer großen Freude eine öffentliche Versteigerung: Wir ergatterten uns dreiteilige Matratzen, die viel weicher und bequemer waren als die mongolischen, die wir zuhause hatten. Ihre elastischen Sprungfedern waren für die Kinder der absolute Hit.

Die meisten anderen Objekte wurden über unserem Budget gehandelt. Unsere Ausgaben hatten sich in den Monaten August bis Dezember 1991 laut Buchhaltung auf durchschnittlich 680 Dollar pro Monat belaufen, davon hatte Jürgen in den vier Monaten insgesamt nur 10 925 Tugrik oder 121 Dollar verdient. Der Rest unseres Einkommens kam von der VFMG und Freunden über den WEC. Überwiesen wurden diese freiwilligen Gaben zweimonatlich. Wir mussten jeweils warten, bis jemand sie von Hongkong mitbrachte, so wie unser Besuch im November. Doch nachdem wir unsere vier Tickets nach Hongkong bezahlt hatten, um die Konferenz im Januar dort zu besuchen, waren wir wieder ziemlich pleite.

Um so mehr freute es uns, als die Deutsche Botschaft auf die gloriose Idee kam, mitten im trostlosen, gemüsearmen Winter einen Ball zu feiern. Damals konnten sie es sich noch leisten, alle angemeldeten Deutschen dazu einzuladen. Es war fast ein bisschen wie damals in Hohhot, als wir uns auch ab und zu unter Regierungschefs und Universitätsdirektoren bewegt hatten. Aber hier unter den Diplomaten und mongolischen Regierungsvertretern fühlte ich mich wesentlich unwohler. Vielleicht lag es an der Subkultur, in der ich mich befand und die mein Gewissen belastete: wir schwelgten in Kostbarkeiten und Delikatessen, die wöchentlich fürs Botschaftspersonal aus Beijing eingeführt wurden, während draußen in der Kälte Menschen beinahe erfroren.

Da unsere mongolischen Freunde aus England uns angesichts der anderen anwesenden Politiker links liegen ließen, freuten wir uns umso mehr, als endlich jemand auf uns zu kam und wir nicht länger herumstanden wie bestellt und nicht abgeholt. Der hoch gewachsene Mann mit den markanten mongolischen Wangenknochen, der uns begrüßte, hieß *Boldbaatar* und war Deutschlehrer an der staatlichen Schule für Fremdsprachen. Als er hörte, dass zwei junge, deutsche Frauen kämen, bat er uns, die beiden an seiner Schule unterrichten zu lassen. Wir wurden gute Freunde, haben uns einige Male besucht und viel über die mongolische Kultur erfahren. Er war es auch, der uns half, Samuel und Michaja im Kindergarten anzumelden. Wir wollten sogar im Sommer im Gebiet der *Dariganga* – so hieß der mongolische Stamm, dem er angehörte – gemeinsam Ferien machen, doch daraus wurde nichts. Kein Benzin, also keine Autos. Im Nachhinein habe ich mir überlegt, ob die hübschen ledigen Frauen, die bei uns wohnten, vielleicht schuld waren an unserer guten Beziehung. Wir lernten die beiden in Hongkong kennen.

Mit Doris und Jasmin in Hongkong

Am 3. Februar 1992 ließen wir die mit Eis überzogene Mongolei und unsere extrem kalte Wohnung hinter uns. Es war uns recht, unser kürzlich gefundenes Heim schon wieder zu verlassen, denn der Januar war schwierig gewesen: die lauwarmen Radiatoren erwärmten die Zimmer nur noch auf 10-14°, je nach Sonneneinstrahlung. Aber die gab es nur im Kinderzimmer und in der Küche, und die Elektrizität war so oft weg, dass wir manchmal zu *Bold* in die Jurte fuhren, um etwas Warmes zu kochen. Dort spalteten wir dann auch Holz, das wir mitnahmen, um nötigenfalls mit dem Ofen zu heizen. Kein Wunder, dass wir alle krank wurden!

Als wir wieder auf den Beinen waren, brauchten wir die verbliebenen Tage, um das Gästezimmer für zwei Personen bereitzumachen. Mit Gottes Hilfe – und das ist eben nicht nur eine dahergeredete Phrase – fanden wir, was wir brauchten (siehe Farbfoto vom Möbelkauf) und konnten ruhigen Gewissens in den Süden fliegen. Leider verpassten wir dadurch unser erstes mongolisches Neujahrsfest.

Es war nun das vierte Mal, dass ich Hongkong besuchte: 1982 auf der Chinareise mit meiner Freundin Käthi, bei der Mongoleikonferenz im Januar 1991, bei der Ausreise im August 1991 und nun für eine weitere Konferenz. In dieser Sechsmillionen-Stadt empfing uns 20° warme, feuchte Luft. Welcher Unterschied! Unsere Freunde brachten uns ins „High Rock Christian Center", wo sie ein Familienzimmer für uns reserviert hatten. Nach einem „Früchte-Jogurt-Schokolade-Znacht" schliefen die Buben ein, während wir in gedämpftem Licht die vertrauliche Post der letzten vier Monate lasen. Schlafen konnten wir nicht, denn das Katzengejammer und der Feuerwerkslärm um Mitternacht hielten unsere auf mongolische Nacht-Stille eingestellten Hörsinne aktiv. Also schalteten wir noch einen Ruhetag mit Lesen und Spazieren ein, bevor wir uns auf Einkaufstour begaben: Kleider aus dem Weihnachtsgeld von Haases, Vitamintabletten, Drucker, UPS[85], Stoffmalfarbe, um dem mongolischen Schwarzweißleben etwas Farbe zu verpassen, Plastiktischtuch, Kontaktlinsenreiniger und was mir die mongolische Wirtschaft sonst noch so alles auf den Import-Zettel geschrieben hatte.

Am 7. Februar besuchten wir die Leiter unserer Mission in Hongkong und trafen dort Jasmin und Doris, die beiden Bibelschülerinnen, die nun tatsächlich ihr Praktikum bei uns absolvieren wollten. Die beiden glichen sich vom Äußeren her sehr: schlank, mittelgroß, schulterlange gewellte Haare, Brille und ein freundliches Wesen. Jasmin unterstrich diesen Eindruck mit ihren Grübchen und dem schalkhaften Blick und Doris mit ihren haselnussbraunen, treuherzigen Augen. Die Kinder mochten die beiden vom ersten Händeschütteln an.

---

85 „Uninterrupted Power Supply": ein Gerät, das bei Stromunterbrechung die Spannung von 220 Volt noch eine Weile aufrecht erhält und Stromschwankungen ausgleicht.

Wir alle nahmen vom 11. bis zum 16. Februar an der Konferenz teil, die für WEC Mitarbeiter aus Asien abgehalten wurde. Es tat gut, sich mit andern über Kulturschock, Sprachlernschwierigkeiten und ähnliche relevante Themen zu unterhalten und füreinander zu beten. Diese Weiterbildung bereitete uns neu vor auf den nächsten Einsatz. Bevor wir mit den beiden Frauen zurück in die Kälte flogen, genossen wir nochmals fünf Tage im „High Rock" mit wunderbaren Gemüsemahlzeiten, Früchtedesserts und restlichen Einkäufen. Auch ein Augenarzttermin für Samuel stand auf dem Programm.

Am 21. Februar checkten wir vier Erwachsenen und zwei Kinder mit 200 Kilo Gepäck für den Flug nach Beijing ein. Ich freute mich auf den Tag, wo unsere Buben ihre 25 Kilo selber würden tragen können. Bis dahin spielten wir die Lastesel. In solchen Momenten waren wir froh, nur zwei Kinder zu haben. Nach einem Zwischenfall in Beijing, wo die chinesischen Behörden uns fast Samuel und Michaja weggenommen hätten, weil der mongolische Beamte vergessen hatte, eine Zwei in das Kästchen „mitreisende Kinder" auf dem Visum einzutragen, landeten wir müde und hungrig in Ulaanbaatar. *Bold* holte uns vom Flughafen ab und behauptete, dass er uns sechs und die 200 Kilo Gepäck in sein kleines Auto verstauen könne. Er ließ nicht zu, dass wir ein zusätzliches Taxi mieteten. Irgendwie schienen alle Autobesitzer einem Wettkampf zu frönen, dessen Ziel es war, den vierrädrigen Lastesel so schwer wie möglich zu beladen. Auf der Fahrt nach Hause wurden wir dreimal von der Polizei angehalten. *Bold* musste jedes Mal beweisen, dass er legales Benzin getankt hatte. Dass wir völlig überladen und nicht angegurtet waren, schien niemanden zu stören.

Jasmin und Doris bekamen einen ersten guten Einblick in die so andere Kultur hier. Im Auto merkten wir, dass wir die große Tasche mit den Cornflakes und dem Ersatzstaubsaugerschlauch, für den wir stundenlang in Hongkong herumgerannt waren, nicht dabei hatten. Jürgen stieg aus und fuhr per Anhalter zum Flughafen zurück, doch das vermisste Gepäckstück war schon weg. Wahrscheinlich wurden unsere Cornflakes Hunden verfüttert, denn das Lieblingsfrühstück unserer Kinder war den meisten Mongolen unbekannt.

Zuhause war alles in Ordnung. Freunde hatten nach unserer Wohnung geschaut, fleißig die toten Kakerlaken zusammengekehrt und uns ein paar Eier, Karotten und einen Kohlkopf in den Kühlschrank gelegt. Hungrig stürzten wir uns auf die Lebensmittel und gingen dann ins Bett. Die 200 toten Kakerlaken unter unserem Bett störten uns erst am nächsten Morgen!

Leben in der Grossfamilie

Wir verstanden uns auf Anhieb mit den beiden jungen Frauen. Nach ein paar Tagen, in denen wir ihnen Ulaanbaatar gezeigt und sie unseren Alltag genügend beobachtet hatten, um selber mit Hand anzulegen, setzten wir uns zusammen, erarbeiteten einen Plan, wer wann was machen würde. Nicht nur Putzen, Kochen und Nähen teilten wir unter uns Frauen auf, sondern auch den Schulunterricht der Buben. Die Kinder versuchten ab und zu, mit den Fräulein Hochdeutsch zu sprechen, was uns viele Lachtränen bescherte. Nach der Hektik in Hongkong genossen wir die Ruhe der Mongolei. Obwohl es nicht eine ideale Zeit war, um Ausflüge aufs Land zu unternehmen, taten wir doch unser Möglichstes, um Doris und Jasmin etwas mehr als nur die Hauptstadt zu zeigen. Wann immer möglich, fuhren wir in einem Bus in die Außenquartiere Ulaanbaatars.

Als wir am ersten Sonntag nach unserer Rückkehr in der Tschingeltei Gegend entlang des ausgetrockneten Bachbetts wanderten und unsere Blicke über die vielen Sommerhäuschen der Mongolen, die seitlich am Hang standen, gleiten ließen, überkam mich Heimweh. Von weitem sahen die primitiven Holzhütten aus wie Chalets. Ich stellte mir den Sommer hier vor: anstelle der weißen Schneedecke, durch die wir jetzt mühevoll stapften, würde alles grün sein, Schafe und Rinder duftende Kräuter abweiden und der Bach sprudeln mit frischem Wasser. Wie zuhause in den Bergen! Die Kinder genossen es herumzutoben und ließen uns Erwachsene in Ruhe, so dass wir unseren Gedanken nachgehen konnten. Ich spürte, wir schön es wäre, Besuch von der Familie zu haben und alles, was wir von dieser so anderen Lebensweise bereits verstanden hatten, mit ihnen zu teilen. Doch mein Vater hatte nur drei Wochen Ferien im Jahr; die wollten meine Eltern trotz aller Liebe zu uns nicht in einem Entwicklungsland verbringen. So wurden Doris und Jasmin Teil unserer Familie. Und das war gut so. Natürlich hatte ich nun plötzlich viel mehr Zeit zum Lernen und Arbeiten. Doch gerade als eine Routine entstehen wollte, bekamen wir Besuch.

Deutsche Kulturtage

Eigentlich kamen die Deutschen nicht zu uns, sondern nach Ulaanbaatar, um sechs deutsche Kulturtage zu gestalten. Als Teil einer missionarischen Studienreise nahmen zwölf Studenten einer deutschsprachigen Bibelschule und einige ihrer Lehrer mitsamt dem indischen Gastdozenten Rabi Maharaj[86] an diesem Kulturaustauschprogramm teil. Wir lernten sie eigentlich per Zufall kennen. Die ganze Gruppe wollte am 8. März ins Restaurant essen gehen, hatten aber nicht bedacht, dass Internationaler Frauentag war!, Sie fanden nirgends Platz und standen schließlich zu zehnt heißhungrig vor unserer Türe. Zum Glück hatte ich ziemlich Vorrat zuhause, so dass ich die Truppe einigermaßen verköstigen konnte. Da Doris und Jasmin beide sehr musikalisch waren, warfen wir unseren Arbeitsplan über den Haufen, und sie engagierten sich mit viel Enthusiasmus an den Kulturtagen.

Das Interesse der Mongolen an der deutschen Sprache und Kultur war groß. Denn weil die ehemalige DDR Entwicklungshilfe in der Mongolei geleistet hatte, hegten die vielen Mongolen, die an ostdeutschen Universitäten studiert und als Fachkräfte und Lehrer in ihr Land zurückgeholt worden waren, nur einen

---

[86] Rabi Maharaj wurde bekannt durch sein Buch „Der Tod eines Gurus".

Wunsch: die erlernte deutsche Sprache zu praktizieren. Wenn sie uns trafen, wollten sie alles andere als mit uns mongolisch reden. Es war deshalb gut, dass wir solche Leute zu den Kulturtagen schicken konnten. Wer dann noch mehr Kontakt wünschte, konnte mit den beiden jungen Frauen, die sich auch einverstanden erklärt hatten, an *Boldbaatars* Fremdsprachenschule zu unterrichten, üben. Durch diese Tätigkeit lernten Jasmin und Doris eine junge Deutschlehrerin kennen. *Orna* kam nicht nur zum Deutschsprechen in unser Haus, sondern auch, um mit Doris und Jasmin die Bibel zu lesen. Zu ihr entwickelte sich eine tiefe Freundschaft, die bis heute anhält.

Die neue Pflegefamilie

Nicht lange nach unserer Rückkehr aus Hongkong mussten wir eine Wohnung besorgen für eine Familie aus den USA. Tom und Barbara Field, ein erfahrenes, älteres WEC-Ehepaar, hatten sich bereit erklärt, mit ihrem jüngsten Sohn Alan vier Monate nach Ulaanbaatar zu kommen, um uns als jungen, unerfahrenen Teamleitern Rückendeckung und väterliche Ermutigung zu geben. Sie waren erprobte Englischlehrer und freuten sich auf die Herausforderungen in der Mongolei. Nach vielen fruchtlosen Bemühungen, für sie eine Wohnung zu finden, hatten wir endlich Kontakt bekommen zu einer Vermieterfamilie, die eine geeignete 4-Zimmer Wohnung besaßen. Als wir schon dachten, der Vertrag wäre unter Dach und Fach, brachte die Vermieterin eine kleine Bedingung an:

„Ich möchte, dass meine beiden Töchter bei der amerikanischen Familie mitwohnen.", sagte sie, als hätte sie etwas Alltägliches ganz nebenbei erwähnt.

Für Jürgen und mich war dies ein äußerst komischer und schwierig nachvollziehbarer Wunsch. Die eigenen Kinder einer fremden Familie überlassen! „Aber sie kennen diese Amerikaner ja gar nicht!", gab ich zu bedenken.

„Das macht nichts. Ich kenne euch. Wenn das eure Freunde sind, ist das schon okay."

Ihr Vertrauen ehrte uns. „Wir kennen diese Familie eigentlich auch nicht", gaben wir zu. „Wir wissen nur, dass sie ebenfalls Missionare sind wie wir und in der gleichen Gesellschaft arbeiten, aber …"

Die Frau ließ uns gar nicht ausreden. „Alles okay! Ich vertraue euch."

Alles Diskutieren half nichts. „Also, wir müssen unbedingt das Ehepaar Field selber anfragen, das können wir nicht einfach so entscheiden. Warum wollen Sie denn, dass die Mädchen bei denen mitwohnen?"

„Ich habe gehört, dass im Herbst eine internationale Schule gegründet wird. Da will ich meine Kinder hinschicken. Dazu brauchen sie gutes Englisch. Und das lernen sie doch am besten, wenn sie bei Amerikanern wohnen, oder?"

Dem war nichts entgegenzuhalten. Die Idee war schlau. Ich staunte wieder mal, wie weit die Mongolen bereit waren, Opfer zu bringen, um ans Ziel zu gelangen. Die Mädchen waren erst sieben und elf Jahre alt.

Da Tom und Barbara kulturell sehr erfahren waren, muteten sie sich zu, für die beiden mongolischen Kinder Pflegeeltern zu spielen. Die Wohnung war toll eingerichtet und groß. Das war der Bonus für dieses Unternehmen. Nach einer Anfangszeit, in der wir oft als Vermittler hingingen, normalisierte sich das Leben dieser Patchwork Familie. Durch die Technische Hochschule, an der Tom unterrichtete, bekamen sie die M20-Shop Karte sogar vor uns. Als Barbara die Kinder einer dortigen Angestellten in Englisch schulte, war diese mir als Bekannte von Barbara so zugetan, dass wir endlich auch unseren Eintrittspass bekamen, am 17. März! Geprägt von meinem kulturellen Verständnis empfand ich eine solche Vetternwirtschaft als etwas Negatives. Unsere amerikanischen Freunde, die schon viel Auslanderfahrung hatten, verstanden mehr von Beziehungsnetzen als wir. Vielleicht hätten wir doch weniger oft Nein sagen sollen, wenn wir um einen Gefallen gebeten worden waren? Dann wäre das Leben sicher einfacher gewesen, denn eine Hand hätte die andere gewaschen, aber hätten wir unserem Gerechtigkeitssinn Genüge getan? Noch heute habe ich meine liebe Mühe mit Systemen, die nur über die ewig gleichen Beziehungen und Familien laufen und die Unvernetzten einfach chancen- und gnadenlos daneben stehen lassen.

Jesus-Film auf Tournee

Damit nicht nur die Mongolen der Hauptstadt die Chance hatten, von Jesus zu hören, planten die Verantwortlichen von „Inspirational Films" eine Tournee durch die ganze Mongolei. Gruppen wie die deutschen Bibelstudenten waren willkommene Mitarbeiter. Nach den gut besuchten Kulturtagen machte sich die Gruppe also auf den Weg in die Wüste Gobi. Einer von ihnen berichtete folgendermaßen[87] darüber:

Nachdem wir uns vorgestellt hatten, setzten wir uns dazu und beteten still. Viele Mongolen sprachen das Gebet am Ende des Films nach und vertrauten ihr Leben Jesus an. Die nächsten Vorstellungen waren schlechter besucht, weil ein angetrunkener buddhistischer Lehrer die Leute vor dem Film warnte.
„Ob er denn den Film gesehen hätte?", fragte ihn unsere Übersetzerin.
Er verneinte …
Ein mongolischer Journalist, der uns interviewte, bekannte: „Vorher glaubte ich, ihr bringt die westliche Religion. Nachdem ich den Film gesehen habe, musste ich sofort umdenken. Unser Land, die Mongolei, braucht Jesus. Wir sind froh, dass ihr hier seid!"
Auch der Kino Manager war sichtlich bewegt: Er bat uns, für seine kranke Frau im Krankenhaus zu beten. Jetzt geht es ihr trotz fehlender Medikamente deutlich besser.
Als ich bei ihrer Rückreise erfuhr, was sie alles erlebt hatten, hätte ich am liebsten Mann, Kinder und Haushalt an den Nagel gehängt und wäre in der Mongolei umhergereist, um den Menschen von Jesus zu erzählen. Ein kleines bisschen

---
87 Artikel im IDEA Magazin vom 8. Mai 1992

konnte ich das im Sommer nachholen, als die vier evangelikalen Gemeinden der Stadt den Jesus-Film während ungefähr acht Tagen auf über 20 Plätzen, meist inmitten der Wohnquartiere, zeigten. Ich war bewegt zu sehen, wie Hunderte von Menschen aus den Wohnungen strömten, um stehend und manchmal sogar im Regen sich den zweieinhalbstündigen Film anzuschauen. Was mir schmerzlich bewusst wurde, erkannte auch der Schreiber des obigen Artikels: *Als wir nach vier Tagen wieder abreisten, war unsere größte Frage: wer übernimmt die Nacharbeit? Überall fehlt es an Lehrern und Christen, die Jüngerschaft mit neu zum Glauben gekommenen Mongolen praktizieren. Viele befinden sich noch im Sprachstudium, das nun schwieriger wird, weil die traditionelle mongolische Schrift bis 1993 wieder offiziell eingeführt werden soll: derzeit wird sie nur von fünf Prozent der Bevölkerung beherrscht.*

Wohl wegen dieser enormen Neugier der Bevölkerung am christlichen Glauben wurde im Mai die erste Bibelschule in Ulaanbaatar gegründet: 50 Mongolen und Mongolinnen schrieben sich ein. Die meisten von ihnen waren noch sehr jung im Glauben, aber sie hatten ein brennendes Anliegen, ihren Mitmenschen von Jesus zu erzählen.

Für die Ausländer stand das Lernen der mongolischen Sprache zuoberst auf der Dringlichkeitsliste, denn Jüngerschaft konnte nicht geschehen ohne genügend Sprach- und Kulturkenntnisse. Nach viel Frust beschlossen ein paar Ausländer mit uns zusammen, eine Sprachschule zu gründen, damit endlich ein gutes Studium möglich würde. Doch das erwies sich als äußerst schwierig in einer politischen Umbruchphase mit fast täglich neuen Gesetzen. Wir brauchten die Bewilligung des Erziehungsministeriums, Schulräume, gute Lehrer, Bewilligung für die Übersetzung eines guten Lehrmittels und einen Übersetzer.

Wir hofften, dass bis zum Sommer diese Schule stehen würde, denn da erwarteten wir neue WEC-Langzeitmitarbeiter.

Neugierig auf die Bibel

Man kann sagen, dass viele Mongolen, vor allem jüngere Menschen, Interesse an der Bibel zeigten. Die 70 Jahre Kommunismus, oder besser gesagt Atheismus, hatten ein weltanschauliches Vakuum hinterlassen, das gefüllt werden wollte. Jetzt wo Religionsfreiheit garantiert war, suchten die Menschen in ihrer Not nach einem Gott oder einer Religion, die helfen konnte.

Viele ältere Mongolen wandten sich voller Hoffnung dem Lamaismus zu und nötigten auch ihre Kinder, regelmäßig ins Kloster zu gehen und die Rituale zu befolgen. Doch das in tibetischer Sprache vorgetragene Gemurmel der Lamas war für Jugendliche in der Regel keine ansprechende Option, obwohl die von Weihrauch geschwängerte kultische Atmosphäre mit den Pauken- und Zimbelklängen ganz schön beeindruckte.

Reiche Ölstaaten begannen damit, Moscheen zu finanzieren. Auch die christlichen Sekten ließen nicht lange auf sich warten: Zeugen Jehovas, Neuapostolen,

Bahai's und Mormonen nahmen sich ebenfalls der geistlichen Bedürfnisse der Mongolen an.

Die verständlichen, modernen Lieder der Christen sprachen viele Herzen an, und das Neue Testament war so vereinfacht übersetzt, dass es jedermann verstehen konnte. Aber bestimmt hatten einige auch keine spirituellen Absichten, als sie sich bei uns meldeten. Einen Ausländer zum Bekannten oder Freund zu haben, lohnte sich jetzt, wo man keine staatlichen Repressalien mehr zu fürchten brauchte. Wenn ich in den Tagebüchern des Jahres 1992 nachlese, so hatten wir im Durchschnitt jeden zweiten Tag einen Besucher, manchmal bis zu fünf oder sechs an einem Tag, so dass sie sich regelrecht die Türklinke in die Hand drückten und wir unsere Buben wieder öfters mit *margaasch* oder sogar *nuguudur*, „übermorgen" vertrösten mussten.

Um die Interessierten doch etwas zu sieben, begann Jürgen den „English Corner" jeweils dienstags von 15.00 bis 17.00 Uhr. Da konnten alle seine Englischstudenten und Studentinnen kommen, die noch mehr üben wollten. Wem es aber tatsächlich um seinen geistlichen Hunger ging, der war jederzeit herzlich willkommen zu einem persönlichen Bibelstudium.

Einer der ersten jungen Männer, den Jürgen regelmäßig traf, war ein buddhistischer Laienmönch. Es war auch für uns sehr interessant, einen solchen Diskussionspartner zu haben, auch wenn wir unsere Zweifel an der Ernsthaftigkeit seiner Buddha-Nachfolge hatten. Denn er hatte mal erwähnt, er hätte diese Arbeit gewählt, weil sie besser bezahlt würde als seine vorherige. So fand montagnachmittags um drei Uhr jeweils ein interreligiöser Dialog statt.

Irgendwann im Sommer verreiste der junge Mönch aufs Land, tauchte aber im Herbst wieder auf und nahm an einem Bibelkurs, den wir den Sommer über in die mongolische Sprache hatten übersetzen lassen teil, zusammen mit zwei anderen Interessierten.

Ein junges Ehepaar aus der Inneren Mongolei, das wir an Ostern in einer der beiden christlichen Gemeinden kennengelernt hatten, besuchte uns auch regelmäßig. *Saraa* und *Byamba* hatten in China einen Christen zum Englischlehrer gehabt, der ihnen durch sein vorbildliches Leben imponiert hatte. Den christlichen Glauben und die Bibel wollten sie nun in aller Freiheit erforschen. Vor allem die junge Frau, *Saraa*, ließ sich von Jesus begeistern. Der Mann, ein leidenschaftlicher Geschäftsmann, war ehrlich genug zu spüren, dass er als Christ nicht mehr alles in der Geschäftswelt mitmachen könnte. Deshalb zögerte er mit der Nachfolge Jesu.

Zu einem anderen jungen Mann, der auch im Frühling 1992 auftauchte, haben wir noch heute Kontakt. Bevor ich seine Geschichte erzähle, will ich kurz festhalten, was uns im April 1992 beschäftigte:

Windpocken und Kriegsfilme

Der 16. April war ein wichtiger Tag für unsere Buben. **Sie besuchten zum ersten Mal den mongolischen Kindergarten,** obwohl uns Mongolen davon abgeraten hatten wegen der Erkrankungen dort. Doch *Boldbaatar* hatte sich im Kindergarten gleich um die Ecke umgeschaut und festgestellt, dass dieser Kindergarten recht gut war. Nach einem Gespräch mit der Kindergärtnerin und der Leiterin war alles klar: Samuel und Michaja würden jeden Tag von 8.30 bis 11.30 Uhr hingehen und nicht wie die mongolischen Kinder bis fünf Uhr bleiben. Es war nicht einfach für die beiden, da sie fast nichts verstanden. Aber gerade deswegen schickten wir sie hin, denn bisher hatten sie kaum Mongolisch gelernt. Am ersten Tag gab es natürlich bei Michaja Tränen. Nach fünf Kindergartenwochen, kaum hatten sich die Kinder einigermaßen eingelebt, erkrankten sie an Windpocken. Vielleicht war es auch gut so, denn das Programm ließ zu wünschen übrig. Seit die Hauptleiterin krank geworden war, hatten die Helferinnen die Kinder nur noch vor den Videoapparat gesetzt und ließen Erwachsenenfilme, ja sogar russische Kriegsfilme über den 2. Weltkrieg laufen, weil sie mit der großen Gruppe sonst völlig überfordert gewesen wären. Wir selber besaßen keinen Fernseher und auch keine Kinder-Videofilme, die man ihnen hätte ausleihen können. Nachdem ich Samuel und Michaja mal heulend aus dem Fernsehraum abgeholt hatte, war für Jürgen und mich klar, dass wir sie nicht mehr schicken wollten. Die juckenden Pickel am übernächsten Tag kamen also ganz gelegen, denn so hatten wir eine kulturell akzeptable Entschuldigung.

Munchdschargal und *Baterden*

Der neue „Kindergarten", von Gott geschenkt, präsentierte sich in Form eines jungen Mannes, den wir im Mai kennenlernten. Es muss am 5. Mai 1992 gewesen sein, denn ich erinnere mich, dass Jürgen und ich am nächsten Tag in die Ferien wollten. Ich hatte den Kindern gerade aus „Jim Knopf und Lukas der Lokomotivführer" vorgelesen, einem meiner Lieblingskinderbücher, als es an der Tür klopfte. Ich kroch aus dem Bett, wo wir drei es uns während des Vorlesens immer bequem und kuschelig machten und stolperte zur Tür.

„*Säämbäänoo*", tönte eine angenehme Männerstimme aus dem Halbdunkel. Meine Augen brauchten eine Weile, bis sie den Besitzer der Stimme sehen konnten. Vor mir standen zwei Männer, einer groß, der andere klein.

„*Sääng. Ta nar säänoo?*", grüßte ich zurück und machte die Tür weit auf, so dass das Licht der Korridorlampe auf ihre Gesichter fiel. Ich kannte die beiden nicht, Jürgen auch nicht, der jetzt dazu gekommen und ebenfalls mongolisch „Geht es gut?" fragte.

Der Größere der beiden, der etwas geniert seinen Kollegen anlächelte und aussah wie ein unbeholfener Schauspieler, der seinen Text vergessen hat, überwand nach einigem Lächeln unsererseits seine Schüchternheit und fragte: „Kennt ihr Jesus?"

Uns blieb der Mund offen stehen, nicht weil das mongolische Ja mit einem „O" beginnt, sondern weil wir so überrascht waren, dass jemand, den wir noch nie gesehen hatten, vor unserer Tür stand uns diese Frage stellte.

„*Tiim*". „*Tänin*", bejahten Jürgen und ich gleichzeitig die Frage, während die Kinder zwischen unseren Beinen herumspielten.

„*Ta na or or*", forderten wir die beiden mit einer Handbewegung zum Eintreten auf. Die beiden jungen Männer folgten ganz erfreut – aber das war nur an den blitzenden Augen zu erkennen – der Einladung. Sie waren immer noch die Schüchternheit in Person und drückten sich irgendwo an die Wand. Ich glaube fast – und dafür schäme ich mich nun –, dass wir unsere Konversation im Korridor weiterführten, wohl ganz gemäß dem schweizerischen Verhaltenskodex, der besagt, dass man sich mit Fremden an der Tür, oder wenn es hochkommt, im Korridor unterhält.

Nachdem wir herausgefunden hatten, dass sie *Munchdschargal* und *Baterden* hießen, fragten wir sie, ob sie denn englisch oder deutsch sprächen, aber sie schüttelten den Kopf und redeten plötzlich auf uns ein, als ob sie uns eine Erklärung schuldig wären. Und das waren sie ja auch. Wieso interessierten sich diese beiden gut aussehenden jungen Männer für Jesus? Sie schienen so Ende der Pubertät zu sein, denn der Kleinere trug einen feinen, schwarzen Oberlippenbart, der seine makellosen Zähne noch weißer erscheinen ließ. Warum waren sie zu uns gekommen?

Munchdschargal strich sich durch seine glatten, dicken Haare. Aus seinem melancholischen Blick erriet ich die Antwort schon fast. Die Sehnsucht im Herzen schien jeden Quadratzentimeter seines markanten und doch so fein geschnittenen Gesichts zu überziehen wie eine durchsichtige Zuckerglasur eine Torte. Einzelne Wörter aus ihren Sätzen konnten wir verstehen. Nachdem sie geduldig immer und immer wieder unsere simplen Fragen beantwortet hatten, verstanden wir so ungefähr, was geschehen war: Im russischen Fernsehen hatte *Munchdschargal*, kurz *Munch* genannt, eine religiöse Sendung gesehen, die ihn wegen der fröhlichen Atmosphäre im Herzen berührt hatte. Immer wieder war der Name „Jesus" gefallen. Also hatte er sich gedacht: *Vielleicht sind ja die Ausländer in meinem Wohnblock Leute, die diesen Jesus kennen und mir mehr erzählen können?* Alleine hatte er nicht den Mut, an unsere Tür zu klopfen. Er ging hin und log seinem Freund etwas vor, damit dieser ihn begleitete. Diese Details verstanden wir aber erst später.

Jürgen hatte unterdessen ein oder zwei mongolische Schriften geholt und nun war es an uns zu erklären: „Das hier – ist über Jesus. Ihr das gut lesen. Wir", ich zeigte auf Jürgen und mich, „eine Woche weg. Morgen gehen." Wie man Ferien sagt, wusste ich noch nicht. „Eine Woche später, wir kommen. Dann ihr zu uns kommen und reden. Okay?"

Wir drückten ihnen das Heftchen in die Hand und sagten kurz darauf „za", was als Aufforderung zum Gehen verstanden werden konnte. Wir fühlten uns wirklich hundemüde und überhaupt nicht in der Lage, nach einem anstrengenden zwölf-Stunden-Tag noch weitere mongolische Sätze zu kreieren oder für unser strapaziertes Hirn ins Deutsche zu übersetzen. Außerdem wollten wir morgen früh wegfahren und hatten noch nichts gepackt, die Kinder sprangen herum, und mit Doris und Jasmin, die eine Woche nach den beiden schauen würden, mussten wir auch noch das Wichtigste besprechen.

„Za, ich bajirllaa. Bajirtää", sagten die beiden und rannten, sobald wir die Tür hinter ihnen verschlossen hatten, das Treppenhaus runter, wohl um unten zusammen über die Ausländer und ihr komisches Mongolisch zu kichern. Wir waren gespannt, ob sie wieder kommen würden, nachdem sie gelesen hatten, wer Jesus wirklich war. Wir hatten ja keine Ahnung, was die da im Fernsehen gezeigt hatten. Ich glaube, die Jungen sagten etwas von Singen und Tanzen.

Erste mongolische Ferien

Jürgen und ich freuten uns sehr auf diese Woche Urlaub. Da Samuel und Michaja so gut mit den beiden deutschen Frauen auskamen, diese nun den Haushalt und das Einkaufen bestens beherrschten und Daniel und Susans Wohnung gerade leer war, zogen wir uns ins andere Ende der Stadt zurück und genossen die Zweisamkeit und den Hauch Amerika, der durch Fishers Video- und Bücherbibliothek wehte. Ein Buch hat mich ganz besonders geprägt. Es hieß „Friendship Gap"[88] und betonte die Wichtigkeit, in den ersten Wochen und Monaten in einem fremden Land Kontakte zu Einheimischen aufzubauen und sich von ihnen helfen zu lassen. Das Prinzip „Wenn sie dir geholfen haben, sind sie eher bereit, deine Hilfe anzunehmen", leuchtete uns ein. Es hatte in unserem Leben funktioniert mit *Gerlee* und *Chongorzol*. Wir nahmen uns vor, nicht voreilig den neuen Teammitgliedern zu helfen, so dass diese auch solche positiven Erfahrungen machen konnten. Weil wir beide so gerne lesen und im Grunde genommen recht introvertierte Menschen sind, öffneten wir keine Türen, wenn es klopfte, sondern erholten uns so richtig egoistisch. „Du sollst deinen Nächsten lieben wie dich selbst."[89] In diesem zweiten Teil des Doppelgebotes, das Jesus den Menschen gegeben hat, steckt viel Wahrheit. Nun war das „dich selbst" dran und dann der Partner, der buchstäblich Nächste.

Damit wir doch nicht vergäßen, wo wir lebten, wanderten wir auf ein paar Hügel, die wir noch nicht kannten, fuhren mit halbleeren Bussen an Stadtränder, von denen wir noch nie gehört hatten, besuchten zum ersten Mal ein mongolisches

---

88 „Die Freundschaftslücke"; „Friendship Gap: Reaching Out Across Cultures" by Tim Stafford (Paperback, 1984)
89 Matthäus 22,39 (Elb.)

Kino und ärgerten uns so über den primitiven, amerikanischen Film, der gezeigt wurde, dass wir in der Mitte des Streifens das Kinogebäude verließen und von da an nur noch mongolische Filme anschauten. Am Sonntag besuchten wir die „Ewige-Licht"-Gemeinde und lauschten zusammen mit den beinahe 200 andern Gottesdienstbesuchern der englischen Predigt eines Amerikaners. *Da könnten wir Munch und seinen Freund hinbringen,* dachten wir, als wir die vielen jungen Leute sahen, denn diese Gemeinde schien nicht so sehr in die Streitigkeiten der beiden Erstlingsgemeinden verwickelt zu sein.

Schagää
Am Ende der Ferien, als wir sechs wieder glücklich vereint waren, brachten uns Doris und Jasmin *schagää* bei. Sie hatten dieses Knochenspiel von ihren Studenten gelernt und brachten uns begeistert bei, wie man die vier Seiten des Schafknöchels je einem Tier zuordnen musste: Pferd, Kamel, Ziege und Schaf. Sogar die Kinder kannten die Formen schon und spielten mit Vorliebe und viel Elan die Spickvariante. Wenn man mit Knöchel-auf-den-Boden-Säen hätte Schafe ernten können, wären wir innerhalb weniger Tagen reiche Herdenbesitzer gewesen. Aber so blieben einfach unsere Knochen vom vielen Bücken elastisch! Das war auch viel wert, wenn man bedenkt, dass wir keinen Sport betrieben. Aber ehrlich gesagt, verpasste uns das Leben in der Mongolei genug Bewegung, so dass wir nur den Spaßanteil am Sport vermissten.

Mich faszinierte, wie die Mongolen es verstanden, mit einfachsten Mitteln so interessant zu spielen! Leider nahmen die Mädels die Knochen mit heim, als sie uns Anfang Juni verließen, und wir mussten zuerst noch zwölf Schafe schlachten und aufessen, bis wir wieder spielen konnten. Nein, natürlich nicht. Irgendwelche mongolischen Freunde traten uns dann freundlicherweise ihre Knöchel ab. Die meisten Stadtmongolen hatten Verwandte auf dem Land, von wo sie Nachschub beziehen konnten. Das war auch ein Vorteil während der Zeit der Rationierung. Vor allem im Winter hielt sich das Fleisch ja lange auf den Balkonen und so genügte es, wenn sie im Herbst aufs Land fuhren und einen fünfmonatigen Fleischvorrat mitbrachten. Das war denn auch die Zeit, wo man öfters Lastwagen voller gehäuteter Schafe sah, oder Menschen, die ein nacktes, totes Schaf zu zweit oder viert auf den Schultern durch die Stadt trugen.

Verwandte auf dem Land zu haben und Bekannte, die in allerlei Bereichen der Gesellschaft arbeiteten, war überlebenswichtig für die Mongolen. *Unsere* Verwandten waren alle weit weg. Bisher hatte sich noch keiner von ihnen aufraffen können, in dieses exotische Land zu reisen. Umso mehr freuten wir uns, dass es trotzdem ein „Bsüechli" aus der Schweiz gab.

Ein reges Kommen und Gehen
Vom 23. Mai bis 1. Juni besuchte uns die WEC-Sekretärin mit ihrer Freundin und brachte mir meine Geige und andere Kostbarkeiten aus der Heimat mit. So

konnte ich zu *Munch*s Geburtstag Mitte Juni musizieren, denn mittlerweile hatten wir herausgefunden, dass er und *Baterden* sehr musikalisch waren und liebend gerne Gitarre lernten, um mit uns die paar wenigen christlichen Lieder zu singen, die es gab. Die beiden waren tatsächlich zurückgekommen und kamen uns oft stundenlang besuchen (siehe Farbfoto). Am 26. Mai schrieb ich in mein Tagebuch:
Munch hat sich letzte Woche zuhause bekehrt. Es ist schwierig, Munch zu teachen und zu disciplen, da er nur Mongolisch kann.
Furchtbar dieses Gemisch aus Deutsch und Englisch! Aber es zeigt, wie international es bei uns zu und her ging. Außerdem tönt „disciplen" besser als „bejüngern". Wir haben uns sehr über *Munch*s Hinwendung zu Jesus Christus gefreut. Man spürte etwas davon, dass *Munchdschargal* neues Leben bekommen und der Heilige Geist in seinem Innern Einzug gehalten hatte. Sein mongolischer Name bewahrheitete sich: „Ewige Freude"! Er war sehr begierig, das Wort Gottes zu lesen und zu verstehen. Intuitiv realisierte er, dass dies die beste Nahrung war für sein neues, geistgewirktes Leben. Oft unterhielt sich Jürgen mit ihm und zeichnete aus Mangel an mongolischen Wörtern theologische Wahrheiten einfach auf. Die Papiere nahm *Munch* mit nach Hause und bewahrte sie auf. Sie dienten ihm zur Erinnerung an das, was er gelernt und verstanden hatte. Aber auch durch scharfe Beobachtung unseres Ehe- und Familienlebens lernte er, obwohl wir uns dessen damals gar nicht bewusst waren. Zum Glück, sonst hätten wir uns wohl weniger natürlich verhalten …

Aber zurück zu unseren ausländischen Besuchern: Eine junge Frau aus Hongkong hatte sich anerboten, einige Zeit bei uns zu leben und den Kindern Englisch beizubringen. Sie sah das als ihren Beitrag, mit dem sie Familien auf dem Missionsfeld entlasten konnte. Gerade weil wir im Frühsommer so viele Besucher hatten, war es schön, dass sie sich vermehrt um unsere Buben kümmerte, die ja noch nicht viele mongolische Freunde zum Spielen gefunden hatten. Nachdem wir den Leitern der Norwegischen Lutherischen Kirche bei einigen Treffen ihre vielen Fragen beantwortet hatten, standen Anfang Juni plötzlich zwei Journalistinnen von Radio DRS vor unserer Tür. Ich weiß gar nicht mehr, wie die beiden uns gefunden haben. Doch damals waren die Ausländer noch dünn gesät und fielen mit ihren langen Nasen, westlichen Kleidern und oft hellen Haaren auf, so dass die Kommunikation per Buschtelefon funktionierte. Die beiden Damen hatten sich schon eine Weile in der Hauptstadt aufgehalten und litten bestimmt unter der dezimierten Auswahl an Essbarem, denn im Tagebuch steht, dass sie es sehr schätzten, als ich ihnen den Russenladen zeigte. Irgendwann im Juli – Jürgen befand sich bereits an der Teamleiterkonferenz in Hongkong – hielten sie mir bei einer Tasse russischen Kaffees in unserem Wohnzimmer das Mikrofon unter die Nase. Das kurze Interview wurde dann auch tatsächlich im Schweizerradio ausgestrahlt.

Die Karikatur des Frühlings

In unserer Wohnung strahlte das eingebaute Radio – ein Überbleibsel aus kommunistischer Zeit – von der Wand, doch ehrlich gesagt habe ich es selten eingeschaltet. Es war einfach zu viel Lärm und Trubel mit den Kindern und dem vielen Besuch. Aber andere Strahlen ließ ich liebend gern zu. Die Sonne, die während unseres ersten mongolischen Sommers schon ganz zu Beginn auf über 30° einheizte, genoss ich nach dem langen Winter. Der kalendarische Frühling und die pingelige Frühlingsputzerei vor dem Neujahrsfest, zu der regelmäßig alle Teppiche gewaschen wurden, hatten für mich absolut nichts mit Frühling zu tun: bei diesem Wort sah ich vor meinem inneren Auge die roten Tulpenbeete, gelben Narzissen und blassrosaroten Apfelblüten und hätte schreien können, wenn die Mongolen den Zustand ihrer graubraunen, grünlosen, windig kalten, sandgeschwängerten Umgebung als *chawar* bezeichneten. Es schien mir, als wäre die Schönheit des Frühlings auch rationiert worden. Gerade mal eine Woche bekam der Frühling zugebilligt, um seine Arbeit zu erledigen: Man konnte beinahe zusehen, wie das Gras aus dem trockenen, sandigen Boden schoss und hellgrüne zarte Blätter sich aus den Pappelknospen entrollten. Und weil es keine Blumen gab, freute man sich halt an den ersten Grashalmen in der Stadt, als wären es Krokusse.

Die Tiere waren ausgemergelt und fanden fast nirgends mehr etwas zum Fressen. Sobald die neuen Triebe ihre Köpfe aus den Ästen der jungen, kleinen Bäume und Sträucher streckten, wurden sie auch schon von gierigen Ziegenlippen abgezwackt. Das neue Leben hatte kaum eine Chance. Bei den Menschen war es auch nicht anders, nur dass das inzwischen legal gewordene Abtreiben erheblich größeren Schmerz verursachte – bei Kind *und* Mutter, möchte ich meinen …

Mongolische Abfallentsorgung

Hirten trieben in ihrer Verzweiflung die Rinder durch die Stadt in Richtung der Abfallhaufen, die in den Erdgeschossen der Hochhäuser oder auf offenem Platz in einer Art großer Betonkiste zu finden waren. Der Eingang war meist offen, so dass eine Kuh ihren Kopf reinstrecken und nach Kartoffel-, Karotten-, Äpfel- oder Gurkenschalen und verfaulten Kohlblättern suchen konnte. Die Viecher taten mir Leid, wenn ich sah, wie ihr Maul sich den Weg bahnte zwischen scharfkantigen Glasscherben, blutigen Damenbinden und aufgequollenen Batterien hindurch. Aber Kreaturen sind lernfähig. Es war erstaunlich, mit welcher Geschicklichkeit ihr Überlebenswille sie zum Ziel führte. Weil die Vorstellung von Milch, die aus Batteriesäure verätzten Gemüseresten entstanden ist, sogar abgebrühten Umweltschützern auf den Magen schlagen könnte, sei hier erwähnt, dass die Kühe den Winter über kaum Milch lieferten und die Mongolen ihren Milchtee schwarz tranken.

Was für die Rindermägen unverdaulich war, suchten sich die Hunde bei Nacht. Knochen gab es immer sehr viele, obwohl die Mongolen diese eigentlich nicht wegwarfen, sondern für ein Entgelt ablieferten. Wenn ich mich recht erinnere, geschah dies zur Leimherstellung. Wenn dann auch die Bettler gekommen waren und Blechdosen, alte Kleider, Schuhe und dergleichen ausgebuddelt hatten, wurde der verbliebene Abfallhaufen angezündet, schwelte tagelang vor sich hin und brachte dem blauen Himmel sein sich kringelndes Rauchopfer dar (siehe Farbfoto).

Irgendwann, Jahre später, wollte die deutsche Botschaft ein Projekt zur Müllentsorgung realisieren. Es scheiterte aber daran – so habe ich es zumindest gehört – dass ein solches vielen Menschen die Existenzgrundlage entzogen hätte: der Hirte brauchte die Gemüseschalen für seine Kühe, denn das Gras sprosste auch nach dem verheerenden Treibhauseffekt nicht viel früher, obwohl die früher konstant unter -25° kalte Wintertemperatur sich fast halbiert und so das gesamte Tiefkühl-Balkonsystem der Stadtmongolen ins Schwitzen gebracht hatte. Und der Bettler lebte vom bescheidenen Ertrag der gesammelten Blechbüchsen, Plastikflaschen und Aluminiumdosen, mit der die westlichen Geschäftsleute die Mongolei unterdessen überschwemmt hatten.

Nach diesem trostlosen Exkurs über die Auswirkungen des neuen, mongolischen Kapitalismus und seiner verheerenden Folgen für die Natur nun aber zurück zum Sommer 1992.

Edelweiss oder Edelgrau?

Am 18. Juli verließ uns Jürgen per Flugzeug Richtung Hongkong, um dort an der Teamleiterkonferenz teilzunehmen. Ich war froh, dass ich nicht dabei sein musste und nahm es in Kauf, elf Tage mit den Kindern allein zu sein. Bereits an unserem ersten Tag plante ich eine Wanderung. Der Berg im Süden hatte Ähnlichkeit mit dem Niesen, dem pyramidenförmigen Hausberg Thuns. Als „Haas"-Tochter konnte ich ihm nicht länger widerstehen.

Wir packten unsere Rucksäcke zusammen, fuhren mit dem Bus zur Endstation Zaisan und begannen den Aufstieg. Die Buben waren topfit, denn in den ersten neun Monaten unseres Aufenthalts in der Mongolei hatten sie mit mir die Stadt von vorne bis hinten „abgeschumpelt", auf der ständigen Suche nach Lebensmitteln und Wohnungsutensilien. Wie die Kühe im Abfallhaufen hatten auch wir unsere Hindernisse oder Gefahren auf dem Weg zu unserer Nahrung. Gar nicht selten fehlten nämlich die Deckel der drei Meter tiefen Löcher, die zum unterirdischen Heißwassersystem der Stadt führten. Bettlern und obdachlosen Alkoholikern war es zu mühsam, die schweren Eisendeckel immer wieder an den richtigen Platz zu hieven. Das war ja auch gefährlich, so ein zehn Kilo Ding über dem Kopf zu halten, wenn man besoffen auf einer wackligen Leiter im Dunkeln stand und nur noch eines wollte: seinen Rausch an einem warmen Ort ausschlafen. Und so blieben die „Eingangstüren" zu diesen unterirdischen Wohnungen halt offen. Nachts oder im Winter schon spätnachmittags konnte es also passieren, dass man in so ein Loch stürzte, wenn man nicht aufpasste. Denn nicht immer sah oder roch man den urinhaltigen Dampf früh genug. Ich hielt die Kinder immer an den Händen; deshalb war der große Tramperrucksack zum Einkaufen unentbehrlich.

Und nun war dieser Rucksack mit auf der Wanderung, die uns in etwa einer Stunde auf den Berggipfel führte. Plötzlich hielt ich inne, weil ich etwas weiter vorne auf dem schrägen Abhang viele kleine weiße Flecken sah.

„Was sind denn das für Blumen?", sagte ich mehr zu mir selber. Doch wie auf ein Zeichen zum Anpfiff rannten die Kinder davon. Etwa gleichzeitig waren sie wieder zurück und streckten mir zwei schöne Edelweiße entgegen. Als Lehrerin hätte ich mich gefreut, ein „Wie heißt denn diese Blume, Mami?" zu hören, doch für Biologie hatte ich die beiden noch nicht begeistern können.

So erzählte ich ihnen halt einen andern Aspekt dieser Sagen-umwobenen-Blume. Als ich mit meinen heldenhaften Ausführungen über die mutige Liebe des Mannes zu seiner Braut fertig war, meinte Samuel trocken: „Aber das braucht doch keinen Mut, so ein Edelweiß zu pflücken. Die wachsen hier ja wie ‚Margritli'."

Recht hatte er, die karge Erde war übersät mit den pelzigen Dingern wie bei uns zuhause eine Wiese mit Gänseblümchen. Nur, diese Blumen hier hätte ich eher „Edelgrau" getauft, aber vielleicht kam die Verfärbung ja von den katalysatorlosen Autos der Stadt. Hoffentlich. *Edelweiße hatten weiß zu sein, fertig, basta, denn weiß glänzten sie von den Kuhglockenbändern in Zermatt und von den Halbkopf-förmigen, bestickten Käppis der rotwangigen Sennenbuben.* Fast unmerklich bröckelte beim Anblick der grauen Edelweißmasse wieder so ein schweizerisches Stückchen Kultur in sich zusammen. Was vom traditionell schweizerischen Liedgut stimmte denn noch, wenn das Edelweiß am Ende gar nicht weiß war, nicht unerreichbar hoch am Zipfel des Matterhorns thronte und jedem Mann, ganz ungeachtet seiner sportlichen und mentalen Fähigkeit zu einer romantischen Liebeserklärung verhalf? War am Ende die schweizerische Nationalhymne auch nicht viel mehr als ein Märchen: war die Seele noch fromm? Betete der freie Schweizer? War er überhaupt noch frei oder am Ende schon eine Marionette der Medien? Ahnte er tatsächlich noch, dass es einen „Hocherhabenen" gab?

Hätten mich meine Kinder nicht wieder in die Realität zurückgeholt, wäre das kleine, unscheinbare Edelgrau vielleicht der Auslöser für eine „Sternstunde Philosophie" geworden.

„Mami! Komm, schau mal die schöne Aussicht!", schrie Michaja, der ein paar Schritte vor mir auf dem Gipfel angekommen war. Tatsächlich. Von hier oben hatte man einen fantastischen Ausblick über die ganze Stadt: anders als in der Schweiz, wo der Stadtkern meist aus alten, historischen, relativ niedrigen Gebäuden bestand und die Hochhäuser, wenn es die überhaupt gab, sich an der Peripherie der Stadt befanden, war hier die Talmitte, der Stadtkern Ulaanbaatars, angefüllt mit den hohen Turmbauten. Die hellblauen Breschnew-Geschenke ließen erkennen, wo sich der dritte und vierte Mikrodistrikt befanden. Gegen

Süden zu gab es eine Reihe von fünfstöckigen Wohnblocks, die aus der chinesischen Siedlungszeit stammten, aus den Sechzigerjahren also. Diese Wohnungen waren begehrt, denn man sagte ihnen nach, dass sie besser gebaut seien als die russischen. Einfamilienhäuser gab es sozusagen keine, außer man meinte damit die einfachen Holzhütten, die als Teil der Jurtensiedlungen fast nahtlos an die letzten Mauern der Hochhäuser grenzten. Teilweise waren sogar die Hügelzüge im Norden mit solchen braunen und weißen Punkten bespickt, denen man auf die Entfernung das Elend nicht ansah, das sich hinter vielen der Bretterbuden abspielte:

Hinter den Jurtenwänden

Man sah das dreijährige Mädchen nicht, das mit verheulten Augen allein in der Jurte saß, angebunden mit einer meterlangen Leine wie ein Hund, während Papa und Mama arbeiteten, die Geschwister in der Schule waren und die Tante, die in der Regel auf die Kleine aufpasste, eine kranke Verwandte im Krankenhaus mit Essen versorgen musste und dabei wegen der Infektionsgefahr das ohnehin schon kränkliche Kleinkind nicht dabei haben wollte.

Man sah die 14-jährige Schülerin nicht, die mit einem eiternden Ohrläppchen am Holztisch saß und gelangweilt ihre Chemielektion durchsah, während sich ihre Freundinnen im Kinderpark miteinander vergnügten. Das Durchbohren mit der Bleistiftspitze war eben doch nicht hygienisch genug gewesen und hatte zu einer Infektion geführt, gegen die sie machtlos war, denn das Geld für den Arzt fehlte. Außerdem schämte sie sich, mit der großen, schmerzhaften Beule unter die Leute zu gehen.

Man sah den 16-jährigen Jungen nicht, der kürzlich von einem Freund ein Neues Testament erhalten hatte und nun zusehen musste, wie sein angetrunkener Stiefvater Seite um Seite des geliebten Buches heraus riss, um aus dem hochwertigen Papier und etwas Tabak Zigaretten zu drehen. Dabei schnauzte er den Jungen an: „Wir sind Buddhisten, hörst du! Du bist Mongole! Nicht Amerikaner oder Europäer! Wegen dem da", er zeigte verächtlich auf den Bibelteil, „gibt's Krieg. In Irland, in Libanon, in Spanien." Und er wetterte weiter und fuhr fort, die Seiten des christlichen Buches dem Feuer zu weihen.

Der junge Mann horchte auf. Jetzt, wo der Alte es sagte, erinnerte er sich: *christliche Miliz, Bürgerkrieg in christlichen Ländern. So was hatten sie im Radio immer wieder mal gebracht. Aber konnte das sein? Jesus hatte doch was anderes gelehrt: Liebet eure Feinde.* Er war verwirrt, aber die geschichtlichen Fakten schienen für seinen Stiefvater zu sprechen. Zu gerne hätte er den Engländer in seiner Schule darüber ausgefragt, aber nun waren Sommerferien und am christlichen Camp durfte er nicht teilnehmen.

Was ich damals noch nicht wusste war, dass die Jurtensiedlungen nicht einfach mit den Slums anderer Großstädte verglichen werden konnten. Es gab durchaus auch Leute aus dem Mittelstand oder sogar reiche Mongolen, die bewusst in einer Jurte wohnten, ein hübsches gepflegtes *chaschaa*[90] mit einem wohlerzogenen Hund und ein, zwei Gartenbeeten hatten und die Selbstständigkeit dieser Wohnart bevorzugten: ihnen stellte niemand die Heizung oder das Wasser ab. In der Zeit der Lebensmittelknappheit hatten solche Leute wenigstens ihr eigenes Gemüse, vielleicht sogar noch eine Kuh, die sie von einem Verwandten tagsüber am Stadtrand hüten ließen.

Mein ängstlicher Bettgenosse

Während Jürgen weg war, teilte ich mein Ehebett eines Abends mit „Mondblume". Sie hatte mich nach unserem Umzug gefunden und kam nun wieder öfters vorbei. Ich hatte begonnen, ihr Deutsch beizubringen, und sie half mir beim Putzen. So funktionierte das gut. Ab und zu brachte sie Milch und tauschte sie gegen eine Tomatenmarkbüchse aus dem Russenladen, weil ihr unser Essen, das ich damit zubereitete, so schmeckte. Sie war mir eine echte Hilfe, eine junge, tüchtige Frau, welche die Arbeit sah, ohne dass man ihr alles sagen musste. Aber in einer Beziehung war sie wie ein kleines Kind. Sie konnte nicht allein in einem Zimmer schlafen.

Am 24. Juli war sie den ganzen Tag bei mir gewesen und hatte mit ihrem Vater abgemacht gehabt, dass er sie abholte. Doch niemand kam. Unterdessen wusste ich schon, dass so was ganz normal war in der Mongolei und machte mir nicht mehr die gleichen Sorgen wie das erste Mal, als ihre Schwester verschwunden war. Ungefähr um zehn Uhr bezog ich ihr das Sofa im Wohnzimmer, brachte Kissen und eine Bettdecke und verkrümelte mich mit einem Gute-Nacht-Wunsch ins Schlafzimmer nebenan.

Kurz darauf klopfte es und *Saranzezeg* schlüpfte zu mir ins Bett. „Ich kann nicht allein in einem Zimmer schlafen. Ich habe Angst.", sagte sie. Aber es war kein Trick, wie wir ihn manchmal als Kinder angewendet hatten, um noch länger bei den Erwachsenen bleiben zu dürfen.

Ich konnte ihre Panik zwar nicht nachempfinden, war aber zu müde für eine Grundsatzdiskussion. Statt sie in den Arm zu nehmen und ihr die Mutterliebe zu geben, die sie wohl so sehr vermisste, kuschelte ich mich ans andere Ende des Bettes. Intimität mit anderen außer den Kindern und Jürgen war für mich gewöhnungsbedürftig. Armes „Mondblümchen" neben mir!

Es dauerte nicht lange, da schnarchte dies kosmische Pflänzchen wie ein Bär. Ich aber tat die halbe Nacht kein Auge zu, denn von Jürgen war ich verwöhnt: er verhielt sich nachts normalerweise mucksmäuschenstill.

---

90 Umzäunter Hof, in dem sich die Jurte oder das Holzhaus befinden. Siehe Farbfoto.

Ausleihen – eine buddhistische Tugend?

Als Jürgen am 29. Juli aus Hongkong zurückkehrte, brachte er mir eine einfache Küchenmaschine mit, die mir die Arbeit sehr erleichterte. Und ich hatte in der Zwischenzeit im Diplomatenladen ein chinesisches Fahrrad gekauft für 74 Dollar. Unser Versuch, zwei bis drei Wochen aufs Land zu fahren, war nämlich gescheitert, da es kein Benzin für die Inlandflüge gab. Autos saßen erst recht auf dem Trockenen. Weil die Kommunisten 90% der Parlamentssitze gewonnen hatten, konnten sie nun Gesetze verabschieden, ohne die demokratische Opposition fürchten zu müssen. Unglücklich über den Ausgang der Wahlen, hielten viele westliche Länder mit ihrer versprochenen finanziellen Hilfe zurück. Dies bedeutete eine Verschlechterung der sowieso schon katastrophalen wirtschaftlichen Lage. Ersatzteile konnten nicht mehr gekauft werden und es mangelte überall an Erdöl. Landmaschinen standen herum, weil zuwenig Diesel vorhanden war. Das bedeutete, dass die sowieso schon schlechte Ernte nicht einmal ganz eingebracht werden konnte und die dringend benötigten Lebensmittel auf den Feldern verdarben. Immer mehr Mongolen litten Not. Wir baten unsere Freunde in der Heimat, dafür zu beten, dass diese wirtschaftliche Not nicht zu gewaltsamen Auseinandersetzungen führen würde.

Weil die Transportmöglichkeiten so schwierig geworden waren, kauften wir uns also Fahrräder. Es gab zwar fast keine Radfahrer auf den mongolischen Straßen, aber das konnte man ja ändern. Ich traute mir zu, um die Glasscherben herumkurven zu können und sogar an eisige Glätte war ich gewohnt. Schließlich hatte ich bei jeder Witterung mit dem Fahrrad in die Schule fahren müssen. Was ich natürlich nicht ahnen konnte war, dass man das Fahrrad nirgends abstellen konnte, ohne es zu bewachen.

So waren am ersten Tag, nachdem ich es vor dem *ich delguur* abgestellt hatte, bereits die Lampe und der Gepäckträger auf Nimmerwiedersehen abgeschraubt. Hätte ich länger eingekauft, wäre vielleicht nur noch das nackte Gestell dort gestanden. Ich muss gestehen, ich wurde richtig ärgerlich nach diesem Diebstahl. Klar hatten wir Geld und konnten eine neue Lampe kaufen! Doch in welchem Laden? Es stellte sich nämlich heraus, dass es gar nirgends Ersatzteile gab!

Freunde von uns hatten sich das gleiche Fahrrad gekauft, aber auch ihnen waren bereits Teile davon abmontiert worden. So taten wir uns zusammen und kauften noch mal eins und hatten dann so eine Art privates Ersatzteillager. Herumfahren musste man immer zu zweit; einer blieb vorsichtshalber bei den beiden Fahrrädern. Da wir keine Garage besaßen, unser Haus keinen Keller hatte und wir das Fahrrad nicht über Nacht draußen stehen lassen wollten, mussten wir es in den vierten Stock hoch und runter tragen. Dabei verging mir meist die Lust auf die Fahrradtour, und der geparkte Drahtesel in unserem ohnehin schon kleinen Schlafzimmer ging mir gewaltig auf die Nerven.

Also suchten wir nach einer kleinen Metallgarage. *Byamba*, unser Freund, fand bald eine, die zwar zu klein für ein Auto, aber groß genug für die Fahrräder war.

Den Kindern hatten wir ein gebrauchtes Zweirad aus Hongkong mitgebracht, das aber mit einem platten Reifen sein Dasein auf dem Balkon fristete. Dieses konnten wir nun auch richtig versorgen. Aber schon drängte sich ein neues Problem auf: Wie schlossen wir die Garagentür zu? Das chinesische Schloss taugte nichts. Zum Glück hatte sich Jürgen in Hongkong mit neuen Schlössern eingedeckt. Nach getaner Arbeit glänzte das westliche „Yale"-Produkt im Sonnenlicht und zeigte witzigerweise jedem den Weg zum Schatz.

Die größte Herausforderung aber kam, als *Munch* und *Baterden* von uns die mit viel Kraft-, Zeit- und Geldaufwand hergerichteten Fahrräder ausleihen wollten. Dabei konnten sie nicht mal fahren. Es gab also auf dem Platz vor dem Haus erst mal einen Crash Kurs in Velotechnik. Gesagt, getan und schon flitzten die beiden durch die mongolischen Straßen. Dann wollten sie es abends für den christlichen Hauskreis, den sie besuchten, zum Transportieren der Getränke, die sie dort brauchten, zum Heimbringen einer Freundin, die auf dem ersetzten Gepäckträger Platz nahm und so weiter. Mehr als einmal kam das Fahrrad kaputt zurück. Es tat ihnen jeweils Leid, und sie boten uns an, es zu flicken. Also veranstalteten wir einen neuen Kurs in Fahrrad Flicken – als wenn wir nichts anderes zu tun gehabt hätten! Irgendwann fanden sie dann einen Fahrradhändler in der Stadt, der auch einige wichtige Ersatzteile hatte. Mit der Zeit gehörten die Räder mehr ihnen als uns. So sparten sie viel Busgeld und waren schneller und effektiver in ihrem Dienst für Gott. Das konnte uns eigentlich nur recht sein.

Für uns war dies alles eine von Gott gesandte Lektion namens „Loslassen lieb gewordener materieller Güter." Ich glaube, wir beide haben nicht mit Bravour bestanden, mehr schlecht als recht. Und doch waren wir dankbar für alles Teilen, das wir damals geschafft haben, denn an der nächsten Konferenz in Hongkong referierte ein Kenner des Buddhismus. Der Referent malte uns so richtig vor Augen, wie schlecht es in dieser Weltreligion sei, wenn man sich an Materielles klammere. Damit verlöre man Respekt und Achtung. Und Ärger sei eine Todsünde. Das Ziel der Erleuchtung sei, sich zu lösen von der Gier, die so viel Leid verursachte und dahin zu kommen, dass man realisierte, dass alles sowieso nur eine Illusion war.

Nun, den ersten Teil, der ja auch biblisch ist, haben wir in der vom Buddhismus geprägten Mongolei gelernt, fast zu gut, möchte ich sagen, so dass unser Verhältnis zu Besitz, zumindest aus traditioneller Schweizer Sicht, nun fragwürdig geworden ist. Was den zweiten Teil angeht mit der Illusion, da habe ich auch nach 12 Jahren Mongolei und Buddhismus noch meine liebe Mühe damit. Ich halte mich lieber an die biblische Weltanschauung, nach der wir Menschen und unsere Umgebung real sind, Gottes Geschöpfe und daher sehr bedeutungsvoll für ihn, aber eben nicht das Maß aller Dinge, wie es der Humanismus lehrt. Das bringt einerseits die Demut und die Bescheidenheit, die vielen Buddhisten eigen ist und mit denen sie die Menschen im Westen faszinieren, andererseits bleibt aber die Würde und Einzigartigkeit des Menschen, der im Ebenbild Gottes geschaffen ist, bestehen. Ist der Mensch denn nicht mehr als nur ein Tropfen im Meer, dessen größtes Ziel darin besteht, sich in diesem Nichts zu verlieren? –

Neue Mitarbeiter

Im Juli versuchten wir, die Unterkünfte für die neuen Mitarbeiter zu finden und vorzubereiten. Ich wollte der Familie Krause mit ihrem fünfjährigen Sohn Thomas und ihrer zweijährigen Tochter Kerstin nicht etwas Ähnliches zumuten, wie wir es zweimal erlebt hatten. Aber je mehr ich mich bemühte, ihnen eine aufgeräumte, möblierte und geputzte Wohnung mit vollem Kühlschrank bereitzuhalten, desto schlimmer wurde es. Es war zum Verzweifeln!

Als wir die Neulinge (ein Besucher war noch mit dabei, der einen Monat bei uns blieb) am 4. August vom Flughafen abholten, war zwar das Zimmer für Beat Schuler bei der mongolischen Musikerfamilie bereit, nicht aber die Dreizimmerwohnung, die wir in der Nähe von uns gefunden hatten. Trotz aller vorausgegangenen Bemühungen unsererseits mussten wir alle zusammen als erstes die Wohnung ausräumen und putzen. Mein Tagebuch-Fazit dieser Tragikomödie lautete fünf Tage später:

Nun, da ich Dieter Krause ein bisschen näher kennengelernt habe, frage ich mich, ob dies (Probleme mit Wohnung) nicht vielleicht die erste Lektion von Gott sein könnte, um seinen Charakter zu formen? Es muss gleich alles immer unbedingt erledigt werden; – nun, hier geht es nicht immer (fast nie) so …

Nach der Putzerei feierten wir unser neues Team. Wir luden sie und mongolische Freunde zu einer *choorchog*-Geburtstagsparty ein. Ein geeignetes Plätzchen hatte ich nach der Bergwanderung mit den Kindern gesucht. Es musste flach genug sein zum Volleyball spielen.

Die Party wurde ein Erfolg. Wir versuchten, alleine **choorchog** zu machen. Das erste Mal hatten wir **dieses fantasievolle Gericht** zusammen mit *Bolds* Familie gegessen. Ich hatte damals gut aufgepasst, wie er die Lagen heiße Steine, Fleisch, Kartoffeln und Zwiebeln nacheinander in die alte Milchkanne gelegt und diese dann 30 Minuten auf dem offenen Feuer zugedeckt hatte schmoren lassen. Das auf diese Art und Weise zubereitete Lamm- oder Ziegenfleisch hatte ausgezeichnet geschmeckt! Mit den fettigen Steinen wärmte man anschließend die Gelenke, und die heiße Fettbrühe schätzten die Mongolen wie wir ein Dessert.

Wir waren aber schon etwas leichtsinnig gewesen, denn allzu schnell hätte der Topf explodieren können. Man muss doch ein bisschen Ahnung haben, wie viel Dampf man entstehen lässt, beziehungsweise wie dicht man den Deckel mit Tüchern verschließt. Aber es flogen keine heißen Steine durch die Luft, nur der Volleyball. Die Mongolen wunderten sich, wie man so viel Spaß haben konnte ohne Alkohol …

Ein neuer Rhythmus

Mit den neuen Mitarbeitern waren wir nun ein richtiges Langzeitteam. Die Sprachschule konnte nicht rechtzeitig gegründet werden. Also mussten wir für unsere Leute eine eigene Lösung suchen. Die sah folgendermaßen aus: Während ich die drei Jungen in unserem Kinderzimmer von 9.30-11.00 Uhr unterrichtete, veranstaltete *Gerlee* in unserem Wohnzimmer ihren mongolischen Konversationsunterricht. Sie hatte vier Studenten: Jürgen, Dieter und Heike Krause und Beat, den ledigen Mann aus der Schweiz. In der dritten Lektion am Morgen brachte Jürgen den andern drei das altmongolische Alphabet bei. Am Samstag überprüfte ich den gelernten Grammatikstoff, beantwortete Fragen und führte ein neues grammatikalisches Thema ein. Dabei benutzte ich das Grammatikbuch, welches ich am Schreiben war. Meine Nachmittage waren ausgefüllt mit persönlichem Lernen, Haushalt, Vorbereiten der Schule, Bibellesen mit Interessierten und Unvorhergesehenem. Alle 14 Tage am Donnerstag aßen wir zusammen zu Mittag im Ulaanbaatar-Restaurant und hielten Teamsitzung ab. Der Dienstagabend war für das gemeinsame Gebet reserviert.

Weil nun das Grammatik-Lernen der Neuen von meinem Schreiben des Buches abhing – oder so schien mir das auf jeden Fall – kam ich recht unter Druck. Als wir hörten, dass im Herbst 30 neue Missionare in die Mongolei kämen, spornte mich das noch mehr an. Ich nahm die ganze Sache tierisch ernst. Es bereitete mir aber auch Riesenspaß, die mongolische Sprache zu entdecken und zu analysieren! Das war etwas, das Jürgen absolut nicht nachvollziehen konnte. Er versuchte öfters, mich zu später Nachtstunde vom Computer wegzulocken. Ihm setzte allein die Tatsache zu, dass ich mir keinen Feierabend gönnte. Er selbst litt auch unter Stress: neben dem Englischlehren, Mongolischlernen und Bibelstudienhalten war er verantwortlich für alles Administrative (Visa, Aufenthaltsbewilligungen, M20-Pass, etc.) und Praktische (Türschlösser einbauen; in den Geschäften nach Schrauben suchen; nach Wohnungen von Freunden schauen, die im Ausland weilten; Waren am Containerbahnhof abholen). Wir brauchten einen Stundenplan, um einigermaßen zu funktionieren, doch da wir in einem Land lebten, wo die meisten Menschen personenorientiert und nicht leistungsorientiert waren, bedeutete den Mongolen so ein Stundenplan nicht viel. Menschen genossen immer Priorität; für sie ließ man alles liegen. Das fiel mir unheimlich schwer.

Ein altes Problem

Da wir immer mehr Besucher hatten, zugleich aber immer mehr Druck und Verantwortung und alles, angefangen von der Schule zum Mongolischunterricht bis hin zur Arbeit in unserer Wohnung stattfand, entstand durch diese Situation viel Konfliktpotential. Jürgen, der von uns beiden der Gelassenere war, meisterte diese Situation besser. Man könnte auch sagen, er hatte gelernt, andere zu enttäuschen. Ich hingegen war die Zuverlässigkeit in Person. Schon allein der Gedanke, dass ich jemanden enttäuschen könnte, war für mich kaum zu ertragen. Und so lebte ich in der Mongolei unter Mongolen, die mir jeden Tag aufs Neue ihre Gelassenheit aufdrängten, versuchte aber trotzdem mir selbst, meiner Familie, meinen Teamkolleginnen und -kollegen und auch den mongolischen Freunden die zuverlässige, pünktliche, arbeitsame Schweizerin zu sein und zu bleiben, die immer alles schafft, was sie sich versprochen hat. In meinem Stolz überforderte ich mich und meine Familie mächtig, von den neuen Mitarbeitern ganz zu schweigen, die viel lieber gemütlich eine Tasse Kaffee mit mir getrunken hätten, als eine perfekt vorbereitete Grammatiklehrerin zu haben.

Natürlich hatten diese schwierigen Wochen und Monate Auswirkungen auf unsere Ehe. Wohl kaum ein anderes Mal habe ich so verzweifelte Worte aufgeschrieben:

Herr, hilf meinen Gefühlen. Verbinde du, was verletzt ist. Verbinde das, was blutet. Erneuere, was am Absterben ist. Erwecke zum Leben, was bereits gestorben ist.

Diese Spannungen untereinander und die kulturellen Spannungsfelder in mir drin führten sogar so weit, dass ich heftige Rückenschmerzen bekam. Damals hat das niemand als psychosomatisch diagnostiziert, aber mir selbst fiel auf, dass meine Schmerzen schlagartig vorbei waren, nachdem es zu einer tiefen Versöhnung gekommen war. Es scheint mir heute, als müsste sich unsere Seele manchmal den Körper zu Hilfe holen, um ihr als Ausdrucksmittel zu dienen. Wir sind oft erst bereit zu den nötigen Veränderungen im Sinne unseres Schöpfers, wenn wir körperlich leiden …

Obwohl dieser Herbst 1992 eine sehr schwierige Zeit für Jürgen und mich war, erachten wir sie heute als sehr kostbar und ermutigend, weil wir wiederum auf einem ganz neuen Gebiet erleben durften, wie real Gottes Kraft ist:

Und wirklich, Gott hat mein Gebet erhört. […] Jede Verletzung war weg, jede Angst war gewichen, neue Liebe für einander stellte Gott uns bereit. Jetzt wollen wir, dass Gott uns trainiert, uns stark macht im Kampf gegen den Feind, der unsere Ehe zerstören will und damit unseren Dienst und zum Teil sogar unser Team. Herr, wir brauchen dich!

HUMORVOLLE NAS UND JAS

Unser Leben in der Mongolei kannte aber auch viele lustige Episoden: Am Sonntagabend in der „Fellowship", zu der nun auch Krauses und Beat kamen, wusste jeder immer die neusten Flops zu erzählen, die beim Sprachelernen ja unvermeidbar sind. *Ta chedeng nastää?* bedeutet „Wie alt sind Sie?", und war als relativ harmloser Satz bestens geeignet, um nach einer Begrüßung mit den Mongolen ins Gespräch zu kommen. Außer natürlich, man verwechselte einen entscheidenden Buchstaben … Sagte man nämlich *ta chedeng jastää?*, so bedeutete das nun „Wie viele Knochen haben Sie?", und war doch eher eine ungewöhnliche Frage. Die Mongolen kannten sich zwar mit Knochen absolut gut aus und besaßen da auch viel mehr Namen als wir im Deutschen, – da wo wir die Zehen- und Vorfußknochen einfachheitshalber von eins bis fünf durchnummerieren, haben sich die Mongolen die Mühe gemacht, jedes Knöchelchen einzeln zu benennen – doch auf die Frage des Ausländers, wie viele Knochen er hätte, wusste der arme Mongole, mit dem Dieter dieses Gespräch anfing, nun auf die Schnelle auch keine passende Antwort. Während er also leise zählte und bereits die Hälfte der gut 200 Knochen durch war, wandte sich der Deutsche plötzlich laut lachend ab. *Komisch, diese Ausländer!*, dachte der Alte.

Samuel und Michaja waren auch Kinder, die Spaß und Humor über alles liebten. Sie genossen es, wenn Jürgen oder ich, Beat, *Munch, Baterden, Chongorzol, Saraa* oder *Byamba* mit ihnen herumtollten. Doris und Jasmin, die beiden Praktikantinnen, hatten eine Lücke hinterlassen. Das spürten wir sehr stark im Juni und Juli, als zugleich viele unserer mongolischen Freunde auf dem Land weilten. Umso mehr freuten wir uns auf die junge Tamara aus Deutschland, die im November kommen wollte, um mit der Kinderbetreuung zu helfen. Wir hatten bereits eine Zweizimmerwohnung für sie besorgt und zwar in unserem Haus. Als Team beschlossen wir, in diesem Wohnzimmer Schulunterricht durchzuführen statt in unserem. Außerdem konnte Beat, der bei Mongolen wohnte, sich so auch mal zurückziehen, wenn er ein bisschen Freiraum brauchte.

Seine Wohnsituation bei der mongolischen Familie war nicht die leichteste. Obwohl er nicht einkaufen und kochen brauchte und viele Möglichkeiten hatte, um mongolisch zu reden, litt auch er unter dem Kulturschock. Vor allem die unterschiedliche Auffassung von Privateigentum erregte in ihm ziemlichen Ärger. Was in der Schweiz absolut tabu gewesen wäre, taten die Mongolen ständig: sie betraten sein Zimmer, liehen sich seine Kleider, seinen Schirm und die Schreibmaschine aus, und das alles ohne zu fragen. Es war für ihn schwierig, sich mal zurückzuziehen und Ruhe zu haben. Da gab es immer interessierte Besucher bzw. Besucherinnen, die sich mit dem ledigen Schweizer mit dem herzförmigen Gesicht und den treuen, dunklen Augen unterhalten wollten; vor allem in den Anfangswochen, bis ihn alle kannten. Und so gab ihm der Gedanke an eine halbleere Teamwohnung neuen Mut, diese Situation durchzustehen. Auch wenn er an Sonntagabenden zu uns nach Hause zum Kinderhüten kam, weil Jürgen und ich mit mongolischen Freunden zusammen Volleyball spielten, freute er sich über die Abwechslung.

Natürlich gab es in der Teamwohnung sehr viel zu renovieren: Dieter kümmerte sich als Fachmann um die katastrophal gefährlichen, elektrischen Leitungen, Beat putzte das Badezimmer auf Hochglanz, Jürgen baute neue Schlösser ein und Heike und ich kümmerten uns um den Rest. Mit dem Resultat konnten wir zufrieden sein. Da wir nun dieses Badezimmer in unserer Nähe hatten, zogen wir es vor, dort duschen zu gehen, denn wir hatten ein Problemchen in unserer Wohnung, das ich meinen Eltern so schilderte:

In letzter Zeit nutzen wir auch das Badezimmer dort öfters, da auf unserem Wasser und den Leitungen Strom drauf ist. Das kommt daher, dass die Erdung an einer Wasserröhre befestigt ist, und der Strom via Röhre in die Erde zurückfließt. Nun ist aber unsere Röhre (fragt uns nicht welche oder wo) so rostig, dass der Strom besser im Wasser geleitet wird. Wenn nun viel Strom im Haus benutzt wird, kann es vorkommen, dass wir 47 Volt Differenz haben zwischen Frischwasserröhre und Abwasserröhre, das heißt, wenn man z.b. duscht, zwickt es ganz schön zwischendurch. Unser Vermieter hat sich sehr gewundert, als wir ihm das versuchten zu erklären, auch fest den Kopf geschüttelt, aber unternommen hat er nichts. Nun ja, das müssen wir auch selbst an die Hand nehmen …

Übrigens weiß ich so gut Bescheid über die ganze Stromversorgung, seit zwei Schweizer hier in UB waren, die uns auch öfters besucht haben. Der Mann versteht sich ganz gut auf diese Sachen, hat auch eine tolle Idee gehabt, wie wir bei Stromausfall mit unserer Notbatterie noch länger ohne Strom auskommen könnten, nämlich indem wir zwei normale Autobatterien dranhängen; das Problem bei dieser Sache war dann nur, dass etwas beim Anhängen doch nicht klappte und die Notbatterie, die wir mühevoll vor einem Jahr von Hongkong hierher gebracht hatten, futsch ist. Nun, irgendwie wird er uns eine neue besorgen.

Heftige Inflation

Im selben Brief habe ich meinen Eltern auch ein bisschen Alltag geschildert, übers Essen und die Preise berichtet, Dinge, die sie interessierten, denn sie waren für uns so was wie der Nachschub beim Militär. Wenn wir etwas benötigten, durften wir es ihnen schreiben. Sie informierten dann die Paket-sendungswilligen-Verwandten und Bekannten. So ging uns der Vorrat an Aromat, Currypulver, Oregano, Dörrbohnen, Vitamintabletten, Backpulver, Vanillezucker und andern Dingen kaum aus:

Nächste Woche sprechen wir in der Schule über die Vorbereitungen, die die Tiere treffen für den Winter (Winterschlaf, Fettpolster anfressen, Vorrat schaffen, etc.). Nun, wir sind auch ganz schön beschäftigt damit. Wenn es irgendwo in einem Laden Kompott oder Konfitüre oder Sultaninen etc. gibt, dann schlagen wir zu. Wir haben einen richtigen kleinen Detailhandelsladen in unserem Gästezimmer, in den wir dann in den kommenden acht Monaten „einkaufen" gehen, bzw. auch daraus verschenken (z.B. einer Kollegin hier, die ihr erstes Kind erwartet und nun auch viel gute Kost braucht). Bald kommt der Riesengefrierschrank vor dem Fenster dazu. Gegenüber den Mongolen, die einfach nicht das nötige Kleingeld haben, um so was zu tun (und wohl auch nicht so viel Verständnis) kommen wir uns schon ein bisschen doof vor. Preise hier steigen unaufhörlich. Der Dollarumtauschkurs liegt jetzt bei 300 Tugrik. Seit diesem Monat gibt es keine Subventionen mehr für Lebensmittel. Brot kostet jetzt 15 statt 3, Busfahren 3 statt 1, Milch 25 statt 10, Tomaten 100 Tugrik. Der Lohn eines Ministers liegt bei 3500 T., ein Pensionär verdient so etwa 500 T. Für uns ist nach wie vor vieles billiger als zuhause, doch für die Mongolen werden jetzt die härtesten ein bis zwei Jahre kommen.

Man kann schon verstehen, dass sich viele Mongolen in den Alkohol flüchteten angesichts dieser wirtschaftlich lebensbedrohlichen Situation.

Ulaanbaatar, die betrunkene Stadt

Die englischsprachige Zeitung „The Mongol Messenger", die wir abonniert hatten und jede Woche mit Interesse lasen, zitierte in ihrer Ausgabe vom 27. Oktober 1992 folgenden Artikel aus der Regierungszeitung:
Es ist in der Tat alarmierend zu lernen, dass Ulaanbaatar die „betrunkene Stadt" genannt wird. Die meisten rationierten Güter werden den Stadtbewohnern unregelmäßig zugeteilt, aber was die 140 500 Familien in der Stadt jeden Monat bekommen ist Wodka. [...] Seit Beginn des Jahres wurden der Ulaanbaatar Bevölkerung 955 000 Liter Wodka zugeteilt. [...] Die Trinkgewohnheit ist zur nationalen Tragödie geworden. [...] 20 000 der zwei Millionen Mongolen befinden sich ständig in alkoholisiertem Zustand. Während der ersten neun Monate des Jahres ist die Kriminalität, die mit Alkohol in Verbindung steht, um 2,7% gestiegen im Vergleich zum Jahr 1991.

Deshalb war es nicht ungefährlich, zur falschen Zeit der falschen Person zu begegnen, denn die meisten mongolischen Männer trugen ein scharfes Messer bei sich, das unter Alkoholeinfluss schon oft zur Mordwaffe wurde. Dies war der Grund, warum *Chongorzol* in unserem Gästezimmer übernachtete, wenn sie abends die Kinder hütete, denn wir hätten sie unmöglich im Dunkeln nach Hause gehen lassen können. Sie war in dem Jahr, seit wir sie kannten, zu einer bildhübschen jungen Frau herangewachsen, deren Zuverlässigkeit und Ehrlichkeit wir sehr schätzten. Durch sie lernten wir die mongolische Kultur besser kennen, aber sie wohl noch viel mehr die schweizerische oder die christliche. Ein Ausschnitt aus unserem November-Rundbrief – in fiktiver Tagebuchform mit den Augen der 16-jährigen *Chongorzol* geschrieben, versucht das zu verdeutlichen:

Mit den Augen *Chongorzols*

12. September: Weil Munch mit einer christlichen Gemeinde aufs Land gefahren ist, um bei der Kartoffelernte zu helfen, bin ich wieder mehr bei den Buben. Jeden Tag kommen jetzt ihre Freunde (Krauses) aus der ehemaligen DDR und ein Mann (Beat) aus der Schweiz, um bei ihnen im Wohnzimmer Mongolisch zu lernen. Warum die alle Mongolisch lernen wollen?
6. Oktober: Heute war es irgendwie besonders bei Kullmanns. Ich habe Vorhänge für die Teamwohnung genäht, als Munch kam. Er macht das mit dem Kindergarten nicht mehr so regelmäßig, seit er vom Land zurück ist. Eigentlich kam er, um mit Jürgen zu sprechen. Er hat mir dann viel von Jesus erzählt; ich kam fast nicht zum Nähen. Irgendwie ist er anders als vorher. Er ist jetzt viel begeisterter von Jesus und der Bibel. Er konnte mir auch so viele Fragen beantworten, die mir die Klassenkameraden stellen, wenn ich von Jesus rede.
8. Oktober: Fast jedes Mal treffe ich bei Kullmanns neue Leute. Heute waren zwei Schweizer dort, die auch mal hier arbeiten und leben wollen. Eigentlich kennen sie sich gar nicht so gut, und doch haben sie alle etwas Gemeinsames.
18. Oktober: Gestern Abend habe ich bei Kullmanns geschlafen. Für mich ist

das jedes Mal toll. Ein eigenes Zimmer für mich! Habe zum ersten Mal Ovomaltine getrunken und seit Monaten mal wieder Butter und Marmelade aufs Brot gestrichen.
28. Oktober: Als ich mit Rita am Putzen war, kam der Lama zum Bibelstudium. Wieso sich der für die Bibel interessiert? ...
29. Oktober: Heute ist ein wichtiger Tag in meinem Leben. Munch war da und hat mir und meiner Freundin richtig gut erklärt, was es heißt, Christ zu sein. Ich habe ihm viele Fragen stellen können, die mich beschäftigen. Aber irgendwie ist er so radikal. Die Jesus-Arbeit sei wichtiger als alles. Ich muss unbedingt Rita fragen, was sie denkt.
3. November: Heute hatte Rita keine Zeit, um mit mir die Bibel zu studieren; sie müssen nun die Visa-Angelegenheit von ihren Freunden regeln. Ich möchte gern, dass Beat an unserer Schule Englisch unterrichtet. Er ist nett. Wir sprachen lange über diese Möglichkeit.
4. November: Heute habe ich Rita erzählt, dass ich Christ geworden bin. Sie hat sich sehr gefreut. Wir sprachen lange über den Glauben. Es tat richtig gut. Ich kann jetzt besser verstehen, wie Munch das alles meint.
6. November: Gestern habe ich wieder bei Kullmanns Kinder gehütet. Da mich meine Eltern abends nicht weglassen, um in einen Hauskreis zu gehen, hatte Munch die Idee, in Kullmanns Wohnung mir und seinem Freund die Bibel zu erklären. Als Kullmanns um halb elf Uhr kamen, sprachen wir noch alle zusammen weiter über den Glauben bis halb ein Uhr.
10. November: Heute kam Tamara an. Sie ist 24-jährig und nicht verheiratet. Wieso heiraten diese Christen so spät? Jetzt werde ich dann wahrscheinlich noch weniger gebraucht für die Kinder, aber ich habe angefangen, Munch weiterzusagen, was ich bei Rita über das Alte Testament lerne, da es diesen Bibelteil noch nicht auf Mongolisch gibt.
11. November: Heute ging ich mit Munch, Samuel und Michaja einkaufen. Es gab aber kein Brot und kein Gemüse im Ausländerladen. Auf dem Heimweg begegneten uns ein paar Amerikaner. Sie schenkten uns ein farbiges Kindertraktat. Als die Amerikaner uns sagten, Kullmanns hätten dies gemacht, waren wir ganz erstaunt. Ich bekam noch ein englisches NT. Als wir zu ihnen heimkamen, war der Bär los: ganz viel Besuch, Lieferung einer Waschmaschine, Jürgen spurtete los zum Flughafen, weil sie Besuch von Hongkong bekamen.
17. November: Heute hat Ruth aus Hongkong mit mir Bibelstudium gemacht. Letzte Woche kam Rita nicht dazu, weil sie wieder viel mit der Visa Sache zu tun hatte. Beat wird nun doch nicht an meiner Schule unterrichten. Sie wollen alle versuchen, bei der Akademie der Wissenschaften Mongolisch zu lernen, um dadurch ihr neues Visum zu bekommen.
18. November: Heute habe ich für Kullmanns, Krauses und Tamara 60 Eier gekauft auf dem Markt. 600 Tugrik nur für Eier! Da haben mich die Leute ausgeschimpft, weil ich so viele kaufte.

23. November: Heute vernahm ich, dass die ganze Familie im Januar wieder nach Hongkong fährt. Hoffentlich haben sie diesmal Zeit, um für mich einzukaufen. Vor allem möchte ich mal eine Banane kosten!

Es freute uns zu sehen, wie die mongolischen Christinnen und Christen, die wir betreuten, im Glauben wuchsen und eifrig dabei waren, anderen im Glauben zu helfen. Munchs Mutter, die bis dahin eine Buddhistin gewesen war, fing im Herbst auch an, Jesus Christus nachzufolgen, nachdem sie einige Monate beobachtet hatte, wie der biblische Glaube ihren Sohn positiv veränderte.

Als Mutter fragte ich mich manchmal auch, was in unseren Kindern vorging. Ob der Glaubensfunke auch in ihnen entzündet worden war? In einem Gebetsbrief Ende Jahr formulierte ich:

Ein wichtiges persönliches Anliegen unserer Familie wäre, dass die Kinder den Mut haben zu beten. Es wäre schön, als Familie zusammen zu beten. Bis jetzt sind sie zu schüchtern, um laut zu beten. Kürzlich hatten wir ein Gespräch über den Himmel und als die Frage fiel, ob sie denn mal mit im Himmel bei Jesus sein werden, meinte Samuel: „Mami, weißt du nicht mehr, dass wir damals in Thun gebetet haben, dass Jesus in unser Leben kommt?" Es freute mich sehr zu sehen, dass dieses doch ernst gemeinte Gebet vor einem Jahr noch klar in seiner Erinnerung stand. Betet, dass den beiden Jesus immer lieber wird und sie ihm auch von Herzen dienen. Ein anderes Gebetsanliegen ist auch, dass Samuel und Michaja gut mit Thomas zusammen spielen können. Öfters stellen sich zwei gegen einen.

SAMUEL, DER GESCHICHTENSCHREIBER

Zwei gegen einen, das ist nicht fair, aber gar nicht zu vermeiden bei drei Kindern. Das Problem war nur, dass sich unsere beiden nie gegen Thomas verbündeten, sondern immer Thomas und ein Kullmann gegen den andern Kullmann. Und das führte dazu, dass Michaja und Samuel sich immer öfter stritten über der Frage, wer nun mit Thomas spielen durfte. Ein Eifersuchtsproblem war ja bereits vorhanden gewesen, weil die Mongolen, die uns besuchten, meistens auf Michaja besser reagierten als auf Samuel. Michaja war der Charmeur in Person, der Extrovertierte, der Lächelnde, der Dickere und der Gemütlichere. Samuels Stärken hingegen waren sein Intellekt, sein Interesse, seine scharfe Beobachtungsgabe; lauter Dinge also, die man nicht auf Anhieb sah. Was man sehen konnte, war ein dünnes – in den Augen der Mongolen ein kränkliches – Kind, das etwas verlegen auf seinen langen Beinen stand und selten lachte wie ein Breitmaulfrosch, weniger freundlich grüßte und erst noch eine Brille mit einem verklebten Glas trug. Und so registrierte Samuel schon früh, dass nicht alle Menschen gleich behandelt wurden, die Welt nicht immer fair war und trat von nun an öfters einen Rückzug in seine eigene, intellektuelle Welt an.

Wenn Thomas also ausschließlich mit Michaja spielte, begann Samuel Kurzgeschichten zu erfinden. Er schrieb sie mit Erstklässler-Druckbuchstaben in ein liniertes Heft und ließ immer eine Seite aus, so dass ich die Illustrationen dazu malen konnte. Es waren seine eigenen Geschichten von zwei Mäusen, die er durch ein Kinderbuch kennengelernt hatte. Diese durchwegs lustigen Episoden und Samuels Humor gefielen Thomas. Damit konnte sich unser Ältester Anerkennung bei ihm holen. Dann war es an Michaja, eifersüchtig zu sein …

Michajas Gebetsbaum

Draußen vor unserem Haus wuchsen kleine, knorrige Bäume. Michaja war ein sportlicher Junge und liebte es, auf diesen Ästen herumzuklettern. Manchmal blieb er ganz lange einfach im Baum sitzen. Als ich ihn einmal fragte, was er denn da so lange alleine mache, antwortete er: „Das ist mein Gebetsbaum, Mami."

Wahrscheinlich hat er sich also seinen Frust von der Seele gebetet und gesungen, denn oft konnte ich ihn durch die Fensterscheiben hindurch lautstark singen hören. Wie gut für ihn, dass er schon als Kind intuitiv spürte, dass er mit allem, auch mit seinem Schmerz, zu Jesus gehen konnte.

Ein Jahr später, als Samuel in die mongolische Schule kam und öfters von Besuchern gefragt wurde, wie er denn lerne – darauf hätte man in der Schweiz sinngemäß mit „Sechs", „Fünfeinhalb", „Vier" oder einem anderen Durchschnitt aller Prüfungen geantwortet – und er voller Stolz *onz*[91] sagen konnte, bekam er endlich die gesuchte Anerkennung, etwas spät zwar, aber immerhin. Das spornte ihn an. Er wurde Klassenbester, war bei den Schnellsten im Minutenlesen[92], erntete Lob wie andere Kartoffeln.

Für Mongolen war Schulbildung und Intelligenz etwas ganz Wichtiges, und die Kinder wurden immer angehalten, gut zu lernen. Sie waren die Hoffnung der Nation. Und Hoffnung konnte dieses Land brauchen.

Wir waren nun über ein Jahr in der Mongolei, ein Team hatte sich gebildet, wir konnten etwas Mongolisch und hatten einen Auftrag: den Mongolen die gute Nachricht von Jesus Christus zu bringen: Hoffnung! Ja, wir hatten Hoffnung. Wie konnten wir sie aber weitergeben?

Manchmal träumten wir von einem großen Projekt, das alle Gesellschaftsschichten erreichen würde, und zwar schnell. Doch unser Leiter in Hongkong, mit dem wir solche Visionen besprachen, trat immer wieder aufs Bremspedal und betonte, wie wichtig gute Sprach- und Kulturkenntnisse seien, um eine solide Arbeit – sei das nun geistlich oder sozial – aufzubauen. Wir glaubten ihm. Umso mehr kniete ich mich ins Sprachstudium und in mein Buchprojekt. Daneben begannen wir mit unseren eigenen Nachforschungen und stießen auf interessante Vorschläge, die wir unseren Freunden und Betern im November-Rundbrief mitteilten:

---

91 Abkürzung für „sehr gut" oder die Note Fünf, was in der Schweiz einer Sechs oder in Deutschland einer Eins entsprechen würde.
92 Dieses *minut ongschich* war in der mongolischen Schule beliebt. Man zählte, wie viele Wörter ein Schüler in der Minute lesen konnte.

Seid uns Vorbilder!

In der letzten Zeit haben wir uns als Team viel mit der Frage auseinandergesetzt, welche Art Arbeit wir hier in der Zukunft tun könnten. Um ein genaueres Bild von der Situation im Land zu bekommen, haben wir mehrere Leute etwas ausgefragt; unter anderem die mongolischen Christen, worin sie die Hauptaufgabe der ausländischen Christen sähen?
Kurz zusammengefasst bekamen wir diese Antwort: Seid Vorbilder!
Vorbild sein im Zusammenleben: Mongolen brauchen Beispiele, um zu wissen, wie man als Christ lebt und handelt; in der Gemeinde und auch außerhalb der Gemeinde. Wie lebt man als christliche Familie? Wie soll man die Kinder erziehen? Was lehrt die Bibel über Sexualität, Ehebeziehung, Freundschaft? Es gibt noch keine mongolischen Bücher zu diesen Themen, und auch keine Seminare werden darüber gehalten. Deshalb sind die mongolischen Christen allein auf die Lehre des NT, die Leitung des Heiligen Geistes und auf das Vorbild der ausländischen Christen angewiesen. Was heißt es konkret, als christliche Familie in einer von Lüge, Alkohol, Materialismus und Unmoral geprägten Umwelt zu leben?
Gerade im Zusammenleben in der Gemeinde, im Team und in der Familie zeigt sich die Tragfähigkeit unserer Beziehung zu Jesus. [...] An der Liebe, die wir untereinander haben, werden wir erkannt als Jünger Jesu. Weil das so ist, setzt der Widersacher alles daran, unsere Einheit als Team, aber auch unsere Einheit in der Familie zu zerstören. Ist die Liebe unter uns verschwunden, dann ist auch unser Zeugnis kraftlos geworden.
Für uns ist diese Aufforderung des mongolischen Bruders „Seid uns Vorbild!" eine enorme Herausforderung, die wir nur wahrnehmen können im Wissen um die Hilfe Gottes und die Unterstützung eurer Gebete. Wir sind froh, dass wir kein perfektes Christ-Sein „vor-chrampfen"[93] *müssen, sondern auch mal schwach sein dürfen. Es ist uns ein Anliegen, dass unsere Geschwister in unserem Leben das Geheimnis der Vergebung und des Neuanfangs beobachten können.*

Sein oder Schein?

Nun, Vorbilder waren wir einfach dadurch, dass wir existierten und Leute an unserem Leben Anteil gaben. Wir brauchten gar nicht spezielle Projekte zu machen, sondern nur unsere Türen zu öffnen und offen zu halten. Eigentlich etwas sehr Passives. Die Schweizerin in mir hätte viel lieber von 9.00 bis 17.00 Uhr ein soziales Projekt zugunsten der armen Mongolen durchgezogen und wäre dann heimgekehrt und hätte die Türe verschlossen. *Leben teilen, immer sichtbar sein, andere zuschauen lassen, wie ich mit den Kindern spiele, schimpfe, lache, weine, bete. – Wo bleibt da meine Privatsphäre?*, dachte ich. *Was geht es andere an, wie Jürgen und ich leben, was wir essen, welche Filme wir uns anschauen, wann und wie oft wir uns zurückziehen ins Schlafzimmer?* Wie konnte ich bestehen in den

---
93 in Anlehnung an „vorleben"; „chrampfen" ist ein Mundartausdruck für hart arbeiten

Teil 5: Ulaanbaatar, Mongolei, 1991-1993

Augen der Mongolen, wenn ich morgens die Bibel las statt fleißig ihre Sprache zu studieren oder weinte, weil unsere Ehe mal wieder nicht so optimal verlief, wie mein Perfektionismus sich das ausmalte, oder wenn ich die Beherrschung verlor und die Kinder anschrie, oder wenn ich einem Mongolen ehrlich sagte, dass ich nun lieber allein sein wollte als mit ihm zu reden?

Vorbild sein, Leben teilen: welche Herausforderung! War das der einzige Weg zum „Erfolg"?

Aus rein wissenschaftlicher Sicht zeichnete sich eine Alternative ab: Der mongolische Soziologe *Gombosurengiin Chingis* formulierte in seinem Artikel „The Seven Unwritten Rules" sieben Regeln, die Ausländer zu beachten hätten, um in der Mongolei Erfolg zu haben. Diese standen am 27. Oktober 1992 im „Mongol Messenger":

Regeln der mongolischen Gesellschaft

Jede Kultur, auch die mongolische, enthält eine bestimmte Anzahl von Verhaltensmustern für ihr eigenes Volk und auch für die Ausländer. Es ist ziemlich einfach, in einer Menge die lauten und sorglosen Amerikaner von den formellen und distanzierten Engländern zu unterscheiden. Aber jede Nation, die Ausländer für eine längere Zeit aufnimmt, wird natürlicherweise auch ein gewisses Verhalten erwarten, und folglich bilden diese ihr eigenes differenziertes Image. Welches Image ist das, und was sind die ungeschriebenen Gesetze für sie?

1. Ausländer, die in der Mongolei Erfolg haben wollen, müssen viel trinken können (ich meine Alkohol).

2. Man wird Sie bitten zu singen, wann immer Sie zu einer Party eingeladen sind, und das ist nicht selten hier. Stimmliches Können (wenn Sie das haben) wird Ihnen in Ihrem Beruf zu einer erfolgreichen Karriere verhelfen. Und wenn Sie auf Mongolisch singen können, dann werden Sie viele mongolische Freunde gewinnen.

3. Für die Mongolen ist ein originaler Kleidungsstil ein Muss. Mongolen lieben es, sich gut zu kleiden (obwohl das nicht einfach ist), und deshalb werden sie Sie immer für Ihre äußere Erscheinung loben.

4. Mongolen lieben es, Geschenke zu nehmen und zu geben. Sie müssen beides lernen. Aber die Mongolen haben dabei ihren ganz besonderen Wertemaßstab. Das müssen Sie immer bedenken.

5. Mongolen sind bereits an Westler gewohnt, umso mehr müssen Sie Verhaltensweisen haben oder einen Lebensstil, der sich von dem der Lokalbevölkerung erheblich unterscheidet. Das kann eine spezielle, von den Mongolen als qualitativ hoch stehend betrachtete Zigarettenmarke sein, die Sie rauchen, oder das Konsumieren von besonderem Essen oder Trinken, oder das regelmäßige Besuchen eines gewissen Unterhaltungsklubs.

6. Diese Regel betrifft mehr das schwache Geschlecht, aber auch die Männer. Es wäre vorteilhaft, wenn Sie keine intimen Beziehungen zu der lokalen Bevölkerung haben. Das könnte ihrem Image ernsthaft schaden.

7. Versuchen Sie in etwas zu glänzen, das Sie über die Mongolen erhebt, vor allem Handlungen, die bei Mongolen gut ankommen. Das könnte Basketball sein (das ist vor allem bei Nordamerikanern so), Balltanz (unter anderen Tänzen), Ringen (das betrifft vor allem die Japaner), Tischtennis (das ist für Chinesen und Koreaner wichtig) und auch Kartenspiele (aber nicht Bridge oder Poker).

Das Beachten dieser Regeln könnte dazu beitragen, ein angemessenes und günstiges Image aufzubauen für jene Ausländer, die in der Mongolei erfolgreich sein möchten.

Da dieser Artikel aus einer mongolischen Zeitung übernommen worden war, stand zuunterst noch eine kleine Fußnote der „Mongol Messenger"-Redaktion: *Dies sind gemäß dem Autor G. Chingis einige der ungeschriebenen Regeln für Ausländer, die in der Mongolei arbeiten und leben, aber unser Vorschlag ist der: „Nehmen Sie diese nicht allzu ernst!"*

Ich weiß noch, wie ich diesen Artikel zum ersten Mal gelesen habe und mir folgende Gedanken durch den Kopf gegangen sind (einige ehrlicherweise etwas später):
Punkt 1: Durchgefallen. Das Saufen will ich auch nicht üben. Finde ich blöd. Sollen sich doch die Mongolen ändern, nicht ich.

Punkt 2: Wunderbar, das kann ich. Aber ob meine Halleluja Lieder bei Normalmongolen wohl ankommen? Ich schätzte nein und ließ mir von *Gerlee* ein Liebeslied beibringen.

Punkt 3: Durchgefallen. Tja, da haben wir es. Meine schönen Kleider in China – welcher Verlust von Image! Nein im Ernst, ich hatte es schon in der Schweiz gehasst, den modischen Erwartungen zu entsprechen und mich meist alternativ gekleidet. Mein Vater hätte sich oft am liebsten in Grund und Boden verkrochen, wenn ich in seiner Modegeschäftsfiliale auftauchte. Nummer drei war absolut kein Punkt, mit dem ich mein gesellschaftliches Image aufbessern wollte, im Gegenteil: ich sagte dem Kleider-machen-Leute-Prinzip für viele Jahre den Krieg an und versuchte Mongolen davon zu überzeugen, dass es besser wäre, Geld in gesundes Essen als in teure Kleidung zu stecken. Doch ich scheiterte und bekehrte mich aus Respekt ihnen gegenüber am Ende zu ihrer tiefen Sehnsucht nach Schönheit und Glanz (sprich polierte Schuhwichse).

Punkt 4: Ja, das ist so eine Sache. Das erste Mal, als wir in die Schweiz zurückkehrten, bekamen wir kurz vor der Abreise von einer Mongolin, die wir kaum kannten, einen Bildband über England. Sie wünschte sich im Gegenzug einen Farbfernseher aus der Schweiz. So viel zu dem speziellen Wertemaßstab! Wir haben es bis heute nicht geschafft, den Mongolen Geschenke zu bieten, die ihnen gefallen. Das hängt aber vielleicht mit unserem Budget zusammen. Ich weiß noch, wie ich der mongolischen Studentin, die eineinhalb Jahre bei uns wohnte, aus Hongkong echte Ohrringe mit Rubinen mitbrachte, weil ich ihr meine und auch Jesu Liebe bezeugen wollte und wusste, dass Schmuck für Mongolen, die auf Goldbergen und Edelsteinen saßen, echt sein musste. Noch nie hatte ich solch teuren Schmuck selber besessen. Ihre Freude aber hielt sich in Grenzen.

Oder das andere Mal, als wir aus der Schweiz die teuersten Schoko-Kekse mit Schweizer Edelweiß Verzierung mitbrachten, für jede Person eine Packung, also eine ganze Tasche voll. Nie hatten wir unseren Kindern solche Süßigkeiten geschenkt, sondern uns vom preisgünstigen „Budget-Regal" der Migros bedient. Und für die 30x100 Gramm Gewicht samt Verpackung hätten wir auch etwas anderes Brauchbares mitnehmen können. Dann stand ich im Wohnzimmer in der Mongolei, verteilte die Guetsli-Packungen, schaute in die enttäuschten Gesichter und wusste auf einen Schlag: *Mensch, wieder daneben.*

Oder das letzte Mal, als wir aus der Schweiz in die Mongolei reisten: im Sommer 2005: Ich war mir diesmal ganz sicher, das Richtige zu treffen, denn nun kannten wir die Mongolen ja seit 20 Jahren. Ich wusste unterdessen, dass nicht Esswaren, sondern Kosmetik die Frauen begeisterte, natürlich nur von bester Qualität. Es wurde immer schwieriger etwas zu finden, was sie in Ulaanbaatar nicht auch kaufen konnten. So wählte ich die neuste Nivea Gesichtscreme Kreation mit Nachtkerzenöl, bezahlte pro Döschen den 20%-Rabatt-Aktionspreis von 15 Franken und reiste mit innerer Genugtuung über meine Geschenke in die Mongolei. Doch dort traf mich im ersten Drogerieladen der Schlag. Meine Nivea, die neuste Kreation, war auch schon da erhältlich und kostete nur 8000 Tugrik, also neun Franken! Ich hätte schreien können vor Enttäuschung.

Punkt Vier haben wir also nur im Nehmen erfüllt: Die Teppiche in unserem Schlafzimmer, die Delfin Ohrringe, das typisch mongolisch verzierte Silberkettchen und vor allem das Kaschmir Designerkleid, das mir der Künstler selbst zum Abschied schenkte – sie alle und viele Dinge mehr zeugen vom Einfallsreichtum unserer mongolischen Freunde, die nun wirklich ein Händchen zum Schenken haben.

Punkt 5: Ich denke, mit dem Anderssein waren wir als evangelikale Christen gut bedient, auch wenn der Soziologe wohl nicht das gemeint hatte. Wir unterhielten sogar einen eigenen Unterhaltungsclub, das „Sunday-Fellowship". Was das besondere Essen und Trinken anging, besaßen wir einen hoch qualitativen Wasserfilter, der uns 1A Trinkwasser lieferte, denn das Wasser in Ulaanbaatar war zwar einwandfrei, aber die Röhren sehr alt und rostig. Und ab und zu, wenn ein Paket aus der Schweiz angekommen war, gab es bei uns diese komische dicke Käsebrühe, in die wir Brotstückchen tauchten und die einem mongolischen Magen echt den Garaus machen konnte. Das war schräg genug, um unter diesem Punkt Beachtung zu finden.

Punkt 6: Das ist wohl das einzige Gebiet, auf dem wir Bestleistung erzielten, wenn man mal alle Gerüchte, von denen wir selbst zwar nichts wissen, die es aber durchaus gegeben haben könnte, weglässt. Für eineinhalb Jahre wohnte nämlich eine mongolische Studentin bei uns, deren ältere Geschwister sie nach dem Tod der Eltern zur Finanzierung ihres Studiums in die Prostitution zwingen wollten. Als wir das hörten, waren wir geschockt und nahmen die junge Dame kurzerhand in unsere 53 Quadratmeter große Dreizimmerwohnung auf. Es war eng, vor allem im Kinderzimmer, wo die Achtzehnjährige auf einem Bett am Boden schlief, das tagsüber auf Rädern unter das Kajütenbett der Kinder geschoben wurde; aber ein Stockwerk über uns wohnten sie teilweise zu elft in den gleichen Räumen. Für uns war dieses Teilen okay, aber später habe ich mich gefragt, ob das Zusammenleben mit der jungen Dame unserem Ruf damals geschadet hat, denn eine Geliebte oder einen Geliebten zu haben, war nichts Außergewöhnliches. Und deshalb hätte auch der folgende banale Zwischenfall anders ausgehen können:

Als ich mit Herrn *Purevdordsch* von der Akademie am Grammatikbuch arbeitete, hatten wir unser Büro notgedrungen in einer Ecke unseres Schlafzimmers eingerichtet. Während wir beide also dienstags von zwei bis vier Uhr die Kuriositäten der mongolischen Grammatik enträtselten, öffnete jeweils Samuel die Wohnungstür, wenn jemand kam. Eines Tages klingelte es.

Ich hörte durch die angelehnte Zimmertür, wie Samuel die Klinke drückte und eine Frauenstimme fragte: „Ist deine Mama da?"

„Die ist mit *Purevdordsch-bagsch* im Schlafzimmer", sagte Samuel wahrheitsgetreu.

So schnell war ich noch nie vom Stuhl aufgestanden. Ich musste doch wissen, wem mein Sohn jetzt diese zweideutige Antwort gegeben hatte. Zum Glück war es Heike Krause. Aber ich habe keine Ahnung, wem er vorher ähnliche Auskünfte gegeben hat, ohne dass ich es mit bekam. Zum Glück fanden wir etwas später ein anderes Büro im dritten Stock desselben Hauses, wo wir unter weniger zweideutigen Umständen arbeiten konnten.

Punkt 7: Tja, das mit dem Glänzen ist so 'ne Sache. Ich war zwar vielseitig sportlich, aber nirgends gut genug. Das bevorzugte Kartenspiel unserer Familie, der „Sidi Barani", half da schon eher, aber ehrlich gesagt hatten wir kaum Zeit, mit den Mongolen Karten zu spielen – außer mit der Studentin, die bei uns wohnte – die andern kamen ja immer mit einer festen Absicht zu uns.

TEIL 5: ULAANBAATAR, MONGOLEI, 1991-1993

Mit den Augen des Soziologen *Chingis* gesehen, fielen wir also bei vier von sieben Kriterien voll durch. Unser Image war ganz schön angeschlagen! Wir konnten nur hoffen, dass der „Mongol Messenger"-Redaktor Recht hatte und nicht alle Mongolen die Ausländer an diesen Maßstäben prüften ...

AUF DER SCHWARZEN LISTE

Da wollten wir also Vorbilder sein, waren aber durch den Soziologentest gefallen und auf der schwarzen Liste der Einwohnerkontrollbehörde gelandet. Das fanden wir im November heraus und haben es für den Januar-Rundbrief zu Papier gebracht:

Wir hatten ja Familie Krause und Beat persönlich eingeladen, und ihr Drei-Monate-Visum lief im November ab. Lange hatten wir versucht, die richtige Behörde zu finden, um das Touristenvisum zu verlängern. Unterdessen liefen Verhandlungen mit Schulen und einem Buchverlag, um ein Arbeitsvisum zu bekommen, falls alle andern Stricke rissen. Endlich fanden wir dann den richtigen Polizeichef, der ihnen die Touristenvisa gegen einen Dollar pro Tag bis zum 11. Januar verlängerte. Das gab uns Freiraum, eine gute Lösung für Februar '93 zu finden, wenn wir alle von Hongkong zurückkehrten.

Nun machten wir uns auf die Socken, eine mongolische Organisation zu finden, die einen Sprachkurs anbietet und Visa gewähren kann, denn eines stand fest: Ohne Vertrag mit einer mongolischen Organisation bekommen wir keine neuen Einreisevisa, wenn wir UB im Januar für die HK Reise verlassen. Wir hatten knappe zwei Monate Zeit.

Das erste Gespräch mit dem Direktor der Akademie der Wissenschaften verlief erfolgreich, denn Jürgen hatte letztes Jahr drei Monate für diese Organisation Englisch unterrichtet und war bekannt. Wir erklärten, dass es sehr wichtig sei, dass sie uns auch die Visa besorgen könnten. Nachdem wir uns alle dort vorgestellt hatten, wurde ein Vertrag gemacht und unterzeichnet. Für je 100 Dollar pro Monat wollen sie den vier Studenten (Krauses, Beat und Jürgen) fünf Vormittage pro Woche drei Stunden Unterricht geben. Der oder die Lehrer werden in unser Klassenzimmer in der Teamwohnung kommen, so dass es für Krauses kein extra Weg ist, Thomas zur Schule zu bringen.

Ziemlich schnell liefen dann die Behördengänge an. Doch schon bei der Polizei ging etwas schief. Als unser Bekannter von der Akademie die Aufenthaltsbewilligungen für uns besorgen wollte, gab es erst dann ein Problem, als die Beamtin Jürgens Pass zuoberst sah.

Kullmann, nein, mit denen hätten sie schon genug Schwierigkeiten gehabt, das ginge nicht. Unsere Namen standen in einem speziellen Buch und die Frau ließ nicht mit sich reden. So berichtete uns unser Bekannter von der Akademie. Er meinte, eine Bewilligung wäre nur mit einer Bestechungssumme zu bekommen. Wir weigerten uns, so etwas zu tun und sagten, dass wir mit dem Polizeichef selber sprechen möchten, da wir nichts zu verbergen hätten und das Ganze nicht

verständlich sei.
Unser Bekannter wollte dieses Gespräch arrangieren. Ein paar Tage später kam er wieder und sagte, er hätte jetzt einen Weg gefunden. Das ganze sei okay. Ein Visum koste 100 Dollar pro Jahr und die Akademie würde das für die Studenten übernehmen, doch für Tamara und mich müssten wir bezahlen, da wir nicht studierten dort. Wir gaben diese 200 Dollar plus die Summe von 200 Dollar für die Hälfte der Studienkosten des ersten Monats. Alles schien in Butter. Nun dauerte es sehr, sehr lange, bis wir wieder etwas von dem Bekannten hörten. Was, wenn es nun nicht klappt, dachten wir oft. Es bliebe keine Zeit übrig, nach etwas anderem zu schauen.
Unser Vertrauen war ganz auf den Herrn gerichtet in dieser Zeit. Manchmal war die Situation im Team schon etwas gereizt. Endlich, am 21. Dezember, kam der Bekannte mit unseren Pässen. Aber anstelle eines Visums war nur eine polizeiliche Aufenthaltsbewilligung eingetragen.
"Und das soll 100 Dollar kosten", fragte ich ihn erstaunt. „Das hätten wir doch selber für Tugrik bekommen können!"
Die Antwort kam zögernd: „Es gab keinen andern Weg. Ich musste 400 Dollar Bestechungsgeld bezahlen."
Als wir ihn fragten, was denn nicht okay sei mit uns und nach welchem Gesetz wir nicht offiziell studieren könnten, meinte er: „Es gibt ja keine Gesetze. Jeder macht, was er will und oft nur gegen Bestechung. Man will nicht mehr so viele Ausländer im Land. Ihr seid schon lange hier und habt viele Leute eingeladen. Das ist vielleicht der Grund."
Nun ja, wir sind eben „nobodies" hier, ohne offizielle Organisation, nicht registriert als Mission, nichts. Das muss ja einen komischen Eindruck hinterlassen, vor allem hier in Asien, wo alles kollektiv über Organisationen abläuft. Es war uns absolut peinlich, dass da was Illegales oder halb-Illegales gelaufen war, aber was sollten wir tun? Wir waren heilfroh, den Stempel im Pass zu haben, um damit in Windeseile das Ausreise- und Einreisevisum zu beantragen, was wir dann alle auch vor Weihnachten noch taten. Nun ist alles für ein Jahr (bis Februar 94) Okay. Bis dann haben wir Zeit, uns vom Herrn eine Langzeitlösung schenken zu lassen. Wir brauchen da alle sehr viel Weisheit, denn menschlich gesehen weiß niemand, in welche Richtung sich die Mongolei entwickelt und was das Weiseste ist, um lange im Lande bleiben zu können.

WEIHNACHTEN 1992

Dieses Jahr hatte ich im Voraus ein paar weihnachtliche Dekorationen auftreiben können: Transparentbilder, die ich mit unseren kreativen Mongolenfreunden gestaltet hatte. Jürgen rannte wie immer irgendwo in einer Behörde herum, diesmal im Außenministerium.

An Heilig Abend nahm uns *Bold* mit dem Auto mit auf einen Ausflug nach Scharag Mört, das etwa 30 Minuten außerhalb Ulaanbaatars lag. Es war ein sehr milder, sonniger Tag. Wir waren viel zu warm angezogen. Jürgen, der mit mir in den geliehenen Langlaufskiern den weißen Hang hinunter balancierte, schwitzte vor Freude und Panik so sehr, dass sein gefrorener Schweiß den grünen *deel* an seinen Rücken festklebte und wir unsere liebe Mühe hatten, ihn von dieser Fessel zu befreien. Es war so friedlich, den Festtag da draußen in der Stille zu beginnen. Wir hatten uns vorgenommen, an diesen zwei Tagen mal Zeit für die Teamleute zu haben. Die zwei Ledigen waren in je einer Familie eingeladen und am 25. feierten wir alle zusammen bei uns.

Am 27. Dezember veranstalteten wir eine Weihnachtsparty mit Liedern, Essen, Geschenken und einer Kurzbotschaft für unsere mongolischen Freunde. Elf Gäste kamen und genossen das ausländische Feiern mit uns. Bei dieser Gelegenheit lernten die Nichtchristen auch erste mongolische Christen kennen, und das war sehr gut so.

Toll war, dass Jürgen und ich vom 28. bis 31. Dezember wieder vier Tage allein in die Ferien fahren konnten. Weit sind wir auch diesmal nicht gereist, nur ins leer stehende „Chalet Fisher" am andern Ende der Stadt. Viele Ausländer verreisten damals über Weihnachten/Neujahr in angenehmere Gefilde, zum Beispiel in ein Hotel nach Beijing oder nach Thailand und ruhten sich aus, doch unser Budget erlaubte das nicht. Es war schon schwierig genug, jedes Jahr die Hongkong Reise zu finanzieren. Aber die Wohnung unserer Freunde bot uns alles, was wir begehrten: Ruhe, Ein-, Zwei- und Dreisamkeit, gute Bücher, nette Videos. Zeit zum Reden und Nachdenken. Diesmal hüteten Beat und Tamara unsere Kinder. Wir schätzten das sehr. So wie wir ihnen gedient hatten mit Gastfreundschaft, Gemeinschaft und Seelsorge, so dienten sie nun uns mit ihren Gaben: Zeit, Fantasie, Liebe für unsere Kinder. Als Team zu funktionieren war wunderbar. Das verstanden wir alle auf eine neue Weise nach dem Besuch, der am ersten Tag des Neuen Jahres bei uns eintraf.

23
Januar bis Mai 1993

Das Parfum der Gruppe

Das neue Jahr hatte kaum begonnen, als auch schon unser erster Besuch frierend auf dem Flughafen stand und wartete, dass er abgeholt würde. Flugzeuge landeten selten pünktlich, aber man musste erstens per Telefon zum Flughafen durchkommen und zweitens unnachgiebig genug sein, um die aktuelle Ankunftszeit zu erfahren. Beides war nicht einfach.

Das Ehepaar Bähler, das 14 Jahre lang missionarisch in Indonesien tätig gewesen war, und ihre 60-jährige Mitarbeiterin befanden sich auf ihrer Reise zurück nach Deutschland und machten bei uns in der Mongolei einen Kurzbesuch. Sie waren unserem Team eine willkommene Abwechslung; es war immer hilfreich, von der Erfahrung anderer zu lernen, vor allem wenn diese auch in Asien interkulturell tätig gewesen waren.

Die Bibelarbeit über Psalm 133, die Gottlieb Bähler für unser Team vorbereitet hatte, werde ich wohl nie mehr vergessen. Ich zitiere hier die Verse eins und zwei:

„Wie schön und angenehm ist es,
wenn Brüder in Frieden zusammen leben!
Das ist so wohltuend wie duftendes Öl,
das auf den Kopf des Priesters Aaron gegossen wird …" (Hfa)

Unser Gast erklärte uns damals diesen Vergleich, mit dem ich noch nie viel hatte anfangen können, folgendermaßen: „Das Salböl wurde aus einer Mischung von verschiedenen Gewürzen und Kräutern gemacht, jedes mit seinem eigenen Duft. Gemischt gab es ein wohlriechendes Parfum. Jeder von uns hat so seinen Duft, der eine stärker als der andere. Wir bedürfen einander, um ein wohlriechendes Parfum zu werden, ein Wohlgeruch für den Herrn."

Dieser Vergleich leuchtete mir ein. Es war wie beim Kochen oder Backen: erst die Mischung der verschiedenen Zutaten ergab etwas Feines, Köstliches. Mehl für sich, oder Butter für sich schmeckte scheußlich und einseitig. So sind wir Kinder Gottes auch: unausgeglichen und einseitig. Wir brauchen einander zur Ergänzung; Gott hat immer das Ganze, die Einheit, den Leib Christi im Sinn und im Blick. In mein Tagebuch schrieb ich am 5. Januar folgendes Gebet:

Mein eigener Duft ist so stark, o Herr, ich brauche die andern, um ihn wohlriechend, dir gefällig zu machen. Ich möchte auch, dass meine Fehler und Schwächen durch die Gemeinschaft mit den andern zum Vorschein kommen.

In den folgenden Tagen, Wochen und Monaten offenbarte mir Gott immer wieder, was er als zu starke Duftnote bei mir wahrnahm: Stolz, Unabhängigkeit und Menschenfurcht. Es war keine einfache Zeit. Mein Tagebuch dieser Zeit ist gefüllt mit ehrlichem Schreien zu Gott um Veränderung. In meinem Leben gebrauchte Gott auch die Hongkong Konferenzen, um mir gewisse Dinge aufzuzeigen.

Erlösender Lobpreis

Am 11. Januar, nach drei Tagen internationaler christlicher Mongolen-Konferenz in Ulaanbaatar, mussten wir als Team nach Hongkong fliegen. Das war auch ein Dürfen, denn unsere Wohnung war wieder mal eiskalt und die vielen Stromausfälle hatten uns zu schaffen gemacht. Doch welche Enttäuschung! In der südlichen Metropole war es fast genau so kalt, jedenfalls empfand man das bei den Temperaturen um 5° und der hohen Luftfeuchtigkeit so. Die Kleider, die man am Morgen anzog, waren klamm und wärmten sich erst nach und nach durch die Körpertemperatur. Wenn man wusch, so blieben die Jeans an der Leine sechs Tage lang

feucht. Wie sehnte ich mich nach dem Kontinentalklima der Mongolei!
Die Gemeinschaft mit den Mitarbeitern aus ganz Asien war interessant und herausfordernd. Da Jürgen und ich noch nicht so viele Erfahrungen mit Lobpreis gemacht hatten, empfand ich am Anfang diese Zeit des Singens und Wartens auf Gott als mühsam. Denn schon ziemlich am Anfang dieser morgendlichen Anbetungszeit berührte Gott jeweils mein Herz und offenbarte mir meine tiefe Sehnsucht nach ihm und seiner bedingungslosen Liebe. Aber das war mir peinlich, denn ich wollte nicht vor den andern weinen. *Was werden sie denken?*, war alles, woran *ich* denken konnte. *Sie meinen bestimmt, dass ich weiß-Gott-was getan hätte und nun Buße tue für meine Sünden. Aber das stimmt ja nicht.* Als Sünderin wollte ich natürlich nicht vor den andern dastehen. Das ließ mein Stolz nicht zu. Und Raum zu Erklärungen gab es keinen. Also strengte ich mich an, nicht zu weinen. Ich versuchte, mir Witze zu erzählen, um mich von den wunderbaren Liedtexten, wie zum Beispiel dem von Andy Park, abzulenken.

> 1. *No-one but you, Lord, can satisfy the longing in my heart.*
> *Nothing I do, Lord, can take the place of drawing near to you.*
> *Refrain:*   *Only you can fill my deepest longing.*
>   *Only you can breathe in me new life.*
>   *Only you can fill my heart with laugther.*
>   *Only you can answer my heart's cry.*
> 2. *Father, I love you, come satisfy the longing in my heart.*
> *Fill me, overwhelm me, until I know your love deep in my heart.*[94]

Doch Gottes Liebe war stärker als meine Abwehr, sie überwältigte meinen Stolz. Mit verschleiertem Blick flüchtete ich ins Freie. Es ging niemanden etwas an, was zwischen mir und Gott war. Ich wusste ja selbst nicht genau, wieso ich den Tränen so nahe war. Sie gehörten in erster Linie Gott. Also schüttete ich mein Herz vor ihm aus. Irgendwann kehrte ich dann, beschämt über meine geschwollenen Augenlider, in die Gruppe zurück. Das Gleiche passierte fast jeden Morgen. Deshalb war die Zeit des Lobpreises für mich zuerst eine schreckliche Zeit, in der mein Stolz regelmäßig meine Gefühle vergewaltigte.

Zum Glück zeigte mir Gott auf, wie falsch es war, mich gegen das zu wehren, was seine Liebe an und in mir tun wollte. Ich gab meinen Widerstand auf und konzentrierte mich auf die Liedtexte. Wenn mir zum Jubeln war, jubelte ich, und

---

94 „Niemand als du, Herr, kann die Sehnsucht meines Herzens stillen. Nichts, das ich tue, Herr, kann das ersetzen, was ich durch die Nähe zu dir bekomme. Nur du kannst meine tiefste Sehnsucht stillen. Nur du kannst mir neues Leben einhauchen. Nur du kannst mein Herz mit Lachen erfüllen. Nur du kannst das Schreien meines Herzens beantworten. Vater, ich liebe dich, komm und befriedige die Sehnsucht meines Herzens. Fülle mich, überwältige mich, bis ich deine Liebe tief in meinem Herzen spüre."
Deutsche Übersetzung des Liedes Nr. 402 aus „Songs of Fellowship, Kingsway Music, GB"

wenn mir zum Weinen war, weinte ich halt, auch vor den andern. Die schienen das gewöhnt zu sein. Nur manchmal kam jemand auf mich zu und fragte, ob er mir helfen könne oder für mich beten, und das war ja ganz nett.

So wurde diese Zeit der Begegnung mit Gott eines der befreiendsten Erlebnisse für mich.

Gesundes Hinterfragen

Die Konferenz dauerte neun Tage. Ständig wurden wir aufgefordert, unsere althergebrachten Vorstellungen von Kirche, Gemeinde und Christentum anhand der Bibel zu hinterfragen. Viele von uns Missionaren waren so geprägt von unseren westlichen (Frei)kirchen zuhause, dass wir den Blick gar nicht frei hatten für das, was die Bibel über die Gemeinde und über Jüngerschaft zu sagen hatte. Wir waren seit Jahren gewohnt, dass das kirchliche Leben stark organisiert und strukturiert verlief, dass wir viele Lehrbücher zur Verfügung hatten und uns auf diese Zusatzdinge mehr verließen als auf den Heiligen Geist. In der Mongolei war das anders: es gab *nur* den Heiligen Geist, das Neue Testament, ein paar wenige Bücher und ein paar Ausländer, denen man Dinge abgucken konnte. Dies war eine Chance, aber auch ein Risiko: wer sich vom Heiligen Geist leiten ließ und in Demut und Lernbereitschaft die Bibel benutzte, wuchs schnell und in die Tiefe. Er lernte von Anfang an, sich auf Gott zu verlassen und wurde gar nicht erst abhängig von all dem andern Zeug wie Status, Ausbildung, kirchliche Sonderlehren usw., worauf man seine geistliche Autorität und Identität fälschlicherweise gründen konnte. Wer aber zu stolz war, um sich in die Abhängigkeit Gottes zu begeben und selber „wurstelte", konnte ganz schön Schaden anrichten.

Wir beobachteten Anfang des Jahres 1993 beides und wussten, dass wir bald unsere Verantwortung übernehmen mussten, denn Sekten begannen sich auszubreiten. *Munch*, unser junger Freund, ging einen guten Weg. Er verschlang die Bibel förmlich und setzte sich sehr fürs Reich Gottes ein, so dass er sogar Teil einer Gruppe junger Menschen wurde, die eine neue Gemeinde begannen. Sie handelten unseres Erachtens sehr vorbildlich: liehen sich, wie viele andere Christen, für die Gemeindearbeit Geld bei Ausländern aus, hatten aber ein solides Projekt aufgestellt, mit dem sie in Eigenarbeit und Selbstständigkeit (Fenster putzen, Teppiche weben, Bibelhüllen nähen) die nötigen Finanzen erwirtschafteten. Sie studierten das Neue Testament von vorne bis hinten. Ich erinnere mich, wie *Munch* eines Tages zu uns kam und sagte, sie hätten für nächste Woche die Hausaufgabe erhalten, das ganze NT durchzulesen und herauszuschreiben, was über Vergebung gesagt wurde. Mangels Konkordanz und Fachbüchern wurde so gearbeitet. Das verhalf vielen jungen Christen zu einem soliden Bibelwissen. Andere lasen das NT durch wie einen Roman, den man, einmal gelesen, wieder weglegte.

Für uns als Team stellte sich also die Frage, wie wir nun weiter vorgehen sollten.

Sollen wir als Familie oder Team einen Hauskreis beginnen, wo alle diese jungen Christen oder interessierten Freunde gute Lehre bekommen, Gemeinschaft erfahren und Vorurteile abbauen können? Doch wo führt das hin? Sind wir dann auch in einem halben Jahr Gemeindeleiter mit 200 Mitgliedern? So was wäre hier durchaus möglich! Würde durch den Hauskreis nicht ein Stein ins Rollen gebracht, den wir nicht stoppen könnten? Wo bliebe Zeit fürs Sprachstudium? [...] Noch ist unser Mongolisch nicht gut genug, um so einen Abend auf Mongolisch zu gestalten, geschweige denn die Bibel auf Mongolisch zu lehren, und das ist eigentlich, was wir anstreben, nicht nur, um an unserem alten Ziel festzuhalten, sondern auch von der Beobachtung her, was hier jetzt so läuft.

Was wir mehr und mehr beobachteten waren Ausländer, die – kaum hatten sie ihre Füße auf mongolischen Boden gesetzt – bereits in den Gemeinden predigten, in Englisch natürlich mit Übersetzung. Ihre Gemeinden wuchsen innerhalb kürzester Zeit zu 100 oder 200 jungen Leuten an, die alle ihre Probleme und Fragen mitbrachten, mit denen die mongolischen Co-Leiter völlig überfordert waren. Der Ausländer konnte aber zu wenig Mongolisch und die Mongolen zu wenig Englisch, um in der Tiefe miteinander zu kommunizieren. So entstanden Missverständnisse, Streitereien, Spaltungen. Das wollten wir vermeiden.

Rückblickend muss ich sagen, dass ich wohl einen zu hohen Maßstab an die Gemeinde anlegte, die wir gründen wollten: alles sollte und musste perfekt sein. Andere haben einfach mal angefangen und durch Fehler gelernt. Gott hat trotz – ja manchmal gerade wegen dieser Fehler – seine Gemeinde in der Mongolei gebaut und auch da alle Duftnoten, Stärken und Schwächen benutzt. Er ist trotz allen Baufehlern immer noch der Baumeister und kann korrigierend eingreifen, wenn man ihm eine Chance gibt und das Szepter nicht in den eigenen Händen behält.

MENSCHLICHE ZELLE ALS VORBILD

Es schien Anfang der Neunziger Jahre, als würde Gott weltweit seine Kinder auf ein wichtiges Prinzip aufmerksam machen, das man lange vernachlässigt hatte: sich multiplizierende Kleingruppen, die nach dem Vorbild menschlicher Körperzellen funktionieren. So hieß denn diese neue Gemeindebaustrategie auch „Zellgruppengemeinde" und hatte sich schon vielerorts bewährt. Unsere Leiter in Hongkong taten ihr Bestes, um uns als Missionare für diese Strategie zu begeistern. Jürgen und mir entsprach dieses persönliche Vorgehen sehr. Wir teilten unsere Gedanken im März-Rundbrief mit unseren Freunden:

Was wir schon längere Zeit als Anliegen hatten und was auch im Gespräch mit mongolischen Christen deutlich wurde, ist das Herzstück der Zellgruppengemeinde: nämlich Vorbild-Sein, einander im Glauben weiterführen, indem man von jemandem lernt und jemanden lehrt. Das Ganze ist eingebettet in kleine verbindliche Gruppen, wo persönlicher Austausch, Seelsorge, Anbetung und praktische Anwendung biblischer Lehren viel Platz hat. Die Gruppen drehen sich aber nicht um sich selber, sondern sind da zum Einladen, zum Aufnehmen Neuer (vor allem auch Nicht-Christen, denen in der Gruppe Christ-Sein vorgelebt wird). In den nächsten Monaten wollen wir uns zusammen mit andern Geschwistern, die auch schon länger hier sind, Gedanken machen, wie solche Zellgruppengemeinden hier in der Mongolei gebaut werden können. Keine Strategie bringt gesicherten Erfolg. Das ist uns bewusst. Doch möchten wir anhand der Bibel und mit Hilfe des Heiligen Geistes herausspüren, was unserem Vater auf dem Herzen liegt. Wir möchten uns hüten, vorschnell Gemeinden nach westlichem Stil zu bauen.

Was auch immer wieder positiv erwähnt wurde, war die Tatsache, dass diese im Glauben lebendigen Zellen die Liebe Gottes am besten in die Gesellschaft tragen konnten. So etwas schwebte uns auch vor:

Die soziale Not hier in jeder Bevölkerungsschicht schreit zum Himmel. Gemeindebau muss so geschehen, dass wir Menschen in Not mit dem Evangelium erreichen und wirksam helfen können.

Es war uns schon länger klar geworden, dass sich Hilfe zur Selbsthilfe – ein Muss in der Mongolei – nur realisieren ließ, wenn die Menschen auch ihre Weltanschauung veränderten. Blieb jemand im Herzen und Kopf nämlich Buddhist, so würde er sich nie um die Schwachen in der Gesellschaft kümmern, denn die waren ja selber schuld an ihrem Karma; er würde sich nicht durch Hilfeleistung beschmutzen wollen mit dem schlechten Karma solcher Menschen. Es war bezeichnend zu sehen, dass westliche Buddhisten, die noch Überbleibsel christlicher Weltanschauung in sich trugen, in der Mongolei sozialdiakonisch tätig wurden und nicht die traditionellen, weltanschaulich reinen Buddhisten.

Ohne neue Werte und Einsichten würde man also nur an der Oberfläche Dinge verändern können, oder nur so lange, wie Geld motivierte, etwas anderes als das Gewohnte zu tun. Wir aber wollten nachhaltig helfen, durch veränderte Menschen, die sich von der Liebe Gottes leiten und motivieren ließen. Und dazu brauchten wir zuerst die Gemeinde. Ein schönes Beispiel, wie Gottes Liebe zu christlicher Nächstenliebe drängte, war die christliche Pension, in der wir nach der Konferenz noch neun Tage Ferien machen durften.

AUF DER INSEL „CHENG CHAU"

Die kleine Pension lag auf einem Berg inmitten einer romantischen, grünen Insel und war Missionaren vorbehalten, die in Ländern arbeiteten, wo sie einen Teil ihres christlichen Glaubens aus Angst vor den Behörden kaum leben durften. Mancherorts in Asien war es zu gefährlich, in der eigenen Wohnung laut zu beten oder christliche Lieder zu singen. So hatten Christen diese Pension gegründet mit dem Ziel, solchen Mitarbeitern Ferien zu ermöglichen, wo sie an Leib, Seele und Geist erquickt wurden. Wenn es Platz gab, durften wir Missionare aus der Mongolei auch dort ausruhen. Zwar wurden wir in der Mongolei nicht in dem Sinne kontrolliert, aber die Minustemperaturen und das harte Leben dort qualifizierten uns für diesen Ort der Erholung.

Mit dem ersten Tag veränderte sich auch das Wetter und wurde wärmer und sonniger, so dass wir sogar einmal zum Schrecken der lokalen Bevölkerung – diese lief in Mützen und Handschuhen herum, denn sie hatten ja Winter – im nur 17° kalten Meer schwimmen gingen. Die Kinder hatten einen tollen Spielplatz mit sicheren Geräten, so dass wir Eltern uns wirklich ungestört einander, einem Buch oder Gott widmen konnten:

> Ich sitze auf einem Felsen, unter mir Gebüsch und brausendes Meeresufer, vor mir eine Lichterflut, der ich nicht entgegenschauen kann. Es ist ein strahlend sonniger Tag. Ich bin zum ersten Mal seit langem wieder alleine mit Gott in seiner Natur. Es ist wunderschön. Es braucht so wenig, um mich in Anbetung zu versetzen, wenn ich draußen bin, da, wo Gott Schöpfer ist. Bin ich drinnen, kreisen meine Gedanken um Menschliches, Irdisches. Ich finde es schwierig, Zwiesprache mit Gott zu führen. […]
> Hier ist es wunderbar! Nachdem ich die ersten zwei Lieder des Dankes und des Lobes gesungen hatte, brach ich in Tränen aus. Gottes Heiligkeit, symbolisiert durch den Lichtglanz der Sonne und seine Majestät, vertreten durch das brausende Meer, ließen mich sofort erkennen, wer ich war! Ein sündiger Mensch, überhaupt nicht würdig, in diese wundervolle Gottesnähe zu kommen. Wie dankbar bin ich da jedes Mal für Jesus, durch dessen Schmerzen und Tod mir die Gemeinschaft mit Gott möglich ist.
> Wie viel würde ich geben für solche Augenblicke! Ich bin oft so stolz und von mir selbst überzeugt, aber in Gottes Natur bin ich, wer ich eigentlich bin. Deshalb zieht es mich immer in die Einsamkeit, wo ich Teil von Gottes Natur bin, eines der kleinsten Teile, der unwichtigsten. Wie viel wichtiger für die Erde ist die Sonne, Wasser oder Luft? Was bin ich? Nichts, ein Haufen Staub und doch Gott so wichtig! Wie wunderbar! Herr, mein Verlangen ist es, hier auf der Insel Cheng Chau viele Momente mit dir zu haben, mich voll zu saugen mit dem Eindruck, den ich hier von dir und mir selber erhalte. So voll saugen, dass es lange anhält. Ich möchte lernen, demütig zu sein vor dir und vor den Menschen.

Kompromisslos

Ich erlebte Gottes Reden und seine Nähe auf vielerlei Arten: in der Natur, durchs Lesen der Bibel, durch den Lobpreis, aber auch immer wieder benutzte mein himmlischer Vater gute Bücher, um mich zu lehren. Eines davon war „Kompromisslos", die Lebensgeschichte von Keith Green, geschrieben von seiner Frau Melody. Ich las diese Biografie auf der Insel Cheng Chau und hielt meine Gedanken im Tagebuch fest:

> Selten hat mich ein Buch so angesprochen und herausgefordert! […] Immer, wenn ich in der Vergangenheit Gedanken hatte, was ich tun wollte, wurde ich von andern oder meinem Verstand davon abgehalten. Mit Mongolen wohnen? Wie kann man nur! Man muss doch die eigene Kultur bewahren! Zeit haben, wenn Menschen kommen? Man muss an sich selber denken, seine Gesundheit bewahren! Geld an Bedürftige geben? Man will doch keine Reischristen züchten!

Gegen alles und jedes, was man Gutes tun könnte, finden sich in der so genannten christlichen Welt tausend Ausreden. Keith hörte nicht darauf. Gott sprach und er gehorchte, egal was es kostete.
Einige Monate später, als ich in der Stillen Zeit 1. Korinther 5,11-13[95] las, bewegten mich diese Gedanken der Kompromisslosigkeit immer noch: *Ist Geiz eine in Europa tolerierte Sünde? Können wir da lernen von asiatischen Menschen, was es heißt, freigebig zu sein? Haben wir wohl richtig gehandelt, indem wir Fahrräder, Staubsauger und alles Mögliche ausgeliehen haben? Ich denke ja. Aber wir erfahren von mancher Seite auch Kritik. Herr, hilf doch, uns an deinem Wort zu orientieren!*
Der Vers aus der Apostelgeschichte, den ich aus einem Teil des März-Rundbriefes zitiere, ist auch so eine kompromisslose Aussage, die manche westliche Christen am liebsten aus der Bibel gestrichen hätten:

„Sie hatten alle Dinge gemeinsam"

Am 10. Februar ging es zurück in die Mongolei[96]*. Unsere mongolischen Freunde, die während unserer Abwesenheit die Wohnung gehütet hatten, empfingen uns mit viel Herzlichkeit. Dass aber bis zehn Uhr Stromausfall war, stimmte sie traurig, denn sie hatten ein prima Essen vorbereitet.*[97] *Gott aber wusste wieso: Wir sangen bei Kerzenlicht zusammen mongolische christliche Lieder und beteten. Dies war der Einstieg zu einer geistlicheren Gemeinschaft mit den beiden, die seither anhält, obwohl uns immer wieder schwer tun nach Apostelgeschichte 2,44: „Alle aber, die gläubig geworden waren, waren beieinander und hatten alle Dinge gemeinsam." zu leben. Unsere Rucksäcke, Fahrräder, Kassettengerät, Stiefel, Handschuhe usw. sind öfters bei andern als bei uns und unsere Zimmer werden als Lese-, Gebets- und Spielzimmer rege genutzt. So sind wir am Lernen und merken dabei, dass auch dieser eher passive Teil eines Missionars sehr anstrengend sein kann und Kräfte braucht, dies vor allem darum, weil wir durch unser Verhalten dauernd prägen und Vorbilder sind, ob wir wollen oder nicht.*
Ja, es brauchte viel Kraft, wenn man so eingefleischte Angewohnheiten wie Privatsphäre oder Privateigentum ein bisschen aufgeben musste. Gott verlangte ja keinen atheistischen Marxismus von uns, sondern einfach ein Teilen derjenigen Dinge, die er uns anvertraut hatte.
Neben diesen kulturellen Herausforderungen übten wir immer noch an der Sprache. Das heißt, ich hätte liebend gerne am Sprachstudium der Teamleute teilgenommen, vor allem nun, wo es strukturiert unterrichtet wurde. Aber die Kinder wollten geschult werden. Darin sah ich erstmals meine Hauptverantwortung.

---

95 „Ihr sollt nichts mit jemand zu schaffen haben, der sich Bruder nennen lässt und ist ein Unzüchtiger oder ein Geiziger oder ein Götzendiener oder ein Lästermaul oder ein Trunkenbold oder ein Räuber; mit dem sollt ihr auch nicht essen." Vers 11 (Lu)
96 Mit etwa vier Kilo Bananen im Gepäck zum Verschenken an Freunde wie *Chongorzol*
97 Alle hatten tierisch Hunger und machten sich über unseren geliebten Bananenvorrat her.

Das mongolische Neujahrsfest

Eine gute Gelegenheit, um unser Mongolisch zu praktizieren, war die Zeit des mongolischen Frühlingsfestes, des *zagaan sar*, „weißer Mond". Dieses Fest fand immer an einem Neumond statt, dessen genaues Datum von den buddhistischen Lamas festgelegt wurde und zwischen Ende Januar und Anfang März fiel. Unter den Kommunisten war dieses traditionelle Fest verboten und erst 1990 wieder eingeführt worden. Während des *zagaan sar* 1992 hatten wir uns in Hongkong aufgehalten und erst nachher bruchstückhaft erfahren, was bei diesem Fest so vor sich ging.

Aber jetzt, Mitte Februar 1993, waren alle Mongolen mit den Vorbereitungen beschäftigt. Wir bekamen das hautnah mit, weil *Baterden* uns einlud, bei den Vorarbeiten und am ganzen Fest dabei zu sein. In unseren Nachforschungen während des Kandidatenkurses hatten wir nicht allzu viele Informationen über dieses verbotene Fest gefunden, nur irgendwo gelesen und gehört, dass einige der Bräuche starke schamanistische Wurzeln hätten. So waren wir gespannt, was kommen würde und was wir als Christen mit gutem Gewissen mitmachen konnten und was nicht. Wir wollten Gott treu sein und unsere Hingabe und Verehrung keinem Götzen oder Geist zukommen lassen, auch nicht andeutungsweise. Also beteten wir im Voraus, dass wir die Familie, die uns so bereitwillig aufnahm, nicht unnötig zu brüskieren brauchten.

Als erstes lud uns *Baterden* eines Tages ein zum *ol boow* machen. Ich hatte mich für dieses Gebäck-Frittieren sehr interessiert; nur deshalb willigten sie ein, uns Gäste mitarbeiten zu lassen. Der Hauptjob bestand aus dem Kneten der Teighäufchen. Ich erinnere mich, dass wir alle am Boden saßen, zwischen uns Holzbretter, und dann galt es, mit aller Kraft die Teigstücke 15 Minuten lang zu traktieren, bis sie die richtige Elastizität hatten, um in die originell geschnitzten, ovalen Holzformen gepresst zu werden. *Baterden*s Verwandte waren ganz begeistert, dass ich so viel Kraft in den Händen hatte. Nun, das kam vom Geige- und Gitarrenspielen und auch vom Volleyballtraining. Die Kinder liebten dieses Knetspiel, auch wenn sie nicht stundenlang durchhalten konnten wie wir. Wenn man gut war, schaffte man vier Stück in einer Stunde. Ältere Leute brauchten fürs Fest mindestens fünf Lagen dieser *boow*, das waren 20 oder mehr Stücke. Die Mutter löste die fertig gepressten Teigstücke sorgfältig aus der Form und frittierte sie längere Zeit im ausgelassenen Fett. Dafür war die alte Küche mit dem Holzofen, auf den der typische mongolische *togoo* Topf passte, ideal, denn die *ol boow* hatten etwa eine Länge von 20 Zentimetern und ähnelten einer Fußsohle, deshalb wurden sie auch Fußsohlengebäck genannt.

Dies war nur eine winzige Vorbereitung im Vergleich zu allem andern, was man vor *zagaan sar* erledigt haben musste. Jede Familie formte Hunderte von *booz* und fror diese ein, um für die zahlreichen Gäste gewappnet zu sein. Wir lernten im Verlauf unserer Mongoleijahre Leute kennen, die jeweils 3000-4000 dieser Maultaschen vorbereiteten. Dazu kauften die älteren Leute viele Geschenke ein für all ihre Verwandten. Außerdem gebot es die Tradition, dass man alles vom Vorjahr erledigte: Schulden bezahlte, Beziehungen in Ordnung brachte, das Haus oder die Jurte gründlich reinigte, neue *deel* für die ganze Familie nähte oder kaufte. *Zagaan sar* galt als Neuanfang und die weiße Farbe symbolisierte Glück und Reinheit.

BITUUNG

Eigentlich feierten die Mongolen ihren Silvester, also den letzten Tag des alten Jahres, nur im engen Familienkreis. Aber *Baterden*s Familie lud uns auch zum *bituung* ein. Es war der 21. Februar 1993. Am Nachmittag hatte ich die große zweistöckige Torte, die ich mitbringen wollte, mit altmongolischer Schrift verziert, aber dabei einen gravierenden Fehler gemacht. Ich wusste ja noch fast nichts über dieses Fest und konnte nicht ahnen, dass sich das Weiß sogar auf alle Speisen bezog. So musste meine mit dunkler Schokolade überzogene Torte wohl trotz ihrer weißen Zuckerschrift wie ein schlechtes Omen gewirkt haben. Zum Glück war Jürgens Anzug hell, beinahe weiß, denn sein grüner Baumwoll*deel* war zu wenig festlich für diesen Anlass. Ich trug meinen dunkelgrünen, mit farbigen Blumenmustern verzierten Seiden*deel* und die Kinder ihre von Großmutti gestrickten Pullover, auf die ich kunstvoll ihre mongolischen Namen gestickt hatte. Was wir ebenfalls nicht wussten war, dass man unbedingt einen Hut tragen musste. *Bituung* heißt „zugedeckt" und versinnbildlicht, dass das alte Jahr zugedeckt wird. Das Fleisch in den *booz* war zugedeckt. Die *ol boow* waren zugedeckt mit weißen Speisen: mit *aarool*, *urum*, Würfelzucker und weißen Bonbons.

Am letzten Tag des Tierkreisjahres des Affen holte *Baterden* uns also um sieben Uhr ab, als es bereits dunkel war. Als wir in die sauber geputzte Wohnung traten, war die ganze Familie bereits versammelt. In der Mitte des Wohnzimmers stand ein großer Tisch. Darauf glänzte in voller Pracht das *ooz*, ein ganzer, gekochter Lammrücken mitsamt dem Fettschwanz. Daneben war der fünfstöckige Fußsohlengebäckberg mit den weißen Leckereien drauf, eine Schale mit schneeweißem Reis, einige Flaschen Schnaps und vergorene Stutenmilch, Limonade und Salate. Der Herr des Hauses begrüßte uns herzlich mit der Schnupftabaksdose. Leider besaßen wir noch keine, die wir hätten austauschen können. Dann reichte *Baterden*s Mutter uns allen Schälchen mit Milchtee. Zuvor gab es noch eine Zeremonie, bei der frischer Tee in alle Himmelsrichtungen versprützt wurde, doch daran erinnere ich mich nicht mehr so genau.

Das Essen schmeckte sehr gut. Von allem musste man an diesem ersten Abend kosten. Und ganz wichtig war, dass man sich total satt aß, denn sonst bedeutete das, dass man das ganze nächste Jahr hungern würde. Diese Verantwortung aber wollten die Gastgeber nicht auf sich nehmen. Also nötigten sie uns regelrecht zu essen, bis wir wirklich nicht mehr konnten. Das fanden wir ein bisschen mühsam. *Aber einmal kann man ja so unvernünftig essen*, dachten wir. Wir hatten keine Ahnung, dass es die nächsten Tage so unvernünftig weitergehen würde …

Zagaan Sar

Am nächsten Morgen früh, am ersten Tag des Hahn-Jahres, standen die Mongolen vor Tagesanbruch auf und begrüßten die ersten Sonnenstrahlen, und manche opferten auf einem *owoo* den Naturgeistern. Damit begann der schamanistische Teil, der sich auf Astrologie stützte. Wir waren froh, dass wir dieses Ritual nicht mitmachen mussten, ja erst Jahre später vernahmen wir nach und nach, wie rigoros manche Mongolen diese astrologischen Vorschriften beachteten.

Die Mongolen haben andere Tierkreiszeichen als wir. Es gibt deren zwölf, die je für ein Jahr bestimmend sind, so wie der Affe für 1992 und der Hahn für 1993. Daneben gelten die fünf Elemente, welche die Chinesen früher den damals bekannten fünf Planeten zugeordnet haben: Wasser, Metall, Feuer, Holz und Erde. Die Mongolen mussten nun also frühmorgens ihre ersten Schritte außerhalb der Jurte oder des Hauses in der richtigen Richtung tun, genau so, wie es die Astrologie gemäß ihrem Geburtsjahr und dem aktuellen Jahr vorschrieb. Man nannte das *muruu gargach*. Wenn man diese Schritte in die falsche Richtung tat oder auch tabuisierte Gegenstände (ebenfalls astrologisch festgelegt) verwendete, konnte das fatale Folgen haben. Die Angst vor dem Zorn der bösen Geister wurde Anfang des Jahres gut geschürt und hielt dann fast die ganzen zwölf Monate an.

Wir waren froh, erst wieder zum „christlicheren Teil" des *zagaan sar* eingeladen zu sein. Um halb neun holte uns *Baterden* ab, und nun begann das *zolgoch*, die Begrüßungszeremonie. Die ältesten Menschen, in diesem Fall *Baterden*s Eltern, standen bereit, über ihren Händen einen blauen *chaddag*, einen Seidenschal, ausgebreitet.

Der älteste Sohn war nun an der Reihe, seine Eltern zu begrüßen: Mit einem „*Sar schinn säächang schineldsch bäänoo?*" erkundigte er sich nach dem Ergehen, fasste dabei mit nach oben gerichteten Handflächen unter die ausgestreckten Arme an die Ellbogen des Vaters oder der Mutter – eine ehrerbietige, unterstützende Geste – und küsste sie auf die Wangen (siehe Farbfoto). Küssen und Riechen ist in der mongolischen Sprache das gleiche Wort; eigentlich küsst man sich nicht, sondern man beschnüffelt sich auf beiden Seiten. Dann kam das zweitälteste Kind an die Reihe und so weiter. Als sich die Kinder untereinander begrüßten, stützten immer die Hände des Jüngeren den Älteren. Wenn zwei Leute etwa gleich alt waren, dann musste der eine Arm oben und der andere unten sein. Das war gar nicht so einfach, dieses *zolgoch* und Abschätzen, wer nun wie alt war und wo man die Hände zu halten hatte.

Anschließend aß man wieder zusammen wie am Vorabend. Wir hatten noch kaum das gestrige Essen verdaut, da wurde auch schon wieder reichlich nachgeschoben. Nach einer Stunde waren wir so voll, dass wir gehen wollten, denn schon kamen die nächsten Gäste, und so ging es weiter während mindestens dreier Tage. Jeder musste jeden besuchen und überall essen und trinken. Eigentlich gab es eine Regel, dass man sich an *zagaan sar* nicht betrinken durfte, aber da der traditionelle, alkoholarme Milchschnaps in der Stadt durch 40-prozentigen

Wodka ersetzt worden war, reichten die paar Gläschen, die man den ganzen Tag über trank völlig, um abends nur noch heim torkeln zu können.

Einbruch in unsere Wohnung

Wir hatten nur an den Gläschen genippt, kamen aber trotzdem nicht heim, weil jemand von uns den Hausschlüssel in der Wohnung gelassen und dann das Schnappschloss zugezogen hatte. So standen wir in weißem Anzug und Seiden*deel* vor verschlossener Haustüre und hatten nur eine Möglichkeit, herein zu kommen und zwar über das Hausdach aufs Fensterbrett und dann durch das kleine Oberfenster. Zum Glück war Tamara, die deutsche Kleinkindererzieherin, die im November zu unserem Team gestoßen war, um nach Krauses Tochter zu schauen, zu Hause. Sie wohnte in einem anderen Eingang, aber im gleichen Haus wie *Baterden*s Familie und wir. So konnten die Kinder bei ihr in der Wärme warten, während wir zu der deutschen Botschaft hetzten und uns ein starkes Seil ausliehen.

Es war ein witziges Spektakel, das wir unseren mongolischen Hausbewohnern da boten: Zuerst kletterte Jürgen die steile, senkrechte Eisenleiter hoch, in seinem weißen Anzug, dann folgte ich ihm in mongolischer Tracht und zuhinterst der kleine *Baterden*. Es war zehn Uhr und etwa -23° kalt. Die Eisenleiter war, wie sich das für Eisen gehört, eiskalt. Ich trug keine Handschuhe. Aber die vielen *booz*, die ich gegessen hatte, lieferten wohl so viele Kalorien, dass die Wärme erstmal bis in die Fingerspitzen reichte. Auf dem Dach oben banden wir schlotternd vor Kälte und mit zittrigen Händen das Seil um *Baterden*s Hüfte, dann stellte sich Jürgen an die Dachkante und ich sicherte das Seil ab, indem ich mich mit den Füßen hinter den Kamin stellte und mit aller Kraft am Seil festhielt. Wir tauchten unser gefährliches Unternehmen stillschweigend in ein Gebet.

Ganz vorsichtig ließen wir den leichten Mongolen am Seil herunter auf unseren Fenstersims. Von da hatte er ein leichtes Spiel: Er drückte gegen das angelehnte *sälchiwtsch*, das kleine, obere Fensterchen, tauchte mit seiner Hand nach unten und öffnete das Fenster, durch das er bequem in unser Wohnzimmer einsteigen konnte. Also machten Jürgen und ich uns an den Abstieg. Langsam aber sicher spürte ich die eisige Kälte in meinen Fingern mit einer Aufdringlichkeit, die mich daran zweifeln ließ, ob ich je von diesem Dach herunterkommen würde. Als ich mich wiederum an den Metallsprossen festhielt, war mir, als hätte ich mit jedem Tritt weniger Kraft in den Händen. Unter mir befand sich Jürgen. Ich stellte mir vor, was passieren würde, wenn meine Hände nicht mehr griffen. Irgendwie schaffte ich es nach unten und rannte los in unsere Wohnung, während Jürgen die Kinder holte. Im Vorbeigehen dankte ich unserem mongolischen Freund für sein Vertrauen und seine Hilfe, drehte im Bad den Heißwasserhahn auf und wärmte meine erstarrten, schmerzenden Hände. Dann legte ich mich aufs Sofa und konnte gar nicht begreifen, wieso meine Handballen so brannten.

Eine Weile konnten wir uns ausruhen. Aber schon bald wieder machten wir uns auf den Weg zu *Bolds* Jurte, wo wir auch zum *zolgoch* erwartet wurden. Weitere *booz* rutschten die Kehle runter, aber nur noch aus Liebe und Rücksichtnahme zu unseren Gastgebern, die wir nicht beleidigen wollten. Die Kinder weigerten sich schon da, etwas zu essen, so satt waren sie. Es war uns peinlich. Wie sollte das bei der nächsten Familie werden? Aber um drei Uhr, als wir bei Beats Gastfamilie an die Tür klopften, hatten wir wieder ein bisschen Platz im Magen, um eine neue Ladung *booz* runterzudrücken. Wir hatten definitiv am Morgen zu viel gegessen. Aber aus Fehlern lernt man. Wir nahmen uns vor, nächstes Jahr viel vorsichtiger zu sein.

Jahr für Jahr lernten wir neue Mongolengroßfamilien kennen, die uns zu ihrem Neujahrsfest einluden. So gab es später Tage, wo wir sechs Familien besuchten und danach monatelang keine *booz* mehr sehen konnten.

An diesem ersten Hahn-Tag sank ich abends mit verbundenen Händen und strapaziertem Magen ins Bett und hatte viererlei gelernt: Erstens: man konnte sich mit eiskalten Dingen die Hände verbrennen. Zweitens: man durfte erfrorene Hände nicht mit heißem Wasser auftauen. Drittens: man benötigte wohl Schnaps, um die vielen fettigen *booz* verdauen zu können, beziehungsweise um die Magennerven zu betäuben. Viertens: der *zagaan sar* Brauch mit dem Ehren der alten Leute, dem Zusammenkommen der Großfamilie, der Idee vom Neuanfang gefiel mir. Ich fragte mich, welche Bedeutung wohl das geschlachtete Lamm auf der Mitte des Tisches hatte oder früher mal gehabt hatte? Ich war dankbar, dass mein Glück und mein Leben nicht in den Planeten oder in den Sternen standen, sondern in Gottes Hand. Meine schmerzenden Hände erinnerten mich an die durchbohrten von Jesus Christus, dem Lamm Gottes, der am Kreuz meinen Neuanfang möglich gemacht hatte.

Übung würde den Meister machen

Offiziell galten die ersten drei Tage im Neuen Jahr als Feiertage. Wir genossen die Zeit zum Briefe Schreiben. Ich war froh, dass Jürgen noch im Haushalt helfen konnte, denn meine Hände waren voller schmerzhafter Blasen. Dann aber fing der normale Alltag wieder an, das heißt, ich unterrichtete die Kinder, während Jürgen, Dieter, Heike und Beat im Schulzimmer in Tamaras Wohnung Unterricht hatten.

Der Kurs begann am 15. Februar. Die zwei Lehrer sind die besten, die sie hatten, doch unsere Träume von effektivem Unterricht müssen wir wohl endgültig begraben,

schrieb Jürgen im März-Rundbrief und verriet im Freundesbrief desselben Monats noch weitere Details:

Das Sprachstudium mit der Akademie ist nicht so optimal. Der Grammatiklehrer ist zwar fachlich sehr gut und spricht auch englisch, aber er will nicht so richtig üben in seinen Lektionen. Wo sonst aber soll man Grammatik üben? Der Konversationslehrer bringt zwar gute Lektionen, doch seine dritten Zähne und die dadurch bedingte undeutliche Aussprache machen den Unterricht sehr ermüdend. Grund zur Frustration ist bei Rita oft, das alles mit anzuhören, zu ahnen, wie man helfen könnte und doch so wenig Zeit zu haben, um am Grammatikbuch zu arbeiten (Tamara ist mehr in Krauses Familie engagiert).

Das hatte Jürgen richtig geschrieben! Ich hätte so gerne viel mehr am Buch gearbeitet, fand aber einfach nicht die Zeit dazu, oder stahl sie jemandem. Zeiteinteilung, Prioritäten setzen war daher ein Dauerbrenner für mich; ich gierte förmlich nach Hilfen, wie ich dieses Dilemma lösen konnte.

Mein größtes Problem war, dass ich von Gott her einen Auftrag verspürte, dieses Grammatikbuch zu schreiben. Verstärkt wurde dieser Eindruck dann jedes Mal, wenn die vier Studenten über ihren Unterricht jammerten und erst recht, als der Grammatiklehrer *Purevdorsch* berichtete, dass die Akademie auch schon Anfragen bekommen hätte für eine englischsprachige mongolische Grammatik. Nicht nur wir Deutschen schienen Probleme zu haben mit dem Mangel an Studienmaterial, sondern auch die Amis, Engländer, Australier, Neuseeländer, Japaner, Koreaner und woher sie alle kamen. Die Nachfrage war also da. Mein Interesse und die Freude an dieser Arbeit auch, aber einfach nicht genügend Zeit.

In diese Zwickmühle hinein las ich am 9. März das zweite Kapitel aus dem „Führungsbuch eines Hirten"[98] und wurde sehr angesprochen durch die folgenden Sätze:

Du hast deine Aktivitäten schubladisiert. Da gibt's Arbeit, Heim, Freizeit, Erholung und so weiter. Wie ein Postbeamter, der verschiedene Briefe sortiert und sie in Fächer ablegt, hast du dein Leben gelebt und Zeitabschnitte in verschiedene Schubladen sortiert. Das Problem mit all dem ist aber, dass Zeit nicht dir gehört und du kein Recht darauf hast, sie zu sortieren. Die Herrschaft von Jesus Christus ist nie realer, als wenn es deine Zeit angeht! Wenn du dich ihm als Diener unterstellt hast, wird er deine ganze Zeit beanspruchen. Wenn du in vollkommener Gemeinschaft mit ihm lebst, dann kannst du ihm vertrauen, dass er dir genau die Zeit für alles gibt, was wirklich wichtig ist in deinem Leben. […] Du wirst sehr frustriert sein, wenn du versuchst über deinen Zeitrahmen zu herrschen, während du aber Jesus die Kontrolle über deinen Dienst gibst. […] Du wirst sehen, dass du für jedes „Ja" in deinem Leben vier bis fünf „Nein" brauchst.

Und genau diese „Neins" verursachten mir Kopfzerbrechen und ein schlechtes Gewissen, denn das letzte, was ich wollte, war Menschen enttäuschen. Doch das tat ich immer wieder.

Zum Beispiel habe ich öfters zu Heike Nein gesagt, obwohl ich denke, dass es irgendwie falsch war. […] Gestern schien es mir nahezu unmöglich, das Grammatikbuch aufzugeben, weil ich nur davon ausging, dass es entweder richtig oder falsch von Gott her war. Nun sehe ich plötzlich, dass es die richtige Art Arbeit von Gott her ist und meine erste Priorität, sobald ich die andere Arbeit (Schule)

---

98 „The Shepherd's Guidebook, A Leader's Guide for the Cell Group Church" by Dr. Ralph W. Neighbour, 1992, Touch Outreach Ministries, Inc., Houston, Texas

aufgeben kann. [...] Irgendwie bin ich erleichtert zu sehen, dass es eine Lösung gibt. Und ich denke, wenn ich das Grammatikbuch aufgebe und mehr Zeit habe für mich und andere, dann kann Gott auch heilend in der Beziehung zu Jürgen wirken.
Heilend in der Beziehung zu Jürgen wirken. Ja, das war nötig, aber ebenso die Bereinigung der Teambeziehungen, denn ich hatte Krauses, vor allem Heike, wirklich verletzt mit meiner Geschäftigkeit. Ich war davon ausgegangen, dass sie sich schon melden würde, wenn sie Hilfe brauchte. Aber sie war nicht so ein direkter Typ wie ich, der bald zur Sache kommen konnte. Sie benötigte den richtigen Rahmen, eine gelöste Atmosphäre, um sich zu öffnen, und die war in meinem stressigen Alltag nie gegeben. Obwohl ich mir dieser detaillierten Zusammenhänge erst Jahre später bewusst wurde, nachdem Heike diese Zeit aus ihrer Sicht geschildert hatte, ahnte ich dennoch, dass ich dem Team weh getan hatte, und so bat ich in der Teamsitzung am 2. Mai um Vergebung.

Es gab viele Tränen, nicht nur bei mir.,

steht im Tagebuch und deutet auf eine neue Ebene im Miteinander des Teams, die sich schließlich positiv auswirkte. Ich legte also das Grammatikbuch zur Seite und widmete mich allen andern Aufgaben. Hoffnungsvoll schrieb ich im Mai, nach zwei Wochen Abstinenz unseren Freunden:

Wir beten jetzt, dass Krauses für den Herbst eine andere Betreuung für ihre zweieinhalbjährige Kerstin finden, damit Tamara die beiden deutschen Erstklässler (Thomas und Michaja) unterrichten kann, während Samuel in die mongolische Schule geht. Dann wäre ich frei, weiter am Grammatikbuch zu arbeiten.

Wie viel Druck diese Zeilen auf Krauses legten, wusste ich damals leider auch nicht. Im Nachhinein sehe ich die Weisheit der Missionsleiter, die sich von Anfang an gewünscht hatten, dass ein erfahrenes Ehepaar die Teamleitung übernimmt. Nur hatte sich niemand finden lassen. Jürgen und ich waren wirklich mit all diesen Aufgaben überfordert. Sogar zwei Wochen nach der Grammatikbuch-Abstinenz musste ich im Hinblick auf unsere Ehebeziehung folgendes schreiben:

Habe ich mehr Zeit für Jürgen? Denke ich mehr an ihn? Eigentlich nicht. Der Alltag ist noch immer zu voll, um einfach Gedanken nachzuhängen und gelangweilt zu warten, bis der Liebste heimkommt. Irgendwie ist es wahnwitzig, dass es so ist, aber es ist so. Meine Aufgaben: Schule (jeden Morgen), Einkaufen, Haushalt (Ausnahme Samstag Mithilfe), Kochen (Ausnahme Mittwoch), Korrespondenz, Rundbriefe, Freundesbriefe, mongolische Schulaufgaben betreuen, Leiten von Zellgruppen, Donnerstagmeeting, Gebetsstunde (abwechslungsweise), Wäsche, Teamleiterin (business talks mit Jürgen).

Und immer wieder geschahen unerwartete Dinge, die an unseren Kräften zehrten, zum Beispiel die Begebenheit mit den Vermietern der Teamwohnung.

„Liebet eure Feinde"

Im Oktober hatten wir ja eine Zweizimmerwohnung in unserem Haus mieten können und liebevoll hergerichtet. Seit November wohnte Tamara in einem Zimmer, und das andere benutzten wir als Team-Schulzimmer und für Bibelstudien mit Mongolen.

Am 18. März kam Tamara aufgeregt zu uns herüber gerannt und meldete: „Da ist ein Mann, der redet mongolisch auf mich ein und ist einfach ins Wohnzimmer gegangen!"

„Wir kommen sofort", beschwichtigten wir sie, sagten den Kindern Bescheid und rannten die Treppe runter und wieder hoch zur Teamwohnung. Wir staunten nicht schlecht, als wir den Mann als Wohnungsbesitzer erkannten, mit dem wir im Oktober einen Jahresvertrag bis Ende September 1993 gemacht hatten.

„*Säämbäänoo*", begrüßten wir ihn freundlich.

„*Oröin mend*", gab er zurück, stand auf und schüttelte uns die Hand.

Uns fiel auf, dass er sich in Russland westliche Begrüßungsfloskeln angeeignet hatte, denn Mongolen verwendeten das „Guten Abend" sonst nicht. Wir brachten ihm eine Tasse Tee, stellten Kekse auf den Tisch und wunderten uns, wieso er nicht mehr in Russland war.

Nach ein wenig Plauderei brachte er sein Anliegen vor: „Ich brauche ein Zimmer der Wohnung, damit ich mit meiner Frau und dem Kind da wohnen kann. In zwei Tagen ziehen wir ein."

„Aber wir haben doch einen Jahresvertrag und bis Ende Mai bereits die Miete bezahlt! Sie können doch nicht einfach so einziehen." Ich stellte mir vor, wie die junge Tamara sich fühlen würde mit einem unbekannten mongolischen Mann, der nicht gerade sehr vertrauenswürdig aussah, in ihrer Wohnung.

„Meine Mutter ist krank. Wir mussten zurückkommen und nun haben wir keine Bleibe. Wir können nur hier wohnen." Er schaute sich zufrieden in der sauberen und nett eingerichteten Wohnung um, in die wir viel Arbeit und Dieter einige Elektroinstallationen gesteckt hatten. Wir redeten noch eine Weile hin und her, dabei ging es aber immer mehr ums Geld.

„Eine solche Wohnung ist viel mehr Wert, als ihr bezahlt. Die Miete ist viel zu niedrig. Andere Ausländer wären bereit, viel mehr zu bezahlen."

Klar, jetzt, wo sie so hergerichtet ist, dachte ich. Aber die Sache mit der kranken Mutter beschäftigte uns schon. Also kamen wir ihm entgegen: „Ihr könnt von uns aus als Familie schon ein Zimmer haben, aber wir müssen mit dem Team noch darüber reden. Natürlich solltet ihr uns dann einen Teil der Miete zurückbezahlen."

Als wir das erwähnten, wurde der Mann richtig stur und trotzig. So brachen wir das Gespräch ab. Es wurde auch Zeit, dass wir zu den Kindern zurückkehrten. Wir verabredeten uns für den nächsten Abend und wollten zuvor mit dem Team beraten.

Doch Krauses, Beat und Tamara konnten sich eine WG nicht vorstellen und hielten an unserem Vertrag fest. Als wir diesen Entscheid am nächsten Tag mit Hilfe von *Baterden*s Übersetzung (ihm hatten wir vorab alles ganz langsam erklären können) dem Wohnungsbesitzer erklärten, flippte der fast aus. Er ärgerte sich über unseren jungen, kleinen Freund, machte ihn fertig und beschimpfte ihn so, dass wir Herrn *Purevdordsch* telefonisch zu Hilfe riefen. Der stellte wenigstens etwas dar und wurde als Vermittler akzeptiert. Aber der Vermieter blieb stur: er wollte am andern Tag einziehen und mitwohnen und keine Miete zurückerstatten. Herr *Purevdordsch* meinte, wir sollten richterlich gegen ihn vorgehen, da wir einen gültigen Vertrag besaßen, doch das wollten wir als Christen in diesem Gastland nicht, auch wenn es unser Recht gewesen wäre. Und so blieb uns nur eine Wahl: ausziehen und zwar bevor der Mann einzog: wir hatten 19 Stunden Zeit, um die Wohnung endgültig zu räumen. Gemeinsam legten wir eine Nachtschicht ein. Tamara zog in unser Gästezimmer, beziehungsweise in unseren Detailhandelsladen und wir verwandelten einmal mehr unser Schlafzimmer in ein Büro.

Wir denken, dass das, was sich der Teufel zum Schaden ausgedacht hat, von Gott zum Guten benutzt wird. Wir freuen uns auch, Tamara besser kennenlernen zu können. Die andern Leute im Haus sind alle sehr nett zu uns. Irgendwie hat sich diese Geschichte herumgesprochen. Wir beten, dass wir den Vermietern in Liebe begegnen können.

Uns mag das als Christen leichter gefallen sein als den Mongolen im Haus, die von dieser Ungerechtigkeit gehört hatten. Kurz nachdem die Wohnungsbesitzer nämlich eingezogen waren, riefen sie uns nachts einmal an und drohten, uns bei der Polizei wegen Nachtruhestörung zu verklagen. Irgendjemand hatte seiner Empörung vor ihrer Wohnungstür lauthals Luft gemacht, sie anscheinend böse beschimpft und war dann davon gerannt. Aber wir hatten damit absolut nichts zu tun und keine Ahnung, wer das gewesen war. Als wir dies beteuerten, ließen sie uns dann in Ruhe.

Unser Grammatiklehrer, der Vermittler, sorgte dafür, dass wir für den nächsten Unterrichtstag einen neuen Schulraum hatten: in der kubanischen Botschaft nebenan. Und so kam es, dass die vier unter dem strengen Blick von Fidel Castro ihre mongolischen Vokabeln und Sätze büffelten.

Kulturelle Befruchtungen

Mein Schulzimmer war weniger vornehm. Der Unterricht der Kinder fand nämlich im Kinderzimmer unserer Wohnung statt. Ich hatte für mich einen Schreibtisch, den Jürgen für seinen Unterricht eingehandelt hatte, und gegenüber von mir stand ein langes, niedriges Kinderpult mit vier Plätzen, das wir hatten schreinern lassen. Mein Schulbüchergestell war auch äußerst fantasievoll. Da wir weder Bohrer noch Dübel hatten, um Regale in der Wand zu verschrauben, hatten wir die Bretter gelocht und verschraubt und mit Seilen zu dem in der Wand verankerten Vorhangmetall hochgebunden. Für die paar wenigen Schulbücher reichte es vollauf, und das dürftige Bastelmaterial, das ich emsig zusammenkaufte, sobald ich etwas in einem Laden erblickte, sammelte ich gegenüber auf dem Kleiderschrank in sortierten Kartonschachteln. Vom Vorratsfahrrad hatte ich die Klingel abgeschraubt und an eine meiner Schreibtischecken montiert. So konnte ich zu Beginn der Lektion und nach der Pause richtig klingeln und ein winziges Stück Schulzimmeratmosphäre schaffen.

Aber mehr und mehr wurde mir bewusst, dass die Kinder viele soziale Aspekte verpassten, weil sie sich nie in eine größere Gruppe einfügen mussten. Und die Mama zur Lehrerin zu haben, war auch nicht dasselbe, obwohl ich sehr streng war. Deshalb erstaunen die folgenden Sätze im März-Rundbrief nicht:

Es ist uns immer noch ein Anliegen, dass unsere Kinder hier richtig in die Gesellschaft hineinfinden. Deshalb erwägen wir ernstlich, Samuel im Herbst in die mongolische Schule zu schicken. **Diesen Monat habe ich mir die Schule angeschaut, mit Direktorin und Lehrern gesprochen.** *Alle waren sehr freundlich und hilfsbereit. Ein Erstklasslehrer kommt nun einmal die Woche und unterrichtet unsere zwei Buben und Thomas in Mongolisch. Dazu gehen sie freitags zum Turnen der ersten Klasse, einfach um Kontakt zur Schule und zu den Kindern zu bekommen und Scheu abzubauen vor dem Fremden. Es ist uns wichtig, dass dies ein erfolgreicheres Unternehmen wird als der Kindergartenbesuch.*

Mjängan-bagsch war anfänglich schon ein bisschen hilflos mit den drei ausländischen Kindern und genoss das Schwätzchen mit der Mama hinterher. Einmal stellte ich ihm ein Stück Karottenkuchen hin. Er konnte es einfach nicht begreifen, dass man aus Gemüse so was Feines herstellen konnte. So befruchteten sich unsere beiden Kulturen gegenseitig: Ich lernte mit den Kindern zusammen das *erchi mergen* Gedicht über die Finger und das *bagh ängiin bagschaa bajirllaa* Lied über die Dankbarkeit der ABC Lehrerin gegenüber, und er wurde mit Rüeblikuchen und christlichen Flyers eingedeckt. Als ich spürte, dass sein Interesse an anderweitigen Befruchtungen wuchs, musste ich gezwungenermaßen kurz angebunden werden, um ihm keine falschen Hoffnungen zu machen. Und nein, mit einer jüngeren, ledigen Schwester konnte ich auch nicht dienen, auf jeden Fall nicht mit einer, die bereit gewesen wäre, einen Mongolen zu heiraten.

Heiraten wurde nicht nur von *Mjängan* als idealen Freipass ins Ausland angesehen. Ich konnte verstehen, dass Menschen sich in diesen wirtschaftlich schwierigen Zeiten an alle Strohhalme klammerten, die ihnen ein Ertrinken in der Armut ersparten. So gesehen ist es auch keine Überraschung, dass Kinderprostitution rasant zunahm. Aber als ich in der Zeitung las, dass sich zehn- bis zwölfjährige Mädchen für 30-40 Tugrik als Prostituierte anboten, schmerzte mich das sehr. Wie leidvoll würde das Leben und die Ehe solcher missbrauchter Mädchen später sein! Noch gab es keine AIDS Fälle in der Mongolei, aber das bliebe wohl nur eine Frage der Zeit, vermutete ich, denn eheliche Treue war unter den Mongolen nicht sehr groß geschreiben. Man heiratete meist um des gesellschaftlichen Vorteils willen. Nicht, weil man in seinen Ehepartner verliebt war. Im Geheimen pflegten viele Mongolen dann ihre erste Liebesbeziehung, die so genannte *anchnii chäär*, weit über Ehe und Familie hinaus, was natürlich früher oder später zu Misstrauen, Enttäuschungen, Scheidungen, manchmal sogar zu rachsüchtigen Ermordungen führte.

Ostern 1993

Wenn eines der christlichen Feste mit Sünde zu tun hatte, dann Ostern, oder besser gesagt Karfreitag. Als Team trafen wir uns am Karfreitag zu einem nachdenklichen Abend mit Liedern, Gebeten und Abendmahl. Dabei gebrauchte jemand von uns den folgenden Vergleich:

Stellt euch vor, dass die Sünde mit Altmetall verglichen wird, jede Sünde ein Klumpen. Würde man die ganzen Sünden der Menschheit sammeln, so ergäbe sich ein riesiger Metallberg. Würde man das ganze Sünden-Altmetall einschmelzen und daraus eine große Statue gießen, wessen Angesicht würde diese Statue wohl tragen, das Hitlers oder Stalins oder Neros? Falsch. Das Angesicht wäre kein anderes als das von Jesus Christus, der für uns zur Sünde wurde.

Und dieser Jesus Christus, Gott in menschlicher Gestalt, starb damals an Karfreitag, um den Tod für die Sünde zu bezahlen. So wurde Gott seinen beiden wichtigsten Charaktereigenschaften gerecht: seiner absoluten Gerechtigkeit, aber auch seiner absoluten Liebe zu uns Menschen.

Wir versuchten immer wieder Möglichkeiten zu schaffen, um den Mongolen diese Liebe verständlich zu machen. Deshalb organisierten wir am Karsamstag, als Tamara 25 Jahre alt wurde, eine Geburtstagsparty bei uns. Sie und ich servierten ein leckeres Essen, wir spielten zusammen allerlei Spiele, welche die Mongolen nicht kannten und bei denen sie sich köstlich amüsierten, wir lachten und sangen, vor allem mongolische christliche Lieder. Für uns war es ein normales Fest, nichts Außergewöhnliches, doch manche der Gäste sahen das anders und suchten auf dem Heimweg das Gespräch:

Auf dem Heimweg wurde erst recht über den Glauben gesprochen, so dass sich Säächang nun ernsthaft überlegt, Christin zu werden. Die gemütliche, „anders geprägte" Atmosphäre, als sie es von Klassendisco-Partys kennt, und die vielen jungen Leute, die an Jesus glauben, haben sie sehr bewegt.

Teamfestigung

Im April-Mai 1993 genossen wir die Ruhe, die nach den Turbulenzen der letzten Monate eingekehrt war: Ich pausierte mit dem Grammatikbuch und war weniger gestresst, und im Team erlebten wir nach der Versöhnung eine neue Einheit, die uns allen Kraft gab, statt uns welche zu rauben. Wir hatten unseren Mietvertrag um ein weiteres halbes Jahr zum gleichen Mietpreis verlängern können, mit Tamara als neuem Familienmitglied lief es auch einigermaßen rund und wir hörten früh genug, dass eine fünfköpfige koreanische Mitarbeiterfamilie im Sommer kommen würde. Früh genug, um in aller Ruhe eine Wohnung zu suchen.

Wir waren alle gespannt auf den amerikanisch-koreanischen Zuwachs. Korea kannten wir nur vom Hörensagen. Die Christen dort waren vorbildliche Beter, viel mehr wussten wir nicht über dieses Land. Wir nahmen an, die koreanischen Christen wären wie wir Schweizer oder Deutschen; schließlich waren sie ja auch WEC Mitarbeiter. Und so machten wir uns keine weiteren Gedanken über diese neue Familie. Diesmal halfen Krauses hoch motiviert, als gebrannte Kinder, bei der Wohnungssuche mit. Sie hatten auch schon einige Kontakte zu Mongolen aufgebaut, und manche von ihnen waren sehr zuverlässig. Mehr und mehr wünschten sie sich Kontakt zu mongolischen Christen, wie wir das als Familie mit *Munch*, *Baterden*, *Chongorzol*, *Saraa* und *Byamba* hatten. Um dies zu erreichen, wollten sie sonntags eine lokale Gemeinde besuchen. Beat folgte ihrem Beispiel.

So waren die drei nicht mehr dabei, als wir in der „Sunday-Fellowship" unsere Vision Woche um Woche schärfer stellten: Die Idee der Zellgruppengemeinde faszinierte uns alle. Wir lernten immer mehr Mongolen kennen, die sich in keiner der bestehenden Gemeinden wohl fühlten. Die Auswahl an Gemeinden und Kirchen war unterdessen noch größer geworden in Ulaanbaatar. Doch da die Mehrheit der Gottesdienstbesucher vor allem Frauen zwischen 15 und 25 Jahren waren, wäre es für mittelalterliche Männer gesellschaftlich sehr schwierig gewesen, sich in so einer Gruppe wohl zu fühlen, auch wenn sie echtes geistliches Interesse gehabt hätten. Die Kultur war viel Status-bezogener als bei uns. Man hielt sich mit Vorliebe in der gleichen sozialen Schicht auf.

Natürlich konnte das Evangelium alle Schichten durchdringen und solche gesellschaftlichen Abstufungen durch Liebe und Verständnis füreinander ausgleichen, doch solche Verhaltensänderungen konnte man nur von Christen erwarten und nicht schon von spirituell Suchenden. Diese mussten einen Rahmen haben, wo sie sich wohl fühlten. Es lag in unserer Verantwortung, solche passenden Rahmen für alle möglichen Leute zu schaffen. Dazu mussten wir die Kultur aber noch viel besser verstehen, aber die echte mongolische Kultur, wie sie auf dem Land unter den älteren Menschen gelebt wurde und nicht die Subkultur, die uns unsere jungen Freunde beibrachten. *Gerlee* hatte für diesen Wunsch viel Verständnis. Sie war in einigen Dingen eher eine Landmongolin, denn ihre Kindheit hatte sie auf dem Land verbracht und nicht in der Hauptstadt. *Sie* war es denn auch, die uns helfen wollte, im Sommer aufs Land zu reisen.

Teil 5: Ulaanbaatar, Mongolei, 1991-1993

Sommerpläne

Im Mai informierten wir unsere Lieben zuhause über unsere Sommerpläne: *Das Semester bei der Akademie geht Ende Mai zu Ende, dann beginnen die Ferien. Wir möchten als Team Anfang Juni einen Ausflug machen nach Darchan (per Zug oder Bus). Das ist die zweitgrößte Stadt in der Mongolei. Eine ehemalige Studentin von Jürgen wohnt dort, und die wollen wir besuchen. Es geht vor allem darum, mal etwas anderes zu sehen als UB, denn nun leben wir fast schon zwei Jahre hier. Aus demselben Grund möchten wir ebenfalls im Juni einen Abstecher in die Wüste Gobi machen, genauer nach Sainschand, das an der Transsibirischen Zuglinie nach China liegt. Dort besuchen wir dann amerikanische Freunde. Wie ihr seht, stützen sich unsere Reisepläne dieses Jahr mehr auf Züge, denn wir möchten nicht wieder hier stecken bleiben wegen Benzinmangel. Aber unsere Hauptreise braucht Benzin! Wir planen, im Juli nach Ulaangom zu fliegen. Das ist die Hauptstadt des Uvs-Aimag in der Westmongolei. Eine Freundin von uns (die ehemalige Lehrerin des Teams) hat dort viele Freunde und Verwandte und will diese Reise für uns organisieren. Dort ist sowohl Wandern in den Bergen (Viertausender) möglich, wie auch Schwimmen in den vielen Salzseen. Und natürlich mongolisch reden! Das Ganze geht aber nicht ohne Benzin und dem guten Willen all der Freunde dort. Bitte betet für diese Reise, auch Krauses haben etwas Ähnliches geplant. Es ist wichtig, dass wir Einblick bekommen in die Landgegend und die Leute dort.*

Ich freute mich riesig auf die Reise in den Westen. Endlich mal wieder in einem See schwimmen! Zwei Jahre waren es her, seit ich meinen geliebten Thunersee verlassen hatte. Wenn ich an Freizeit und Erholung dachte, spürte ich, wie sehr uns das Leben in Ulaanbaatar in Atem hielt. Aber nicht auf eine ungesunde Art eigentlich, denn die Sonntagsruhe hatten wir strikt eingehalten und für Familienbeziehungen reserviert. Aber das Leben war angefüllt mit herausfordernden Begegnungen, und solche konnten auch ermüden, besonders wenn man ein introvertierter Mensch ist. Wir beide sehnten uns nach Freizeit, Familienzeit am See, Ausspannen, Lesen, Ruhen, Spielen. Der Herbst würde wieder viel Bewegung bringen, das war uns bewusst: eine neue Mitarbeiterfamilie, Samuel in der mongolischen Schule und ich hoffentlich mehrheitlich beschäftigt mit dem Grammatikbuch.

Samuels Vorbereitungsschule

Ziemlich plötzlich für uns hieß es, dass kommende Woche Samuels *beltgech sorgool*, die „Vorbereitungsschule", anfangen würde. Wir staunten nicht schlecht, dass die zukünftigen Erstklässler von 17.00 bis 19.00 Uhr Unterricht hatten. Aber tagsüber war kein Schulzimmer frei, denn diese waren schon alle doppelt belegt mit einer Klasse morgens und einer anderen nachmittags.

Ich brachte Samuel also am 3. Mai zur Schule Nummer Zwei, die ganz in der Nähe lag und deren Lehrer Samuel bereits kannte. Er blieb ohne weiteres alleine dort. Als ich ihn abholte, erzählte er ganz freudig von seinem ersten Tag: Seine Lehrerin war eine sympathische, junge Frau, die 38 Schüler und Schülerinnen zu betreuen hatte. Allein an dieser Schule gab es sieben erste Klassen, weil das Einzugsgebiet so groß und kinderreich war. Da Samuel schon lesen, schreiben und rechnen konnte, war er gar nicht überfordert und kam in allem gut mit. Auf die altmongolische Schnörkelschrift, die unterrichtet werden würde, freute er sich schon sehr. Aber in der Vorbereitungsschule lernten sie erst mal in Kästchen und auf Linien einfache Striche und Formen schreiben. Für manche Kinder, die noch kaum einen Bleistift in der Hand gehalten hatten, war das schon eine Überforderung. Die Hefte und Stifte musste man selber mitbringen. Wenn ein Kind Eltern hatte, die diesen Dingen gegenüber gleichgültig waren, dann verpasste es gleich die ersten Tage und Übungen. In der zweiten Woche wurde der Unterricht auf zwei bis vier Uhr vorverschoben, was unserem Zeitplan sehr entgegen kam.

Am ersten Elternabend appellierte Samuels Klassenlehrerin an die tatkräftige Mithilfe der Eltern. Sie könne das mit den 38 Kindern nicht ohne deren Unterstützung schaffen. Als sie fragte, wer die altmongolische Schrift kannte, hielten neben mir nur noch zwei bis drei andere Mongolen die Hände hoch. Ein Raunen ging durch die Menge, gefolgt von einer peinlichen Stille, weil die Ausländerin ihre traditionelle Schrift besser kannte als sie. Mit viel Überzeugungskraft bot die Lehrerin allen Eltern einen Kurs in Altmongolisch an. Doch im Herbst beherrschten nur einige Mamas und Papas die senkrechte Schrift. Die meisten vertrauten darauf, dass die politischen Kräfte, die eine Rückbesinnung auf die mongolischen Wurzeln und Traditionen vorantrieben, bald wieder abgewählt würden. Aber erstmal standen keine Parlamentswahlen, sondern Präsidentschaftswahlen an:

Verfolgung in Sicht?

Über diese Wahlen und die Situation der Ausländer in der Mongolei informierten wir im Freundesbrief vom Mai folgendermaßen:

Politisch gesehen wird der 6. Juni ein entscheidender Tag sein. Dann finden die Präsidentschaftswahlen statt. Der jetzige Präsident Ochirbat (von den Demokraten als Präsidentschaftskandidat aufgestellt) ist vielen Mongolen zu unentschieden und zu erfolglos in den wachsenden sozialen Problemen. Sie erwarten mehr vom neuen Kandidaten der Kommunistischen Partei. […] Er ist vielen bekannt durch seine lebensnahen Gedichte und Bücher. In einem Ausländertreffen wurde gesagt, dass er (wenigstens früher) massiv gegen die Christen war. Was das nun für unsere Gebete betreffend Wahlen heißt, soll Gott uns zeigen. Nicht immer wächst die Gemeinde so gut in einer so genannten „freien Umgebung". Vielleicht brauchen die Gemeinden […] eine Zeit der Konsolidierung und Festigung, wie sie vielleicht nur äußerer Druck bringen kann.

Ich begann, mir wirklich ganz neue Gedanken zu machen über Verfolgung und

Leiden. Bisher hatte ich angenommen, dass Verfolgung immer schlecht wäre, aber nun ahnte ich, welch reinigende Wirkung sie haben konnte. Wenn es nicht mehr „cool" war, in eine christliche Gemeinde zu gehen, wenn man ausgelacht wurde, ausgegrenzt oder sogar geschlagen, dann musste man sich zweimal überlegen, ob einem der Glaube wichtig genug war.

Das passierte schon jetzt manchen Gläubigen, vor allem solchen, die aus einer buddhistischen Familie kamen. Unterdessen hatte es sich in der Bevölkerung herumgesprochen, dass die jungen Christen das Kloster nicht mehr besuchten und keine Gebete mehr lesen ließen, weil sie nun durch Jesus direkt zu Gott beten konnten. Buddhistische Eltern solcher Jugendlichen bangten also um ihr Seelenheil, das ja wesentlich davon abhing, wie sehr die Anweisungen der Lamas – insbesondere in den Wochen nach dem Tod – befolgt wurden. Die Medien schürten diese Angst und somit eine anti-christliche Stimmung auf ihre Weise. Nicht wenige Gläubige erfuhren deshalb Widerstand, wurden geschlagen oder von zu Hause weggejagt. Einige ließen die Finger von diesem Jesus, andere aber wuchsen in ihrem Glauben umso mehr in die Tiefe, was ihre Liebe zu Jesus nur noch anziehender machte. Manche dieser leidgeprüften Christen schrieben die ersten mongolischen christlichen Lieder mit wunderbaren Texten:

1. Jesus, du bist Heiland und Herr. Jesus, du bist der, der uns lieb hat.
Jesus, du bist ein barmherziger Herr. Jesus, du bist der, der uns vergibt.
Herr, ich freue mich an dir! Herr, ich lobe dich!
Herr, ich liebe dich! Jesus, ich hab dich lieb!

2. Jesus, du bist das wahre Licht. Jesus, du bist unsere Hoffnung.
Jesus, du bist ein gerechter Führer. Jesus, du bist unsere Sehnsucht.
Herr, du bist unsere Freude und unser Glück. Herr, du bist unsere Stärke.
Herr, ich liebe dich! Jesus, ich hab dich lieb!

(von Ojona)

1. Einziger Herr der Erde und des Universums,
verherrliche dich bitte in der Mongolei!
Jesus, du hast das Schreckliche des ewigen Leidens selbst überwunden,
verherrliche dich bitte im Universum!

2. Jesus, du schenkst uns das ewige Wasser,
verherrliche dich bitte in der Mongolei!
Jesus, du hast dein Leben gegeben, um uns ewiges Leben zu geben,
verherrliche dich bitte im Universum!

3. Jesus, du tränkst uns mit ewigem Wasser,
verherrliche dich bitte in der Mongolei!

Herr Jesus, du segnest uns mit ewiger, aufrichtiger Liebe,
verherrliche dich bitte im Universum!
4. Jesus, du leitest den ewigen Verstand,
verherrliche dich bitte in der Mongolei!
Ehrwürdiger Herr Jesus, du bist der ewige, gerechte Richter,
verherrliche dich bitte im Universum!"

(Verfasser unbekannt)

Auch *Munchdschargal* und *Baterden* waren sehr musikalisch. Die beiden saßen oft Abende lang bei uns, und ich brachte ihnen so viel Gitarrenspiel bei, wie ich selbst beherrschte. Dann übten wir zusammen die mongolischen Lieder, die ich gesammelt und in einem Büchlein zusammengestellt hatte. Die meisten waren aus dem Englischen oder Koreanischen übersetzt, aber ab und zu fand sich ein echt mongolisches *doo*[99]. Die Mollklänge der mongolischen Melodien brachten mein Herz viel mehr zum Klingen als die kapriziösen Tonleitern vieler deutscher Lieder. So ermutigte ich die beiden jungen Männer, eigene Lieder zu schreiben. *Munch* hatte den Mut dazu. Eines seiner ersten Lieder lautete:

1. Lasst uns die Ehre des Herrn Jesus erheben und ihn loben,
der der Allerhöchste und Könige aller Könige ist.
Refrain: Lasst uns den Namen des Herrn singend preisen,
*   Lasst uns aus der Tiefe unseres Herzens jubeln.*
*   Lasst uns dem Herrn das Höchste und Beste aller Lieder,*
*   die wir singen, emporheben.*

2. Lasst uns den Namen des Herrn Jesus ausbreiten und ihn loben,
der der Ewigbleibende und die erhabenste Liebe ist.

In mongolischer Sprache Singen machte mir Spaß und war, wie nebenher, durch die ständige Wiederholung der Texte eine effektive Sprachübung.

DER COUNTDOWN LÄUFT

Langsam aber sicher kamen alle Puzzleteile für einen soliden Dienst zusammen: ein Team mit einem Grundstock an mongolischer Sprache, christliche mongolische Freunde, die uns ehrliche Rückmeldungen gaben, mongolisches Bibelstudienmaterial, einheimische Liederbüchlein, eine deutliche Vision, Entlastung von manchen Verantwortungen (zum Beispiel Schulunterricht). Es sah im Juni 1993 ganz so aus, als könnte es bald richtig losgehen. Lange hatten wir gewartet und

---
99 „Lied"

uns vorbereitet. Nun freuten wir uns auf „Action" im Reich Gottes! Doch wenn Christen in Aktion treten wollen, freut sich der Widersacher Gottes nie und setzt alles daran, sie zu bremsen. Bestimmt hatte er bei dem, was nun geschah, seine Hände im Spiel, aber die Bibel macht deutlich, dass Satan bei diesen Bremsversuchen nur soweit gehen darf, wie Gott das erlaubt. Denn Gott, der Allmächtige, kann sogar diese gegnerischen Bemühungen in seine Lernziele, die er mit uns hat, einbauen und alles zum Guten wenden. So bereitete er mich liebevoll auf die nächsten Wochen und Monate vor: Jemand lieh mir das Andachtsbuch „Ströme in der Wüste"[100]. Ich war begeistert über die angewandten Geschichten, die sich meist ums Thema Leid drehten:

Im Garten der Seele gibt es Blumen und Farne.
Blumen wachsen am besten an der Sonne,
Farne am besten im Schatten.
Der Gärtner mag die Farne, deshalb gibt er unserer Seele Schatten:
Schatten der Enttäuschung,
Schatten der Sorgen,
Schatten der Krankheit und der Schmerzen.
In solchen Schatten wachsen dann
die Farne der Geduld, der Langmut, der Sanftmut.
Diese Schatten sind Schatten des Allmächtigen.

Geduld, Langmut, Sanftmut: das waren alles Eigenschaften, die meinem Wesen eher fremd waren und deshalb im Garten meiner Seele unbedingt angepflanzt werden mussten, nicht zuletzt, um meines Mannes und meiner Kinder willen. In der Welt von heute kann man ohne diese Eigenschaften zwar Karriere machen und es zu Ruhm und Ehre bringen, aber man kann meines Wissens keine erfüllenden Beziehungen leben. Und dazu sind Christen nun mal in erster Linie berufen. Wie sonst sollten wir Gottes Liebe und Erbarmen widerspiegeln, wenn nicht mit Geduld und Sanftmut? Ich war gespannt, wie Gott das mit dem Schatten und den „Farnen" tun würde …

---

100 „Streams in the desert" by L.B. Cowman

24
MOCHOROLGÄÄ

LOKALE INDIANER!
Die Tage vor unserer Abreise in den Westen der Mongolei waren angefüllt mit diversen Vorbereitungen und besonderen Erlebnissen. Einmal fuhren wir mit Fishers an den Tool-Fluss zum Zelten. Susan hatte seit einiger Zeit ein Waisenhaus in Ulaanbaatar besucht. Ein kleiner Junge, der kaum je die Augen hob und nur gedankenverloren vor sich hinstarrte, hatte ihr Herz erobert. Manchmal durfte sie ihn übers Wochenende mit nach Hause nehmen, und wenn wir uns sonntags zur „Fellowship" trafen, brachten sie das Waisenkind mit, so dass Samuel und Michaja mit ihm spielen konnten. Von Spielen konnte jedoch keine Rede sein. Es war schon ein Erfolgserlebnis, wenn der Junge innerhalb zweier Stunden mal leicht lächelte.

Bei diesem Ausflug durfte er auch mit dabei sein. Es war beeindruckend zu sehen, welche kleinen Veränderungen doch Stunde um Stunde sichtbar wurden, als wir alle diesem vernachlässigten Wesen Liebe, Fürsorge und Beachtung schenkten.

Wir fanden einen wunderschönen Platz mitten unter den Bäumen am Fluss, wo Pferde inmitten wilder Rosen in einer Waldlichtung weideten und Kuckucke auf sich aufmerksam machten. Fishers und Jürgen stellten ihre Zelte auf, und wir teilten es so ein, dass Jürgen mit Michaja im Zelt und ich mit Samuel im Auto schliefen.

Gegen ein Uhr wurden wir von Betrunkenen geweckt. Mongolen nennen diese Störenfriede *notagiin indiantschod*, was so viel bedeutet wie „lokale Indianer". Es waren ansässige Jugendliche, denen nach der obligaten Flasche Wodka langweilig geworden war und die sich nun aufgerafft hatten, um Leute zu suchen, mit denen sie Streit anfangen und die Kräfte messen konnten. Samuel und ich waren relativ sicher im Auto, aber ich hatte Angst um alle im Zelt, die nur Plastik zwischen sich und diesen Krawallbrüdern hatten. Zum Glück reagierte niemand auf die herausfordernden Rufe. Folglich trotteten die Kerle unverrichteter Dinge ab. Samuel bekam in der Nacht Kopfweh, konnte kaum schlafen und ich auch nicht, weil es frostig kalt war. Am Morgen erbrach Samuel das Frühstück auf den mit Reif bedeckten weißen Boden, und so fuhr Daniel uns beide in seinem Auto nach Hause. Jürgen und Michaja folgten zwei Tage später.

Am 25. Juni erfuhr ich von *Chongorzol* am Telefon, dass ihr Vater ganz plötzlich gestorben war. Die Umstände klangen mysteriös. Ich erinnere mich, dass *Chongorzol* mal was erzählt hatte von einem Schamanen oder Lama, der ihre Familie verflucht hätte. Seither waren alle männlichen Mitglieder vor ihrem 38.

Geburtstag gestorben. Und nun auch ihr Vater! War es Zufall, dass es in der Nacht zu seinem Geburtstag geschah? ...
Es tat mir sehr Leid für meine Freundin. Ich bedauerte es zutiefst, dass ich sie vor unseren Ferien nicht mehr sehen und trösten konnte. Als ich sie nämlich besuchen ging, war leider niemand zuhause.

Ein schlechtes Omen?

Jürgen und ich waren nicht abergläubisch. Aber die Sache mit dem Fluch, von dem *Chongorzol* erzählt hatte, beschäftigte uns. Gab es diese bösen Geister, die in der Bibel klar erwähnt, im Westen aber mit aufklärerischer Sicherheit zu Märchenfiguren reduziert worden waren, wirklich? Auf eigene Erfahrungen konnten wir kaum zurückblicken, es sei denn auf meine Kindheit, wo durch mein Gebet die Fratzen, die ich auf dem Fenstersims gesehen hatte, ihre Bedrohlichkeit verloren. Oder auf die Momente in England, wo unsere Kleinkinder erst nach einem gebietenden Gebet im Namen Jesu Christi hatten beruhigt werden können. Deshalb gewöhnten wir uns an, unsere neuen Wohnungen auch geistlich zu säubern. Von Seelsorgern hatten wir schon in den Achzigerjahren gehört, dass sie mit Dämonenaustreibungen in der Schweiz zu tun hatten, doch das durfte damals kaum erwähnt werden. Teufel und Dämonen waren Tabuthemen, da sie wie Gott zu einer übersinnlichen Welt gehörten.

Anders ist es in der Schweiz heute, und anders war es schon damals in der Mongolei: hier wurden wir mit diesem Thema immer wieder konfrontiert: manche Besucher kamen nicht an einem Dienstag zu uns, aus Angst vor den Geistern, andere fuhren vor der Fahrprüfung zum *eedschiin chad*[101], um dort den Geist der Fahrer zu besänftigen. *Gerlees* Familie in Ulaangom hatte uns gewarnt, nicht an den von uns gewählten Tagen bei ihnen Ferien zu machen. Sie hatten einen Lama befragt, und der hatte ganz offensichtlich unsere Reisedaten als ungünstig erklärt. *Gerlee* hatte versucht, uns umzustimmen, doch wir ließen uns nicht von buddhistischen Wahrsagern abhalten. Wir wussten, dass Jesus stärker war als alle Dämonen, sollten sie es denn auf uns abgesehen haben ...

Am 28. Juni holte uns Herr *Purevdordsch* ab. Er hatte uns angeboten, uns zum Flughafen zu fahren. Wir staunten nicht schlecht, als er in einem schönen, neuen Krankenhauswagen samt Chauffeur angebraust kam. *Wahrscheinlich ein Geschenk des Internationalen Roten Kreuzes, das sich ein Beamter unter die Finger gerissen hat und nun privat gegen Dollar vermietet*, dachte ich. Wir nahmen auf der Pritsche in der Mitte des Wagens Platz, begutachteten die Erste-Hilfe-Vorrichtungen, die ungenutzt an der Autowand hingen, stellten uns vor, wie es wäre, in so einem Auto als Patient zu fahren und hatten keine Ahnung, dass mir dieses „Privileg" 17 Tage später unter Sirenengeheul gewährt werden würde.

---

101 „Fels der Mutter"

Unterwegs holten wir erst Beat ab und dann *Gerlee*. Am Flughafen klappte alles bestens. Die Bewilligungen, die uns die Akademie besorgt hatte, waren Ausschlag gebend dafür, dass man uns Ausländer überhaupt in diese weit entlegene Provinz fliegen ließ.

Ulaangom

Wie geplant landeten wir gegen Mittag müde und hungrig in Ulaangom. *Gerlees* Bruder *Bat* holte uns vom Flughafen ab. In der Nähe des überdimensional großen Platzes in der Mitte der Ortschaft befand sich unser Hotel. Für zwei Dollar pro erwachsene Person bekamen wir eine mongolische Suite zugewiesen mit zwei Schlafzimmern, einem Wohnzimmer und zwei Toiletten. Wir packten aus, und dann brachte *Gerlee* uns zu ihren Verwandten. Wir wurden herzlich begrüßt und mit einem typisch mongolischen Essen verwöhnt. Ich fand es interessant, mal andere Mongolen kennenzulernen, die nicht in der Hauptstadt lebten. An ihren Dialekt mussten wir uns aber erst gewöhnen. Hier im Westen lebten die Nachkommen der *oirat* Mongolen, die *zachtschin, bajit, mjängad* und wie die Völkergruppen alle heißen. Manche haben den Standartdialekt *chalch* angenommen, aber die meisten benutzen die typischen *ös*, *üs* und *ks*, die dem westmongolischen Dialekt seinen unverwechselbaren Klang geben.

Mein Mann, der wie immer vor einer großen Reise schlecht geschlafen hatte, legte sich mit den Kindern im Hotel etwas hin, während Beat, *Gerlee* und ich Ulaangom inspizierten. Die Luft war drückend heiß, es gab wenige Bäume, kaum irgendwo Schatten und – ehrlich gesagt – nicht viel zu entdecken. Außer den schneebedeckten Gipfeln des Altai-Gebirges natürlich, die hinter den Häuserblocks hervor lugten und unsere Sehnsucht nach der kühlen, bergigen Gegend, wo wir die erste Ferienwoche verbringen wollten, noch verstärkten.

Ich kaufte für die Kinder der Familie und unsere eigenen in einem halbleeren Laden etwas Kaugummi, Kekse und Schokolade. Die ersten privaten Handelsgüter aus Deutschland hatten den Weg bereits in die Westmongolei gefunden, aber die Versorgungslage war nach wie vor sehr schlecht, so dass es kaum Essen gab in den Restaurants und wir froh waren, dass *Gerlees* Familie uns verpflegte.

Wir genossen die mongolische Gastfreundschaft, lernten den *durag* kennen, ein Kartenspiel mit dem russischen Namen „Dummkopf", – nicht zu verwechseln mit *darag*, was „Chef, Boss" bedeutet! – und plauderten, bis wir zu müde wurden, um eine mongolische Konversation aufrechtzuerhalten. Das war um neun Uhr der Fall. So verabschiedeten wir uns, kehrten ins Hotel zurück, wo einige Leute zusammengelaufen waren, um uns Ausländer anzustarren, lächelten ihnen müde zu und gingen schlafen.

Ankunft in Charchiraa

Am nächsten Morgen hatten wir alles fertig gepackt und warteten wie abgemacht auf *Gerlee*. Als sie um zehn Uhr noch nicht da war, knurrte den Kindern der

Magen. Ich war froh, dass ich am Vortag Kekse gekauft hatte. Eine halbe Stunde später machte ich mich auf den Weg zu Bats Familie und fand dort heraus, dass das Auto noch nicht bereit war. Eine Planänderung war also angesagt: um zwölf Uhr Mittagessen und erst dann Abfahrt in die Berge.

Nach einer dreiviertelstündigen Fahrt in einem *dscharen-jis*, einem robusten, russischen Jeep namens „69", fuhren wir mitten am Nachmittag unter dem Torbogen des *Charchiraa* Ferienheims hindurch zur Rezeption. Niemand war zu sehen. Einsam thronte eine weiß-bunt bemalte Steinjurte auf einer Anhöhe. Darum herum standen ein paar braune Holzhütten mit kleinen Fensterchen, die aber mit ihren hellen Verzierungen einen netten Eindruck hinterließen. Das Gelände war umgeben von frischem Weidegrün, das die hageren Pferde nach dem langen Winter gierig verschlangen. Hinter den Hütten, wo der Wald begann, lud eine leuchtende Flora zu Spaziergängen ein. Wenn man in die andere Richtung schaute, hätte man meinen können, man stünde im Berner Oberland.

Wir fanden es schön, auch dann noch, als die Mongolin, die nach einer Weile auftauchte, sich überrascht zeigte von unserem Besuch. Sie hatten keine Gäste erwartet, aber ja, man werde schon etwas für uns kochen können.

Wir bekamen eines der braunen Häuschen zur Verfügung gestellt. Und dann probierten wir unseren Benzinkocher aus: er funktionierte prima und so genossen *Gerlee*, Beat und ich an einem Tisch, den wir kurzerhand nach draußen verlegt hatten, den ersten russischen Kaffee in unseren Ferien, während Jürgen bereits mit den Kindern den Wald nach elastischen Ästen absuchte, die sich zu Pfeil und Bogen verarbeiten ließen. Seine Winnetou-Kindheit hatte ihn eingeholt. Nun, mir konnte es recht sein, wenn er die Kinder beschäftigte. Ich hatte mir vorgenommen, viel zu lesen und wollte auch Zeit mit *Gerlee* verbringen, um sie besser kennenzulernen.

Elektrizität gab es keine. Also verkrochen wir uns kurz nach Sonnenuntergang in unsere Betten. Die Zimmerverteilung in dem Häuschen war so blöd, dass Jürgen und ich gar nicht zusammen in einem Zimmer schlafen konnten. Wie „Mondblume" getraute *Gerlee* sich nicht, alleine auf dem Bett im Vorzimmer zu schlafen. Deshalb teilte ich ein Zimmer mit ihr und Michaja, und Jürgen eines mit Beat und Samuel. Was Jürgen von alle dem hielt, habe ich ja schon im Prolog geschrieben …

Natur pur

Am nächsten Morgen, nachdem heftige Gewitter über unser Holzhaus hinweg gedonnert waren, stand ich auf, um die feuchtkalten Räume mit einem heimeligen Feuer zu erwärmen. Zum Frühstück gab's Kekse und Bio-Naturjogurt, welches *Gerlee* bei einer Nomadenfamilie in der Nähe gekauft hatte. Das Wasser konnten wir diesmal auf dem Ofen kochen. Nachdem wir mit den Buben im Andachtsbuch gelesen hatten, wechselten Jürgen und ich uns mit der Kinderbetreuung ab, so dass jeder von uns Stille Zeit machen konnte. Wir hatten zuhause als

Priorität festgelegt, dass wir in den Ferien unsere Beziehung zu Gott intensivieren wollten. Die einsame Gegend mit ihren atemberaubenden Naturschönheiten lud regelrecht zu meditativen Gebetsspaziergängen ein.

Zum Mittagessen kochte uns die Verantwortliche des Ferienheims etwas Warmes. Frisch gestärkt zottelten wir am Nachmittag als Familie runter an den Fluss statt in den von Regentropfen triefenden Wald. Wir waren überrascht, wie viel Eis auf dem Wasser lag. An manchen Stellen war es meterdick! Der Anblick der sattgrünen Berghänge neben dem schneeweißen Eis, dieses Schauspiel unberührter Natur, löste in mir einige Fragen aus: Wie lange würde es wohl dauern, bis farbige Aluminium-Bonbonpapiere diese Umgebung schmücken wie Enziane und Krokusse oder Kinder mit Metalldosen spielten statt mit Knochen, Hölzchen oder Fellfetzen? Aber die *kūūched*, wie die Kinder in diesem Teil der Welt genannt wurden, schienen nicht viel Zeit zum Spielen zu haben. Auf dem Weg zum Fluss hatten wir ihnen beim Holzhacken zugeschaut. Der kleine Junge – ich schätze, er war nicht älter als acht Jahre – hatte mit einem richtigen Beil und voller Wucht auf die Äste eingehauen, die ihm seine kleinere Schwester mutig hinhielt. Es sah beängstigend aus, doch die beiden schienen ihre Arbeit im Griff zu haben. Andere, das wusste ich aus Ulaanbaatar, mussten schon sehr früh mithelfen, den *argal*, den getrockneten Dung, einzusammeln (siehe Farbfoto). Hier gab es zwar genügend Bäume, die Brennholz für den Winter lieferten, aber in den meisten Gegenden der Mongolei war Dung neben der Kohle der Hauptbrennstoff. Und wenn die Familie *äärag* herstellte, das Nationalgetränk aus vergorener Stutenmilch, dann mussten auch die älteren Kinder mithelfen, die gärende weiße Brühe im Ledersack mit einem Stock zu schlagen.

Bei der Holzhütte angekommen, ging ich mit *Gerlee* noch Milch und Jogurt fürs Frühstück kaufen. Wir waren froh, dass wir unsere bescheidenen Mahlzeiten mit diesen Milchprodukten aufwerten konnten. Nach einem „Sidi Barani"-Kartenspiel mit den Kindern war es bald zu dunkel, um wach zu bleiben, und so sagten wir einander Gute Nacht. An Schlaf mangelte es uns in diesen Ferien nicht.

Pfeilbogenwettkampf

Da am nächsten Tag die Sonne schien, stand ich früh auf, bereitete einen Hefeteig vor, las meine Bibel und wickelte dann den aufgegangenen Teig in einer langer Wurst um die sauber geschälten Stockenden und hielt diese in die Glut meines Morgenfeuers. Als die andern aufwachten, waren die Brote fertig gebacken, ließen sich leicht vom Stock ablösen und konnten mit Marmelade oder Jogurt gefüllt werden. Lecker!

An diesem freundlichen Tag kehrte ich die Lehrerin nach außen und packte meine Buben am Arm, um Blumen suchen zu gehen. Ich zeigte ihnen, wie man die zarten Dinger sorgfältig zwischen Buchseiten presste und war stolz auf unser kleines Mongolei-Herbarium. Das Bestimmen konnte ich dann zuhause erledigen; spontan kannte ich nur die orange-gelben Sumpfdotterblumen, das Edelweiß und die Akelei. Für diese elegante blaue Blume konnte sich sogar Samuel zwei Minuten lang begeistern, aber auch nur, weil er sie vorher noch nie gesehen hatte. So kehrten wir schneller zur Hütte zurück als gedacht. Dort übernahm Jürgen seine Schicht.

Schon bald gesellten sich einheimische Jungen und sogar erwachsene Männer zu ihnen, als sie den Bogenschießwettkampf sahen, der da zwischen Jürgen, Beat, Samuel und Michaja im Gange war (siehe Farbfoto). *Gerlee* und ich sonnten uns etwas abseits im Badeanzug und fragten uns gegenseitig mongolische und englische Wörter ab. Dabei beobachteten wir die braungebrannten Gesichter, die sich kindlich an den surrenden Pfeilen ergötzten. Das Leben hier war hart und bot wohl selten Abwechslung mit Spiel und Sport. Ich nahm mir vor, nächstes Mal einige Bälle mit aufs Land zu nehmen, um sie zu verschenken.

Erneut wurde mir bewusst, welches Vorrecht es war, in der Schweiz geboren zu sein. Wir besaßen einfach alles: schöne Natur, warme Häuser, genug zu essen, beste gesundheitliche Versorgung, eine stabile Regierung, genug Arbeitsplätze, Freiheit zum Denken, Reden, Glauben. Wenn wir an etwas Mangel litten, zum Beispiel an warmherzigen, zwischenmenschlichen Beziehungen, so waren wir selbst daran schuld.

Dankbarkeit überwältigte mich, und ich war froh, dass ich mir immer wieder Zeit fürs Singen, Beten und Danken nehmen konnte.

„O LORD, YOU ARE MY LIGHT!"

Ein Lied ist mir in dieser Charchiraa Zeit ganz besonders ans Herz gewachsen. Der Liedermacher David Fellingham wurde inspiriert von Psalm 40,2 und Kolosser 3,3, als er die folgenden Worte schrieb, die ich bald auswendig singen konnte:

> *O Lord, you are my light. O Lord, you are my salvation.*
> *You have delivered me from all my fear and you are the defence of my life.*
> *For my life is hidden with Christ in God.*
> *You have concealed me in your love.*
> *You've lifted me up, placed my feet on a rock.*
> *I will shout for joy in the house of God.*[102]

Vor allem die Sätze „Mein Leben ist mit Christus in Gott verborgen" und „Du bist der Verteidiger meines Lebens" klangen später, während Gott die „Farne" im Schatten sprossen ließ, in meiner Seele und meinem Geist in den wunderschönsten Variationen nach, mal in Dur, mal in Moll, mal im Duett mit Jürgen, mal

---

102 „O Herr, du bist mein Licht. O Herr, du bist meine Errettung. Du hast mich von aller Furcht befreit und du bist der Verteidiger meines Lebens, denn mein Leben ist mit Christus in Gott verborgen. Du hältst mich in deiner Liebe geborgen. Du hast mich emporgehoben und meine Füße auf einen Felsen gestellt. Ich werde vor Freude singen im Hause Gottes." Übersetzung des Liedes Nr. 431 aus „Songs of Fellowship, Kingsway Music, GB"

im Quartett mit meiner ganzen Familie. Ich erlebte durch all die Höhen und Tiefen meiner Krankheit, die in Kürze ausbrechen würde, dass Gott mich wirklich „von aller Furcht befreite", wie es das Lied ausdrückt.

Schmollen wegen Schomools

Noch aber war ich quickfidel. Mir gefiel das einsame Leben. Jürgen und ich unternahmen Wanderungen in die Berge, während Beat die Kinder hütete, oder andere Male kletterten wir in anderer Zusammensetzung in den Hügeln herum, manchmal sogar leichtsinnig, denn Wanderwege und Wegweiser gab es ja keine. Schade war nur, dass dieses Paradies auf Erden von Stechmücken, den so genannten *schomool* belagert war. Sie kamen mit dem Sonnenschein aus ihren feuchten Verstecken im Wald gesurrt und überfielen uns wie blutgierige Vampire. Vor den Jurten der Nomaden brannten schwelende Feuer, die mit ihrem stinkigen Rauch die Menschen und Tiere in der Umgebung einigermaßen schützten. Also galten wir Wanderer als Freiwild und wurden dementsprechend traktiert. Wir mussten trotz des warmen Wetters ständig lange Hosen und unsere Regenjacke samt Kapuze tragen, so dass wir einigermaßen erfolgreich unsere Gesichtshaut verteidigen konnten. Es gab kein Coop, kein Migros, keinen Aldi oder Lidl in der Nähe, wo man sich schnell hätte eine Lotion kaufen können.

Die beiden Männer regten sich am meisten über diese Ferien auf und weil die Buben wegen der Mücken in ihren Frust mit einstimmten, schien die ganze Atmosphäre zu kippen. Als dann auch das Wetter wieder schlechter wurde, waren wir einfach froh, dass wir „Sidi Barani" spielen konnten. Und da die Möglichkeiten, sich zu vergnügen so eingeschränkt waren, boten sogar Mongolen, die zu Besuch kamen oder die wir in ihren Jurten besuchten, eine willkommene Abwechslung.

Ich saugte die Informationen über Religion und Kultur, die ich bruchstückhaft verstand, auf wie ein Schwamm, diskutierte sie anschließend mit *Gerlee* und begann, mir ein Bild der postkommunistischen Weltanschauung der Mongolen zu machen. Sie schien sich an allen Enden zu widersprechen, aber für eine solide Beurteilung fehlte mir noch viel Anschauungsmaterial. Allein die allgegenwärtige Angst vor den Geistern zu spüren, zeigte mir wieder mal neu, wie wunderbar das Evangelium von Jesus Christus war. Am 5. Juli schrieb ich nach einem Besuch in der Jurte:

> *Wir blieben fast eine Stunde. Sie sprachen nochmals das Thema Glauben an, und ich hatte die Gelegenheit, Mjädagmaa und Ennbisch einmal mehr von Jesus zu erzählen. Der eine Satz „Wenn ich sterbe, werde ich bei Jesus sein.", prägte sich der Frau ein. Sie haben von einem Lama eine Zeichnung des Fluss-Berggottes bekommen, den sie verehren. Sie fürchten sich vor ihm. Wie gut haben wir es mit Jesus!*

Damals hatte ich keine Ahnung, in welchem geistlichen Kampffeld ich mich befand. Konnte es sein, dass Satan bereits plante, mich aus dem Weg zu räumen? In diesem schamanistisch geprägten Teil der Mongolei standen ihm auf jeden Fall genügend Helfershelfer zur Verfügung …

Zurück nach Ulaangom

Meinem Glauben ging es gut, als wir Charchiraa am Abend des 7. Juli verließen, um zurück nach Ulaangom zu fahren. Ich war durch das Betrachten vieler biblischer Wahrheiten neu in meinem Geist gestärkt worden und fühlte mich tief in Gottes Liebe verwurzelt. Ganz anders sah es mit meinem Körper aus. Und nicht nur mit meinem: Jürgen erbrach die ganze Nacht im Hotel. Deswegen beachtete ich die stechenden Schmerzen, die ich am nächsten Morgen hatte, auch nicht weiter. Meine Menstruation hatte meinen Bauch aufgebläht wie immer, und mir war schlecht. Die Mahlzeiten in *Bats* Familie waren Jürgen und mir deshalb zuwider, aber aus Anstand aßen wir mit. Die Kinder waren auch wesentlich schlapper als normal, sie lungerten nur herum. Für Müßiggang hatte ich aber keine Zeit. *Gerlees* Bruder hatte uns informiert, dass das Ferienheim am See nicht geöffnet war. Also diskutierten wir die Alternativen:

„Ich fliege morgen heim.", verkündete Beat lautstark. Ich habe genug vom *chuduu*[103]. Er hatte in Charchiraa bestimmt drei Kilo abgenommen.

„Rita, komm, wir gehen auch", meinte Jürgen schlapp vom Bett her. „Das bringt's nicht mehr." Der ganze Frust der letzten Woche hing in diesen Worten wie das Schmutzwasser in unausgewrungener Wäsche.

„Ich habe gemeint, wir gingen noch an den See baden! Ich will doch schwimmen lernen", begehrte Samuel auf und stellte sich damit unbewusst auf meine Seite. Schon nur der Gedanke, dass wir die Ferien am See aufgeben könnten, stimmte mich traurig, auch wenn mein Körper sich ebenfalls am liebsten ins nächste Flugzeug nach Ulaanbaatar hätte fallen lassen wollen.

„Der Chiargas-See ist wirklich schön. Ich war dort schon oft in den Ferien.", erklärte *Gerlee* nun und strich sich eine lange Stirnfranse aus dem Gesicht, so dass man die nachdenklichen Falten besser sehen konnte. Sie wusste wohl nicht so recht, was sie nun machen oder sagen sollte. *Was wollten diese Ausländer nun wirklich?*

„Aber wenn doch das Ferienheim geschlossen ist!", meinte ich. „Irgendwo müssen wir ja übernachten." Ganz so abenteuerlich war mir nun auch wieder nicht zumute.

Nun schaltete sich Bat ein: „Der Lehrerverein besitzt einige Holzhütten direkt am See. Vielleicht könntet ihr diese benutzen?" Er wollte das abklären und verließ das Haus. Nach einer halben Stunde war er bereits zurück und meldete erfreut, dass es okay wäre, wenn wir dort Ferien machten. „Der *manaadsch*, der Mann, der nach den Häusern schaut, wird euch die Schlüssel geben, wenn ihr ihm diesen Brief zeigt." Er wedelte mit einem Schriftstück vor sich her, das der Verantwortliche in Ulaangom wohl in aller Schnelle geschrieben hatte. Solche Gelegenheiten zum Devisen Verdienen durfte man sich unter den damaligen wirtschaftlichen Verhältnissen nicht entgehen lassen. Uns war egal, ob wir dem

---

103 „Land(leben)"

Ferienhaus oder dem Lehrerverein für die Betten bezahlten. Das größere Problem war, dass niemand für uns kochen würde. Wir hatten nur noch wenige Schweizervorräte dabei, etwas Tomatensauce, Apfelpulver, Hefe, Curry und andere Gewürze.

Die Vorstellung von weiteren improvisierten Mahlzeiten gab Beat den Rest: „Also, ich will morgen nach Ulaanbaatar fliegen", wiederholte er nochmals. „Kannst du mir helfen, mein Ticket umzubuchen, *Gerlee*?"

Wieder schaute Jürgen fragend zu mir, als wenn die endgültige Entscheidung bei mir liegen würde.

Ich aber wollte zum See und bettelte darum, dass wir morgen wie geplant fuhren. „Das mit dem Essen kriegen wir schon hin", meinte ich zuversichtlich. „Ich kann heute noch Brotvorrat backen für die nächsten Tage. Wenn *Gerlee* Fleisch besorgen könnte …?" Mit einem fragenden Blick schaute ich sie an. „Den Rest kaufen wir hier noch ein. Wir haben ja ein Auto, das uns an die Haustüre fährt." Angesichts meines havarierten Zustandes war ich immer noch überraschend entscheidungsfreudig.

Jürgen nahm den Kampf gegen mich nicht auf. Vielleicht war er körperlich zu schlapp dazu, vielleicht aber war ich mangels „Farne in meinem Seelengarten" so willensstark, dass er sich auch bei bester Gesundheit gefürchtet hätte, mir meinen Wunsch – vor allem diesen! – auszureden. Wie dem auch sei. Müde machten wir uns an die Vorbereitungen. Jürgens Magen funktionierte fast wieder normal. Ich aber überlebte meine Brotback-Aktion fast nicht, so elend schlecht war mir. Und in dieser Nacht, wo wir wieder mal ein Schlafzimmer für uns gehabt hätten, wand ich mich unter vermeintlich menstrualem Bauchweh!

9. Juli 1993: Fahrt zum Chiargas-See

Es war in der Mongolei eher die Ausnahme, dass man pünktlich abfuhr. Dies hing zum einen mit der (Un)zuverlässigkeit der Organisatoren zusammen – da wurden wir aber von *Gerlees* Familie verwöhnt! – aber eben auch mit den nicht vorhandenen Mitteln, sprich Benzin und Ersatzteilen. Es dauerte also einige Stunden länger als angenommen, bis wir wegkamen. Beat war bereits abgeflogen, Jürgen und die Buben wieder fit, *Gerlee* motiviert, uns ihren Kindheitssee zu zeigen, und ich schleppte mich vom Hotel zu *Gerlees* Familie, wo ich kaum etwas aß, und dann setzten wir uns alle ins Auto.

Der Jeep war allein für uns fünf und den Fahrer da, ein absolutes Privileg, denn normalerweise stiegen in letzter Minute ein paar Passagiere ein, die sich die Gelegenheit einer Gratisfahrt – der Ausländer hatte ja bezahlt – nicht entgehen lassen wollten. Und so endete man meistens zu zweit oder dritt auf einem Sitz. Wir konnten uns also glücklich nennen, dass wir so viel Luxus hatten. Dafür bekamen wir ein anderes Problem. Da nun niemand auf meinem Schoß saß, der meine 66 Kilo in den Sitz gedrückt hätte, schüttelte es mich auf den ganzen 145 Kilometern Naturpiste rauf und runter. Samuel und Michaja genossen das Trampolin.

Sie waren auch klein genug, so dass ihr Kopf nicht jedes Mal am Autoinnendach anschlug oder sie ihn einziehen mussten. Und sie hatten keine Menstruation! Durch die rhythmischen Hopsbewegungen füllten sich meine Hygienebinden im Nu. Da der Kühler ein cholerisches Temperament zu haben schien, sich also alle halbe Stunde erhitzte und wir deshalb eine kurze Pause einlegen mussten, konnte ich jeweils diskret hinter dem Auto verschwinden. Dummerweise wusste ich die Vorzüge eines *deel* noch zu wenig zu schätzen und trug Hosen, ein Umstand, der dann zur Herausforderung wurde, wenn alle andern auch ausstiegen und es kein Gebüsch in der Nähe gab. Zum Glück durchquerten wir etwa zwei- oder dreimal einen Fluss, wo ich meine Hände waschen konnte. Weil es den ganzen Vortag geregnet hatte, war der Naturboden aufgeweicht, und die Räder gruben sich allzu gerne im Schlamm fest. Einmal blieben wir stecken. Doch der Fahrer war ein Experte und brachte uns wohlbehalten an den See.

Es war kurz vor fünf Uhr, als wir die heruntergekommene Fassade des geschlossenen Ferienheims sahen. Der Fahrer brachte uns direkt zu der Jurte des Verwalters der Lehrerchalets. Doch da war niemand. Während die Kinder draußen rumtobten und ich blutleer im Gesicht in meinem Sitz hing, versuchten Jürgen, *Gerlee* und der Fahrer, den *manaadsch* zu finden. Die schmucken Holzhäuschen konnten wir bereits sehen. Ich freute mich riesig auf ein Bett. Ich wollte mich nur noch ausstrecken und schlafen! Und dann – irgendwann mal – im See baden.

Jürgen kam zurück. Sie waren erfolglos. „Der *manaadsch* ist nach Ulaangom gereist, um dort *naadam* zu feiern. Er kommt tagelang nicht zurück. Wenn wir hier bleiben, dann gibt's nur eine Möglichkeit: in der Bruchbude dort drüben. Da soll es ein paar Zimmer geben." Jürgen zeigte auf ein langes einstöckiges Gebäude, das keine Fenster zu haben schien und aussah wie ein Ziegenstall (siehe Farbfoto).

Gerlee wandte sich bei diesen Worten ab. Ihre Mundwinkeln zuckten und ihre Augen hatten den üblichen Glanz verloren, oder wenn, dann glänzten sie vom Nass ihrer Tränen. *Was ist nur aus dem netten Ferienort geworden?* Sogar der See zeigte sich in der Ferne unter den schwarzen Wolken eher bedrohlich als einladend.

Ich wäre bereit gewesen umzukehren. Dort in dem Stall wollte auch ich nicht bleiben. Aber ich konnte nicht mehr. „Ich brauche eine Pause. Ich muss mich hinlegen", sagte ich.

Gerlee verhandelte mit dem Fahrer, aber der konnte uns nicht zurückbringen. „Ich muss weiter in diese Richtung. Dort erwartet man mich und mein Auto dringend. Tut mit Leid.", erklärte er *Gerlee*.

„Gut, dann bleiben wir bis morgen früh und schauen dann weiter.", entschied Jürgen. „Wir können dem Fahrer immer noch Bescheid geben, wenn es Rita morgen schlechter geht."

Ein bärtiger Mongole, etwa 50 Jahre alt, führte uns zum weißen Gebäude. 1986 stand darüber. Die Hütte war genau so jung wie Samuel, aber sie erinnerte an eine

Kriegsfilm-Szene. Wir folgten dem Mongolen in den dunklen Gang, vorbei an einem Loch, das die Küche zu sein schien, den Gang entlang nach hinten (siehe Farbfoto). Links stieß er eine Tür auf und im Tageslicht, das durchs Fenster drang, sahen wir einen großen, kahlen Raum mit fünf Eisenbetten, die den Wänden entlang platziert waren. Ich strich im Vorbeigehen über eine der schmuddeligen Bettdecken und zog die Hand angewidert zurück. Aus *Gerlees* Augen blitzte hilflose Wut. Es muss schrecklich für sie gewesen sein, uns das alles zuzumuten, aber wir wussten nur zu gut, dass sie keine Schuld traf. So war das nun mal.

Ich freute mich über das Bett, egal wie durchgelegen und schmutzig es aussah. Aber ich durfte mich noch nicht hinlegen. Erst galt es, die mongolische Gastfreundschaft anzunehmen. Nach der Zimmer-Inspektion lud uns der Alte nämlich in seine Jurte ein und offerierte uns Tee. Sein Heim war angefüllt mit Mongolen jeden Alters. Er schien eine Art Sippenoberhaupt zu sein mit Söhnen, Töchtern, Schwiegersöhnen und -töchtern und einer Menge Enkel und Enkelinnen. Etwas Warmes tat gut, Appetit auf mongolisches Essen hatte aber niemand von uns. Die anfänglich etwas reservierte Haltung der Westmongolen änderte sich, während wir mit ihnen mongolisch sprachen. Als wir zurück in unseren Stall gingen, brachte der Alte noch einen knorrigen Holztisch, drei wackelige Stühle und ein paar gewaschene Bettlaken. Sauber konnte man sie nicht nennen.

Jürgen und ich hatten ein Zimmer für uns allein. Samuel und Michaja teilten das andere Zimmer mit *Gerlee*, die wir den ganzen Abend noch weinen hörten. Kein Wunder: was ein blauer See unter strahlender Sonne sein könnte, zeigte sich bei unserer Ankunft als graue, leblose Fläche in einer noch tristeren Umgebung. Wir befanden uns in einer Steinwüste am Ende der Welt.

In der Küche, auf deren Arbeitsfläche sich ausgelaufenes Tierfett mit schwarzem Ruß zu einem schmierigen Belag vermischt hatte, machte *Gerlee* Feuer, nachdem Jürgen einige Holzscheite zurechtgehackt hatte. Bald stand heißes Wasser bereit für eine Suppe mit Nudeln.

Todmüde fiel ich in mein Bett und schlief bald ein, schreckte aber zwischendurch immer wieder hoch, weil komische laute Geräusche aus der Küche zu uns ins Zimmer drangen. Erst am nächsten Morgen vernahmen wir, dass unser neues Zuhause eine Fernfahrerunterkunft war. Die Chauffeure waren die ganze Nacht hindurch angekommen und nach zwei, drei Stunden Schlaf wieder gegangen, nachdem sie sich in der Küche etwas gekocht hatten. Befürchtungen, ob sie mit ihrem Holzhacken mitten in der Nacht andere aus ihrem Schlaf reissen, wären ihnen wohl nie gekommen.

Nicht sie, wir waren mit unseren idyllischen Vorstellungen im falschen Film!

10. Juli 1993: Möglichst weg von hier!

In der Nacht war ich fiebrig, doch am Morgen hatte ich nur noch 37,5° Fieber. Ich begann, das Antibiotikum der Kinder zu nehmen (doppelte Dosis), da es ziemlich klar ist, dass es nun schon etwas anderes ist (Eileiterentzündung, Blinddarm?)

TEIL 5: ULAANBAATAR, MONGOLEI, 1991-1993

Der Schmerz ist auf die rechte Bauchhälfte verteilt mit Zentrum beim Eileiter. Manchmal strahlt der Schmerz ins Bein (Leiste) aus, manchmal Richtung Magen oder Rücken.

Ich bin froh, dass ich das damals so aufgeschrieben habe, denn heute wüsste ich diese Details aus der Erinnerung nicht mehr, nur noch, dass es ganz mühsam war. Ich konnte kaum gehen vor Schmerzen. Aber trotzdem musste ich zum WC-Häuschen, das etwa 200 Meter entfernt war, humpeln.

Wieder schien die Sonne nicht. Keine Stimmung wollte aufkommen, draußen nicht, und bei uns drinnen schon gar nicht; alle waren müde von der schlechten Nacht. Für uns war klar, dass wir hier so schnell wie möglich abhauen wollten, nun da ich mich ein wenig ausgeruht hatte. *Gerlee* schrieb einen Zettel an unseren Fahrer in Ulaangom und bat ihn, uns sofort abzuholen, spätestens morgen. Jürgen und *Gerlee* brachten den Brief zum Sohn des Alten, der sich gerade aufmachte, um mit dem Motorrad nach Ulaangom zu rattern, um am morgigen dreitägigen Nationalfest *naadam* teilzunehmen. Der junge Nomade versprach, den Brief bei der angegebenen Adresse abzugeben.

Wir richteten uns auf einen weiteren Tag am See ein. *Gerlee* schnitt unseren Fleischvorrat klein und hängte die länglichen Fleischstücke über eine Schnur, die sie in einem Vorraum der Küche gespannt hatte. Es gab ja keinen Kühlschrank. Bei Sonnenschein wollte sie die Leine dann draußen aufhängen, so dass das Fleisch außen antrocknen konnte und so haltbar würde. Ich hätte unbedingt waschen müssen, denn die Kinderkleider standen vor Dreck. In den Charchiraa-Bergen hatte ich gedacht, das Waschen im warmen Salzsee wäre angenehmer als im eiskalten Flusswasser und hatte diese Arbeit vor mir hergeschoben. Nicht dass unsere Kinder unangenehm auffielen, sie passten wunderbar zu den andern Kindern, die hier lebten. Einige davon bekam ich zu Gesicht, als mich die Nomadengroßfamilie über den Tag verteilt in Einer- und Zweiergruppen besuchen kamen (siehe Farbfoto). Ich hütete brav das Bett, und Jürgen war die meiste Zeit bei mir.

Jeder der kam, fragte mich das Gleiche. Wie es mir ginge.

„*Sääng*", log ich sprachlich korrekt.

Die zweite Standardfrage nach meinem Körper durfte ich dann ehrlicher beantworten: „Schlecht", sagte ich und zeigte, wo ich Schmerzen hatte. Sie schnitten eine besorgte Grimasse.

Gegen Mittag kam *Gerlee* mit den Kindern vom See zurück und kochte Fleisch und Nudeln. Ich zwang mich, etwas zu essen, obwohl ich keinen Appetit hatte. Aber das Antibiotikum konnte ich ja nicht auf nüchternen Magen nehmen. Weil es am Nachmittag regnete, half ich mit bei einem „Sidi Barani". Aber Samuel, der bei diesem Kartenspiel mein Partner war, musste mich ständig korrigieren, weil ich dumme Fehler machte. Ich war so müde, weil ich nachts nicht geschlafen hatte und freute mich auf eine bessere Nacht.

Ich legte meine Matratze und mein Bettzeug auf den Boden, damit ich eine ebenere Liegefläche hätte als in dem Hängebauchschwein von altem Eisenbett, doch dann wurde es mir nachts zu hart und zu kalt. Ein paar Stunden schlief ich trotz Schmerzen, Bettwechsel und Lärm. Ich freute mich aufs Hotelzimmer in Ulaangom und eine gescheite Diagnose meiner Schmerzen.

11. Juli 1993: Kein Auto in Sicht!

Den ersten Feiertag verbrachten wir mit Warten:
Mit Hoffnung erwarteten wir das Auto, das den ganzen Tag nicht kam. Vormittags lag ich im „Sonnenzimmer", gerade bereit, um „Stille Zeit" zu machen, als die Mongolen wieder zu Besuch kamen. Sie entdeckten die mongolischen Lieder auf dem Tisch und fragten danach. Ich erzählte ihnen von Jesus, gab ihnen Traktate, die sie sofort heißhungrig lasen und wir lernten zusammen Lieder (Minii gemiig ootschlaatsch, Jesusee[104]). Es war schön. Durch all meine Leidenszeit hier hatte ich ein Bedürfnis, ihnen wirklich von der lebendigen Hoffnung weiterzusagen, und nun konnte ich dies für zwei Stunden tun, wenn auch beschränkt im Vokabular. Eigentlich alle von der Familie hörten es und waren interessiert, außer dem Vater. Ich schlug vor, ihnen ein Paket zu senden mit einer mongolischen Bibel und der Liedkassette.
Zum Mittagessen kochte Jürgen Milchreis – mit zu wenig Milch und zu wenig Holz! Das Ergebnis fraßen die Hunde und kauten sich dumm und dämlich. Als Gerlee vom Strand kam mit den Kindern, kochte sie eine Suppe. Mir fehlte immer noch der Appetit, und überhaupt war ich seit ungefähr vier Tagen nicht mehr auf dem WC gewesen. Am Nachmittag um vier Uhr, als immer noch kein Auto in Sicht war, bemühte ich mich langsamen Schrittes die 20-30 Minuten zum Strand runter. Etwas Sonne genießen und der Familie entspannt beim Baden zusehen, wollte ich auch – trotz der körperlichen Schwachheit und Schmerzen. Sie hatten Spaß im Wasser, das bestimmt 18-20° hatte. Sehr bequem war es für mich nicht. Ich war froh, als ich wieder zuhause im Bett lag, obwohl das ja eben auch nicht so bequem war. Hungrig warteten wir, bis Gerlee Wasser für die Suppe gekocht hatte – über 'ne Stunde wohl (sie hat auch keine Erfahrung im Heizen von Holzöfen). Abends zeigte das Fieberthermometer 38,5°, und das rechte Bein schmerzte auch. Im Bett hatten Jürgen und ich noch ein gutes Gespräch über Vertrauen, Reich Gottes, Prioritäten, Tod ...
Eigentlich war ich die ganzen Tage ruhig, hatte festes Vertrauen, dass Gott es gut machen würde. Jürgen fiel es schwerer; er hält die Unsicherheit schlecht aus und kann menschliche Fehler etc. schlecht als Gottes Willen einordnen. Diese Nacht nahm ich Paracetamol, wegen des Fiebers und auch, dass ich mal besser schlafe.

12. Juli 1993: Beten nach Jakobus Fünf

Während *Gerlee* am nächsten Vormittag mit den Kindern am Strand war, lasen

---

[104] "Mein Jesus, bitte vergib mir meine Sünden."

Jürgen und ich in der Bibel, sangen und beteten zusammen. Hier in der Einöde, ohne Telefon, Arzt oder Benzin, war Gott unsere einzige Hilfe. Also folgten wir kindlich dem Rat aus Psalm 50,15:
*Rufe mich an in der Not, so will ich dich erretten,
und du sollst mich preisen. (Lu)*
Beim Frühstück hatte ich meine letzte Portion Antibiotikumpulver angerührt und geschluckt. Nach unserem spirituellen Frühstück erledigten wir die anfallende Arbeit. Jürgen wusch im Seewasser die dringendste Wäsche, holte beim Nomaden Wasser zum Kochen und machte sich dann ans Holz Hacken, während ich das Fleisch klein schnitt. Doch schon die ersten angetrockneten Stücke, die ich zur Hand nahm, waren gespickt mit weißen Maden. *Gerlee* hatte die Fleischwürstchen zum Trocknen über die Schnur gehängt, aber dort, wo sie sich berührten und nicht der heißen Luft ausgesetzt gewesen waren, hatte es sich das Ungeziefer gemütlich gemacht. Bei meinem Aufschrei kam Jürgen herein gerannt, erleichtert, dass es nichts weiter war als meine Madenphobie, an der ich seit meiner Kindheit litt. Kaum hatte er das vergammelte Fleisch draußen weggeworfen, stürzten sich die Hunde darauf. Wir aßen fleischlos: Nudeln, Curry-Fertigsauce, eine Dose Fisch. Nach dieser Anstrengung legte ich mich ins Bett, konnte aber nicht schlafen.

Auch am Nachmittag hütete *Gerlee* die Kinder wieder am See, und Jürgen saß auf seinem Stammplatz, von wo aus er die Straße beobachten konnte und schon von weitem sah, wenn sich ein Auto in einer Staubwolke näherte. Nur einmal kam ein Fahrzeug, doch der Fahrer war besoffen und ließ nicht mit sich reden. Wegen der drei Nationalfeiertage war kaum jemand unterwegs. Als wieder keine Aussicht darauf bestand, heute wegzukommen, machte sich mein Mann auf zum Alten, um nach Antibiotika zu fragen. Es hätte ja sein können, dass sie gerade noch eine Packung von etwas Ähnlichem gehabt hätten, denn zu unserem Erstaunen waren fast alle Mongolen während der Sowjetzeit ausgebildet worden, sich und andern Antibiotikum zu spritzen.

Der Alte kam persönlich vorbei, um sich meinen Bauch anzuschauen (siehe Farbfoto). Nachdem er mich begrüßt hatte, langte er in die Brustöffnung seines abgewetzten Seiden*deel*, zog seine Hand hervor, die ein braunes Bündel festhielt, löste die selbst gedrehte Rosshaarschnur und legte das schmutzige Tuch samt Inhalt auf unseren Tisch. Einzelne in vergilbtes Aluminium eingepackte Tabletten starrten mich an wie Reliquien des letzten Weltkrieges, andere sahen etwas neueren Datums aus, waren aber nicht das, was er mir geben wollte.

„Das hier brauchst du.", murmelte er in seinen Bart und langte nach der Spritze, die inmitten der farbigen Pillen ruhte und dem Döschen Penicillin, das säuberlich verschlossen war. Die Spritze mochte ja neu sein, aber sie war nicht verpackt.

„Eh, ich glaube nicht, dass meine Frau diese Spritze braucht", sagte mein Mann schnell, bevor der Alte mit zittrigen Händen, die vor zwei Stunden vielleicht noch

Kuhdung aufgestapelt hatten, das Penicillingläschen öffnen konnte.
Ich war Jürgen dankbar. Schon die Untersuchung war mir nicht geheuer gewesen; schließlich war der Mann betrunken, aber umso entschlossener gewesen, seinem kranken Gast zu helfen.
„Das ist gute Medizin. Das wird helfen." Weil wir seine Spritze nicht wollten, hielt er uns nun beleidigt einige zerbröckelte Tabletten unter die Nase.
Ich wünschte mir, Jürgen hätte ihn gar nicht erst gefragt. Aber irgendwie musste ich ihn abwimmeln, denn irgendeine Pille schlucken, das wollte ich nicht. „Vielen Dank, dass Sie helfen wollen. Das ist nett. Aber wissen Sie, ich glaube ich brauche einen Arzt. Oder ein Auto zum nächsten Krankenhaus. Da wir beides nicht haben, kann mir nur noch Jesus helfen. Verstehen Sie? Jesus." Ich machte eine Geste, welche der Mongole als Beten erkannte. Der betrunkene Mann schaute, nickte stumm, schien aber ganz zufrieden, dass er seine Verantwortung an diesen Jesus-Gott abgeben konnte. Er packte sein Bündel wieder zusammen und torkelte davon. Eine neue Schale *äärag* wartete auf ihn.

Zum Glück verstand *Gerlee* das mit Jesus besser. Sie hatte dabei gestanden und war froh, dass ich keine Medizin angenommen hatte. Aber ihre Verantwortung konnte sie beim besten Willen nicht so einfach ablegen und weinte. Die Situation bedrückte uns alle. Ich begann mich zu fragen, wieso Jesus nicht half. Doch da erinnerte ich mich an den Jakobusbrief, Kapitel Fünf, wo Gott den Christen eine klare Anweisung für das Verhalten bei Krankheit gegeben hatte. Obwohl ich mit Ritualen nicht viel anfangen konnte, spürte ich, dass diese Handlung wichtig war, weil sie mein Vertrauen in Gottes Wort zum Ausdruck brachte. Voller Hoffnung bat ich Jürgen, mich mit Öl zu salben:
Vorher bekannten wir einander die Sünden. Es war eine bewegende Zeit, auch für die Kinder und Gerlee, der wir erklärten, was wir tun. Jürgen und ich hatten auch eine Aussprache, die einiges klärte. Wir vergaben einander.[105] *Ich vergab auch noch mal bewusst Ma und Pa, Juliette, Bernadette, Gregory. Dann salbte Jürgen mich mit Öl im Namen des Herrn. Wir waren als Familie eine kleine Gemeinde. Michaja betete auch für mich. Es war schön. Ich spürte nicht sofort eine Veränderung. Ich war aber getrost, dass alles wirklich so kommt, wie Gott es haben will. So schlief ich dann ein und hatte eine eher unruhige Nacht.*
Für Jürgen war dies die längste Nacht seines Lebens. Als ich nachts aufstehen musste, um in den Klo-Eimer zu pinkeln, den wir für mich im Zimmer eingerichtet hatten, und er sah, wie ich mühsam die wenigen Meter humpelte, war er sehr enttäuscht. Kein Wunder, keine Sofortheilung. Wo blieb Gott? Wo war seine Hilfe?

---

105 Ich glaube, es ging dabei unter anderem um die Tatsache, dass ich nicht auf Jürgen gehört hatte, der laut Bibel vor Gott die letzte Verantwortung für die Familie trug und vernünftiger gewesen wäre.

13. Juli 1993: Gott erhört Gebet!

Am nächsten Morgen erwachte ich mit ähnlichen Schmerzen wie am Tag zuvor. Nach dem Frühstück hielten wir Andacht und redeten mit den Buben über ihre Kindheit. Auch ich hatte in der Nacht nicht schlafen können. So einiges war mir durch den Kopf gegangen, das ich mit den Buben besprechen wollte. Ich entschuldigte mich bei ihnen auch für Fehler, die ich erkannt hatte. Dann aber versuchten wir unsere Kinder mit einem Spiel vom Ernst der Lage abzulenken. Das gelang uns aber nicht wirklich. Das Mittagessen bot auch keine Ablenkung, denn es gab wieder Nudeln, diesmal mit der letzten Fertigsauce, die ich dabei hatte.

Am Nachmittag versuchte ich zu schlafen. Alle andern waren im andern Zimmer, so dass ich meine Ruhe hatte. Aber schlafen konnte ich nicht, ich weinte. Als ich etwa um drei Uhr aufstand, um mein Gesicht zu waschen, traf ich niemanden an und der Wasserbehälter war leer. Ganz vorsichtig trippelte ich hinaus zum Fluss, der neben der Hütte vorbeifloss. Die kühle Luft tat gut. *Gerlee* sah mich und erklärte mir, dass Jürgen in der Jurte sei und mit dem alten Mann trinken müsse. Ich fühlte mich noch hilfloser. Als sie und ich wieder im Zimmer waren, hörten wir Schritte auf dem Gang. Aber es war nicht Jürgen, sondern drei Lastwagenfahrer, die unverfroren in unser Zimmer traten.

„*Säämbääzgaano?*", grüßten sie. Auch sie schienen angetrunken, bemerkten wohl aber schnell, dass mit mir etwas nicht stimmte und ließen mich in Ruhe. Sie unterhielten sich mit *Gerlee*. Als sie erfuhren, dass ich Schweizerin war, zog einer der Männer eine kleine schwarze Dose aus der Hosentasche und hielt sie mir hin.

Ich wünschte mir, Jürgen wäre da.

Gerlee übersetzte: „Sie wollen, dass du ihnen den Text übersetzt. Sie haben das auf dem Schwarzmarkt gekauft."

Ich starrte auf die Buchstaben und erschrak. Es handelte sich um irgendeine Art von Verteidigungswaffe, etwas, das man nur im Ernstfall einsetzen durfte. Es war ein chemisches Mittel und das Döschen war gekennzeichnet mit dem üblichen Totenkopf und der Giftwarnung. In Sekundenschnelle rasten Filme an mir vorbei, Szenen von Drohungen, Entführungen, Lösegeld. Ich traute diesen Kerlen nicht. Mich erfasste Angst.

„Und, was ist das?", wollten sie wissen und mir das Ding auch wieder aus der Hand nehmen.

„Vorsicht!", sagte ich. „Da muss man aufpassen. Das ist etwas Gefährliches." Und nach einer Weile fragte ich: „Wieso habt ihr das überhaupt?"

„Ein Freund hat das für uns besorgt. Meinte, wir sollten das einfach versprühen, wenn es gefährlich wird." Bei diesen Worten lugte Michaja ins Zimmer hinein, und ich sagte ihm schnell, dass er Papi holen gehen solle. Er rannte davon.

Nun bekam es auch *Gerlee* mit der Angst zu tun. Ich sagte zu ihr auf Deutsch, dass ich den Männern das Ding erst draußen gäbe und nicht hier im Zimmer. Und so machten wir es auch. Es passte ihnen zwar nicht, aber ich beteuerte, nachdem

ich die Gebrauchsanweisung einigermaßen übersetzt hatte, ich wolle dieses gefährliche Ding nicht hier im Haus haben.
Kurz nachdem sie abgefahren waren, kam Michaja mit einer Tochter des Alten zurück. „Papi ist nicht mehr in der Jurte.", sagte er und das Mädchen ergänzte: „Er ist mit meinem Vater zu einer Stelle am See gefahren. Dort ist ein Lastwagen angekommen."
Endlich war ein Auto in Aussicht, das uns mitnehmen würde! Ich fing an, mit den Buben alles zusammenzupacken, so gut es ging. Bald kam Jürgen zurück und zwar mit einer Frau, die Fachärztin für Inneres war!
Welche Gebetserhörung! Hier in dieser Einöde genau den Arzt zu finden, den wir brauchten.
Es war kein Zufall. Dr. Altantschimeg erzählte uns, dass die Männer des Elektrizitätswerks in Ulaangom anlässlich des *naadam* einen Betriebsausflug machten. Sie wäre halt mitgegangen, als einzige Frau, weil sie Ärztin wäre. Für alle Fälle.
Ich wurde untersucht, und dem Schmerz nach schien es der Blinddarm zu sein. Blutdruck war okay. Es war ungefähr vier Uhr, und sie sagte dann, dass sie um acht Uhr zurückfahren würden und wir mit ihnen mitfahren könnten. Wir waren sehr froh."
Natürlich wären wir gerne früher gefahren, aber das konnte die Ärztin den Männern, die zum Feiern (sprich: Saufen) an den See gekommen waren, nicht zumuten. Die würden nicht wegen einer kranken Ausländerin ihren Ausflug unterbrechen wollen. Der Tod gehörte hier in der Mongolei zum Leben. Entweder man sah es materialistisch, dann war eh' alles aus nach dem Tod, oder man war Buddhist und dann wartete ein weiteres Leben auf einen …
Wie die Frau mir später gestand, wusste sie bereits zu diesem Zeitpunkt, dass mein Blinddarm geplatzt war, aber sie meinte: „Ich hätte euch das doch nicht sagen können! Ich hatte Angst, dass ihr alle hysterisch werdet, wenn wir nicht sogleich abfahren."
Das hätte den Nagel wohl auf den Kopf getroffen. Auch so wurde die Zeit bis zur versprochenen Abfahrt lang. Der besoffene Alte umarmte Jürgen in der Jurte, als dieser unsere Rechnung bezahlen ging. Dann fuhr uns der Sippenhäuptling mit seinem Lastwagen, in dem weniger Benzin zu sein schien als er Alkohol im Blut hatte, zum See runter zu den andern. Auch ich wurde zum Abschied von seinem stachligen Bart traktiert. Die Kraftwerksangestellten hatten in der Tat gefeiert und viel getrunken.
Um 19.50 Uhr fuhren wir endlich los. Ich saß vorne, neben mir links der älteste Mongole der Gruppe, der die meiste Zeit seinen Kopf und das halbe Körpergewicht auf meine linke Schulter legte, weil auch er dem Stutenschnaps zu sehr zugesprochen hatte. Rechts neben mir saß die Ärztin mit ihrem dreijährigen Mädchen. Jürgen, Samuel und Michaja hockten mit *Gerlee* und sechs bis sieben Besoffenen hinten in dem umgebauten Lastwagen. Nach einer Stunde Fahrt gab es die erste Pause: das *äärag*-Fass und die Schnapsflaschen wurden ausgeladen

und es wurde weiter gefeiert (siehe Farbfoto). Die Ärztin drängte nun aber, und so fuhren wir bereits nach zehn Minuten weiter. Es war mir nicht langweilig, weil *Altantschimeg* schöne Lieder sang. Ich versuchte mich auf den Text zu konzentrieren, um die Schmerzen im Bauch weniger zu spüren. Nach einer weiteren Stunde gab es die zweite Pause, gerade rechtzeitig, damit Samuel kotzen konnte. Den nächsten Halt legte der Fahrer bei einem *owoo*-Steinhaufen ein, aber zum Glück zwang uns niemand auszusteigen.

Dann kam der schlimmste Teil der Fahrt, über viele Flussarme. Das Geholper auf der Naturpiste wurde immer schlimmer. Samuel musste nochmals erbrechen, diesmal über den ganzen Tisch hinweg, der zwischen den Passagieren in der Mitte des Lastwagenteils stand. Jürgen konnte vor einer Kurve den Kopf eines schlafenden Mannes noch rechtzeitig genug aufrichten, damit dieser nicht einen Schwall Mageninhalt abbekam. Unter anderen Umständen wäre es eine äußerst amüsante Fahrt gewesen. So aber eigentlich eine Fahrt auf Leben und Tod. *Altantschimeg* hatte mir nämlich verraten, dass ich dringend eine Operation brauchte.

„Wollen Sie in Ulaangom operiert werden? Sollen wir die Chirurgen suchen gehen?", fragte sie mich ein paar Kilometer vor Ulaangom.

Ich verstand nicht genau, was sie meinte, denn in einem Schweizer Krankenhaus musste man die Chirurgen ja auch nicht erst suchen gehen.

„Normalerweise haben sie Schicht und sind da. Aber wegen des Festes sind auch sie aufs Land gefahren, um Verwandte und Freunde zu besuchen. Wenn es Notfälle gibt, kann man sie natürlich rufen."

„Was wäre die Alternative?", fragte ich zurück.

„Nun, morgen früh kommt ein Flugzeug aus Ulaanbaatar. Eventuell könnten Sie da mitfliegen und die OP in der Hauptstadt machen lassen."

Ich wog die beiden Möglichkeiten ab. Schnelle OP unter dem Messer von betrunkenen oder zumindest angetrunkenen Chirurgen in Ulaangom, die Kinder in schmutzigen Kleidern mehr oder weniger allein in einem Hotelzimmer oder warten auf eine OP in der Hauptstadt mit besseren Ärzten und die Kinder in sicheren Händen zuhause. „Was würden Sie tun?", fragte ich meine Begleiterin.

„Ich würde nach UB gehen." Die Entscheidung fiel ihr leicht.

Mir auch.

Es war unterdessen dunkel geworden und man sah die Schlaglöcher und riesigen Pfützen erst in allerletzter Minute, wenn überhaupt. Der Fahrer hatte trotz guten Vorsätzen zu oft in die Schale geschaut und verlor ab und zu den Weg. Durch dieses unnötige Hin und Her war es auch *Altantschimegs* Tochter schlecht geworden und sie musste erbrechen. Ich schaute auf meinen begossenen Turnschuh, konnte mich aber nicht rühren, weil seit der zweiten Pause der Bruder der Kleinen auch noch bei uns vorne saß, meistens auf meinem linken Bein.

Eine halbe Stunde vor Mitternacht hatte der Fahrer endlich die schwachen Lichter von Ulaangom gefunden. Die Ärztin und ich stiegen beim Krankenhaus

aus, während Jürgen, *Gerlee* und die Kinder zum Hotel gebracht wurden. Jürgen wollte die Kinder ins Bett bringen und dann herkommen.

Ich wurde vom zuständigen Arzt, der aber kein Chirurg war, nochmals untersucht. Kurz bevor *Altantschimeg* mir die Tabletten reichte und der Arzt mir einen Zettel für den Flughafenchef gab, damit wir sofort Plätze bekämen, stürzte ein junger, englisch sprechender Mongole ins Untersuchungszimmer.

„Guten Abend?" Darf ich Sie untersuchen?"

Wir wissen alle, dass er das zu seiner Enttäuschung nicht durfte.

14. JULI 1993: BLINDDARM GEPLATZT!

Als Dr. *Altantschimeg* am nächsten Tag mit ihrem Kollegen zu mir kam, brachten sie eine Maschine mit, die in meinem Unterleib ein großes rundes Ding sichtbar werden ließ. Dann maßen sie die Kugel aus und gaben mir einen Zettel für den Arzt in Ulaanbaatar.

Sie meinten, dass heute oder morgen fliegen nicht gefährlich sei ...,
steht in meinem Tagebuch. Es verwirrt mich noch heute, dass sie mir zu jenem Zeitpunkt nicht klar sagten, was sie wussten, denn untereinander hatten sie ja ständig von diesem *mochorolgää* geredet.

Und tatsächlich war mein Blinddarm unterdessen längst geplatzt, der Eiter ausgelaufen und die Muskeln bemühten sich krampfhaft, ihn in einer Art Kugel, die man auf der Maschine hatte sehen können, festzuhalten. Nun, ich muss sagen, die Ignoranz dieser schwerwiegenden Fakten hat sicher geholfen, dass ich auch weiterhin relativ ruhig bleiben konnte; ruhig aber auch deshalb, weil ich bereit war zum Sterben: ich hatte Frieden mit Gott und den Menschen und wusste zutiefst, dass Gott keine Fehler machte. Wenn er zuließ, dass ich jetzt starb, dann musste es einen Sinn haben. Und die Macht, es zu verhindern, hatte er ebenfalls, egal wie die Diagnosen lauteten. So vertrauten wir unserem himmlischen Vater und warteten einen weiteren Tag aufs Flugzeug:

Unterdessen ist es sieben Uhr. Der Himmel ist wieder klarer, das Flugzeug soll aus UB abgeflogen sein, doch ob wir morgen früh fliegen können, bleibt rätselhaft. Die Kinder und Jürgen sind zu Gerlees Familie essen gegangen. Ich bleibe hier, will mich schonen. Am Mittag [...] waren wir auch dort, nachdem wir vergebens versucht hatten zu schlafen. Die Kinder haben nie so richtig Appetit auf das Essen; peinlich! Die Familie hat's schwer mit uns: lauter Probleme. Am Nachmittag ging Jürgen Beat telefonieren, dass er Bescheid weiß. Dann von vier bis sechs Uhr hatte ich Ruhe (außer eines getarnten Besuchs einer Bettlerin), konnte aber kaum schlafen. Doch das Kopfweh war weg! Um halb sechs Uhr kam Jürgen mit den Buben heim, selbst recht k.o. und müde. So beschäftigte ich die Kinder bis kurz vor sieben, so dass er ein bisschen Ruhe hatte.

Und nun will ich singen und loben („in allen Umständen" steht geschrieben).

TEIL 5: ULAANBAATAR, MONGOLEI, 1991-1993

15. JULI 1993: KOMMT GOTTES HILFE ZU SPÄT?

Singen und Loben in solchen Umständen? Vielleicht waren ja die „Farne Geduld, Langmut und Sanftmut", die Gott in meinem Seelengarten wachsen lassen wollte, bereits im Schatten des vergangenen Leids gesprosst? Ich kann es mir nicht anders erklären, als dass Gott eben in schwierigen Situationen, an denen wir eigentlich verzweifeln müssten, eine extra große Portion Glauben und Vertrauen bereitstellt, wenn man bei ihm Zuflucht sucht. Und das haben wir getan, immer wieder.

Die folgenden Tagebuchauszüge, die dem 15. Juli ein authentisches Gesicht geben, stammen vom 16. Juli, denn am Tag davor war ich definitiv nicht in der Lage, mein Tagebuch nachzutragen:

Mitten in der Nacht erwachte ich wegen stechender Schmerzen in der Seite; ich konnte nicht mehr wie gewöhnlich liegen. Ich versuchte mich aufzusetzen, hatte große Schmerzen. Es war vielleicht drei oder vier Uhr. Jürgen half mir neu ins Bett, nach der Toilette. Ich schlief vielleicht ein bisschen, doch um halb sieben Uhr weckte ich Jürgen wieder; ich dachte, es wäre besser, wenn ein Arzt mich nochmals untersuchen käme. Er ging bald darauf zu Gerlee, erkundigte sich nach dem Flugzeug, das angeblich bis Gobi Altai gekommen war und schickte Gerlee ins Krankenhaus.

Kurz nach acht Uhr kam *Altantschimeg* vorbei. Zum ersten Mal wagte sie eine vorsichtige Vermutung, der Blinddarm könnte geplatzt sein. Nun ging es mir unterdessen nämlich so schlecht, dass sie endlich eine Erklärung liefern musste. Sie tat das sehr theatralisch: Wie wenn sie froh wäre, das medizinische Versteckspiel endlich aufgeben zu können, fiel sie auf ihre Knie, kreuzte die Arme vor der Brust, pendelte mit ihrem Oberkörper ein paar Mal nach vorne und zurück und sagte dazu: *Borchang min, Borchang min, ongoz unuudur ire…*[106] Mit welchem mongolischen Verbsuffix sie ihr verzweifeltes Gebet beendet hat, weiß ich nicht mehr, aber Jürgen und ich erkannten nun den Ernst der Lage. Jede Minute schien kostbar, um mein Leben retten zu können. Also machten wir uns bereit.

Wir packten zusammen, da hieß es, das Flugzeug komme zwischen neun und halb zehn Uhr an. Check-out, mit Lada zum Flughafen, dort allerdings noch fast eine halbe Stunde warten. Endlich ins Flugzeug rein und um zehn rum flog es ab. Diesmal Zwischenlandung in Murun."

Ich erinnere mich noch gut, als der Befehl ertönte, dass alle aussteigen müssten, während das Benzin nachgefüllt würde. „Nein, keine Ausnahme", hieß es. Es dauerte eine Ewigkeit, bis ich das Flugzeug verlassen hatte. Zum Glück gab es draußen auf der Naturpiste verrostete Eisengestelle, auf die ich mich setzen konnte. Die Kinder sammelten Wildblumen und beide brachten mir einen Strauß voll. *Werde ich morgen noch leben? Ist dies die letzte Erinnerung an meine Kinder, wie sie so da neben mir sitzen in ihren vor Dreck strotzenden Hosen und violetten Pullis*

---

106 „Mein Gott, mein Gott, wenn nur das Flugzeug heute kommt!"

und mir die Blumen entgegenhalten? Ich kann mich nicht erinnern, solche Gedanken gehabt zu haben. Tief in mir wusste ich, dass alles gut werden würde, obwohl die medizinischen Fakten eine andere Sprache redeten. Ich war froh, dass Beat benachrichtigt war und sich in UIaanbaatar um die beiden kümmern würde. Er war ein zuverlässiger, lieber Kerl, Gold wert in einer solchen Situation!

Beats bestellter Krankenwagen war bereits da, als das Flugzeug um zwei Uhr landete, doch irgendwie erinnere ich mich, dass ich noch lange auf den Koffern saß, bis der Weg zu mir frei war. Ich konnte nun keinen Schritt mehr gehen. Mit Blaulicht fuhren wir die 15 Kilometer ins Stadtzentrum, begegneten unterwegs einem Krankenwagen, der ebenfalls heulend zum Flughafen fuhr (erst später vernahmen wir, dass der Pilot auf Anweisung der Ärztin diesen angefordert hatte), und ich musste mich auf die Schnelle entscheiden, in welchem Krankenhaus ich operiert werden wollte. Ich erinnerte mich, dass die Mongolen gut über das „Nummer Eins"-Krankenhaus geredet hatten. Das lag auch in der Nähe unserer Wohnung. Also brachte mich der Krankenwagen gemäß meinem Wunsch dorthin.

Ich umarmte die Kinder, winkte Beat dankbar zu und wurde in Begleitung von Jürgen bis zu einem Zimmer gebracht, in das er nicht mehr rein durfte. Dort wartete ich erst mal etwa eine halbe Stunde auf einer Pritsche, bevor man mich beachtete. Gott hatte so geholfen mit allem, dass ich wohl nicht todkrank genug aussah, um sofort untersucht zu werden. Oder vielleicht gab der Pilot den Ärztebrief der andern Ambulanz mit, so dass erst reagiert wurde, als diese eintraf. Auf jeden Fall untersuchte mich endlich ein Arzt und rief dann auf der Stelle den Chefarzt herbei. Es war nun 15.45 Uhr. *Dr. Otgondalää* wollte gerade in den Urlaub fahren. Er hatte seinen Kittel bereits ausgezogen und sich verabschiedet, als er sich noch schnell den Brief und mich, die Ausländerin, ansah.

„Ich werde diese OP selbst vornehmen", meinte er mit ernster Miene. Auf sein Geheiß hin lief nun alles wie am Schnürchen, so dass ich kaum Gelegenheit fand, mich von Jürgen zu verabschieden:

Personalien wurden aufgenommen, ich musste mich entkleidet auf ein Bett legen, dann wurden mir die verschiedenen Ärzte vorgestellt, und schon ging es in den OP, wo ich noch ein interessantes Gesprächlein hatte mit dem deutsch sprechenden Narkosearzt, bevor ich aufgeschnitten wurde. Jürgen saß unterdessen im Ärztezimmer und wartete (von 16.45 bis 18 Uhr). Er bekam den geplatzten Blinddarm dann auch zu sehen.

Während der Operation träumte ich von einer kranken Person, die operiert wurde[107]. *Als ich aus der Narkose aufwachte, erschrak ich, als ich merkte, dass ich diese Person war. Ich fand mich überhaupt nicht zurecht. Der Bauch schmerzte ärger als vorher; ich konnte mich nicht rühren. Es waren schreckliche Stunden, ich vermisste jemanden, der mir alles auf Deutsch erklärt und mich getröstet hätte. Stattdessen musste ich mich mit Mongolisch rumschlagen, um herauszufinden,*

---

107 Im Traum konnte ich auf meinen Körper heruntersehen, der da auf dem OP Tisch lag. Aber ich dachte, das sei jemand anderes.

wo ich war, was los war, wie die Operation verlaufen war. Ich hatte schrecklichen Durst, bekam aber nichts. Jürgen durfte nicht zu mir. Stattdessen spielte sich der Narkosearzt als Vermittler auf, auch als Jürgen dann zu Hause war und er mit ihm telefonierte. Es folgte eine unruhige Nacht ohne viel Schlaf. Ab und zu gab's ein bisschen Tee, dann mal 'ne Spritze oder der Blutdruck wurde gemessen.

Als Jürgen um halb zehn Uhr morgens kam, beteten und dankten wir Gott erst mal für sein Eingreifen und **die gelungene Operation** (siehe Farbfoto). Jahre später, als *Dr. Otgondalää*, mein Chirurg, tragischerweise durch eine Salmonellenvergiftung ums Leben kam, hörten wir, wie international anerkannt er gewesen war. Ich verdanke nicht nur Gott, sondern auch ihm und seiner Bereitschaft, seine Ferien um drei Stunden zu verschieben, mein Leben.

Translation of the enclosed bill from the 1st state-hospital in Ulaanbaatar, Mongolia,
Peritonitis operation on 15th of July 1993

Hospital bill of Swiss citizen Rita Kullmann

1. Ambulance (Airport to Hospital)	US $ 15.--
2. Surgery: 1hour and 20 minutes	
a.) Surgeon Dr. Otgondalai	US $ 40.--
b.) Surgeon Dr. Narantuya	US $ 25.--
c.) Anaesthetic Dr. Ganbaatar	US $ 25.--
d.) Assistant Dr. Jincholoon	US $ 20.--
e.) Surgeon nurse Chosba	US $ 15.--
f.) Anaesthetic nurse Narantuya	US $ 15.--
3. Anaesthetic, medicines, injections, syringes	US $ 30.--
4. Daily change of dressing	US $ 10.--
5. Use of the operating theatre	US $ 10.--
6. 6 days in a 2-person room	US $ 60.--
7. 6 days in a 4-person room	US $ 36.--
8. Physiotherapy 8 times	US $ 8.--
9. Post-hospital daily change of dressing	US $ 7.--
Total	US $ 316.--

Head of the surgery department Dr. Otgondalai

Doctor in charge of bill Dr. Tumurbaatar

Place and date:
Ulaanbaatar, 4. 8.1993

Wenn ich heute auf www.gesundheitpro.de lese, wie meine Erkrankung geschildert wird, dann stimmt mich das Gott gegenüber enorm dankbar:

Die Bauchfellentzündung (Peritonitis) ist eine lebensgefährliche Komplikation einer entzündlichen Erkrankung der Bauchorgane oder Folge einer Infektion nach Operationen. In dem Spalt, der zwischen den Teilen des Bauchfells liegt, können sich Bakterien besonders leicht ausbreiten und in die Blutbahn übertreten. Eine Allgemeininfektion mit Kreislaufversagen und Schädigung aller Organe kann die Folge sei. [...] Eine Bauchfellentzündung verursacht sehr starke Schmerzen. Der Bauch ist aufgebläht und stark druckempfindlich. Jede Berührung ist schmerzhaft und die Muskeln sind angespannt. Der Bauch erscheint bretthart. Patienten mit einer Peritonitis vermeiden sorgfältig jede Bewegung, die Beine sind oft angewinkelt, um Erleichterung zu verschaffen. Meist haben sie Fieber, rektal gemessen etwa um 1,5° höher als unter der Achsel. Allgemein geht es ihnen sehr schlecht, oft sind sie ganz benommen und atmen flach und schnell. Übelkeit und Erbrechen können hinzukommen.

Unbehandelt schreitet die Entzündung schnell voran. Die Erreger gelangen vom Bauchfell leicht ins Blut und führen zu einer allgemeinen Entzündung (Sepsis). Kreislaufprobleme bis zum Kollaps und das Versagen sämtlicher Organsysteme sind die Folge. Ohne ärztliche Intervention endet die Erkrankung tödlich.

KONDOLENZ AUS DEM UVS-AIMAG

Für *Dr. Altantschimeg* aus Ulaangom war genau diese tödliche Folge eine unausweichliche Tatsache meines viel zu früh geplatzten Blinddarms. Sie glaubte nicht mehr daran, dass ich den Flug nach Ulaanbaatar überleben würde.

Als sie im Herbst des gleichen Jahres zu einem Ärztekongress in die Hauptstadt kam, begegnete sie an einer Bushaltestelle meiner Freundin *Gerlee* und kondolierte ihr: „Es tut mir Leid, dass deine Freundin gestorben ist. Da kam jede Hilfe zu spät."

„Welche Freundin", fragte *Gerlee* verwirrt.

„Na, die Schweizerin", erklärte die Ärztin.

Erfreut blickte *Gerlee* sie an: „Rita lebt. Sie hat's überlebt! Sie wurde in UB operiert; es geht ihr gut. Zwar ist die Narbe noch nicht zugeheilt, aber sie ist wohlauf."

„Das glaube ich nicht!" Die zierliche Mongolin war ganz aufgeregt. „Ich muss sie mit eigenen Augen sehen."

Und so tauchte *Gerlee* mit *Dr. Altantschimeg* eines Tages im November bei uns auf, und wir konnten ihr bei einer Tasse Tee die ganze Geschichte erzählen:

* Den Grund, wieso wir in die Mongolei gekommen waren ...
* Unsere lang ersehnten Ferien in Charchiraa und am Chiargas-See ...
* Die Schmerzen, die Ungewissheit ...
* Unsere Hilflosigkeit ohne Telefon, Auto, Arzt ...
* Das Gebet nach Jakobus Fünf und das Sündenbekenntnis ...
* Der platzende Blinddarm, der auslaufende Eiter, der Muskelball ...
* Die Ankunft der Leute aus dem Kraftwerk, die erste Untersuchung ...

Von hier aus kannte sie die Geschichte ja als Augenzeugin bis zu dem Moment, wo wir in Ulaangom ins Flugzeug gestiegen waren. Ganz gespannt wartete sie auf den Schluss der Geschichte:
* Die Zwischenlandung in Murun …
* Die Ankunft in Ulaanbaatar …
* Die Fahrt ins Krankenhaus …
* *Dr. Otgondalää*s Selbstlosigkeit …
* Gottes Hilfe zum Gelingen der Operation …
* Eine den Umständen entsprechend rasche Genesung …

EIN WUNDER GOTTES
Wir hatten alle Tränen in den Augen, als ich meinen Erlebnisbericht schloss.
„Das ist ein Wunder. Das ist ein Wunder", murmelte *Dr. Altantschimeg* immer wieder vor sich hin. Dann wandte sie sich zu mir und sagte – fast ein bisschen eifersüchtig: „Gott muss dich sehr lieb haben, dass er dein Leben auf diese Weise gerettet hat."
Ich nickte.
Ich wusste es.
Ich spürte es.

Diese Liebe wollte ich mit andern teilen. Nun noch viel mehr als vorher. Dafür hatte mir Gott das Leben nochmals geschenkt.
Ein Leben, das einem Garten glich mit Blumen und ein paar Farnen …

Epilog

Deshalb!

„Vielen Dank, Bruder Jürgen und Schwester Rita.
Durch eure Liebe und Opferbereitschaft für die Mongolen
haben wir den Weg zu unserem Herrn Jesus Christus gefunden.
Ihr habt uns Christus gezeigt,
nicht nur in Worten, sondern durch euer Leben."

D. Munchdschargal

Epilog: Deshalb!

25

MONGOLISCHE ANTWORTEN

Mongolische Antworten. So lautet der Titel meines Buches. Rückwirkend sehe ich in meinem Leben und aus meinen Tagebüchern, dass ich Gott viele Fragen gestellt und ihn um vieles gebeten habe.

Ich glaube, Gott freut sich, wenn wir fragend und bittend zu ihm kommen, denn das ist ein Zeichen einer guten, lebendigen Beziehung. Man möchte den andern immer besser kennenlernen und tiefer verstehen …

Wie hat Gott geantwortet? Und was haben seine Antworten mit der Mongolei zu tun? Weshalb sind es „mongolische" Antworten?

Vielleicht hilft es der Leserin oder dem Leser, eine Antwort auf diese Fragen zu finden, wenn ich einige meiner Gebete, die ich im Verlauf meines Lebens an Gott gerichtet habe und die in diesem Buch zitiert werden, hier nochmal konzentriert wiedergebe:

HINWENDUNG ZU JESUS, 1. JUNI 1978

Jesus, dir leb' ich, Jesus, dir sterb' ich,
Jesus, dein bin ich im Leben und im Tod!

BERUFUNG, 16. JANUAR 1982

Irgendwie weiß ich, dass ich in die Mission gehöre. Doch wohin? China?
Herr, ich bin wirklich bereit zu gehen, wenn du es willst.
Leite mich und führe meinen Weg, wie du es willst.
Ich will für alles bereit sein.
Ich bitte dich um klare Antwort.

ABHÄNGIGKEIT, 1983

Ich sehne mich nach einer Zeit,
wo ich auch in finanzieller Hinsicht vom Herrn abhängig bin.
Mein Glaube soll sich vertiefen.
Ich möchte auch lernen,
in Schwierigkeiten und Leiden dem Herrn treu zu bleiben.
Es kommt mir vor, wie wenn unser Erfahrungsbereich mit dem Herrn
hier in der Schweiz sehr eingeschränkt ist,
obwohl ich spüre, dass man auch hier ausbrechen könnte …
Hilf mir, Herr, die Einengungswände der Erfahrung mit dir
zu durchbrechen und dich anders, tiefer zu erfahren als bisher!

Liebe & Ehe, 1984-1985
Gott-Vater, du bist mir lieber als alles.
Wenn ich mich entscheiden muss zwischen Jürgen und dir,
dann will ich dich.
Ich will deinen Willen tun.
Entscheide du, was für mich das Beste ist.

Führung & Leitung, 1985-1991
Ich war Gott dankbar, dass er mein Coach war
und genau wusste, was ich brauchte;
ich konnte alles mit ihm besprechen.
Er wusste ja schließlich am besten, was die Zukunft brachte.

Ein paar Tage später, an Silvester,
beteten Jürgen und ich für das Volk der Mongolen.
In einer Statistik lasen wir, dass die Hälfte aller Einwohner Kinder seien.
Wie würden sie von Jesus und der Bibel hören?

Mit Lisa und ihrem Mann entwickelte sich eine tiefe Freundschaft.
Und immer wieder beteten wir zusammen für das mongolische Volk.

Wir beteten um Weisheit, baten Gott, zu uns zu reden,
hörten auf Gottes Stimme …

Es war höchst spannend zu sehen,
wie Gott Menschen aus aller Welt berief,
sich für die Mongolei vorzubereiten.
Wir kannten uns, beteten füreinander und informierten uns gegenseitig.

Mongolei, 1990-1991
Welche Richtung wird das Land und seine Regierung einschlagen?
Als Christen müssen wir nicht tatenlos zusehen, nein,
wir können beten, dass Gottes Wille und Plan geschieht!
Betet bitte für die neuen Parlamentsmitglieder in der VR Mongolei.
Gott möge ihnen Weisheit schenken,
die richtigen Entscheidungen zu treffen.

Das Letzte, was die Mongolei braucht, ist eine christliche Religion
ohne die erneuernde Kraft Jesu durch den Heiligen Geist.
Bitte betet! Das ist eine faszinierende, aber auch heikle Zeit.

Epilog: Deshalb!

Ausreise, 1991
Ich legte also meine Sorgen im Gebet bei ihm ab und bat Jesus,
uns als Eltern zu helfen …
Gib du, Herr, dass wir ihnen gerecht werden können,
ihrem kindlichen Wesen, ihren Ängsten, ihren Bedürfnissen
und vor allem ihrem geistlichen Innern.
Hilf du, Herr, uns allen.
Wir brauchen dich.

Im Wissen, dass viele Christen mit ihren Gebeten hinter uns standen,
fühlten wir uns gestärkt und bereit, in die Mongolei zu reisen.

Überleben, 1991-1992
Nun, uns bleibt nichts als Gott darin völlig zu vertrauen.
Er weiß, was wir brauchen! Wir sollen uns nicht sorgen!
Ich will das üben, o Herr, und dir vertrauen!

Unser tägliches Brot gib uns heute.

Charakterveränderung 1992-1993
Lehre mich, Herr, mit dir Schritt zu halten,
am Pulsschlag deines Handelns zu sein in meinem Leben,
dem Leben meiner Familie und dem Leben hier in der Mongolei!
Herr mache mich geduldig.

Herr, hilf meinen Gefühlen.
Verbinde du, was verletzt ist.
Verbinde das, was blutet.
Erneuere, was am Absterben ist.
Erwecke zum Leben, was bereits gestorben ist.

Mein eigener Duft ist so stark, o Herr, ich brauche die andern,
um ihn wohlriechend, dir gefällig zu machen.
Ich möchte auch, dass meine Fehler und Schwächen
durch die Gemeinschaft mit den andern zum Vorschein kommen.

Ich möchte lernen, demütig zu sein vor dir und vor den Menschen.

Ist Geiz eine in Europa tolerierte Sünde?
Können wir da lernen von asiatischen Menschen,
was es heißt, freigebig zu sein? …
Herr, hilf doch, uns an deinem Wort zu orientieren!

*Für uns ist diese Aufforderung des mongolischen Bruders
„Seid uns Vorbild!" eine enorme Herausforderung,
die wir nur wahrnehmen können im Wissen um die Hilfe Gottes
und die Unterstützung Eurer Gebete.
Wir sind froh, dass wir kein perfektes Christ-Sein „vorchrampfen" müssen,
sondern auch mal schwach sein dürfen.
Es ist uns ein Anliegen, dass unsere Geschwister in unserem Leben
das Geheimnis der Vergebung und des Neuanfangs beobachten können.*

NÄHE ZU GOTT, SOMMER 1993

*Niemand als du, Herr, kann die Sehnsucht meines Herzens stillen.
Nichts, das ich tue, Herr, kann das ersetzen,
was ich durch die Nähe zu dir bekomme.
Nur du kannst meine tiefste Sehnsucht stillen.
Nur du kannst mir neues Leben einhauchen.
Nur du kannst mein Herz mit Lachen erfüllen.
Nur du kannst das Schreien meines Herzens beantworten.
Vater, ich liebe dich, komm und befriedige die Sehnsucht meines Herzens.
Fülle mich, überwältige mich,
bis ich deine Liebe tief in meinem Herzen spüre. (Lied)*

*O Herr, du bist mein Licht.
O Herr, du bist meine Errettung.
Du hast mich von aller Furcht befreit
und du bist der Verteidiger meines Lebens,
denn mein Leben ist mit Christus in Gott verborgen.
Du hältst mich in deiner Liebe geborgen.
Du hast mich emporgehoben und meine Füße auf einen Felsen gestellt.
Ich werde vor Freude singen im Hause Gottes. (Lied)*

HILFE & HEILUNG, JULI 1993

*Psalm 50,15:
Rufe mich an in der Not, so will ich dich erretten,
und du sollst mich preisen.*

*Wir praktizierten den Rat in Jakobus Fünf und Jürgen salbte mich mit Öl:
Wir waren als Familie eine kleine Gemeinde.
Michaja betete auch für mich. Es war schön.
Ich spürte nicht sofort eine Veränderung.
Ich war aber getrost, dass alles wirklich so kommt, wie Gott es haben will.*

Und nun will ich singen und loben; „In allen Umständen" steht geschrieben.

DESHALB

„Wozu das alles, Gott?", hatte ich oft gefragt, als ich die Schwierigkeiten in meinem Leben nicht einordnen konnte.
„Weil du mich gebeten hast, dass ich dich verändere.", antwortete Gott, „weil du Geduld und Sanftmut lernen wolltest, weil du den Wunsch hattest, mich besser und tiefer kennenzulernen, weil du dich gesehnt hast nach meiner Nähe und Liebe.
Und auch, weil ich solche Gebete gern beantworte, denn ich sehne mich ebenfalls nach einer tiefen Beziehung zu meinen Kindern."

Gott freut sich, wenn sein Herzensanliegen zu unserem wird. Und das, was er sich von jedem seiner Kinder am meisten wünscht, ist, dass wir Jesus ähnlicher werden. Wenn wir das von ihm erbitten, wird er antworten; auf ganz unterschiedliche Art und Weise allerdings, denn Gott verwendet keine Schablonen.

Es wäre falsch, von meiner Lebensgeschichte nun auf die von jemand anderem oder auf die eigene zu schließen. Gottes Wege mit uns sind ganz individuell.

Auch wenn sie von außen betrachtet schwierig aussehen mögen, so sind es doch gute Wege, die wir an der Hand des liebevollen, himmlischen Vaters gehen können. Er freut sich, wenn wir ihm unser Herz öffnen, wenn wir uns auf eine Liebesbeziehung zu ihm einlassen und ihm ganz vertrauen, trotz aller Schwierigkeiten, die uns begegnen.

Gott möchte zuerst an uns arbeiten, bevor er durch uns seine Werke tun kann. Das ist ein lebenslanger Prozess, in dem wir aber die Breite, Länge, Höhe und Tiefe der Liebe Christi immer mehr erkennen dürfen (Epheser 3, 18-19).

Möge der
allmächtige dreieinige Gott:
der dich liebende, heilige himmlische Vater,
der dich befreiende Herr und Heiland Jesus Christus,
der dich tröstende und leitende Heilige Geist,
dich zu ihm ziehen, dich segnen und behüten
nach Leib, Seele und Geist!

Weitere Bücher der Autorin, die im KULLNOM Verlag erhältlich sind: